中国人才研究

第五辑

中国人才研究会
中国人事科学研究院　组织编写

中国财经出版传媒集团
中国财政经济出版社

图书在版编目（CIP）数据

中国人才研究. 第五辑／中国人才研究会，中国人事科学研究院组织编写. -- 北京：中国财政经济出版社，2022.9

ISBN 978-7-5223-1556-0

Ⅰ.①中… Ⅱ.①中…②中… Ⅲ.①人才研究－中国 Ⅳ.①C964.2

中国版本图书馆 CIP 数据核字（2022）第 114881 号

责任编辑：王佳欣　　　　　通　　读：卓文娟
封面设计：窦春晓　　　　　责任校对：胡永立

中国人才研究（第五辑）
ZHONGGUO RENCAI YANJIU（DIWUJI）

中国财政经济出版社 出版

URL：http：//www.cfeph.cn
E－mail：cfeph@cfeph.cn

（版权所有　翻印必究）

社址：北京市海淀区阜成路甲28号　邮政编码：100142
营销中心电话：010-88191522
天猫网店：中国财政经济出版社旗舰店
网址：https://zgczjjcbs.tmall.com
北京文昌阁彩色印刷有限责任公司印刷　各地新华书店经销
成品尺寸：185mm×260mm　16开　20.75印张　373 000字
2022年10月第1版　2022年10月北京第1次印刷
定价：66.00元
ISBN 978-7-5223-1556-0
（图书出现印装问题，本社负责调换，电话：010-88190548）
本社质量投诉电话：010-88190744
打击盗版举报热线：010-88191661　QQ：2242791300

编 委 会

顾　问　何　宪
主　编　余兴安
副主编　唐志敏　钟祖荣　韦智敏
委　员　(按姓氏笔画)
　　　　　马抗美　王辉耀　王建新　王新清　司若霞
　　　　　李　普　李克实　李建忠　李志更　杨河清
　　　　　肖　璞　吴云华　孟庆伟　钟祖荣　柳学智
　　　　　姬养洲　萧鸣政　曾湘泉
编　务　熊　亮　孙保平　林玉霞

前　言

由中国人才研究会和中国人事科学研究院共同编辑出版的《中国人才研究》面世了。这是人才研究会和人科院搭建的人才学成果发表的重要平台。

中国人才研究会与中国人事科学研究院一直非常重视人才研究学术成果发表平台的建设，从最初影响较大的《人才》杂志，到内部刊物《人才研究与交流》，再到后来的《中国人才》月刊，无不体现了这一基本精神。由于隶属关系的变化，《中国人才》在十几年前就定位于反映工作动态的刊物，而原来各地举办的若干人才开发方面的刊物也都相继停办，由此造成的人才研究学术成果集中发表平台的缺失，成为人才学术研究发展的一个瓶颈性问题。目前，中国人事科学研究院主办的《中国人事科学》学术月刊，虽然也能发表一些人才研究方面的论文，但毕竟不可视为人才研究方面的专门刊物。因此，中国人才研究会与中国人事科学研究院共同推出《中国人才研究》辑刊，无疑是人才研究领域同仁们众所期盼的一件重要事情。

新中国的人才学研究事业发端于改革开放初期，发展至今已40余年。这40余年大体可以分为3个阶段：从1979年始创到20世纪80年代中期为第一阶段，重点在推动思想解放，是人才学理论开拓构建时期，标志性成果是《人才学通论》等著作的出版。从20世纪80年代中期至21世纪初为第二阶段，是随着经济和政治体制改革、社会主义市场经济体制的建立而改革人才管理的探索时期，也是人才学理论积累发展时期，人才学被纳入学科标准与代码中。自21世纪初以来至今为第三阶段，是人才强国战略确立与推进的时期，也是人才学紧密结合人才工作和人才战略发挥作用的时期，是人才学在人才工作实践基础上总结发展的时期，人才学成为二级学科，分支学科不断丰富发展。

2019年中国人才研究会举办了人才学40年纪念活动，出版了《中国人才研究40年》等成果。综观40年来人才学的发展，其成就可以归纳为以下几个方面：

第一，建构理论体系，确立学科地位。人才学理论主要是对人成其才、人尽其才、人才辈出规律的研究。早期王通讯的《人才学通论》、叶忠海的《人才学概论》、彭文晋的《人才学概说》等创始之作，从人才本质、人才作用、人才结构、人才成长、人才选拔、人才培养、人才使用、人才管理等方面构建了人才学的主要内容架构。后来又通过《人才学基础》《普通人才学》等重要教材发展了人才学的内容，最新的代表性成果是中国人才研究会和中国人事科学研究院组织编写的《宏观人才学概论》《微观人才学概论》《新编人才学通论》，宏观人才学从国家和区域层面的人才工作构建人才理论，微观人才学从个体成长与使用的层面构建人才理论，人才学通论则从各层面人才规律和人才开发的角度构建基础理论。人才学学科地位的确立主要通过《学科分类与代码》的纳入，1992年将其作为三级学科，归属于一级学科"管理学"和二级学科"人力资源开发与管理"之下。2011年则提升为二级学科，归属于一级学科"社会学"之下，并列出了人才学理论、人才史、人才统计学、人才经济学、人才社会学、人才地理学、人才心理学、人才教育学、人才管理学、人才战略学、专门人才学等三级学科。目前，已经形成比较完整的人才学科体系，包括人才学原理、人才史、专门人才学、交叉人才学等几类学科，其中，人才史中人才制度史、人才思想史、人才学史比较完备；专门人才学中科技人才学、教育人才学、领导与管理人才学、企业家人才学、军事人才学、妇女人才学、青年人才学等学科成果较为丰硕；交叉人才学中人才管理学、人才市场学、人才评价学、人才地理学、人才预测与规划、人才战略学、人才统计学等与宏观人才学相关的学科成果较为丰硕。

第二，涌现了一批人才研究机构和人才学专家。人才学的发展和人才问题的研究需要有一批研究机构，目前全国有人才研究机构约16家，除了中国人事科学研究院外，部分省市和高校建立了人才研究机构。2014年，中央人才工作协调小组还命名13家单位为国家人才理论研究基地。在40余年的发展中涌现出一批研究深入、成果突出、影响较大的人才学者。《新编人才学大辞典》中收入人才研究者61位。2009年中国人才研究会曾表彰人才学研究突出贡献奖13人，贡献奖48人。

第三，产出了一大批人才学研究成果。人才学成果主要体现在著作和论文方面。根据《中国人才史》一书的统计，1979—2013年共计出版人才学著作1680种，平均每年出版48种，且呈现阶段性递增的趋势；该书又按开创、拓展、蓄势、繁盛4个时期分别统计，各个时期的年均出版数是9、41、27、92种。关于论文目前缺乏统计数字，但以人才为题的学位论文不断增加，2013—2014两年就有硕士论文811篇，博士论文29篇。人事部（后为人力资源和社会保障部）自1997—2009年还组织过6届全国人事科研成果评奖活动，历次获奖成果数为255、185、171、147、107、35种。自2014年以来，中国人事科学研究院举办的年度性全国人才与人事研究主题征文中的获奖作品也多为人才研究方面的论文。2013年起，中国人才研究会和中国人事科学研究院组织实施了"十二五"国家重点出版物出版规划项目"人才强国研究出版工程"，分为人才学者自选集、人才学理论研究丛书、人才队伍建设丛书、国外人才发展丛书、人才体制机制改革丛书、人才计划（工程）实施成效丛书等系列丛书，出版百余种，汇聚了人才研究的最新重要成果。《新编人才学大辞典》（2015），共计收录3721个词条，200万余字，也是人才学的最新标志性成果之一。

第四，对人才工作及人才战略的制定与实施发挥了观念引导和理论支撑作用。我国人才学是伴随改革开放而生的，始终服务于改革开放，服务于我国经济社会事业发展。无论是对基础理论的研究、基本规律的探索、对工作实践的归纳，还是对发展战略的设计、对管理制度的建构、对应用工具的开发，无不体现了这个基本功能。可以说，我国人才工作体制机制的完善、人才战略的制定与实施，人才学作出了很大贡献。

第五，在高等学校开设了相应专业和课程，培养了不少专业人才。根据早期统计，在高等学校开设各类人才学课程的有200多所高校。此外，华东师范大学、哈尔滨船舶工程大学、西南大学、中国政法大学、河海大学、中国石油大学、南京政治学院、国防大学、首都经济贸易大学等开展了人才学方向的硕士生和博士生培养。2011年，首都经济贸易大学与中国人事科学研究院联合申报了人才学博士点，名为"人力资源开发与人才发展"，分人力资源开发与人才发展理论、人才发展定量研究、人才发展战略与环境、人事人才制度与政策4个方向，成为应用经济学下的二级学科博士点和硕士点，实现了学位点设置的突破。

党的十八大以来，以习近平同志为核心的党中央高度重视人才工作，习近平总书记就人才工作发表了一系列重要论述，强调"构建具有国际竞争力的人才制度""聚天下英才而用之"。新时代人才工作要为实现"两个一百年"奋斗目标提供人才和智力支撑。在这个新时代背景下，人才学研究工作者更应以高度的责任感和使命感，紧扣时代主题，产出更多有价值的学术成果。我们认为，可从以下几个方面将研究向纵深推进：

第一，深入研究与五位一体总体布局和四个全面战略布局相适应的人才布局，以及建成社会主义现代化强国所需要的人才战略。2049年建国一百周年时我们要建成社会主义现代化强国，任务紧迫繁重。经济、政治、社会、文化、生态各个领域的人才如何培养、吸引、配置、激励，与四个全面相联系的治党、改革、法治人才建设，以及军事、外交等领域的人才布局，都是需要深入研究的。实现建成社会主义现代化强国的目标，我们在科技创新等领域差距较大，提升我国自主创新能力，培养大批创造性人才，需要制定和实施好重大人才战略，更是我们要着力研究和破解的。

第二，深入研究新时代人才发展体制机制改革和构建有国际竞争力的人才制度体系，提高人才工作治理能力的现代化水平。要聚天下英才而用之，形成人人成长成才、人人尽展其才的局面，关键是要完善人才体制机制，提高人才工作治理水平。这需要我们深入研究人才制度的基本理论，深入研究国外先进的人才制度、中国传统的人才制度、改革创新中的人才制度，分析人才制度优势，剖析人才制度障碍，研究制度变迁规律，设计制度完善路径，从人才政策、立法、制度的角度开展理论和实践的研究。人才制度研究既包含总体的、整体的制度研究，也包含各方面制度的分项研究，如培养制度、评价制度、选拔制度、任用制度、流动制度、激励制度、监督制度等。

第三，深入研究专门人才学，揭示各个领域人才的成长规律和开发方法，服务于人才队伍建设。人才是分领域的，各领域的人才既体现一般规律，又有其特别之处。要通过实证研究的方法，研究不同领域的人才群体，揭示其发展、成长的规律，为各领域人才开发提供理论依据和实践对策。当前，要特别针对重点领域和薄弱领域开展研究，诸如人工智能人才、金融人才、高新技术产业人才、企业家人才、贸易人才、公共卫生人才、医疗人才、外交人才、法治人才、宣传人才等。此外还要研究人才团队形成和活动的规律，发挥人才团队的作用和创新功能。

第四，深入研究人才发展史、思想史、制度史，总结历史发展规律。规律是在历史发展中显现出来的，加强历史研究极为重要。思想史和制度史的研究是基础，要选择和发掘有价值的历史研究课题，既做系统研究，又做深入的专题研究，以期寻找好的借鉴。还要重视人才发展史研究。所谓人才发展史，是一个国家或者区域在人才总体方面的形成、演化、流动、布局的过程，特别是发达国家和新兴经济体的人才发展历史，值得研究和借鉴。

第五，深入研究人才学基本原理，推进人才学理论迭代更新，完善人才学学科体系、理论体系。深化人才学原理研究，一是在概念体系上需要细化，注重从较普遍的人才现象中抽取形成人才概念，使概念之网更细、更密；二是丰富理论，增强理论的逻辑性和严密性，使其解释力更加强大；三是研究方法更加注重实证，使得出的结论更多依赖可靠数据和典型实例；四是注重吸纳各专门领域人才研究的成果，在相互比较中归纳出更多具有普遍意义的认识。

《中国人才研究》辑刊是发表人才研究学术论文、研究报告的平台，不定期编辑出版，目的是通过发表学术成果，促进人才学的繁荣发展，促进人才学科的建设，促进人才工作的科学化。我们期待，人才研究领域的各位同仁，准确把握时代的要求和呼声，以严谨科学的态度，更强烈的使命感投入到研究工作中，力争以高质量的学术成果，展现新时代人才研究事业的风采，为国家发展与社会进步贡献智慧！

目 录

人才理论研究

中国共产党人才理论的创新与发展 …………………………… 马抗美 / 2
百年来中国共产党人才思想研究 ………………………… 徐　明　陈斯洁 / 16

乡村振兴人才研究

乡村振兴的本土人才支撑研究 ………………………………… 郭建平 / 30
乡村振兴战略视域下的人才困境与破解之策 ………… 李　平　杨小草等 / 36
乡村振兴背景下农业农村人才队伍建设问题研究
　　——以北大荒集团人才队伍开发建设为例 ………………… 张　如 / 43
信息技术高速发展背景下，培养使用现代化农业领域人才的探索
　　与研究 ……………………………………………………… 李书贞 / 51

经济欠发达地区人才研究

经济欠发达地区专业技术人才引进的难点与对策 ……… 李　蹊　姬养洲 / 60
关于西部人才高质量发展的若干思考
　　——基于贵州的实践探索 ……………………………… 肖凯林　胡月星 / 69
欠发达地区乡村人才流失现状、问题与对策研究 ……………… 李冬梅 / 78
欠发达地区创新乡村人才集聚机制研究 ………………………… 陈　亮 / 92

行业人才研究

江苏推进产业链中的人才生态建设研究 ……………… 刘小群　戚　湧等 / 100

社区人才队伍建设问题研究
——以吉林省为例 …………………………………… 古天娇　王　艳 / 124
数字经济下电商直播人才培养体系建设研究 ……… 肖春悦　吴　慧等 / 135
文旅融合发展视域下复合型文化创意人才的培养研究
　　　　　　　　　　　　　　　　　　　　　　 薛永武　薛乔珊 / 144
新时期我国体育翻译人才高质量培养策略探究 ………………… 于欣欣 / 157

企业人才研究

吉林省激发和保护企业家创新精神的对策研究 …… 关云芝　陆　琳等 / 168
新时代实用型职业技能人才开发培养与使用模式研究
　　　　　　　　………… 孙守鹏　梁立学　纪　彬　孙　璐等 / 185
新时代下职业技能人才培养模式研究 …………………………… 夏雨红 / 205

大学生人才研究

大学生创新创业力提升的实证研究 ………………… 孟庆伟　刘　铸等 / 214
本科学历与职业技能人才开发培养的路径与对策研究
　　　　　　　　………… 祁　迹　侯宏波　祁光曦　许　超等 / 236
体质弱势大学生心理健康问题及健康促进对策研究
　　　　　　　　　　　　　　　　　　　　　　 解　颖　宋艳丽等 / 256
礼仪中国视域下大学生职业生涯礼仪教育的应用性研究 ……… 杨　浏 / 272

军事人才研究

战争形态演变视域下的军事人才发展历程及启示 …… 吴志忠　张悦琦 / 284
军事人才能岗匹配问题研究 ………………… 王德义　岳　啸　邵　淼 / 291
预备役支援保障人才队伍建设问题研究 ………………………… 张　宏 / 310

人才理论研究

中国共产党人才理论的创新与发展[*]

马抗美

人类社会的发展史表明,无论是新的生产力的开拓,还是先进文化的倡导,乃至于社会形态的革命性变革,都离不开人才的重要作用。人才是一个国家最宝贵的财富,最重要的资源。纵观中国共产党的百年历史,人才问题一直伴随着党的发展,解决得好,则事业发展,解决得不好,则事业受挫。中国共产党成立以后,特别是在战争年代,环境险恶,可以利用的物质资源几乎没有。党的历史也可以说是一部在艰苦卓绝的斗争中,不断争取、吸引和汇聚优秀人才,从而保证党的目标顺利实现的奋斗史。

中国共产党以马克思主义为指导,对人才问题做了全面、系统的探索和总结,形成了系统的中国特色人才理论。从纵向的维度对不同时期中国共产党人才理论进行历史回顾,深刻认识中国共产党人才理论的创新与发展,不仅能够深化人才学研究的理论意义,而且对建设社会主义现代化强国具有重要的实践价值。当前我国正进入全面建设社会主义现代化国家、向第二个百年奋斗目标进军的新征程,习近平总书记围绕人才工作发表了一系列重要讲话。2021年9月中央人才工作会议的召开,既是我国人才工作伟大实践的总结和经验结晶,又标示着人才强国战略理论的重大创新,体现了中国共产党人才理论的创新和发展,为新时代人才工作提供了根本遵循。

一、中国共产党立足战略高度,对人才地位和作用的认识不断深化

关于人才的地位和历史作用的问题,是人才理论体系中的一个前提性、基础性问题,决定着人才理论体系建构的前提和思维主线,同时也是中国共产党解决人才问题的基础和前提。

早在革命战争时期,我党就认识到人才对于革命事业的重要性。毛泽东同志虽然很少直接使用"人才"这个词,但经常谈到"干部"和"知识分子",

---

[*] 本文为中国人才研究会2021年度立项课题。批准编号:ZRH—2101。

从中我们可以非常清晰地看出他对人才的高度重视。毛泽东同志曾明确指出："政治路线确定之后，干部就是决定的因素。"① 在《大量吸收知识分子》一文中，毛泽东指出："在长期的和残酷的民族解放战争中，在建立新中国的伟大斗争中，共产党必须善于吸收知识分子，才能组织伟大的抗战力量，组织千百万农民群众，发展革命的文化运动和发展革命的统一战线。没有知识分子的参加，革命的胜利是不可能的。"② 新中国成立后，毛泽东同志也提出"没有知识分子不行，无产阶级要有自己的'秀才'。"③

改革开放初期，邓小平在同中央领导同志的一次谈话中第一次提出"尊重知识，尊重人才"，④ 这一经典论断深刻揭示了马克思主义人才观的精神实质，抓住了关系党和国家事业发展的关键问题，是邓小平关于人才重要论述的核心和精髓，也是我党人才理论创新发展的坚实基础。邓小平从社会主义现代化建设的高度肯定了人才的历史地位和作用，提出"科学技术是第一生产力"⑤ 等重要论断，为社会主义现代化征程的开启奠定了重要的思想基础。邓小平指出："任何事情都要人干，没有大批的人才，我们的事业就不能成功。"⑥ 1981年党的十一届六中全会提出我国的主要矛盾是人民日益增长的物质文化需要同落后的社会生产之间的矛盾。由此，中国共产党通过恢复高考、建立社会主义市场经济制度激发人才活力，各行各业的人才不断涌现。2002年，以江泽民同志为核心的第三代中央领导集体以敏锐的战略眼光做出"人才资源是第一资源"的科学论断，⑦ 表明了人才在经济社会发展中所处的特殊地位和极端的重要性。"人才资源是第一资源"的提出，受到人才工作者和思想理论界的高度重视，并在党的十六大后被确立为科学人才观的核心内容，体现了党对人才在社会主义市场经济发展中地位和作用的新认识。2003年，中共中央首次召开中央人才工作会议，第一次明确提出"人才强国"战略，其目标指向是建设"现代化强国"。这一战略的提出标志着我国人才价值论的深化和拓展，突出强调实施人才强国战略是党和国家一项重大而紧迫的任务。2007年，"人才强国战略"作为发展中国特色社会主义的基本战略之一，写进了中国共产党章程和党的十七大报告。人才强国战略明确了我国人才工作的指导思想、方针原则、战略目标等重大问题，为我国人才工作提供了重要的思想

---

① 毛泽东选集（第2卷）. 人民出版社，1991.
② 毛泽东选集（第2卷）. 人民出版社，1991.
③ 毛泽东文集（第7卷）. 人民出版社，1999.
④ 邓小平年谱（1975—1997）上卷. 中央文献出版社，2004.
⑤ 邓小平文选（第三卷）. 人民出版社，1993.
⑥ 邓小平文选（第二卷）. 人民出版社，1994.
⑦ 江泽民论有中国特色社会主义. 中央文献出版社，2002.

保证、组织保证和制度保证。2010年中央再次召开全国人才工作会议，并发布了我国第一个中长期人才发展规划《国家中长期人才发展规划纲要（2010—2020）》，确立"人才优先发展"的战略布局，揭示了人才在整个经济社会发展战略布局中处于优先发展的地位，强调人才资源优先开发、人才结构优先调整、人才投资优先保证、人才制度优先创新。

2017年，党的十九大报告在中国特色社会主义进入新时代的大背景下，对人才进行了新的定位。报告指出，"人才是实现民族振兴、赢得国际竞争主动的战略资源"[1]。从"第一资源"到"战略资源"的认识深化，体现了中国共产党人以更宽阔的视野和时代高度对人才的社会作用和地位的更深入的认识。主要体现在以下三点：

一是把人才的重要性提升到中华民族伟大复兴的高度，凸显人才问题的战略意义。习近平总书记指出："我们比历史上任何时期都更接近实现中华民族伟大复兴的宏伟目标，我们也比历史上任何时期都更加渴求人才。"[2]"我们比历史上任何时期都更加渴求人才"的重要判断是建立在对国际、国内形势深刻理解和正确把握的基础上的。随着社会主要矛盾的变化，社会主义现代化建设的内容更加丰富、更加充实。需要人才发挥作用的行业既涉及传统的、成熟的行业，也涉及国家亟须解决的短板、弱项；需要人才发挥作用的地区既涉及城市、大型企事业单位，也涉及边远地区、边疆民族地区、革命老区和基层一线；需要人才发挥作用的领域既涉及物质文化领域，也涉及精神文明、社会文明、制度文明和生态文明各个领域。习近平总书记把人才的重要性提高到民族振兴的高度，与党的初心和使命联系起来，赋予了人才新的历史定位。

二是把人才同党的执政能力和领导水平联系起来，凸显人才问题的政治意蕴。在党的十九大报告中，对人才的这个定位，是在加强党的建设，提高党的执政能力和领导水平这一部分提出的。这说明人才资源是我们党巩固执政基础、提高执政能力的着力点，反映了我们党对人才资源重要价值和作用的深刻理解与准确把握。在中国特色社会主义发展的新时代，人才作用的发挥和自我价值的实现，必须在中国共产党领导下，与民族振兴的伟大事业结合起来，才能真正完成。

三是明确了人才的战略资源地位，凸显了人才问题的长远性与全局性。党的十九大报告把人才强国战略列为决胜全面建成小康社会需要坚定实施的七大战略之一。这七大战略都与人才有关，都离不开不同类型、不同层次人才的创

---

[1] 习近平. 决胜全面建成小康社会 夺取新时代中国特色社会主义伟大胜利——在中国共产党第十九次全国代表大会上的报告（2017年10月18日）. 人民出版社，2017.
[2] 习近平在欧美同学会成立100周年庆祝大会上的讲话. 人民日报，2013年10月22日.

造性劳动。七大战略各有不同的目标和任务，目前的发展也不完全平衡。因此，在实施过程中，要突出抓重点、补短板、强弱项。统筹解决好这七大战略所需要的人才队伍，为各个战略的实施提供充足的人才保障，是关系到决胜全面建成小康社会，开启全面建设社会主义现代化国家新征程的战略设计，体现出人才的战略资源地位的重要意义。

习近平总书记在2021年9月召开的中央人才工作会议上，把"坚持人才引领发展的战略地位"作为党的人才工作的一条重要经验，并多次使用"战略地位""战略布局""战略主动""战略谋划""战略支点"[①] 等多个"战略"关键词，反复强调人才在国际竞争和国家发展中的战略意义。这充分反映出我们党对人才资源重要价值和作用更进一步的深刻理解与准确把握。人才成为一个国家和地区核心竞争力的主要载体，是现代化经济体系的核心要素，在国家各项事业的发展中都起着基础、支撑和引领的重要作用。把人才的重要性提升到引领发展的高度，凸显了人才问题的战略意义。近年来随着国际国内环境的日益复杂化，新兴科技快速发展，利益格局不断调整，人才资源引领发展的作用日益突出。加快建设世界重要人才中心和创新高地、"三步走"的战略目标以及"四个面向"战略导向，清晰地勾画出人才引领发展的战略路线图，具有统揽全局的深远的战略意义，为新时代人才理论深化和人才工作创新提供了基本遵循。

二、中国共产党遵循人才成长规律，对人才培养的认识日趋成熟

任何事物的发展都有其内在的规律性，这种规律性就是事物内在的必然联系，决定着事物发展的方向和趋向。规律是客观的，不以人的意志为转移。但人们可以认识规律，并在此基础上利用规律。人才现象也不例外，人才的成长和发展也有着自身的规律性。人们努力探索、发现人才成长规律的一个重要目的就是利用这些规律来调节、控制人才成长过程，指导人才资源开发实践。

每个时代的人才都承担着与时代特征相吻合的历史使命。因此不同的历史时期，人才培养的途径、方式、发挥作用的程度都不尽相同。中国共产党人始终坚持人民立场，对人才培养目标、内容、途径的认识不断拓展。

早在革命战争年代，毛泽东就非常关注人才培养的重要性。他指出："在

---

① 习近平在中央人才工作会议上强调深入实施新时代人才强国战略　加快建设世界重要人才中心和创新高地. 人民日报, 2021年9月29日.

中国人民的伟大的斗争中已经涌现并正在继续涌现出很多的积极分子,我们的责任就在于组织他们,培养他们,爱护他们,并善于使用他们。"① 邓小平高度重视教育问题,提出培养"四有新人"②的人才培养目标。江泽民在继承毛泽东和邓小平人才培养重要论述的基础上,提出了"科教兴国"③战略,强调人才创新素质和能力的开发。胡锦涛提出"人人都可以成才"④的观点,在人才的外延上充分强调其广泛性,提出了人才存在于群众之中,这就打破了过去把人才仅仅局限于知识分子之中的观念,扩大了人才的选拔范围。"人人都可以成才"顺应了国际国内人才开发的大趋势,是科学人才观的核心部分,体现了与时俱进的特色。

在中国特色社会主义发展的新时代,围绕着当前到 21 世纪中叶的目标和任务,我国人才培养的使命也必然要提升和拓展。习近平总书记在党的十九大报告中提出"要全面贯彻党的教育方针,落实立德树人根本任务,发展素质教育,推进教育公平,培养德智体美全面发展的社会主义建设者和接班人。"⑤习近平总书记在全国高校思想政治工作会议上明确指出:"我国高等教育发展方向要同我国发展的现实目标和未来方向紧密联系在一起,为人民服务,为中国共产党治国理政服务,为巩固和发展中国特色社会主义制度服务,为改革开放和社会主义现代化建设服务。"⑥将"立德树人"作为新时代人才培养的根本任务和我国实现中华民族伟大复兴的战略任务与对人才素质的要求密不可分,具有鲜明的时代特征。当前,社会主义现代化建设进入一个更高的层次,满足人民日益增长的美好生活需要,对人才的道德文明素养以及创造性劳动的质量都提出了新的任务和要求。习近平总书记多次论述"立德树人"⑦的人才培养要求,揭示德育在学校人才培养体系中的核心地位,揭示了道德教育和人的全面发展之间的辩证关系,体现了新时代中国共产党人对人才培养规律的深化和拓展。新时代中国特色社会主义发展的战略安排,既是民族复兴的宏伟蓝图,也是我国人才队伍发挥聪明才智的广阔舞台,更是我国人才队伍在新时代的历史使命。

随着经济社会的发展,世界范围内的人才竞争愈演愈烈,而人才的创新能

---

① 毛泽东选集(第1卷). 人民出版社,1991.
② 邓小平思想年编(1975-1997). 中央文献出版社,2011.
③ 江泽民. 论科学技术. 中央文献出版社,2001.
④ 胡锦涛在全国人才工作会议上的讲话,中共中央文献研究室. 十六大以来重要文献选编:上. 中央文献出版社,2005.
⑤⑦ 习近平. 决胜全面建成小康社会 夺取新时代中国特色社会主义伟大胜利——在中国共产党第十九次全国代表大会上的报告. 人民日报,2017 年 10 月 28 日.
⑥ 习近平. 把思想政治工作贯穿教育教学全过程. 人民日报,2016 年 12 月 8 日.

力则是人们关注的要点。习近平总书记高度重视创新型人才的培养,指出:"创新的事业呼唤创新的人才。在实现中华民族伟大复兴的过程中,人才的数量愈多愈好,人才的能力愈强愈好。"① 党的十九大报告在贯彻新发展理念、建设现代化经济体系一节中指出:"创新是引领发展的第一动力,是建设现代化经济体系的战略支撑。"要"培养造就一大批具有国际水平的战略科技人才、科技领军人才、青年科技人才和高水平创新团队",② 提出了新时代对我国人才创新能力的新要求,即"瞄准世界科技前沿"和"具有国际水准"。我国科技创新的态势已表明,从量的积累到质的飞跃,从"跟跑"到"并行""领跑",更加要求我们把立足点放在自力更生、自主创新上,增强原始创新和自主创新能力,这样就需要大批具有国际水平的创新型人才队伍,才能在世界科技竞争中赢得主动权、主导权。

在人才培养的途径上,党的十九大报告指出:"大力发展储备年轻干部,注重在基层一线和困难艰苦的地方培养锻炼年轻干部,源源不断选拔使用经过实践考验的优秀年轻干部。"③ 习近平总书记指出:"干部要深入基层、深入实际、深入群众、在改革发展的主战场、维护稳定的第一线、服务群众的最前沿砥砺前行、提高本领"。④ 从人才成长规律看,基层的实践锻炼向来是人才成长的重要途径,不仅可以磨炼人才的意志品格,还能帮助人才深刻地了解我国的国情和民情,加深与广大群众的深厚感情,不断积累新经验、形成新认识,实现素质和能力的全面提升。这是党对人才培养规律认识的进一步深化。

2021年9月中央人才工作会议提出"坚持全方位培养用好人才",⑤ 突出了"全方位",将人才培养和人才使用作为一个有机整体,体现了着眼整体的系统思维。遵循精心培养与高效使用并重的原则,将培养人才作为基础、用好人才作为关键,体现了对人才培养和人才使用规律的深刻认识。习近平总书记提出,在大力建设一支规模宏大的人才队伍的同时,高度关注人才队伍的结构和质量。⑥ 习近平总书记用"高层次""大批一流""大批卓越"⑦ 等表述,对人才队伍建设的质量提出了新的更高要求,充分体现了对人才数量和人才质量的系统思考,为建设一支规模宏大、素质优良、结构不断优化、作用日益突出的人才队伍提供了创新发展的新思路。解决人才问题不仅要抓普遍性问题,更要抓住主要矛盾和主要问题。习近平总书记把人才队伍建设的重点聚焦于我国

---

① 习近平谈治国理政. 外文出版社, 2014.
②③ 习近平. 决胜全面建成小康社会 夺取新时代中国特色社会主义伟大胜利——在中国共产党第十九次全国代表大会上的报告(2017年10月18日). 人民出版社, 2017.
④ 习近平谈治国理政. 外文出版社, 2014.
⑤⑥⑦ 习近平在中央人才工作会议上强调深入实施新时代人才强国战略 加快建设世界重要人才中心和创新高地. 人民日报, 2021年9月29日.

创新发展的主力军，即战略科学家、一流科技领军人才和创新团队、青年科技人才和卓越工程师。同时还强调培养造就大批哲学家、社会科学家、文学艺术家等各方面人才。尤其关注急需紧缺的特殊人才和特殊区域的人才建设，提出要有特殊政策加以扶持。同时习近平总书记还提出，"要更加重视人才自主培养。"① 在当前国际竞争日益加剧的形势下，只有实现人才自主培养，才能加快建立人才资源竞争优势，牢牢把握国际竞争的主动权。

此外，习近平总书记提出，坚持弘扬科学家精神，深刻揭示了人才队伍建设的方向性。②"科学无国界，科学家有祖国"，科学家是胸怀祖国、服务人民的爱国者。人才队伍只有方向正确，才能形成巨大的凝聚力和向心力，人才的战略资源地位才能得到充分体现。因此，习近平总书记强调，"做好人才工作必须坚持正确的政治方向……要继承和发扬老一辈科学家胸怀祖国、服务人民的优秀品质，心怀'国之大者'，为国分忧、为国解难、为国尽责。"③ 这是新时代对广大人才的政治要求，既是人才个体成长的方向定位，又是我国人才队伍建设必须坚持的基本原则。

三、中国共产党科学把握人才标准，对人才选拔和使用的认识与时俱进

在人才的成长与发展中，选拔和使用是人才工作的主要内容。中国共产党人始终坚持德才兼备的选人用人标准，不断深化对德才标准的认识，不断完善人才管理体制机制，不断强化党对人才选拔和使用中的领导作用，形成了丰富的理论成果。

（一）坚持德才兼备的选人用人标准

毛泽东高度重视人才选拔中"德才兼备"的标准，强调"又红又专"，④这为中国共产党选拔人才奠定了思想理论基础。邓小平进一步深化了对"德才兼备"内涵的解释，提出"红"强调的是政治标准，"专"强调的是"专业能力"，并将"四化"（革命化、年轻化、知识化、专业化）作为人才选拔的具体标准。⑤ 江泽民强调人才的政治素质、业务能力、工作作风、工作业

---

①③ 习近平在中央人才工作会议上强调深入实施新时代人才强国战略 加快建设世界重要人才中心和创新高地. 人民日报，2021年9月29日.

② 习近平主持召开科学家座谈会强调 面向世界科技前沿 面向经济主战场 面向国家重大需求 面向人民生命健康 不断向科学技术广度和深度进军. 人民日报，2020年9月12日.

④ 毛泽东选集（第一卷）. 人民出版社，1991.

⑤ 邓小平文选（第二卷）. 人民出版社，1994.

绩，将人才使用机制的优化作为我国政治体制改革的重要任务，推动了科学人才观的创新发展。① 胡锦涛在 2003 年首次全国人才工作会议上强调坚持"德才兼备"原则，把品德、知识、能力和业绩作为衡量人才的主要标准。②

党的十八大以来，习近平总书记高度重视人才思想政治素质的统帅作用，坚持德才兼备、以德为先的用人导向，多次强调"国无德不兴，人无德不立"的重要思想，提出了一系列选人用人的新理念。③ 针对现实中存在问题的严重性和新时代推进伟大事业的重要性，习近平总书记在党的十九大报告中指出，"坚持正确选人用人导向，匡正选人用人风气，突出政治标准，提拔重用牢固树立'四个意识'和'四个自信'、坚决维护党中央权威、全面贯彻党的理论和路线方针政策、忠诚干净担当的干部，选优配强各级领导班子"。④ 习近平总书记突出了选人用人的政治标准，在坚持"德才兼备"的人才选拔基础上强调"以德为先"的选人用人导向，创新发展了中国共产党选人用人的思想。在人才品德的构成要素中，政治品德决定了人才基本的政治立场和政治态度，为人才确定服务对象和确立社会责任感与使命感提供方向，是人才实现社会价值和个体价值的"指南针"。"德才兼备、以德为先"的人才选拔标准体现中国共产党人的系统思维和辩证思维，从两点论和重点论的角度阐释了"德"与"才"的关系。

（二）不断推进人才发展体制机制改革

人才选拔和使用能否达到激发人才创造创新活力的目标，取决于体制机制，因此人才体制机制的不断优化和改革，对于人才资源的开发起着至关重要的作用。1953 年《中共中央关于加强干部管理工作的决定》提出"分级管理干部制度"，目的是深入考察干部的政治品质和业务能力，培养党的后备力量。1983 年 10 月，以中组部印发《关于改革干部管理体制若干问题的规定》为标志，我国人才制度进入了改革破冰期。随后，高校毕业生的就业初步放开，科学技术人员的流动问题逐步放宽，人才市场呼之欲出。1987 年 10 月，党的十三大报告提出"社会主义的市场体系，不仅包括消费品和生产资料等商品市场，而且应当包括资金、劳务、技术、信息和房地产等生产要素市场""党内党外，都要创造人员能合理流动、职业有选择余地的社会条件，破除论

---

① 江泽民论有中国特色社会主义．中央文献出版社，2002．
② 胡锦涛在全国人才工作会议上发表重要讲话．人民日报，2003 年 12 月 21 日．
③ 习近平谈治国理政（第三卷）．外文出版社，2020．
④ 习近平．决胜全面建成小康社会 夺取新时代中国特色社会主义伟大胜利——在中国共产党第十九次全国代表大会上的报告（2017 年 10 月 18 日）．人民出版社，2017．

资排辈等压抑进取心和创造性的陈腐观念"。① 由此,市场机制破除了人才的单位所有、部门所有,把人才从高度集中的计划经济体制中解放出来,人才可以在不同所有制单位之间流动,进而大大提升了人才发挥作用的效益与活力。

2016年3月,中共中央印发了《关于深化人才发展体制机制改革的意见》,第一次提出"构建科学规范、运行高效、开放包容的人才发展治理体系"②。这是党对人才体制机制改革做出的顶层设计,提出了诸多具有突破性、创新性、针对性的改革举措。此后,中央及有关部门又陆续印发了一系列关于人才工作的政策意见,逐渐形成了一整套完善的人才体制机制改革的政策体系。

2021年9月召开的中央人才工作会议明确提出"人才为本"的重要论断,对于进一步激发人才活力具有极大的推动作用,是我党人才理论的又一重大突破。习近平总书记提出,"要信任人才、尊重人才、善待人才、包容人才。""要用好用活各类人才。对待急需紧缺的特殊人才,要有特殊政策,不要求全责备,不要论资排辈,不要都用一把尺子衡量,让有真才实学的人才英雄有用武之地。"③ 充分体现了对人民主体地位的尊重。建立以信任为基础的人才使用机制,允许失败、宽容失败,鼓励科技领军人才挂帅出征。"要为各类人才搭建干事创业的平台,构建充分体现知识、技术等创新要素价值的收益分配机制。"④ 体现了以人民为中心的价值导向。习近平总书记提出,让事业激励人才,让人才成就事业,⑤ 深刻揭示人才和社会主义现代化建设事业之间的互融互促关系,是新时代营造识才爱才敬才用才环境的指南。

(三) 始终坚持党对人才工作的领导权

中国共产党的诸多重要文件都反复提及了党对干部和人才工作的管理原则以及各级党委在选拔任用干部中的责任,充分体现了党在干部工作中的领导地位。早在1938年,毛泽东在党的六届六中全会上就提出了"党管干部"的重要思想。改革开放以来,1989年《中共中央关于加强党的建设的通知》进一步明确了党管干部的"管"主要体现在管干部工作的大政方针、管重要干部、管干部人事制度改革、管干部监督。2003年首次全国人才工作会议在"党管干部"的基础上提出了"党管人才"的工作原则。在中国特色社会主义发展的新时代,人才是国家发展最宝贵的战略资源,我们党要科学执政、长期执政,必须直接掌握这一重要战略资源,把尽可能多的人才团结凝聚到党和国家

---

① 中国共产党历次全国代表大会数据库.
② 关于深化人才发展体制机制改革的意见.人民日报,2016年3月22日.
③④⑤ 习近平在中央人才工作会议上强调深入实施新时代人才强国战略 加快建设世界重要人才中心和创新高地.人民日报,2021年9月29日.

事业中来。2021年中央人才工作会议进一步明确了"坚持党对人才工作的全面领导",[①] 突出了"全面",拓展和深化了"党管人才"理论。"党的全面领导"是贯穿人才工作的主线,进一步强化了党在人才工作中总揽全局、协调各方的领导核心作用,使党的领导力渗透于人才工作各个方面和各个环节,不仅保证了人才工作的大方向,而且有利于组织部门牵头抓总、职能部门各司其职和密切配合、社会力量广泛参与的人才工作格局的形成。从"党管干部"到"党管人才",再到"坚持党对人才工作的全面领导",充分体现了中国共产党对人才工作的重要性以及党必须掌握对人才工作的领导权的认识的进一步深化拓展。

四、中国共产党顺应时代发展趋势,对人才集聚的认识日益拓展

人才集聚是一种复杂的社会现象,在不同的时期有着不同的表现形式。党在革命、建设和发展的不同历史时期,采取各种措施,吸引了大批人才参与党的事业,形成了丰富的理论成果与实践经验。

(一)延安时期的"投奔潮"

延安时期民族矛盾成为社会的主要矛盾。我党建立了最为广泛的抗日民族统一战线,毛泽东同志从人民的根本利益出发,亲自起草了一系列文件,制定了开明的人才政策,向广大青年学生、知识分子和一切爱国人士敞开大门,营造宽松的社会环境。延安成为全民族众望所归的抗日热土,社会各界人才奔赴前往,形成了万众向往延安的"投奔潮"。这一时期,中国共产党团结凝聚了最广泛的人才资源,为抗日战争的胜利,乃至于新中国成立和建设打下了坚实的人才基础,在与国民党争夺人才的竞争中显示出明显的优势,充分展示出中国共产党的先进性。

(二)新中国成立初期的"归国潮"与"归心潮"

新中国成立初期,百年积弱、百废待兴、人才资源极度凋零。在这种严峻复杂的现实面前,毛泽东等中央主要领导人多次阐明吸引各方面人才的重要性,从理论上确立了人才在社会主义改造和建设事业中的重要地位。党中央在对人才队伍整体现状进行全面客观分析的基础上,把人才工作纳入社会主义建

---

① 习近平在中央人才工作会议上强调深入实施新时代人才强国战略 加快建设世界重要人才中心和创新高地. 人民日报, 2021年9月29日.

设的重要日程，及时制定了重组人才资源、争取一切爱国知识分子为新中国服务、大力吸引海外人才回国参与新中国建设等一系列政策措施，把各方面优秀人才集聚到新中国建设的进程中，特别是聚集了引领我国科技事业飞速发展的高层次科技人才资源，形成了新中国成立初期人才集聚的"归国潮"与"归心潮"。这是中国共产党成为执政党以后，首次创造性地成功解决了人才极度匮乏的难题，形成了万众一心建设新中国的热潮，为我国后续发展奠定了坚实的人才基础，也充分显示出党对人才集聚的理论思考的进一步深入和人才政策的成熟。

（三）改革开放初期的"解放潮"

"文化大革命"十年给国家各项事业造成了严重损失，人才队伍遭受了毁灭性打击。在这重大历史关头，党召开了十一届三中全会，果断结束"以阶级斗争为纲"，实现党和国家工作中心战略转移，开启了改革开放和社会主义现代化建设新时期。邓小平同志多次强调尊重知识、尊重人才，强调要给知识分子恢复名誉。[①]通过一系列举措，使成千上万名知识分子及各类人才获得了政治上的解放，重新回到了人才队伍中，形成了改革开放初期人才集聚的"解放潮"。面对人才的青黄不接，高考的恢复、职称评定的重启、选派留学生等为我国人才队伍的持续发展奠定了坚实基础。江泽民和胡锦涛进一步完善社会主义市场经济的分配制度，助推各级政府大力引进国内外人才，营造良好的社会环境吸引人才。2003年12月，第一次全国人才工作会议做出了《关于进一步加强人才工作的决定》，确立了人才强国战略，把人才资源的开发上升到了国家的核心战略之一。

（四）新时代人才集聚的新局面

党的十八大以来，我们进入了中国特色社会主义建设的新时代。中华民族正在经历从站起来、富起来到强起来的伟大飞跃。要完成这一伟大飞跃，人才问题的重要性更加凸显出来。

在世界范围的人才竞争日益激烈的形势下，习近平总书记准确把握形势，立足于中国的长远发展，胸怀世界眼光，提出了"广纳天下英才""聚天下英才而用之"[②]等一系列重要论述，将"人才的对外开放"作为对外开放的重要组成部分[③]。党的十九大报告指出，要"实行更加积极、更加开放、更加有效

---

① 邓小平年谱（1975—1997）上卷. 中央文献出版社，2004.
② 聚天下英才而用之. 光明日报，2018年1月21日.
③ 习近平在同外国专家座谈会时强调：中国要永远做一个学习大国. 人民日报，2014年5月24日.

的人才政策，以识才的慧眼、爱才的诚意、用才的胆识、容才的雅量、聚才的良方，把党内和党外、国内和国外各方面优秀人才集聚到党和人民的伟大奋斗中来。"① 这是中国共产党在新时代对人才集聚的深刻而全面的阐释。从人才集聚的目标看，党的十九大报告中提到的人才集聚，绝不单纯是指一种经济行为，也不仅仅是为了促进经济发展，而是关系到中华民族的伟大复兴。从人才集聚的范围看，不仅涉及党内，而且涉及党外；不仅面对国内的人才，而且更要把目光投向全球；从人才集聚的类型看，不仅包括科技人才，而且统揽各方面的优秀人才。从人才集聚的区域看，不仅包含现有人才基础较好的地区，而且更强调边远地区和农村基层，改变城乡人才资源配置失衡的状况。2021年9月中央人才工作会议从国际视野出发，提出"加快建设世界重要人才中心和创新高地"②。这一重要决策为进一步落实人才集聚搭建了战略平台，将有力地促进我国国际人才竞争比较优势的形成，确保高水平人才队伍位居世界前列。党的十九届六中全会决议提出："要源源不断培养造就爱国奉献、勇于创新的优秀人才，真心爱才、悉心育才、精心用才，把各方面优秀人才集聚到党和人民的伟大奋斗中来。"为新时代的人才集聚指明了方向。

由此，中国共产党人在新时代提出的人才集聚理念，极大地丰富了人才集聚的内涵，拓展了人才集聚的新视野，不但具有重要的经济意义，更具有深刻的政治意义和长远的战略意义，体现了以习近平同志为核心的党中央海纳百川、求贤若渴的人才理念和高瞻远瞩的战略眼光。

五、中国共产党人才理论创新与发展的几点启示

岁月沧桑，风云变幻，回顾中国共产党的百年奋斗史，可以使我们更清晰地认识到中国共产党人才理论创新与发展中深刻的理论源流、历史脉络、实践基础和价值取向。

第一，中国共产党人才理论的创新与发展，始终坚持以马克思主义为指导，并致力于将马克思主义普遍原理与中国革命的具体实践相结合，解放思想，与时俱进，创造性地提出了适应时代要求、体现时代特色的人才理论。马克思主义是我们立党立国、兴党强国的根本指导思想，也是人才理论创新发展的根本遵循。马克思主义理论不是教条而是行动指南，必须随着实践发展而发

---

① 习近平. 决胜全面建成小康社会　夺取新时代中国特色社会主义伟大胜利——在中国共产党第十九次全国代表大会上的报告（2017年10月18日）. 人民出版社，2017.
② 习近平在中央人才工作会议上强调深入实施新时代人才强国战略　加快建设世界重要人才中心和创新高地. 人民日报，2021年9月29日.

展,必须中国化才能落地生根、本土化才能深入人心。虽然党的历届领导人的人才思想和理论各有特色,但其核心内容和精神实质既始终坚持以马克思主义基本原理为统领,同时又丰富和发展了马克思主义,因此是马克思主义中国化历史进程中的重要组成部分。

第二,中国共产党人才理论的创新与发展,其根本动力和源泉是中国革命、建设和改革的伟大实践。在实践中发现问题,对实践经验进行理论概括和总结,再通过实践检验和发展理论,中国共产党科学运用这一马克思主义方法论基本原则,坚持从实际出发,人才理论创新的每一个观点和理念,无不与当时的国情世情紧密相连,无不紧扣实践发展的脉搏,充分体现出鲜明的中国特色。

第三,中国共产党的人才理论的创新与发展,是一个动态的过程。中国共产党坚持马克思主义联系与发展的观点,始终以世界眼光关注人类前途命运,从人类发展大潮流、世界变化大格局、中国发展大历史中正确认识和把握人才问题,坚持开放、不搞封闭。中国共产党的人才理论从来不是僵死的、凝固的,而是一个不断充实、完善和发展的历史过程,是一个开放的系统,因而才能展现出巨大的生命力。

第四,中国共产党人才理论的创新与发展,是以对人才的真诚尊重和真心爱护为前提的,始终贯穿了以"人的解放"和"人的全面自由发展"为逻辑主线的马克思主义人才观,从人才的尊严、权利、需要和发展出发,通过各项改革,不断赋予各类人才的主体地位和施展才能的机会,不断扩大人才自我支配和自我实现的深度和广度,同时不断地以先进的价值观引领人才的成长,使人才把自身价值的实现与社会价值结合起来,从而最大限度激发和释放人才创新创造活力。充分体现中国共产党的人民性和以"人民为中心"的根本政治立场。

第五,中国共产党人才理论的创新与发展,离不开对历史发展趋势的准确把握。在百年发展的历史长河中,中国共产党准确把握了历史发展的总趋势,顺应历史潮流,代表了最广大人民群众的根本利益、民族和国家的最高利益,在历史发展的关键时刻,凝练和提出特定的伟大历史任务,成为凝聚人才、吸引人才的首要核心因素。这个伟大事业的实质是历史发展的总趋势和最广大人民群众根本利益的反映,因而充分体现了中国共产党的先进性和代表性。

第六,中国共产党人才理论的创新与发展的根本保障是"坚持党对人才工作的全面领导"。党管人才既是中国共产党组织制度的重要组成部分,也是中国共产党人才理论的重要组成部分,百年来为确保为党的事业提供人才保障发挥了重要作用。面对新时代、新问题、新情况，习近平总书记进一步强调了"坚持党对人才工作的全面领导"[①]，拓展和深化了"党管人才"理论，体现了人才工作理念的创新突破，为中国共产党人才理论的创新和发展提供了政治方向和组织保障。

（马抗美，中国政法大学原副校长、教授、博士生导师，中国人才研究会人才学专业委员会常务副理事长。）

---

① 习近平在中央人才工作会议上强调深入实施新时代人才强国战略　加快建设世界重要人才中心和创新高地．人民日报，2021年9月29日．

百年来中国共产党人才思想研究*

徐　明　陈斯洁

2021年是中国共产党建党100周年华诞。百年的峥嵘岁月，中国共产党带领中国人民披荆斩棘、克服重重困难、勇往直前，实现民族的自由独立，建立起新中国，并且一路领导中国人民从站起来，到富起来，再到强起来。百年来取得的巨大成就离不开一代代杰出人才的不懈努力和辛苦付出，而这一代代的人才正是在中国共产党人才思想的召唤和指引下，团结带领全国各族人民在不同的历史时期，在不同的战线、行业、领域建功立业。中国共产党人才思想经过百年的淬炼和积淀，以马克思主义人才理论为理论源泉和基本遵循，在中国几千年贤能人才理论涵养下，在批判吸收借鉴西方人力资源、人才相关理论的基础上，不断地在继承中发展，在发展中创新，为革命、建设、改革和新时代等不同历史时期我党所面临的人才主体、标准及定义、选拔使用、培养发展、激励约束、人才价值等人才问题提供了源源不断、科学精准的理论源泉和实践指引。当今中国正在中国共产党的领导下克服各种发展中遇到的困难和问题，向着"两个一百年"的奋斗目标整装前行，我们比任何时候都更接近中华民族伟大复兴的目标。然而，我们也应当看到当前我国所处的国际环境，贸易保护主义抬头，单边主义、逆全球化思潮愈演愈烈。中华民族正处于世界百年未有之大变局，在当前的环境下，中国共产党人更应该不忘初心、牢记使命，不断发展创新人才思想，梳理党的人才思想的发展脉络及理路，为中国特色社会主义事业和实现中华民族伟大复兴的"中国梦"筑牢坚实的人才保障。因此，研究百年来中国共产党的人才思想具有重大的理论意义和现实价值。本研究通过梳理百年来中国共产党的人才思想的发展脉络，总结其发展历程中的逻辑理路和实践向度，立足新时代，为实现第二个百年奋斗目标和中华民族伟大复兴中国梦提供了人才理论借鉴并且具有实践价值的学术指引作用。

---

* 本文为中国社会科学院大学卓越研究项目"中国共产党人才思想与人才治理体系创新研究"（项目编号：2021 - KYLX02 - 04）；中国人才研究会2021年度立项课题（批准编号：ZRH—2101）。

一、中国共产党人才思想的理论来源

中国共产党人才思想在百年的发展历程中,以马克思主义人才理论作为理论源泉和基本遵循,涵养于中国几千年贤能人才理论,同时对西方的人力资源理论成果进行批判性吸收借鉴,形成了独具中国特色的人才思想,其理论来源大致可概括为以下三个方面。

(一) 理论源泉:马克思主义经典作家的著述

马克思主义人才理论主要可以从人的本质理论、人的自由全面发展理论、人力资本、人才价值、人才与环境关系等五个方面归纳。这些基本原理的提出,是马克思、恩格斯等思想家、理论家深刻洞悉资本主义的主要矛盾,列宁、斯大林等实践家、革命家在社会主义革命实践中总结提炼而最终形成的马克思主义人才理论。这些基本原理为中国共产党人才思想的形成提供了最重要的理论源泉和基本遵循。第一,在人的本质特征方面,马克思认为,人的本质是自然性、社会性和实践性三者的有机统一,自然性是指人的肉体存在及表现的特征[①];社会性是指人是一切社会关系的总和[②];实践性则是指人类生存发展的手段[③]。第二,在人的全面发展方面,马克思、恩格斯在《德意志意识形态》中讲到,"近代史资产阶级和无产阶级的对立,这种阶级对立下,人类才能的发展也出现了阶级分化……一些人(少数)得到了发展的垄断权,另一些人(多数)……暂时失去了任何发展的可能性"[④],同时马克思也指出"人类才能的发展最终会克服这种对抗,而同每个个人的发展相一致"[⑤]。第三,在人力资本方面,马克思主义政治经济学认为人才资源具有创造性,物质资源在生产过程中只能通过折旧与损耗的方式实现价值的同步转移,但劳动力在生产过程中却能够创造出比自身更大的价值。列宁指出人民群众是最大的人才资源库,"我们能够从这个大储备库中吸收力量,因为它能在建设社会主义的事业中向我们提供最忠诚、受苦难生活锻炼最多、最接近工农的工农领袖"[⑥]。第四,在人才价值方面,列宁和斯大林十分重视人才在社会发展中的重要作用,斯大林认为无论是"技术决定一切",还是"干部决定一切",最终都还

---

①③ 1844 年经济学哲学手稿. 人民出版社,2014.
②④ 马克思恩格斯全集(第 3 卷). 人民出版社,1960.
⑤ 马克思恩格斯全集(第 34 卷). 人民出版社,2008.
⑥ 列宁全集(第 37 卷). 人民出版社,1986.

要落到"人才决定一切"上[①]；列宁认为，人才在经济社会的进步发展中起着战略性、决定性作用。第五，在人才与环境的关系方面，马克思、恩格斯关于人的需要的理论[②]让我们认识到个人价值与社会价值辩证统一的关系，个人应以自己的活动、贡献来满足社会的需要，促进社会经济的发展，同时，个人的需要也会从社会或他人那里获得满足。

（二）千年涵养：中国几千年贤能人才理论涵养

在中国五千年的历史长河中，历代古圣先贤便看到了人才在政治、经济、社会、文化发展中的重要作用。这些脱胎于实践的贤能人才理论对我党人才思想的最终形成起到了得天独厚的文化涵养作用。在人才标准方面，龚自珍认为"哲人""人才"应是拥有"心力"的人，即追求个体生命"完全"的心理渴望和实现社会政治"仁和"的远大理想。王阳明在司马光"德帅才资"的基础上，主张判断人才的首要依据是"忠"，忠即忠诚，是官员的首要德行。在人才选任方面，尧、舜、汤、文王都善于识人用人，"是以尧以克明俊德为称；舜以登庸二八为功；汤以拔有莘之贤为名；文王以举渭滨之叟为贵。由此论之，圣人兴德，孰不劳聪明于求人，获安逸于任贤者哉"。此外，诸葛亮也深知用人之道，认为"治国之道，务在举贤"，"国之有辅如屋之有柱，柱不可细，辅不可弱；柱细则害，辅弱则倾"。刘基认为，任用人才应该用长避短、量才而用，待人以宽，量以容之。在人才发展方面，曾国藩提出"广收、慎用、勤教、严绳"和"访察、教化、督责"，在《应诏陈言疏》中曾国藩又提出了教诲、甄别、保举、超擢四种人才培养方式。在人才价值方面，孔子曾提出"贤人政治"的主张，墨子也认为"贤者为政则国治"，孟子也提出过"贤者在位，能者在职，其国必昌，能无敌于天下"。这里的"贤人""贤者""能者"便是指人才。

（三）西方借鉴：对西方人力资源理论成果的批判借鉴

除了马克思主义的经典论述以及中国几千年贤能人才的涵养以外，西方人力资源、人才相关理论的优秀成果也对我党人才思想的创新发展起到了方法论、经验、工具等方面的借鉴作用。亚当·斯密在《国富论》中初步提出人力资本的思想，认为固定资本"还包括社会上一切人民学到的有用才能，……学习一种才能，须受教育，须进学校，须做学徒，所费不少"。"人力资本之父"西

[①] 斯大林文选：上．人民出版社，1977．
[②] 马克思恩格斯全集（第46卷）：上．人民出版社，1979．

奥多·W.舒尔茨研究了人力资本在经济增长中的作用,提出人力资本的积累与提升是社会经济增长的重要源泉,影响经济发展的因素很多,而人是最重要、最关键的因素。在人才标准方面,戴维·麦克利兰经过研究发现影响工作绩效的包括人才的成就动机、团队影响力、人际理解等一些胜任特征,1973年麦克利兰发表了《测量胜任特征而非智力》一文,为胜任特征理论奠定了理论基础,为我党人才思想在人才标准制定、人才测评等方面提供了科学依据。在人才选拔任用方面,马斯洛在《心理学评论》中发表了《人类动机论》,提出了需求层次理论,认为人的需求可以分为生理需要、安全需要、社会需要、尊重需要、自我实现需要五个层次。维克托·弗鲁姆在《工作与激励》中提出了期望理论,提出人的积极性被调动的大小取决于期望值与效价的乘积,将目标设置与个人需求相统一。斯达西·亚当斯提出了公平理论,侧重于报酬大小与努力水平的关系,探讨报酬的合理性对员工工作积极性的影响。这些理论成果为我党人才思想在识别人才、任用人才、激励人才等方面提供了经验案例和方法论上的借鉴。在人才培养发展方面,斯金纳、赫西、布兰查德提出了强化理论;艾伯特·班杜拉提出了社会学习理论;彼得·德鲁克提出了目标设定理论;雷蒙德·A.诺伊提出了学习过程理论;彼得·圣吉提出学习型组织理论;萨柏、格林豪斯、施恩提出了职业生涯发展理论;帕森斯、霍兰德等人提出了职业选择理论。这些理论促进了西方人力资源选用、培训与开发的进一步发展,也为我党人才思想的人才选任、人才发展以及人才制度环境提供了理论视角、研究工具上的借鉴。

二、中国共产党人才思想的逻辑理路

党的百年人才思想的发展和实践过程中蕴含着多种逻辑,通过对这些逻辑的梳理,可以进一步将党的人才思想进行体系化、逻辑化,进而强化对于党的人才思想的理论认识和实践运用。党的百年人才思想具体有以下四对逻辑理路。

(一)理论逻辑与实践逻辑

理论是实践的基础,实践是检验理论的唯一标准。中国共产党成立一百年来,党的人才思想在实践中不断发展完善,逐渐形成了具有中国特色的人才思想理论和体系,将人才理论与人才工作的实践相互贯通,实现人才理论从人才工作的实践中来,又指导实践活动。党的人才思想将马克思主义基本原理与中国实际和时代特征相结合,在新民主主义革命时期,陈独秀和李大钊都认为工人阶级是中国革命的主体,并且李大钊进一步强调农民阶级也是中国革命的主体,毛泽东在实践中将工农阶级作为我们革命的主力军,在此基础上充分团结一切力量,建立起抗日民族统一战线。在社会主义革命和建设时期,毛泽东提出要在生产实践中培养"又红又专"的人才,改革开放和社会主义现代化建设新时期,江泽民和胡锦涛分别提出了科教兴国战略[1]和人才强国战略,[2] 为我国社会主义建设提供了大批人才。中国特色社会主义进入新时代,我们面临着新的社会主要矛盾,即人民日益增长的美好生活需要和不平衡不充分的发展之间的矛盾,我们党的人才思想更应在新时代的实践中不断丰富发展,检验理论并丰富理论。

(二) 政治逻辑与学理逻辑

政治逻辑是理论的政治观、时代观、人民观的综合体现;学理逻辑则是继承观、创新观、整体观、科学观、辩证观的体系化、系统化。梳理我党人才思想的逻辑理路,不仅要探索挖掘建立党的人才思想发展的政治逻辑理路和政治理论话语体系,也应厘清学理逻辑,将人才思想的政治理论话语转化为人才思想的学术理论话语,从而将党的人才思想进一步深化细化,促使其系统化、体系化的发展。人才思想作为我党思想的重要组成部分,具有鲜明的政治逻辑。人才思想具有阶级性,它应符合最广大人民的根本利益,为我党未来的人才工作指明方向,坚持问题导向,与时俱进,为实现中华民族的伟大复兴输送人才、提供人才保障。我党人才思想中人才主体、人才选任、人才发展、人才价值等方面的整合升华深刻体现了我党人才思想的学理逻辑。经过百年的实践运用、创新发展,我党的人才思想由过去的"选、用、育、留"逐渐深化、细化到新时代的"识才、爱才、用才、容才、聚才"。

(三) 主题逻辑与内容逻辑

从主题逻辑到内容逻辑这一逻辑理路是从宏观视角到微观视角对党的人才思想加以阐述。党的人才思想可以划分为不同的主题,各个主题又可细化为不同的子主题等具体内容。概括起来,党的人才思想主要分为人才主体、人才选任、人才发展、人才价值、人才环境五个主题。在人才主体这一主题中,主要以人才主体构成、人才定义为主要内容。在人才选任这一主题中,主要以"德才兼备""不拘一格用人才"等识才用才标准及方式为主要内容。在人才

---

[1] 江泽民文选(第一卷). 人民出版社, 2006.
[2] 胡锦涛文选(第二卷). 人民出版社, 2016.

发展主题中,主要以"人人皆可成才"、人才激励、人才环境建设、爱才、容才、"聚天下英才而用之"等为主要内容。在人才价值这一主题中,主要以人才在革命、建设、改革、新时代等不同历史时期的重要作用、价值体现等为主要内容。在人才环境这一主题中,人才环境是造就人才、吸纳人才、充分发挥人才作用的基础,人才是建设社会主义现代化强国和实现中华民族伟大复兴中国梦的主体,关键是要营造一个有利于人才发展、人才成长的制度政策环境,完善人才流动、发展的制度政策体系,"在育才、识才、选才、用才上形成一种良好风尚,推进人才管理制度的优先创新,形成有利于人才发展的常态机制和长效机制"。人才主体、人才选任、人才发展、人才价值、人才环境五个主题环环相扣、互为支撑,共同构成了中国共产党的人才思想的主题和内容逻辑。

(四) 历史逻辑与现实逻辑

党的人才思想不是凭空产生的,是建党百年来我党对马克思基本原理中国化的伟大实践和持续探索中得来的,是对几千年中华贤能人才涵养的传承发展中得来的,并且批判吸收借鉴了西方人力资源理论成果,由此丰富发展得来的。同时,党的百年人才思想也被充分运用到了革命、建设、改革、新时代等不同历史时期的具体实践中。新民主主义革命时期我国社会的主要矛盾是帝国主义和中华民族的矛盾、封建主义和人民大众的矛盾;社会主义革命和建设时期我国社会的主要矛盾是人民对于建立先进的工业国的要求同落后的农业国的现实之间的矛盾;改革开放和社会主义现代化建设新时期我国社会的主要矛盾是人民日益增长的物质文化需要同落后的社会生产之间的矛盾;中国特色社会主义进入新时代我国社会的主要矛盾是人民日益增长的美好生活需要和不平衡不充分的发展之间的矛盾。为了适应不同阶段社会主要矛盾的变化,党的人才思想以解决这些现实问题和矛盾为导向,不断创新发展,以适应不同时代的现实要求。

三、中国共产党人才思想的实践向度

党的百年人才思想既是严谨完善的理论体系,也经受住了实践的检验;既保持人才工作实践的延续,又有新的实践创新。在革命、建设、改革、新时代的不同历史时期,我们党对人才思想理论进行了不同的实践运用。归纳起来,党的人才思想有以下六个特点鲜明的实践向度:

（一）战略管控：从党管干部到党管人才

东西南北中，党是领导一切的，从本质上来看，人才是上层建筑，具有明确的政治性，而政治性就是党性。因此要维护党对人才的绝对领导，坚定人才发展的政治道路。中国共产党自立党之初就有党管干部、党管人才的历史。新民主主义革命时期，陈独秀主要通过办报宣传马克思主义，通过创办《劳动界》等刊物，向工人宣传马克思主义；李大钊在北京大学发起组织了马克思学说研究会，在大学授课期间开设了"辩证史观""社会学""女权运动史"等课程，向青年宣传马克思主义。毛泽东在实践中提出枪杆子里面出政权，要建立起中国共产党自己的军事干部和军队，通过三湾改编，将支部建在连上，加强党对军队人才的领导。同时，毛泽东也强调"党的组织要向全国发展，要自觉地造就成万数的干部，要有几百个最好的群众领袖。……依靠这些人联系党员和群众，依靠着这些人对于群众的坚强领导而达到打倒敌人之目的"①。

社会主义革命和建设时期，毛泽东提出了"又红又专"的人才标准，"红"就是具有坚定正确的政治方向，"专"就是学习和掌握现代化建设的专业知识，成为本职工作的内行和能手②。改革开放和社会主义现代化建设新时期，胡锦涛提出"坚持党管人才原则，……充分发挥我们党的领导核心作用，……为做好人才工作提供坚强的政治保证，更好地统筹人才工作，更好地组织起全面建设小康社会的浩浩荡荡的人才大军"③。中国特色社会主义新时代，习近平总书记要求领导干部要"常修为政之德，常思贪欲之害，常怀律己之心，在实践中把做人与做官统一起来，把学习与改造统一起来，把'立言'与'立行'统一起来，真正做到为民、务实、清廉"④。

同时，人才也是事关全局的战略问题，应把人才置于战略位置加以管控。基于邓小平的"科学技术是第一生产力"思想，江泽民提出了科教兴国战略，坚持教育为本。胡锦涛提出了人才强国战略，着力培养造就高素质人才队伍，认为"国以才立，政以才治，业以才兴。……人才问题是关系党和国家事业发展的关键问题"⑤。中国特色社会主义进入新时代，习近平总书记将科技人才在创新驱动发展战略中的地位作用提到了前所未有的高度。人才问题事关全局，要坚持从党管干部到党管人才，再到人才治理的发展路径，在国家治理体

---

① 毛泽东选集（第1卷）．人民出版社，1991．
② 向毛泽东学习．中国共产党新闻网，2013年12月3日．
③ 十六大以来重要文献选编（上）．中央文献出版社，2005．
④ 习近平．之江新语．浙江人民出版社，2013．
⑤ 胡锦涛．在庆祝我国首次月球探测工程圆满成功大会上的讲话．人民日报，2007年12月13日．

系中将人才治理作为重要的发展方向，进而为实现中华民族伟大复兴的中国梦和两个"百年"目标提供人才支撑和人才保障。

（二）时代考量：聚焦时代主题，明确人才主体

新民主主义革命时期，李大钊积极号召青年知识分子和人才深入农村和农民中去，在《青年与农村》中讲到"只要知识阶级加入了劳工团体，那劳工团体就有了光明；只要青年多多的还了农村，那农村的生活就有改进的希望"。在李大钊的"中国革命的中心在农村"的思想的影响下，加之以城市为中心的斗争始终处于困境，毛泽东深刻认识到农村的重要性，根据我国国情建立起井冈山革命根据地，提出"农村包围城市、武装夺取政权"的革命思想。社会主义革命和建设时期，为尽快恢复发展生产力，巩固新中国这一新生政权，毛泽东提出要建立庞大的无产阶级人才队伍。改革开放和社会主义现代化建设新时期，邓小平首先为知识分子正名，将知识分子作为社会主义事业和改革开放大业的主体人才看待，使知识分子在改革开放中成为重要的人才资源。江泽民出于国家长治久安及长远建设的考虑，提倡干部年轻化，大量提拔青年人才担任领导职务。中国特色社会主义进入新时代，创新人才是建设创新型国家，实现中华民族伟大复兴中国梦，建设社会主义现代化强国的有力支撑和保障。根据国内外形势，习近平总书记将创新人才摆在核心位置，强调要汇聚创新人才，凝聚创新力量，聚集起一支强大的创新型人才大军①。

（三）德帅才资：以德为先，知人善任，任人唯贤

"才者，德之资也；德者，才之帅也"。只有以德帅才，德才兼备，才能充分施展才干。新民主主义革命时期，为了建立起抗日民族统一战线，毛泽东提出"任人唯贤"的用人路线，反对任人唯亲，指示秘书但凡亲友来访，一律坚持"四不"原则，"凡是要求给安排工作的，一律谢绝，……不介绍、不推荐、不说话、不写信"②；明确了新形势下全党尤其是高级领导干部"两个务必"的作风要求，坚持不唯学历、唯才是举，任用提拔自学成才的萧楚女和田家英。坚持既往不咎、唯才是用，对于曾经犯过错误，但只要不是原则性错误的人才也宽容以待。

社会主义革命和建设时期，毛泽东坚持不拘一格、知人善用，他深知刘伯承的军事教育之才，同意刘伯承担任中国人民解放军军事学院院长，进而培养

---

① 徐侠侠，鲁宽民．习近平关于创新人才的重要论述及其实现路径．思想理论教育导刊，2019年第7期．
② 毛泽东领导艺术．人民出版社，1984．

了一大批新型的军事干部，推动了中国军队的现代化和正规化。对于起义、投诚参加社会主义建设的原国民党党政要员，毛泽东也大都做了妥善安排，有的还身居要职。

改革开放和社会主义现代化建设新时期，邓小平强调干部要注意德才兼备，"德"就是坚持社会主义道路和党的领导，党的十一届六中全会上第一次全面准确地对干部队伍"四化"进行了完整的阐述，标志着"四化"方针的形成。在"四化"的基础上，江泽民希望青年能够"成为理想远大、热爱祖国的人；成为追求真理、勇于创新的人；成为德才兼备、全面发展的人；成为视野开阔、胸怀宽广的人；成为知行统一、脚踏实地的人"。2010年，胡锦涛在中共中央、国务院召开的全国第二次人才工作会议上强调："要不拘一格、广纳群贤，破除论资排辈、求全责备观念，在实践中发现人才、培育人才、锻炼人才、使用人才、成就人才"[1]。

中国特色社会主义新时代，习近平总书记指出领导干部要廉洁自律，并提出了"为官"四要[2]，建立"广开进贤之路"的人才选拔机制，并指出"用才之基在储才，储才之要在育才"，坚持用人不疑、疑人不用；金无足赤、人无完人；天道酬勤、人尽其能，营造良好的用人氛围[3]。

（四）知行合一：理论与实践相结合，在实践中增长才干

新民主主义革命时期，毛泽东为促使人才加强理论与实际的结合，提出知识人才到实际斗争中去，建立干部参加生产劳动的制度。

在社会主义革命和建设时期，毛泽东注重教育与生产劳动相结合，在毛泽东的主持下，中央首先将210万野战军全部转为工作队，开设各种干部学校对新参加革命的知识分子进行培养教育[4]。

改革开放和社会主义现代化建设新时期，邓小平进一步完善了干部培训制度、干部考核制度、干部的监督制度、干部使用交流制度等，同时废除领导终身制，使干部队伍人才辈出，稳步发展。江泽民教导青年"人才的成长最终要在社会的伟大实践和自身的不断努力中来实现"，要坚持将理论知识与社会实践相统一、个人理想与国家命运相结合[5]。

进入新时代，习近平总书记对领导人才提出应重视理论学习和实践深度有

---

[1] 胡锦涛在全国人才工作会议上的讲话. 人民日报，2010年5月27日.
[2] 王丽，罗洪铁. 试论习近平在地方工作期间关于人才的重要论述. 思想政治教育研究，2019（1）.
[3] 张峰. 何以聚才用才——学习习近平总书记关于人才工作的重要论述. 人民论坛，2018（21）.
[4] 邓亚秋. 试析毛泽东人才思想发展阶段的划分标准. 毛泽东思想研究，2010（1）.
[5] 毛泽东 邓小平 江泽民论教育. 中央文献出版社，2002.

机结合①，要求领导干部到基层，进行传帮带，引导人才学以致用，提高工作水平，以身作则，带头培养干部。重视立德树人，加强社会主义核心价值体系建设，积极培育和践行社会主义核心价值观，全面提高公民道德素质，培养知耻辱、讲正气、作奉献、促和谐的良好风尚②。

（五）价值旨归：人才是第一资源，人才决定一切

新民主主义革命时期，我党始终把人才视为革命取得成功的关键。新中国成立初期，我国百废待兴，人才极度缺乏，周恩来始终认为"我国要建设，干部、人才就成为一个决定性的因素。其他条件都具备，缺乏干部、人才也是不行的"③，在周恩来的亲自关怀下，钱学森、李四光、钱三强等海外优秀人才，历经千难万险回到祖国，这些优秀人才为我国社会主义现代化建设事业作出巨大贡献。比如1964年我国爆炸第一颗原子弹，1967年我国爆炸第一颗氢弹，1970年我国发射第一颗人造地球卫星东方红一号等，这些成就的取得无不是这些优秀人才的智慧结晶，为打破当时美苏对我国的核讹诈、核欺凌、核威胁起到了举足轻重的决定性作用，也更凸显党的人才思想在实践中应用而结出的累累硕果。

改革开放和社会主义现代化建设新时期，邓小平指出现在我们国家缺乏一大批实现四个现代化路线及方针的人才，急需培养、选拔一大批合格人才。江泽民提出"人才资源是第一资源"，指出"当前的国际竞争，实质是以经济和科技实力为基础的综合国力的竞争，也是人才的竞争，是领导者的能力和民族素质的竞争"④，我国社会主义现代化建设事业能否不断取得成功，关键在人才。

中国特色社会主义新时代，习近平总书记认为"发展是第一要务，人才是第一资源，创新是第一动力"⑤，指出"人才是衡量一个国家综合国力的重要指标。没有一支宏大的高素质人才队伍，全面建成小康社会的奋斗目标和中华民族伟大复兴的中国梦就难以顺利实现"⑥。

（六）汇聚英才：营造爱才容才的人才环境，聚天下英才而用之

我党一贯重视人才成长发展的环境，用才之基在于储才，要想实现储才聚才，就需要营造爱才的环境、容才的"肚量"，这样才能营造出信任、包容的

---

① 习近平总书记在福建的探索与实践. 福建日报，2017年8月5日.
② 习近平谈治国理政. 外文出版社，2014.
③ 周恩来教育文选. 教育科学出版社，1984.
④ 毛泽东、邓小平、江泽民论人才. 党建读物出版社，2003.
⑤ 习近平. 发展是第一要务，人才是第一资源，创新是第一动力，新华网，2018年3月7日.
⑥ 习近平在欧美同学会成立100周年庆祝大会上的讲话. 人民日报，2013年10月22日.

用人氛围。邓小平指出落实"两个尊重","要创造一种环境,使拔尖人才能够脱颖而出,改革就是要创造这种环境"①。习近平总书记强调"领导很重要的责任,就是为人才的成长创造环境、创造机会,……让他们能够施展才干、实现价值"②,习近平总书记多年来在多个岗位历练过,每一段历程都记录了一个伟大的马克思主义实践者的立场、观点和方法③。也正因如此,习近平总书记深知人才环境对于人才发展成长的重要作用。他在主持河北正定县委工作期间,提出"人才九条"为人才发展营造良好的工作、制度环境,强调"念好人才经",亲自拟写"招贤榜",通过"外请""下挖""内用"建立起正定历史上第一本"人才账";④ 在浙江主持工作时,习近平总书记强调"不断提高爱才、识才、用才、聚才的水平"⑤,营造尊重特点、鼓励创新、信任理解、宽容失败的良好环境,使浙江成为各类人才创新、创业的天堂和乐园⑥。要求"在全社会积极营造鼓励大胆创新、勇于创新、包容创新的良好氛围,既要重视成功,更要宽容失败,为人才发挥作用、施展才华提供更加广阔的天地"⑦。当前全球范围内人才战争愈演愈烈,除了给以市场定价的薪资外,对于人才还应该从感情、从事业、从平台等方面加以吸引,不错失怠慢人才,对人才给予足够的关心爱护,积极营造关心人才、爱护人才的环境⑧。

四、结论

总体来说,中国共产党建党百年的人才思想的发展演进经历了四大历史时期,在革命、建设、改革和新时代的历史进程中,我党的人才思想逐渐沉淀下来,并在实践中得以不断继承发展和创新超越。

(一)主题内容:人才主体、人才选任、人才发展、人才价值、人才环境

党的百年人才思想在继承发展马克思主义经典作家著述,传承中国几千年贤能人才涵养,批判吸收借鉴西方人力资源理论成果后,逐渐丰富形成了人才主体、人才选任、人才发展、人才价值、人才环境等五大主题内容。第一,在

---

① 邓小平文选(第三卷). 人民出版社,1993.
② 习近平在全国人才工作会议上的讲话. 人民日报,2010 年 5 月 27 日.
③ 马建堂. 伟大的实践 深邃的理论——学习习近平新时代中国特色社会主义经济思想的体会. 管理世界,2019(1).
④ 聚天下英才而用之 学习习近平关于人才工作重要论述的体会. 中国社会科学出版社,2017.
⑤ 习近平. 干在实处走在前列——推进浙江新发展的思考与实践. 中共中央党校出版社,2006.
⑥ 彭公璞. 聚天下英才而用之. 学习时报,2015 年 3 月 2 日.
⑦ 习近平谈人才培养:既要重视成功,更要宽容失败. 中国共产党新闻网,2016 年 4 月 6 日.
⑧ 聚天下英才而用之 学习习近平关于人才工作重要论述的体会. 中国社会科学出版社,2017.

人才主体方面,包括人才标准的划定、人才主体的定义及分类。人才主体具有阶级性,人才的标准也不是一成不变的。人才应以人民为中心,来源于人民群众,同时应该坚定马克思主义立场,德才兼备。第二,在人才选任方面,包括识别人才、选用人才等。面对不同时期的社会矛盾和问题,需要不同的人才解决问题,党需要有识别人才的能力,合理配置和使用不同类型人才,使"人人皆可成才、人人尽展其才",促使人才在适合自己的岗位上为社会主义现代化事业奉献力量。第三,在人才的培养发展方面,党不仅要重视人才培养,为人才成长营造良好的经济、政治、社会环境,允许人才在一定程度内犯错,更应该注重促使人才自主学习、发展,营造良好的人才发展环境,在爱才、容才的同时,达到"聚天下英才而用之"的最终目标。第四,在人才的价值方面,人才决定一切,人才问题是上层建筑,应把人才置于战略高度加以考量,从而为我国建设社会主义现代化强国,实现中华民族伟大复兴的中国梦提供保障和支撑。第五,在人才发展成长的环境方面,识才、爱才、用才、容才、聚才最终要落实到为人才的发展和成长营造良好的环境,因此我们应破除束缚人才发展和成长的各种阻碍,建立健全科学的人才评价、人才选任、人才发展、人才吸引、人才流动、人才激励机制。

(二)理论飞跃:三次重要历史时期中国共产党人才思想的创新发展

党的百年人才思想发展历程中经历了三次大的理论飞跃。第一次是以毛泽东为代表的中国共产党人将马克思主义基本原理与中国革命实践相结合。毛泽东结合中国实际国情提出"农村包围城市"的理论,使中国人民在中国共产党的领导下建立新中国,找到并走上了中国特色的革命道路,完成了"站起来"的飞跃。第二次是以邓小平、江泽民、胡锦涛为代表的中国共产党人把马克思主义普遍真理同中国具体实际相结合,科学总结社会主义建设历史经验以及改革开放以来的实践经验,形成了包括邓小平理论、"三个代表"重要思想、科学发展观在内的中国特色社会主义理论体系。为我国改革开放按下启动键和前进键,带领中国人民找到一条建设有中国特色的社会主义道路,完成了"富起来"的飞跃。第三次是以习近平总书记为代表的中国共产党人进一步地把马克思主义中国化,科学总结十八大以来党中央治国理政的经验,创立习近平新时代中国特色社会主义思想,并在这一思想的指引下,领导全国人民推动党和国家事业发生了一系列根本性、历史性的变革:由要素驱动到创新驱动,由强调发展到统筹发展与安全,由重点突破非均衡发展到全面协调发展,由让一部分人先富起来到使全体人民共享发展成果,由国家主导体制到推进国家治理体系和能力现代化,由回应外交挑战到积极参与全球治理、构建"人类命运共同体"和共建"一带一路"倡议。这些历史性变革，为我国改革开放按下快进键，使我国跨步进入了中国特色社会主义新时代，完成了"强起来"这一伟大历史性飞跃。习近平总书记关于人才的重要论述是对党的人才思想的继承发展和创新超越，为我党在两个一百年奋斗目标交汇之际，在新的历史起点下建设社会主义现代化强国目标，指导全党全国人才工作提供了方向盘和指南针。

（徐明，中国社会科学院大学教授，博士生导师，国家治理现代化与社会组织研究中心执行主任；陈斯洁，中国社会科学院大学人力资源管理研究生。）

乡村振兴人才研究

乡村振兴的本土人才支撑研究*

郭建平

国以才立，业以才兴。十八大以来，习近平总书记多次强调人才的重要性，历年的中央一号文件也把乡村人才建设放在了重要位置。尤其是党的十九大做出乡村振兴重大决策部署后，人才振兴成为乡村振兴的关键所在。长期以来，农村由于受到各项因素影响，本土人才流失情况越来越严重。本土人才流失，外来人才留不住，直接制约着农业农村现代化建设，甚至成为实施乡村振兴战略的最大掣肘。2021年，中共中央办公厅 国务院办公厅印发了《关于加快推进乡村人才振兴的意见》明确指出，要大力培养本土人才，推动乡村人才振兴工作有序开展，为全面推进乡村振兴、加快农业农村现代化提供有力人才支撑。因此，开展乡村振兴的本土人才支撑研究，打造高素质的乡村本土人才队伍，对助推乡村振兴战略的有效实施具有现实意义。

一、乡村振兴对本土人才的需求

（一）复合型新型农业人才

农业作为基础产业，为国家建设和发展提供着重要保障。就目前我国农业发展的整体情况来看，从事农业生产的人员专业素质和技术水平相对较低，复合型农业人才缺乏，这些人才上的短缺直接制约着农业现代化进程，不利于农业产业的绿色、健康、可持续发展。国家乡村振兴战略的实施，受到了乡村群众的积极响应，他们希望获得先进的种养技术、优质的作物品种、高效的管理技术等专业知识，进而提高农业生产效益，获得良好收益。但从我国现阶段的农业产业发展情况来看，农业生产者为了图省事，过度使用农药、化肥，粗放灌溉，不仅造成了农村土壤污染、水污染和环境污染，还导致资源的过度浪费，与国家生态发展战略严重不符，这些问题都急需专业人才来提供科学解决

---

* 本文为中国人才研究会2021年度立项课题。批准编号：ZRH—2117。

方案，修复和改善农业农村生态环境。发展农业必须走出一条创新发展之路，这样才能保证农民增收。乡村产业振兴亟须一批复合型新型农业人才去创新和探索农业农村发展新模式，深度挖掘农业农村新功能、新价值，比如发展农产品电商、开展精深加工、实施乡村旅游等；同时，农民也需要获得相应的知识和技能来助力农村产业的发展，复合型新型农业人才既能起到示范带头作用，激发农民参与积极性，也能为农民传授先进的知识和技能，让农民真正受益。

（二）乡村现代化治理人才

乡村振兴，需要多方发力。有序推动现代化乡村治理体系建设需要组建一支强有力的乡村现代化治理人才队伍。乡村现代化治理人才拥有优良的政治、组织、协调、团结群众能力，能够更好地引导农村事业发展，圆满完成上级人民政府下达的各项任务，有序推动乡村产业发展，更好地带动人民群众发展致富，确保农村基层社会和谐稳定，推动乡村基层社会治理迈上新台阶，助力乡村振兴。就我国现阶段的乡村领导人才队伍情况来看，随着农村深化改革工作的推进，村两委工作队伍得到了明显加强，但村两委工作队伍整体文化程度构成情况仍然有待完善，综合文化水平相对较低，乡村振兴战略的实施亟须乡村现代化治理人才作为支撑，这些乡村现代化治理人才需扎根基层，沉下心来服务乡村振兴。此外，乡村振兴还需要一批高素质的法律人才来改善乡村法治环境，确保乡村社会治理实现"德治、自治、法治"的有效结合，确保乡村社会法治建设取得新突破。

（三）高素质公共服务人才

留住本土人才，实现乡村人才振兴，需要配套的基本公共服务体系作为支撑，这样才能缩小城乡差距，为留住本土人才营造良好的生产生活环境。近年来，尤其是全面打赢脱贫攻坚战期间，农村地区的基础设施条件有了明显改善，乡村公共服务质量也有所提升。但就乡村医疗卫生、乡村教育、社会保障等发展情况来看，仍然存在许多问题和不足，比如，乡村教师队伍结构有待完善，尤其是偏远农村地区，教师年龄结构、学历水平、专业职称等方面发展极不平衡，乡村学校高水平教师力量严重匮乏，学科发展极不平衡，教师流动性大，综合教学水平较低，不利于乡村教育的健康发展。乡村医疗卫生条件较差，偏远地区乡镇卫生院这种情况尤为明显，相关医护人员不足，村医专业技术水平较低，药物品种不全，重大疫情和慢性病防控人才匮乏，这些都严重制约着乡村医疗卫生事业发展。农村社会保障工作开展基本都是村委和乡镇派人兼职，相关社会保障工作落实不到位，乡村社会保障工作缺乏专业人才。

二、乡村振兴的本土人才支撑存在的问题

(一) 本土人才严重流失

随着城镇化进程的加快，乡村本土人才因为工作、学习等因素大规模流向城市，尤其是青年人才流失更为严重。统计数据显示，我国农村外出务工人员数量呈逐年增加趋势，外出务工人员中隐藏着大量的本土人才，他们外出务工后"一去不返"，基本与乡村脱节，有的外出务工人员在机会成熟时甚至将自己的妻子儿女带离农村，最终为农村留下了"空巢老人"，长此以往，农村仅存的劳动力逐渐向"高龄化"发展，5~10年以后，老一辈劳动力"退休"可能直接导致农村劳动力断层，土地撂荒现象也将日益严重，有可能直接威胁到国家粮食安全。此外，外出求学人才流失严重，许多出生农村的学子在大学毕业后，考虑到就业条件、生活环境、子女教学、医疗卫生、基础设施等多方因素，大多数学子都选择了在城市工作，他们的父母出于"面子"考虑也不愿他们回乡就业，这种"逃离"农村的情况已成为普遍现象，本土人才外流十分严重。虽然国家政府已经注意到本土人才流失的问题，也相继出台了相关的人才引进政策，但由于城乡差距，许多人才都处于观望态度，还是将进城发展作为首选。

(二) 现有本土人才综合素质不高、结构不合理

我国乡村常住人口虽然基数大，但就这些本土人才构成情况来看，结构上不合理，整体素质参差不齐。农村现阶段从事农业生产的农民，由于当时生活条件限制，绝大部分农村劳动者的受教育程度较低，初中及以下文化程度的人员占比超过91%，这就导致农业从业者整体素质偏低，掌握的农业生产技术基本都靠传统经验技术积累，真正掌握现代农业生产技术和农业种养专业知识的人才较少，专业人才相对匮乏。大量的农村青壮年劳动力外出务工，导致农村隐藏人才严重流失，现有农业从业者老龄化问题严重。就农林牧渔服务业发展情况来看，随着农业现代化的不断推进，我国农业产业发展对农业技术人才的需求明显增加，但是我国现阶段农村专业技术人才相对匮乏，很难满足现代农业发展需要。人才引进政策的实施，虽然吸引了部分人才，但是这些本应该去村上的人才被乡（镇）政府截留，引进人才作用无法得到有效发挥。此外，乡镇行政人员较多，涉及相关技术推广工作的专业技术人才配置较少，即使有配置也被乡镇抽调从事行政工作，工作开展困难较大。由此可见，我国农村现

阶段的本土人才结构很难满足乡村振兴的发展需要。

（三）乡村环境有待进一步改善

良好的发展环境对留住人才具有很强的吸引力。改革开放以后，我国城乡二元结构日趋明显，城市发展速度明显高于农村，虽然近年来国家采取了各种措施来化解城乡二元结构，但与城镇相比，我国乡村的经济环境、生活环境和基础设施条件相对比较落后。第一产业仍然是乡村的主导产业，第二、第三产业虽然有所发展，但是发展不够成熟，并且相对比较混乱，还不能为本土人才提供合适的岗位，加上工资水平、发展前景、个人价值实现等影响，很少有人愿意留在乡村。同时，乡村的医疗卫生、社会保障、教育养老、文化娱乐等方面的不完善，也直接导致许多本土人才不愿意留在农村发展。此外，乡村社会事务繁杂，本土人才流失更加加剧了乡村社会治理的难度，对乡村社会治理现代化带来了极大的挑战，长此以往，不利于乡村振兴战略的实施。

三、乡村振兴的本土人才支撑建议

乡村振兴关键在人，加大乡村本土人才建设力度，加快推进乡村本土人才振兴，创造良好的本土人才发展环境，让乡村能够真正地吸引人、留住人，更好地为乡村振兴提供强大的人才助力。本土人才作为乡村振兴的主力人才，由于他们是乡村土生土长的人，他们可能没有高学历、高职称，也不被其他地方称为人才，但是他们对乡村有着独特的情怀，通过从事农业生产积累了丰富的乡村实践经验，能够扎根乡村，为乡村振兴贡献自己的经验，解决乡村振兴过程中面临的实际困难。因此，乡村振兴要依托本土人才优势，科学培养高素质本土人才，激发本土人才才干，充分调动本土人才的积极性、创造性、参与性，更好地助力乡村振兴战略的实施。

（一）注重培强农村领导

组织振兴是乡村振兴的制度保障。坚实的村党支部对于团结群众、宣传落实党的路线、方针、政策具有重要作用，可有效化解乡村基层社会矛盾，推动乡村产业项目落地，助力乡村振兴。因此，乡村振兴要注重农村领导干部队伍建设，选好"领头雁"人才，对于原有村两委班子、致富能人、返乡人才与退伍军人分别采用择优留、择优推、择优选等三项结合的方法来选优配强乡村领导队伍，并抓好干部队伍的学习培养，为乡村振兴培育一批清醒明白的"领头雁"、事业有为的排头兵、永葆本色的带头人，更好地带领村民参与乡村振兴建设。作为村委会，要大胆革新，将敢闯、敢拼的年轻人吸收为村委班子成员，着重考察年轻人才的品行、担当与能力，注重知识文化积累，增强为民服务能力，并定期组织开展乡村振兴知识学习，坚定乡村振兴决心。凝聚农村本土人才智慧，加大对村两委工作监督力度，畅通建言环境，促进村两委科学领导、民主决策。

（二）加快培育新型农民

随着时代的快速进步，农业产业对农民的综合素质提出了更高要求。推动农业高质量发展，实现农业农村现代化迫切需要新型农民作为支撑。要在乡村振兴背景下有效落实"耕耘者"计划，开展新型农民教育培训，建立现代化的新型农民培训制度，为乡村振兴战略的实施培养职业农民，切实转变传统农民身份。要结合乡村产业发展实际需求，设置相应的产业发展研究项目，综合提升农民综合种养技能，切实解决农民在种植和养殖过程中面临的各项技术难题。要确保新型农民培训常态化，通过调研查找农民种养面临的问题，定期开展相关培训，并结合市场动态穿插讲解市场知识，不断增强农民的市场敏锐性和市场经济意识，有效提高农民的种养收益。要充分利用农闲时间，利用互联网络开展远程网络授课，授课内容涵盖农林牧渔生产技术、加工技术、营销技术等各个方面，农民可结合自身发展需要选择课程内容和参与学习时间，达到相关标准后可为农民颁发新型农民职业资格证书，逐渐增强新型农民的职业代入感，加快农民思想转变。要注重提升农民的科技素质、专业技能、职业素养和社会责任感，充分借助现有的学习培训平台，并不断丰富和完善新型农民培训资源，通过理论与实际相结合的培训方式，有效提升本土人才的培养效率，切实增强本土人才的职业素养和综合技能。

（三）积极吸引返乡人才

虽然大量青壮年本土人才选择外出务工，但是他们对家乡的留恋却没有减少，如果家乡条件允许，许多在外务工人员愿意在家乡谋发展，为乡村振兴作贡献。作为地方政府部门，要结合本地发展实际情况，理解吃透国家相关政策措施，制定切实可行的本土人才激励措施，充分挖掘留乡本土人才的潜力，虚心邀请外出务工的能人回乡创业，创造条件吸引在外求学的人回乡发挥才能。对于乡村考出去的大学生，可结合相关政策给予一定的物质奖励，支持、扶持他们外出求学，借此增强外出求学学子的归属感，并在就业和创业方面给予他们相关的政策倾斜，为人才回流创造良好环境。要充分挖掘乡村现有"土专家""田秀才"的潜力，切实发挥他们在农业种养上的作用，为他们搭建能够充分展示才华的舞台，鼓励他们全心投入乡村振兴建设之中，确保乡村能够留住人才。此外，要在政策和机制体制上进行大胆创新，打破传统户籍限制，提供更加便捷的公共服务，改善住房、医疗、教育、文娱等环境，切实解决返乡人才的后顾之忧，有效提升本土人才的幸福感、获得感和满足感，让农村的"乡仇"转变为"乡愁"。

（四）营造良好发展环境

良好的发展环境是留住人才的重要参考因素。实施乡村人才振兴，就是要建立健全和完善农业农村发展的相关政策措施，努力为留住本土人才和吸引外来人才提供政策保证，国家和地方政府出台的相关政策应该适度向农村倾斜，并为农村本土人才建设和农业农村发展提供财政支持和金融扶持，确保农业各项补贴更加科学合理，有效保障从事农业生产者的合法权益。要制定出台科学的乡村人才振兴规划，健全和完善本土人才培养机制、返乡人才激励机制、外来人才引进机制，加强农村人才队伍。要积极扶持农村产业发展，科学引进龙头企业，扶持壮大涉农企业、农民专业合作社、集体经济，促使农村产业振兴，打开农村本地就业市场，留住部分外出务工人才。要健全乡村人才职业发展机制，加快推进传统农民向新型农民职业身份转变；积极营造尊重人才、尊重知识的良好人才发展氛围，实现本土人才与引进人才共同发展，并制定完善的人才评价考核激励机制，充分发挥人才价值，切实满足乡村人才的物质追求。要补齐乡村短板，加快推进农村各项基础设施建设，为人才提供便捷的教育、医疗、卫生、养老、文娱、体育、社会保障等公共服务，建设宜居宜业美丽乡村，让人才能够真正爱上乡村，愿意留在乡村，全心全意助力乡村振兴。

（郭建平，山西农业大学继续教育学院院长。）

乡村振兴战略视域下的人才困境与破解之策[*]

李 平　杨小草等

中共中央、国务院印发的《乡村振兴战略规划（2018—2022 年）》提出："党的十九大提出实施乡村振兴战略，是以习近平同志为核心的党中央着眼党和国家事业全局，深刻把握现代化建设规律和城乡关系变化特征，顺应亿万农民对美好生活的向往，对'三农'工作做出的重大决策部署，是决胜全面建成小康社会、全面建设社会主义现代化国家的重大历史任务，是新时代做好'三农'工作的总抓手。"[①] 实施乡村振兴战略，必须加强乡村人才队伍建设，充分发挥乡村人才在乡村振兴中的引领、支撑和推动作用。

一、实施乡村振兴战略，必须强化人才支撑

乡村人才是指具有一定的知识或技能，为乡村经济和科技、教育、卫生、文化等各项社会事业发展提供服务、作出贡献，起到示范带动作用的农村新型劳动者。习近平总书记指出："人才是第一资源。古往今来，人才都是富国之本、兴邦大计。"[②] 人才兴则乡村兴，人气旺则乡村旺。人才不仅是乡村活力之源、振兴之基，而且是接续推进全面脱贫、全面推进乡村振兴的重要支撑，是最值得拥有和珍惜的智力资源。没有人才的乡村，不要说"振兴"，即便是"维持"，也难以持久。实施乡村振兴战略，必须充分发挥乡村人才的作用，从而推动乡村实现更高质量、更有效率、更加公平、更可持续、更为安全的发展。

（一）有利于提升劳动者素质

当前，由于农村产业体系不健全、就业岗位少，大量农村剩余劳动力不得

---

[*] 本文为中国人才研究会 2021 年度立项课题。批准编号：ZRH—2119。
① 中共中央 国务院印发《乡村振兴战略规划（2018—2022 年）》. 人民日报, 2018 年 9 月 27 日.
② 习近平. 在网络安全和信息化工作座谈会上的讲话. 人民日报, 2016 年 4 月 26 日.

不流向城市,而且这些流向城市的人群中,相较于留守人员他们都是佼佼者,而进入城市后则往往因为受教育程度低、缺少专门技术,只能靠出卖劳动力来维持生计;加之他们所从事的工作缺乏稳定性,工资收入低而不稳,不仅造成劳动力资源极大浪费,而且劳动者素质只能是日复一日的在低水平上徘徊。而要改变这种局面,就必须依托那些有一技之长的乡村人才,通过创办、领办企业,把农村剩余劳动力吸纳进来,使之不仅实现家门口就业,而且在参与生产经营的过程中提升素质、增加收入。同时,还可以围绕产业兴旺,通过加大产业投入,创造更多创业就业的机会和岗位,吸引人才回流,将农村丰富的劳动力资源转化为乡村振兴的基础支撑和推动力量。

(二)有利于有效利用农村自然资源

长期以来,农村丰富的自然资源由于缺乏相应的技术和人才而得不到有效开发利用。通过加强乡村人才队伍建设,把先进的技术通过乡村人才这一载体与丰富的乡村资源关联起来,不仅可以提高资源利用率,形成既有品牌美誉度又有地域特色的产品,让更多的人了解并接受,从而把闲置资产、资源转化为产品、产业,把资源优势转化为产业优势、竞争优势和发展优势。更为重要的是,通过技术人才与当地群众结合,可以实现资源的深度开发、有效利用,在产业发展中实现强村富民,推动城乡融合,从而一体带动农村劳动者素质提升。

(三)有利于带动农民增收致富

习近平总书记多次强调指出:"小康不小康,关键看老乡。"[①] 这里的"看老乡",关键就看老乡的钱袋子。乡村振兴,生活富裕是根本。乡村人才队伍建设必须围绕农民增收、生活富裕来进行。一方面,通过加强乡村人才队伍建设,培养造就一大批致富能手和乡村振兴的带头人,带领农民群众共谋发展、共同致富;另一方面,依靠自身努力富裕起来的农民会更加注重学习知识、学习技术,更加注重提升自身素质和致富能力,从而实现乡村人才队伍建设与乡村振兴的互促共进,从根本上解决乡村人才不足、乡村发展粗放、乡村振兴乏力的问题。

二、乡村振兴面临人才困境

当前,我国乡村人才队伍总体表现为数量不足,缺乏高素质、专业化、技

[①] 习近平总书记重要讲话文章选编. 中央文献出版社、党建读物出版社,2016.

能型人才。现有乡村人才队伍中，青壮年劳动力单向流失严重，年龄结构趋向老化；知识层次和基础学历偏低，观念、理念落后，对新兴技术、新生事物接受能力差，素质和能力提升难度大。

（一）乡村人口单向流失严重

由于城乡发展不协调，一方面，城市所拥有的众多就业机会和岗位，吸引越来越多的农村青壮年劳动力大量涌入城市。另一方面，由于城市拥有较之乡村更为优越的文化、教育、医疗、养老资源和交通、信息条件，使越来越多的进城务工人员宁愿在城市受苦，也不愿回到乡村受累，致使农村劳动力大量流失。另外，大量年轻人通过升学走出农村，选择到城市就业，并最终将户口迁出农村，成为城市新人，这也在客观上造成了农村劳动力和人才的流失。据国家统计局发布的《2019年农民工监测调查报告》披露，2019年务工人员总量达到29077万人，比上年增加241万人，增长0.8%。其中，本地务工人员11652万人，比上年增加82万人，增长0.7%；外出务工人员17425万人，比上年增加159万人，增长0.9%。从这一数据可以看出，农村劳动力流失严重。据统计，我国目前农村各类实用人才只有1690多万人，仅占农村劳动力的3.3%，这在一定程度上反映了农村人才的缺乏。以山东省为例，根据山东省统计局发布的统计公报，2011年末全省常住人口9637.3万人，常住人口城镇化率为50.9%；到2019年末常住总人口达到10070.21人，城镇化率上升为61.51%，9年间城镇化率提高了10.61个百分点；常住人口城镇化率超过60%，不仅意味着全省有60%以上的人口居住在城市，更意味着大量乡村人才也流向了城市。

（二）乡村人才培养机制不够健全

当前，我国一些地方对乡村人才的培养机制不够健全，缺乏系统、科学的体制机制，导致本土优秀的人才留不住，外面优秀的人才不愿来，并且由于一些地方因为编制限制，使乡村技术人员的配备受到限制，导致乡村人才队伍规模小、层次低。同时，由于经费有限，用于人才培养的投入更是少之又少，致使他们不能及时接受新知识、新技术、新技能培训，在很大程度上影响着乡村人才的成长。另外，还有一些地方在乡村人才培养上，片面追求数量、忽视质量，满足办了多少班、训了多少人，培训内容缺乏针对性，人才培养变成了揠苗助长，使培养培训工作流于形式，达不到真正的目的。

（三）乡村人才综合素质不高

一方面，随着农村青壮年劳动力大量涌向城市，留在乡村的大都是"一低"（受教育程度偏低）、"一高"（年龄偏高）的弱势群体，对新技术、新知识和各种资讯、信息接收掌握能力差。另一方面，由于乡村生产生活条件差、基础设施和公共服务不配套，对高层次人才缺乏应有的吸引力，而那些通过升学、参军、务工等方式走出去的人，很少有人愿意重新回来务农。这就不可避免地造成了乡村人才队伍的"先天不足"。据《中国人力资源发展报告（2018）》显示，我国城镇居民的科学素质水平提升幅度较大，从 2010 年的 4.9% 提升到 2015 年的 9.7%，而农村居民仅从 2010 年的 1.8% 提升到 2015 年的 2.4%[①]。

三、乡村人才困境的破解之策

习近平总书记指出："乡村振兴，人才是关键。"[②] 实施乡村振兴战略，必须从创新乡村人才工作体制机制入手，通过强化政策支持，健全激励机制，充分激发乡村现有人才活力，把更多各方面人才引向乡村创新创业。

（一）优化政策供给

人才具有很强的成长性，在适当的政策激励和适宜的环境条件下，往往具有很大的增值、升值空间。《中共中央 国务院关于实施乡村振兴战略的意见》提出："实施乡村振兴战略，必须破解人才瓶颈制约。要把人力资本开发放在首要位置，畅通智力、技术、管理下乡通道，造就更多乡土人才，聚天下人才而用之。"按照这一基本政策框架，要进一步健全完善大学生村干部制度，建立推动高校毕业生到基层工作"下得去、留得住、干得好、流得动"的长效机制，让大学生"愿意来，留得住"；在当下这个经济繁荣取决于人员流动的时代，有序推动新时代知识青年"上山下乡"，让他们在乡村这个广阔舞台上经受锻炼和考验，增长见识和本领，展现智慧和才华，在推进乡村振兴和城乡融合发展中实现自我发展，或许是一个不错的选择。要探索建立机关干部到村任职制度，从根本上解决村级组织后继乏人的问题，推动形成机关干部到基层锻炼、领导干部从基层选拔的良好用人导向，从而激励更多的乡村人才扎根基层、服务农民、振兴乡村。认真落实党中央、国务院关于"健全从优秀村党组织书记中选拔乡镇领导干部、考录乡镇公务员、招聘乡镇事业编制人员机制"的政策规定，对在乡村振兴特别是脱贫攻坚中作出突出贡献的乡村

---

① 余兴安. 中国人力资源发展报告（2018）. 社会科学文献出版社，2018.
② 习近平在山东考察时强调，切实把新发展理念落到实处 不断增强经济社会发展创新力. 人民日报，2018 年 6 月 15 日.

人才，要打破身份限制，打通上升通道，及时予以表扬奖励或破格录用为国家公职人员，使乡村人才有更多梦想成真的追求和人生出彩的机会。山西省永和县索驼村郭海林，2009年大学毕业后放弃在城市工作的机会，应聘到鸭子河村担任大学生村干部。他扎根基层、实干为民，带领群众拔穷根、奔富路，造福乡里，赢得群众交口称赞，2016年4月被组织选拔为阁底乡副乡长，从"村干部"变成了"乡干部"，《人民日报》还对其进行了报道。山东省郯城县4名村党组织书记经过报名、资格审查、述职答辩等环节后，被正式录用为事业编制人员，进一步激发了乡村人才队伍的活力。要通过政府的"手"，优化资源配置，把一些关系民生福祉的优质资源配置在农村，使人们在乡村同样能享受到城市的信息、技术、教育、医疗和养老服务，引导乡村人口流动从无序走向有序，从野蛮性的"农村包围城市"走向合乎规律的城乡良性互动。要稳步推进农村改革，不断"加大对农业的支持力度，通过富裕农民、提高农民、扶持农民，让农业经营有效益，让农业成为有奔头的产业，让农民成为体面的职业"，让乡村成为宜居宜业的宝地和人才聚集的洼地，努力实现"城市让生活更美好，乡村让城市更向往"。

（二）健全激励机制

由于城乡差别的客观存在，乡村在发展机会、收入水平、人居环境、生活质量等方面，都远不及城市。推动乡村人才从外流向内聚转变，必须进一步建立健全激励机制。

1. 引导人才回流

通过实施"能人归巢"计划，积极引导农民工返乡创业，把流出去的人才引回来。近年来，河南省通过开展印发一封"慰问信"、组织一次"返乡创业典型事迹报告会"、开展一次"家访"、组织一次"返乡人士看家乡"考察活动、开展一次集中宣传活动等"五个一"专项服务活动，2019年全省新增返乡创业25.67万人，返乡创业累计149.79万人，带动就业902.17万人。这一做法值得借鉴。山东省聊城市耿店村通过实施"归雁工程"，吸引"棚二代"回村创业，先后有56名在外人员回乡搞大棚菜生产，现在从事大棚种植的"70后""80后""90后"占到90%左右。同时，通过聘请技术顾问、产学研合作等形式吸引各类实用人才，为耿店村发展注入了生机活力。

2. 完善职称评价机制

通过畅通乡村人才的职称评聘通道，让乡村人才拥有更多晋升和发展的机会，从而激励他们更好地扎根乡村、创新创业。江苏省从2019年开始，专业职称中增设乡土人才专业，最高可到正高级。最近，该省227位乡土人才正式获评高级、正高级乡村振兴技艺师职称。按照规定，取得乡土人才职称的，与工程系列、工艺美术系列、农业系列对应的专业，经本人申请和相应专业高级职称评审委员会确认，还可同时授予对应专业系列相应层级的职称，从而进一步彰显乡土人才职称的含金量。据初步统计，目前江苏全省乡土人才有49大类337小项，从业人员近千万，他们在带动产业发展、带领群众致富方面，发挥着独特的带动作用。

3. 优化乡村发展环境

环境好、生态优，则人才聚、事业兴。人才作为特殊资源，具有很强的环境选择性。良好的人才环境，是一笔巨大的无形资产，对内产生凝聚力、创造力和推动力，对外具有影响力、竞争力和吸引力。要坚持生态优先、绿色发展，加快推进美丽乡村建设，让乡村更加怡人诱人。实施乡村文明行动，不断改善和提升农村自然环境、人文环境和生活、居住环境。深入开展普法宣传教育，建设法治乡村，营造良好法治环境。按照市场化、法治化、便利化的要求，进一步优化农村营商环境。牢固树立人才是第一资源的理念，通过不断做加法，着力在人才服务和保障上下功夫，持续优化人才发展环境，进一步营造爱护人才、珍惜人才、尊重人才的社会大环境。

（三）加强教育培训

党的十八大以来，习近平总书记多次指出，"用才之基在储才，储才之要在育才。……人才成长既靠个人努力，更靠组织培养"[1]"人才是创新的根基，是创新的核心要素。培养人才，根本要依靠教育"[2]。农民是农业和农村的主人，是乡村振兴的主体。推进乡村振兴，必须始终坚持把提高农民素质、培养造就一大批乡村人才放在首要位置，切实加强教育培训，使他们更好地与新时代、新生活相适应。要加强理论武装，坚持不懈推动习近平新时代中国特色社会主义思想在农村走深走实、走心入脑，不断提升乡村人才的政治素养。要把加快培育新型农业经营主体作为一项重大战略，以吸引年轻人务农、培育职业农民为重点，加快构建职业农民队伍，为农业现代化建设提供坚实人力基础和保障。要加强政策宣讲和科普宣传，采取农民群众喜闻乐见的形式，大张旗鼓地宣讲党的创新理论和路线方针政策，普及科学文化知识，用新时代中国特色社会主义文化占领阵地、凝聚人心，用社会主义核心价值观成风化人、引领时代，用现代科技启悟民智、消除愚昧，用文明健康、绿色环保的新理念引领乡

---

[1] 习近平关于人才工作论述摘编. 中央人才工作协调小组，2016.
[2] 习近平会见清华大学经济管理学院顾问委员会海外委员和中方企业家委员. 人民日报，2017年10月31日.

村生产方式、生活方式变革。要注重加强技术、技能培训,推动形成良好的科技创新生态,不断提升包括乡村人才在内的农村劳动者的科学素养、发展能力和生产经营水平,更好地为产业兴旺助力、为乡村振兴赋能。

(李平,中共山东省东平县委党校讲师、中国领导科学研究会理事;杨小草,中共东平县委党校办公室副主任、讲师;王芮,中共东平县委党校教研室副主任、讲师;王玉堂,中共东平县委党校常务副校长,上海交通大学客座教授、中国领导科学研究会理事、中国领导人才专委会理事、山东省哲学学会常务理事、山东省领导科学学会常务理事。)

乡村振兴背景下农业农村人才队伍建设问题研究*

——以北大荒集团人才队伍开发建设为例

张 如

实施乡村振兴战略，是党的十九大做出的重大决策部署，是决胜全面建成小康社会、全面建设社会主义现代化强国的重大历史任务，具有划时代的里程碑意义。乡村振兴关键靠人才。本文以国家大型农业骨干企业北大荒农垦集团有限公司（以下简称北大荒集团）人才队伍建设为例，重点研究和分析了实施乡村振兴战略背景下农业行业领域人才队伍现状，找准制约农业行业领域人才队伍建设过程中的现实问题和困境，从人才培养、引进、使用、激励、政策、环境等方面提出解决措施，加大农业行业各类人才队伍建设力度，着力筑牢乡村振兴的人才基石。

一、坚持人才引进发展的战略地位，充分认识人才在乡村振兴中的重要地位和作用

党的十八大以来，以习近平同志为核心的党中央高度重视"三农"工作，勇于推动"三农"工作理论创新、实践创新、制度创新，农业农村发展取得了历史性成就、发生了历史性变革。党的十九大以来，习近平总书记就实施乡村振兴战略发表一系列重要讲话、做出了一系列指示批示，对乡村振兴进一步提出了明确要求。习近平总书记强调："乡村振兴战略是党的十九大提出的一项重大战略，是关系全面建设社会主义现代化国家的全局性、历史性任务，是新时代'三农'工作总抓手"。① 习近平总书记指出："要坚持乡村全面振兴，实现乡村产业振兴、人才振兴、文化振兴、生态振兴、组织振兴，推动农业全

---

* 本文为中国人才研究会2021年度立项课题。批准文号：ZRH—2118。
① 人民日报评论员：乡村振兴战略，新时代"三农"工作总抓手. 人民日报，2018年9月29日.

面升级、农村全面进步、农民全面发展。乡村振兴要靠人才、靠资源。要着力抓好招才引智,促进各路人才'上山下乡'投身乡村振兴。"① 2018年9月25日,习近平总书记在黑龙江农垦建三江考察时强调:"农业要振兴,就要插上科技的翅膀,就要靠优秀的人才、先进的设备、与产业发展相适应的园区。"②

习近平总书记关于实施乡村振兴战略的重要论述和系列重要讲话指示精神,深刻回答了为什么要振兴乡村、怎样振兴乡村等一系列重大理论和实践问题,是新发展理念在农业农村工作中的全面贯彻,为新时代实施乡村振兴战略指明了前进方向,提供了根本遵循和行动指南。在新时代推进乡村振兴战略,必须深入学习贯彻习近平总书记关于实施乡村振兴战略和做好"三农"工作的重要论述,准确领会中央实施乡村振兴战略的战略意图、总体要求和重点任务,坚持人才引领发展的战略地位,坚持全方位培养人才、引进人才、用好人才,坚持深化人才发展体制机制改革等一系列新理念新战略新举措,坚持把乡村人力资源开发放在首要位置,积极吸引各类人才在乡村振兴中建功立业,建立健全乡村人才工作体制机制,强化人才振兴保障激励措施,培养造就一支懂农业、爱农村、爱农民的新时代"三农"工作队伍,为全面推进乡村振兴、加快农业农村现代化提供坚强有力的人才保证和智力支撑。

二、北大荒集团人才队伍现状

北大荒集团作为我国国有农业经济的骨干和代表,是推进中国特色农业现代化的重要力量,是我国农业现代化的代表和标杆。经过70多年的开发建设,形成了组织化程度高、规模化特征突出、产业体系健全的独特优势,成为国家关键时刻抓得住、用得上的重要力量,积累了丰厚的文化积淀和丰富的人才资源,形成了具有北大荒特色的人才开发模式和管理体系。特别是2018年以来,随着黑龙江农垦体制改革和集团化企业化运行,北大荒集团党委根据经济社会发展和人才队伍转型升级需要,大力推进人才资源整体性开发,在农业行业领域人才培养与使用上,人才发展体制不断健全完善,人才引进配置、培养开发、激励约束机制不断健全,人才队伍建设取得新进展、新成效。"十三五"期间,共引进各类农业人才17976人,其中,经营管理人才3087人,技术技能人才6285人,高校毕业生8604人;培训各类人才178064人次,其中,开展岗位技能培训129336人次。

---

① 习近平要求乡村实现"五个振兴". 央广网,2018年7月16日.
② 双手捧起一碗米,总书记说:中国粮食,中国饭碗. 人民日报,2018年9月25日.

据统计，北大荒集团农业行业领域人才总量142232人，具体结构情况如下：

从人才类型结构看：农业经营管理人才1832人，农业专业技术人才33979人，农业技术技能人才62580人，其他人才43841人，如图1所示。

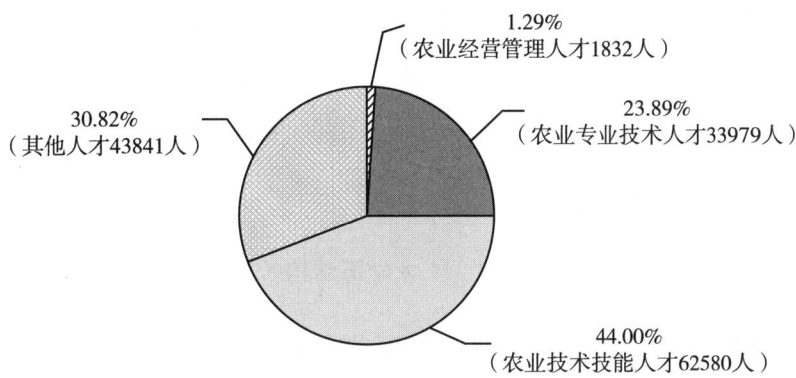

图1 人才类型结构

从人才年龄结构看：35岁及以下31064人，36~40岁（含）13884人，41~45岁（含）16756人，46~50岁（含）34295人，51岁及以上46233人，如图2所示。

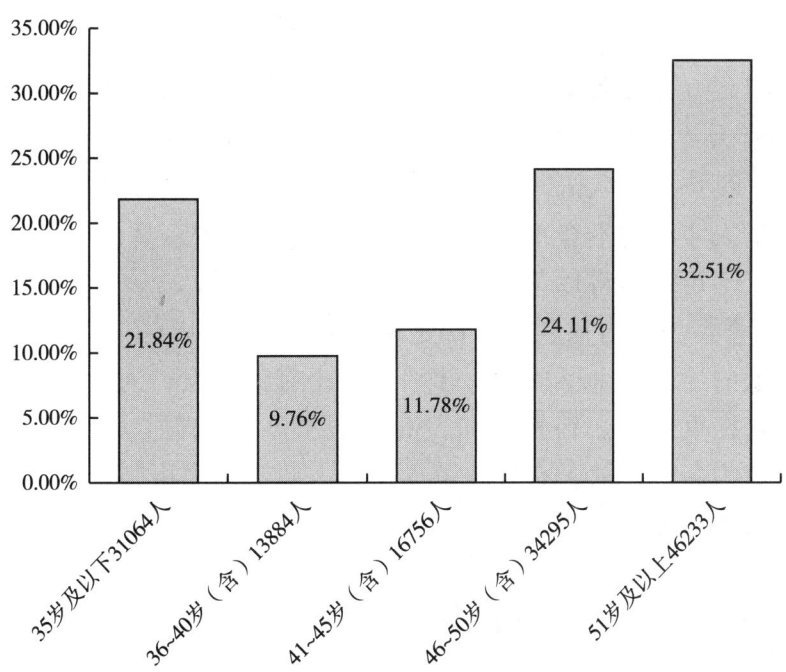

图2 人才年龄结构

从人才学历结构看：研究生及以上学历 2539 人，本科学历 31474 人，专科及以下学历 108219 人，如图 3 所示。

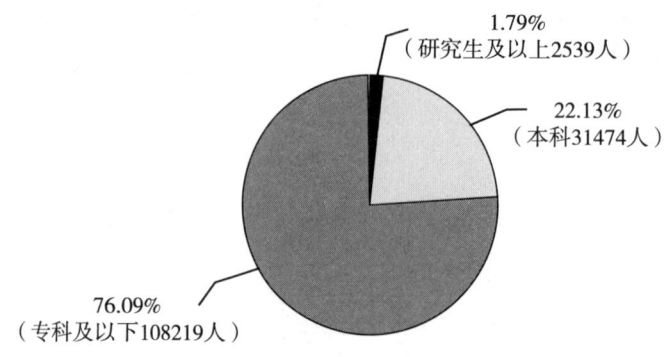

图 3　人才学历结构

面对新时代实施乡村振兴战略的新形势新任务，农业人才队伍是农业先进生产力和先进文化的代表，是支撑北大荒集团现代农业做优做强的第一资源。北大荒集团农业人才队伍建设取得了一定成效，但是与经济发达地区相比，与市场化竞争要求相比，与建设农业领域航母的战略需要相比，还有很大差距。从调查情况看，究其产生差距的原因，核心问题主要是农业人才总量不足，高层次人才缺乏，尤其缺少在基层一线推广、转化农业科技成果的人才。具体表现在以下几个方面：一是农业产业领军人才缺乏，45 岁以下高级经营管理人才占高级经营管理人才总量的 28.6%，年龄结构矛盾较为突出，后备梯队及人才储备不足。二是支撑农业高质量发展的农产品营销、农业科技、生产运营、贸易流通人才分别占人才总量的 1.4%、3.7%、0.1%、0.4%，营销人才总量不足，科技人才队伍薄弱，生产运营专业人才紧缺，高层次、复合型人才匮乏。三是人才结构不合理，40 岁以下人才占人才总量的 31.6%，年轻人才偏少、总量不足；本科以上学历人才占人才总量的 23.9%，其中研究生仅占 1.8%，高学历人才占比较少。四是人才激励约束机制不完善，基于价值创造、业绩贡献的导向还未形成，人才活力尚未有效激发；人才培养针对性、精准性不强，存在重使用、轻培养和"育用脱节"等问题；基层和生产一线人才紧缺矛盾较为突出，缺乏有效政策支撑，人才吸引力不强，存在引进难、留住难现象。人才不足与人才浪费并存，人才潜性闲置和显性短缺并存。

三、全面加强农业人才队伍建设，探索具有北大荒特色的乡村人才振兴新路径

实现乡村人才振兴是实施乡村振兴战略的重要而紧迫的战略任务。为此，

必须深刻理解"乡村振兴,关键在人"的重要论断,深入贯彻习近平总书记关于推动乡村人才振兴的重要指示精神,认真落实党中央、国务院有关决策部署和《关于加快推进乡村人才振兴的意见》,促进各类人才投身乡村振兴和现代农业建设。

(一)提高政治站位,深刻理解和把握乡村人才振兴的总体要求

坚持以习近平新时代中国特色社会主义思想为指导,全面贯彻党的十九大和十九届历次全会精神以及中央人才工作会议精神,将人才振兴纳入党委人才工作总体部署,坚持把人才资源开发放在首要位置,坚持培养与引进相结合、引才与引智相结合,全方位培养各类人才,拓宽人才来源渠道,用好用活各类人才,不断扩大总量、提高质量、优化结构,引导各类人才向基层、农业一线流动,吸引广大人才在乡村振兴中建功立业,最大限度激发人才内在活力,为人才干事创业和实现价值提供机会条件,解决制约人才振兴的问题,努力打造一支能够担当乡村振兴使命的人才队伍,为全面推进农业现代化提供有力人才支撑。

(二)坚持统筹推进,切实加强乡村振兴各领域人才队伍建设

1. 加强农业经理人队伍建设

坚持职业化方向、市场化导向、产业化取向,以家庭农场主、种养大户、农业社会化组织和农业企业负责人等作为重点培育对象,广泛吸纳在农业行业领域创业兴业的返乡大中专毕业生等各类新型农业经营主体管理人员,开展有针对性的培训培养,打造一支具有较强市场意识和管理能力、较高生产技能和经营水平的农业经理人队伍。突出按需施教,在基本职业技能培训的基础上,更加注重职业素养和经营管理能力的提升,开展农业开发、财务会计、营销策划、人才管理、领导素质等内容培训,及时更新相关政策、法律法规和农业发展趋势等内容。发挥农业科研单位、龙头企业、培训机构优势资源,广泛吸纳各方面力量参与培训,聘请有丰富教学经验和实战经验的优秀教师、知名专家和有突出业绩的农技推广人员组建高水平师资队伍,满足农业经理人多层次、多形式、广覆盖教育培训需求,构建手段先进、运行高效的教育培训体系。

2. 加强产业人才队伍建设

围绕现代种养业、农产品加工、休闲旅游、新型服务业、"互联网+"现代农业等重点产业,坚持高端引领、引育并举的方针,培育一批乡村振兴产业发展急需的、具有引领带动作用的创新创业人才。加强与高等院校、科研院所产学研合作,充分发挥农业专家在推动产业振兴中的支撑作用,选派高层次专

业技术人才到基层挂职锻炼，帮助解决技术创新、项目攻关、人才培养等难题。突出抓好人才与产业的需求对接，引进培养一批服务主导产业发展的应用型产业人才，以多层次产业人才队伍建设支撑推动农业产业的快速发展。

3. 加强农业科技人才队伍建设

围绕为农业现代化插上科技翅膀和构建"种养加销"一体化经营格局，突出黑土保护、智慧农业、数字农业、农业科技等重点领域，加快建设一支具有较强创新意识、竞争优势明显、引领推动产业发展的科技人才队伍。抓好科技领军人才引进和培育，聚焦重点产业、重大项目、重要工程，培养造就一批具有较强科研实力、能够突破关键技术、引领支撑现代农业发展的科技领军人才和创新团队。加强与国内高校和科研机构合作，通过参与产业技术创新联盟、共建科技创新平台、共同实施重大项目、联合研究攻关等方式，建设高水平科技人才培养体系和联合培育机制。

4. 加强现代农业人才队伍建设

实施人才强农战略围绕深化农业供给侧结构性改革，加强现代农业建设急需人才的引进和培育，统筹抓好农业生产人才、农技推广人才、农业技能人才、农业实用人才的开发，努力建设一支布局合理、结构优化、质优能强的现代农业人才队伍。针对传统农业向绿色农业、有机农业、设施农业、生态农业等新型农业形态发展的趋势，调整优化人才专业结构，实施好一专多能应用型、实用型人才的引进和培育。强化高端人才支撑作用，在生物育种、农业生物技术、农业智能装备、农业物联网、农业人工智能等领域，大力引进培养一批引领现代农业发展的复合型人才，加快实现农业现代化步伐。

5. 加强新农人队伍建设

以国家高素质农民培育项目为载体，统筹规划生产经营型、专业生产型和技能服务型高素质农工培育工程。结合现代农业生产实际，构建以教育培训机构为主体、多种资源和市场主体有序参与的"一主多元"高素质农工培育模式。健全完善培育制度，将高素质农工培育工程与一、二、三产业融合发展相结合，启动新农人培育计划，以家庭农场为重点，以家庭农产畜禽养殖、家庭农场粮食生产经营职业技能培训为依托，建设一支规模庞大、覆盖面广、带动示范作用强的适应现代农业发展需求的新农人队伍。

（三）实施人才工程，为推动引领乡村振兴高质量发展提供人才保障

1. 实施农业经营管理人才素质提升工程

大力推进农业经营管理人才开发，以提升市场化意识、专业化水平、职业化能力为核心，分层次、分专业、分领域开展系统化培训，提升综合素质和职业能力。坚持实践考察和教育培训、课堂教学与标杆单位学习相结合，以农业生产经营管理和现代产业发展的新理论、新知识及热点难点问题为主要内容，开展多元化教育培训，拓宽思维视野，提升技能水平。加强与农业类高校、职业院校和科研院所合作，探索开展"菜单式"培训和"双自主"培训，提升培训针对性和实效性。加强基层锻炼和实践培养，积极选派优秀人才到具有开创性、挑战性、管理难度大的基层挂职或者任职，在实践中发现锤炼问题、解决问题的本领和作风，培养一批在某一领域具有专长的复合型经营管理人才。

2. 实施优秀青年人才培育工程

围绕乡村振兴和实现高质量发展需要，建立优秀青年人才培育机制，有组织有计划地选拔一批18～40岁之间、专业素质高、发展潜力大的年轻人才，采取"请进来，走出去"等方式，加强对青年的经常性教育引导，进行重点扶持和跟踪培养，打造一支品德优良、素质全面、作风过硬、带动力强的优秀青年队伍。建设青年人才数据库，实施动态管理，及时调整入库人员信息，全面掌握各类青年队伍数量、年龄结构、行业分布、发展意愿等信息。健全完善政策支持体系，在青年人才创新创业、产业发展、项目推广、市场开拓、技术咨询等方面提供指导和服务。积极推动青年之间的学习交流，搭建与先进地区交流沟通的青年共享合作机制，互相启迪，共同提高，促进合作。引导优秀青年加入志愿者组织，发挥志愿服务在服务基层特别是在参与乡村振兴、社会工作等方面的优势，为推进高质量发展凝聚青年智慧、贡献青年力量。

3. 实施垦地合作人才共享工程

充分发挥北大荒集团人才和科技优势，以实施乡村振兴战略和带动周边农村共同发展为抓手，深化垦地合作和场县共建，通过建设现代农业示范区、产业园等载体，实现垦地人才资源共育共享，带动地方农村人才队伍建设。依托涉县（市）农场的农业科技研发中心、农业技术推广中心、现代农业园区等载体，对属地农业技术人才开展农业新技术、新品种、新装备、新模式等方面的培训，为属地农村培养一批适应新时代乡村振兴发展需要技术技能人才。合作开展农村实用人才培养开发，加大对周边农村种养能手、科技带头人、合作社带头人、农产品经纪人的培训力度，为地方农村培养一批善于经营、长于管理、能够带领群众致富的新型职业农民。

（四）强化组织保障，努力营造支持人才干事创业良好环境

1. 加大人才开发投入力度

坚持人才投资优先保障，按照政策规定足额提取职工教育培训经费，实行专款专用并纳入财务预算。在实施重大工程和重大项目时，同步配套人才工作经费，用于人才培养开发和教育培训。探索设立人才发展基金，建立持续稳定的投入机制，用于人才引进、培养、使用和激励，保障人才队伍建设重点任务和重大工程的高效实施。加强对人才发展基金使用情况的监督管理和跟踪评估，努力实现资金使用效能的最大化。

2. 进一步优化人才发展环境

全面总结推广基层人才工作典型经验和创新做法，激励广大人才奋斗贡献、争创佳绩。努力改善人才生活工作条件，切实解决人才实际困难和后顾之忧，增强人才凝聚力和归属感。大力开展人才宣传表彰活动，充分发挥优秀人才示范引领作用，努力形成鼓励人才干事业、支持人才干成事业、帮助人才干好事业的良好氛围，奋力开创人才竞相辈出、智力充分涌流、创新活力迸发的生动局面。

3. 加强人才工作基础性建设

深入开展乡村振兴人才理论研究，积极探索人才资源开发规律，提高人才工作科学化水平。建立人才信息管理系统，完善人才信息收集、统计、分析、使用等制度，促进人才信息共用共享，实现人才资源管理的信息化、科学化和智能化。建立人才资源统计调查制度、紧缺急需人才预警制度、人才发展年度报告制度，为战略决策提供科学依据和有力支撑。编制乡村人才振兴中长期发展规划，完善人才规划实施情况年度和中期评估机制，有计划、分阶段地对规划实施情况进行监督检查，解决规划实施中出现的新情况新问题，确保规划有效实施。

（张如，黑龙江省北大荒农垦集团有限公司总经理助理。）

信息技术高速发展背景下，培养使用现代化农业领域人才的探索与研究*

李书贞

2020年7月，中共中央总书记、国家主席、中央军委主席习近平在吉林省考察指出："农业现代化关键要靠科技现代化，要加强农业与科技融合，加强农业基地和科研院所的合作，专家学者要把论文真正写在大地上，让农民掌握先进农业技术，用最好的技术种出最好的粮食。"① 这就要求我们必须加快农业领域人才队伍建设，进一步强化现代农业科技支撑，给农业现代化插上科技的"翅膀"，2021年中共中央一号文件明确指出大力发展智慧农业，建立农业农村大数据体系，推动新一代信息技术与农业生产经营深度，现阶段北大荒农业已经在"农业大数据""智慧农业"等方面快速发展，并且取得了较好的成效。当前，北大荒集团作为国家的重要战略组织，主要进行农业及农产品生产经营、投资经营等管理业务；是以粮食等主要农产品为主导产业，集生产、加工、销售、研发、金融等相关产业门类于一体，承担维护国家粮食战略安全的大型现代农业企业集团；是保障国家粮食安全的"压舱石"，以建设"三大一航母"作为集团战略发展目标任务。通过现代农业高层次科技创新人才队伍建设，确保农业科技成果转化为现实生产力，为打造农业领域"航母"提供强有力的人才支撑。只有加快农业领域人才队伍建设，才能进一步强化现代农业科技支撑，强化农业社会化服务体系，创新农业经营机制，同时有效带动农业人力资源整体开发，促进职工增收、农业增效，从而推进农业现代化进程，加速农业领域"航母"构建。

一、加强培育科技化、智能化农业人才建设探索与研究的重要意义

2018年12月，黑龙江北大荒农垦集团总公司正式挂牌成立。2019年8

---

* 本文为中国人才研究会2021年度立项课题。批准编号：ZRH—2132。
① 习近平在吉林考察. 光明网，2020年8月3日.

月，组建了北大荒集团总部，标志着垦区真正步入公司化运行轨道。目前，北大荒集团正努力建设现代农业的大基地、大企业、大产业，打造农业领域"航母"，为实现这一宏伟的发展战略，必须把发展方式转变到依靠科技进步、提高农业高层次创新科技人员能力、提高基层职工劳动者素质的轨道上来，通过培育科技化、智能化农业人才队伍建设，确保农业科技成果转化为现实生产力，为打造农业领域"航母"提供必要的人才保障。

（一）培养科技化、智能化农业人才是打造农业"航母"，实现农产品有效供给的迫切需要

北大荒集团在现有产业公司的基础上，发展建设完善以标准化生产、精深加工、现代物流、数字农服、社会化服务等为主要内容的现代农业产业体系，关系重要农产品保障的有效供给，包括农产品的产量和质量。而农产品生产加工来源于农业生产最末端，需要大量人力来实现。尤其是要实现无公害、绿色、有机的农产品最根本上还是需要依靠现代化农业人才，特别是专业技术农业人才，他们对于指导农业生产、推动农业技术发展、促进粮食增产、提高产品质量和提升经济效益将起到关键性作用，高科技、智能化农业人才队伍建设为打造农业"航母"提供了最根本、最直接、最重要的组成要素。

（二）科技化、智能化农业人才是打造农业领域"航母"，促进现代农业转型升级的迫切需要

当前，我国正处于发展科技化、智能化农业的关键时期，农业生产经营方式向主体多元、领域扩宽、广泛采用农业机械和现代科技转变，现代农业已发展成为一、二、三产业高度融合的产业体系。但是目前支撑现代农业发展的人才短缺，职工科技文化水平不高，许多先进的农业技术和生产工具及接受新技术新知识的能力不强。只有培养一支具有较强市场意识、懂经营、会管理、有技术的专业的科技化、智能化、信息化人才队伍，才能促进智慧农业的快速发展，为打造农业领域"航母"，做好新型国际大粮商奠定坚实的智力基础和人才保障。

（三）科技化、智能化农业人才队伍是打造农业领域"航母"，构建新型经济体系的迫切需要

在深化农垦改革，切实担负起建设现代农业大基地、大企业、大产业，努力打造农业领域"航母"当中，建设现代农业大基地，不仅要扩大生产规模，巩固粮食产能，还要扩大经营规模，推进农业结构调整，大力发展"数字农业、智慧农业"形成先进的生产经营模式,让北大荒的优质农产品走出去,走进全国各地千家万户。建设现代农业大企业,要打造利益共同体,大力发展农产品加工业和流通业,延伸产业链,完善价值链,集聚北大荒集团资源优势,尤其是农业发展优势,将生产与营销相结合,用生产优势补齐营销短板,向基地和市场两头延伸拓展,构建相对完整的全价值链体系和盈利模式,形成多个新型经济体系,尤其是要打造一支具有现代信息化、科技化、智慧化的人才队伍对更加有效促进第一、第二、第三产业融合发展的新格局具有举足轻重的历史意义。

二、信息技术高速发展背景下,智慧农业和农业大数据发展情况和未来发展趋势分析

（一）在信息技术高速发展的大背景之下,智慧农业中,信息技术大数据的作用不可替代

对于目前我国的农业大数据来说,不仅存在海量的农业数据信息,并且数据信息具有极高的应用价值。当前,随着云计算、互联网技术的逐步发展,智慧农业成为我国农业现代化发展的关键一环,也是我国"十四五"农业智能化、信息化发展的重要一环。以北大荒农业大数据为例：数字农业存在几个明显的特征,一是数据体量大。在北大荒集团发展的数字农服智慧农业数据库终端中,存在着多年来北大荒存储整理的海量的农业相关数据信息。二是数据处理速度快。随着智慧农业的不断推进,数据终端接收数据信息的速度十分迅速,各采集端口数据分析流及时准确。三是农业数据多样性。由于影响农作物产量的因素比较多,包含着土地情况、农机数据、气象数据、农业投入品采样等,所以需要收集的信息种类也更多,更加多样。四是数据真实性。为了给决策者提供决策依据,农业数据必须要真实、可靠。五是数据价值巨大。农业大数据尤其是具有黑土地特征的北大荒农业大数据对全国乃至世界智慧农业发展来说都具有十分巨大的应用价值,所以需要不断地挖掘数据信息,为北大荒数字农业、智慧农业的发展提供有价值的决策提供有力支撑。

（二）在信息技术高速发展的大背景之下,我国智慧农业信息技术数据的发展类型

当前我国农业大数据的主要类型,以北大荒集团为例在基层所属农场开展了以下几种数据采集和实验工作：第一类,如七星农场农业物联网监测数据,

也就是所谓的现代化农业物联网,指的是在农业中应用物联网技术,从而实现全方位、多角度的感知农业信息,并对信息进行智能化加工,使农业生产更加智能化,尤其是2021年和中国移动合作的无人农机管控平台已经处于全国领先地位。第二类,如八五二农场农业气象数据采集分析。对于农业来说,气象数据对于农作物生长、发育有着直接影响,并且也会影响农作物的品质与产量,并且2021年八五二农场用农业大数据结果选定种植品种,助力农场绿色高产创建项目,达到了亩产489斤的历史最高成绩。第三类,友谊农场所属采集的资源环境数据。2021年和中国科学院合作,研发推出了智慧农业App,利用土壤传感器、气象传感器、病虫害传感器等。在对地观测技术的帮助下,为农业资源研究提供了海量的空间数据信息,随着遥感监测技术的不断发展,其在农业生产中的作用与日俱增。下一步准备开发使用的农业经济监测数据,在农业经济发展过程中借助农业经济监测数据来获悉农业经济的发展情况。

(三)在信息技术高速发展的大背景之下,智慧农业和农业大数据发展情况和未来发展趋势

第一,建立农产品产销信息监测预警。在智慧农业中应用大数据技术,可准确对全球农业数据信息进行分析,并根据分析结果,完成供需预测模型的建立,有助于进一步增强农产品的调控能力,及时对农产品的产销情况进行预警,避免农民的收入受到影响。通过大数据技术,为后续农业工作的开展提供决策依据,并且通过完善涉农数据发布制度,帮助农民建立更加权威的农产品产销数据发布平台,使农民及时了解市场动态。第二,建立农业自然灾害预测预报。通过分析、整理历年的灾害数据信息,并使用大数据技术对数据进行深入挖掘,可以精准地总结出自然灾害的发生规律,从而做出准确的自然灾害预报,帮助农民提前做好应对措施,避免损失进一步扩大。农业灾害数据库的建立,可以通过构建预测模型,分析灾害与农业生产之间的联系,为防灾减灾措施的及时发布提供依据。第三,建立动物疫病与农作物病虫害监测预警。对动物疫病、农作物病虫害进行监测预警,并将监测点设置在高风险区域,构建涉及范围更广的监测网络,通过物联网设备将监测点收集到的信息传输至数据库中,随后利用大数据挖掘分析技术,对各监测点数据进行实时、准确的分析,有助于第一时间对动物疫病、农作物病虫害等情况进行预警,使农民可以做出有效应对,避免因此遭受严重的经济损失。第四,建立全域的农产品质量全程追溯。为了全程地对农产品质量进行全程追溯,不仅要将信息壁垒打破,而且相关职能部门也要做好数据对接工作,对农产品的生产、贮藏以及运输等环节进行严密管理。在大数据技术的帮助下,农产品流通的各个环节可得到妥善的监督，并以此为基础，将质量追溯、检验检测等数据共享机制建立起来，快速推进数据实现自动化采集、网络化传输、标准化处理和可视化运用，最终实现追溯信息可查询、来源可追溯、去向可跟踪、责任可追究的具体要求。

三、现代化农业领域干部队伍建设现状及存在的问题

（一）数据分析

以北大荒集团为例，按照统计数据2021年上半年集团管理权限共管理副科级以上领导干部11882名。集团党委认真贯彻执行《干部选拔任用工作条例》《省管企业领导人员管理办法》，坚持正确的用人导向，严格执行选拔任用程序，不断完善工作机制，营造有利于优秀人才脱颖而出，健康成长的发展环境，为集团科学发展提供了坚强的组织保证。

（1）从年龄层次来看：30周岁至35周岁（含）副科级以上农业技术人才1678名，占科级干部总数14.5%；36周岁至40周岁（含）副处级以上农业技术人才114名，占处级以上干部总数的10%；41周岁至45周岁正处级农业技术人才24名，占正处级干部总数的7.9%；共有女干部1580名，占科级干部总数的13.6%。

（2）从学历层次来看：第一学历大学以上领导干部共有2125名，占干部总数的18.3%，第一学历研究生学历领导干部共有439名，占干部总数的3.7%。

（3）从专业性质来看：经营管理类干部1191名，占干部总数的10.2%；农林牧渔相关专业干部1438名，占干部总数的12.4%；法律类相关专业干部355名，占干部总数的3.1%；文学类相关专业干部219名，占干部总数的1.1%。

（二）原因分析

根据得出的数据来看，北大荒集团比照正科级（主管级）及以下职务中农业技术人才按年龄和职务明显呈阶梯状分布，层次较为明显，结构较为合理，可是也能直观发现，统计中确实在比照副处级以上职务上缺少农业技术人才尤其是第一学历大学以上农业技术人才。从年龄层次来看，副处级以上领导干部整体年龄明显偏大。造成上述问题的原因是多方面的，既有体制机制方面原因，也有单位方面原因，还有个人方面原因。突出表现为以下几个方面：

（1）人事制度改革不到位。目前现代化的农业企业最缺乏的是能够"吸纳、培养、留住和使用优秀人才"的激励机制。目前人事制度改革严重滞后于经济体制、管理体制的改革；观念陈旧、体制落后、论资排辈、人才浪费、

吃"大锅饭"现象仍普遍存在。需要的人进不来，不需要的人又出不去，人才管理机制不够灵活。

（2）分配制度改革不到位。高层次人才收入待遇过低是普遍现象。从目前情况来看，主要体现在薪酬不具有外部竞争性，尤其是与相对应的国际企业来对比的话，总的来说员工薪酬的内部不公平、外部无竞争力，福利计划缺乏灵活性，薪酬水平远低于员工的期望值。

（3）人才资源配置与市场经济结构不相适应。存在人才资源的配置方式不合理，人才结构的调整不及时，没有充分发挥市场机制在人才配置中的基础性作用；未能转变人事管理的旧观念与方式方法，形成"结构优化、科学合理的人才队伍"。

（4）对职工的培训和开发重视不够。人才的知识更新速度太慢，对继续教育重视不够，知识严重老化，导致企业职工队伍的总体素质不高。在人力资本投入上严重不足，不少职工感觉在企业没有发展前途，导致了很大一部分的流失现象产生。

四、加强培育科技化、智能化农业人才建设探索与研究的重要建议

以科学发展的理念，以改革创新的精神，有计划、有重点地培养造就一支数量充足、结构合理、素质优良、本领过硬的农业技术人才队伍。

（一）解放思想，加强规范，落实农业技术人才培养的政治责任

培养选拔农业技术人才是一项系统工程，必须充分认识其长期性、复杂性、艰巨性，从解放思想、加强规划、强化责任入手，有序推进。要敢于创新观念、打破传统，做到凭实绩、凭素质、凭作风用干部，敢用、真用、善用农业技术人才，要自上而下，自我解放。通过动员部署、舆论宣传等形式，统一思想，营造氛围，为培养选拔农业技术人才培植土壤。从战略的高度，以严谨求实的态度制定农业技术人才培养选拔规划方案。结合各地各部门实际，建立农业技术人才需求数据库，编制农业技术人才培养选拔的近期和中长期发展规划，制定本单位关于培养选拔农业技术人才的意见，明确各级领导班子年龄结构梯次配备标准，确保农业技术人才培养选拔工作有意识、有组织、有计划、有步骤地推进。切实把农业技术人才的培养工作作为干部队伍建设重要内容来抓，列入党委工作重要议事日程，落实责任，加强考核，确保农业技术人才培养和选拔工作落到实处。

（二）拓宽渠道、完善机制，强化农业人才培养的工作基础

要通过多种途径与方式，广开进贤之路，多渠道发现人才，积极建立数量充足、门类齐全、专业配套、素质优良的后备干部队伍，为培养选拔优秀农业技术人才创造条件。结合领导干部年度考核、干部人事调整、公开选拔领导干部等工作，抓好民主推荐后备干部工作，将公选考察入围、初始提名落选人员、民主推荐得票靠前、年度考核优秀人员纳入农业技术人才储备库。建立以选拔考察、定期考察、经常性考察以及进班子后的追踪考察为内容的动态系统，实行优存劣汰，克服"一备定终身"的现象，及时把那些工作实绩突出、有发展潜力的干部作为相应一级后备干部或更高层次上继续培养，使后备干部队伍既保持一定的常数又保证有较高的素质，随时可以好中选优予以使用。

（三）提升能力、强化素质，创新年轻干部培养的方式方法

既要注意加强对干部的政治素质、业务水平的提高，更要注重在实践中处理复杂问题和全面领导能力的锻炼，不断提升农业技术人才的综合能力。定期组织农业技术人才进行培训，在加强党的理论和时事政策学习的同时，加强对企业管理和资本运作等方面知识的学习。有计划、有步骤地安排农业技术人才参与企业发展、基层治理、重点工程等工作、并担任主要职务，做到敢于给位子、压担子，鼓励他们单独开展工作，在"急、难、险、重"任务面前，磨炼品质、增长才干、创造业绩、提升水平，切实达到能岗相宜，能责相配。不断加大技术人才交流轮岗力度，不断提高农业人才的工作阅历，使农业技术人才在不同领域、不同层次、不同行业、不同岗位上学习知识、丰富经验、提高综合能力。

（四）严管厚爱，精细管理，促进农业人才培养的日常管理

在下大力做好培养选拔的同时，更要注重后天的管理与监督，形成机制，切实做到开花一个，结果一个，丰收一片。实行领导干部＋农业技术人才的"1＋1"帮带模式，并落实帮带责任制，对农业技术人才进行跟踪培养，有意识的交任务、压担子，放手让他们在一些重大问题上决策，在工作开展上予以及时的指导与支持，不断强化他们的组织领导和决策能力。在单位年度考核和平时考察中，注意了解掌握农业技术人才现实表现和工作实绩，及时将群众提出的意见通过一定方式反馈给本人，引导他们发扬成绩、弥补不足。并对考核不称职，能力较差的，不再列为重点培养对象。对挂职锻炼的农业技术人才，定期召开座谈会，听取他们的工作汇报和群众的反映，做到跟踪考察。建立农

业技术人才管理数据库。详细记载农业技术人才的基本情况、主要简历、奖惩情况、培训情况、考核情况和民意测评、民主推荐情况，掌握农业技术人才的成长轨迹，通过建档立制，有效完善全程监督，作为培养、管理和选用的依据之一，为北大荒奋力开启建设现代农业大基地、大企业、大产业、努力形成农业领域"航母"这一宏伟目标提供必要的智力保障和技术人才支持。

（李书贞，黑龙江北大荒农垦集团总公司红兴隆分公司党委工作部部长。）

经济欠发达地区人才研究

经济欠发达地区
专业技术人才引进的难点与对策*

李 蹊　姬养洲

习近平总书记2021年2月25日在全国脱贫攻坚总结表彰大会上强调，经过全党全国各族人民共同努力，在迎来中国共产党成立一百周年的重要时刻，我国脱贫攻坚战取得了全面胜利，现行标准下9899万农村贫困人口全部脱贫，832个贫困县全部摘帽，12.8万个贫困村全部出列，区域性整体贫困得到解决，完成了消除绝对贫困的艰巨任务，创造了又一个彪炳史册的人间奇迹！这是中国人民的伟大光荣，是中国共产党的伟大光荣，是中华民族的伟大光荣。[①] 在以习近平同志为核心的党中央坚强领导下，告别绝对贫困、更加意气风发的中国人民，在全面建设社会主义现代化国家新征程上团结奋斗，必将创造更多令世界刮目相看的人间奇迹！自此，我国进入巩固拓展脱贫攻坚成果，加速乡村振兴的新时代。我国之所以能取得消除绝对贫困的历史成就，关键的一条就是人才、技术、智力等方面的全力支撑。然而，脱贫摘帽不是终点，而是新生活、新奋斗的起点。为此，党中央、国务院颁发了《关于巩固拓展脱贫攻坚成果同乡村振兴有效衔接的意见》，对做好新时代巩固拓展脱贫攻坚成果同乡村振兴人才、技术、智力等政策措施的有效衔接，做出了新部署，提出了新的更高要求。这些年来，我国经济欠发达地区，尤其是"三区三州"，尽管在人才支撑和队伍建设方面取得了令人瞩目的成效，但紧缺急需人才、特别是专业技术人才引进难等问题，仍未从根本上解决。因此，采取更加有效的突破性对策，下大决心和手笔，解决专业技术人才引进难、引进的专业技术人才拴留难、引进的专业技术人才素质能力提升难、引进的专业技术人才作用充分发挥难等问题，仍是经济欠发达地区巩固拓展脱贫攻坚成果、加速乡村振兴的时代课题。

---

* 本文为全国哲学社会科学工作领导小组批准立项，国家社会科学基金资助课题的阶段性成果；批准编号：20STA077。

① 全国脱贫攻坚总结表彰大会隆重举行 习近平向全国脱贫攻坚楷模荣誉称号获得者等颁奖并发表重要讲话．中华人民共和国中央人民政府网，2021年2月25日．

一、经济欠发达地区专业技术人才引进难点与对策研究的时代意义

（一）深入贯彻落实习近平总书记关于巩固拓展脱贫攻坚成果人才工作论述的重大举措

2018年春节前，习近平总书记深入四川凉山州所属深度贫困地区调研，在成都召开的"打好精准脱贫攻坚战座谈会"上强调："打好脱贫攻坚战，关键在人，在人的观念、能力、干劲"，并对"吸引各类人才参与脱贫攻坚和农村发展"提出了要求①；2020年针对新冠肺炎疫情冲击，习近平总书记在"决战决胜脱贫攻坚座谈会"上再次强调："脱贫攻坚任务能否高质量完成，关键在人"，并对人才"增强精准扶贫、精准脱贫能力"提出了新要求②。2021年2月，在召开的"全国脱贫攻坚总结表彰大会"上，习近平总书记再次对实现巩固拓展脱贫攻坚成果任务的人才支持工作做出了新部署③。同年3月，中共中央、国务院颁发了《关于实现巩固拓展脱贫攻坚成果同乡村振兴有效衔接的意见》，特别提出：必须"做好人才智力支持政策衔接"，并对各项人才智力支持政策的有效衔接，做出了进一步部署。④ 加强新时代经济欠发达地区专业技术人才引进难点与对策研究，正是贯彻落实习近平总书记有关新时代巩固拓展脱贫攻坚成果、加速乡村振兴人才、科技、智力工作重要论述和中共中央、国务院部署、要求的重大举措。

（二）实现新时代巩固拓展脱贫攻坚成果，加速乡村振兴目标任务的迫切需要

这些年来，我国经济欠发达地区，尤其是"三区三州"的各级党委、政府在人才，特别是专业技术人才的引进方面，取得了比较好的成效，也形成了比较符合实际的人才，特别是专业技术人才引进的政策及其体系。但从整体上看，这些地区的人才，特别是专业技术人才引进难的问题并没有从根本上解决；比如各级党政领导管理干部中专业技术型人才的缺乏，企业及其特色产业创业创新型专业技术人才的缺乏，高校高层次人才、高中职院校"双师"型

---

① 习近平总书记在四川成都召开的"打好精准脱贫攻坚战座谈会"上的讲话. 新华网，2018年2月14日.
② 习近平总书记在"决战决胜脱贫攻坚座谈会"上的讲话. 新华网，2020年3月6日.
③ 习近平总书记在"全国脱贫攻坚总结表彰大会"上的讲话. 新华网，2021年2月25日.
④ 中共中央、国务院《关于实现巩固拓展脱贫攻坚成果同乡村振兴有效衔接的意见》. 新华网，2021年3月22日.

人才的缺乏，中小学普通话与民族语兼备人才的缺乏和高、中、初及其配套专业技术技能人才的缺乏以及畜牧、林果、农业科技推广、水利、运输、文化旅游等行业专业技术人才的缺乏，还比较普遍。因此，集中力量研究提出解决上述人才问题的对策，对实现新时代巩固拓展脱贫攻坚成果，加速乡村振兴目标任务，具有十分重要的时代意义。

（三）巩固国防、稳定边疆的客观要求

经济欠发达地区，尤其是"三区三州"，大都是祖国的边境地区，巩固拓展脱贫攻坚成果、加速乡村振兴，对我国的国防巩固、边疆稳定极为重要。加强新时代人才，尤其是专业技术人才队伍建设与发展，促进经济欠发达地区的科技进步和经济高质量发展，提高经济欠发达地区人民群众的文化生活水平，则是巩固国防、稳定边疆的百年大计、千年大计。深入开展经济欠发达地区专业技术人才引进的难点与对策研究，有针对性地提出解决这些地区专业技术人才引进难的对策，不断壮大这些地区的专业技术人才队伍、优化这些地区专业技术人才队伍结构、提升这些地区专业技术人才队伍素质能力，已成为新时代巩固国防、稳定边疆的客观要求。

二、经济欠发达地区专业技术人才引进的难点问题

这些年来，我国经济欠发达地区，尤其是"三区三州"，尽管在从中央到地方各级党委、政府的全力支持下，人才，特别是专业技术人才的引进方面取得了符合实际的成效，也形成了相应的政策措施，但紧缺急需专业技术人才引进难、引进专业技术人才拴留难、引进专业技术人才作用充分发挥难以及引进专业技术人才素质能力提升难等问题，尚未从根本上解决。

（一）紧缺急需专业技术人才引进难

经济欠发达地区人才引进工作的一个最重要的难点是：紧缺急需的人才，尤其是专业技术人才引不进来问题。

根据云南省怒江州人社部门反映，他们根据全州经济、科技、医疗、卫生、农业等对人才智力的急需，多次组织参加省及外地举办的人才招聘大会或开展人才招聘引进活动，大多一无所获。云南省迪庆州人社部门反映，他们采取放宽学历、户籍，享受相关待遇等优惠政策，到昆明等地参加现场人才招聘会，试图突破"瓶颈"制约，但效果都不明显。青海省海西州反映，他们根据产业发展需要，决定引进一批紧缺专业技术人才，尽管采取多种政策、措

施，3年只引进了1人。新疆喀什地区第二人民医院，计划引进医疗、教育等紧缺专业人才20人，尽管尽了千方百计之力，最后只引进了4人。新疆维吾尔自治区面向全国为南疆四地州招聘引进"特岗教师"计划名额为150人，结果引进的不足50人。贵州省也同样存在紧缺急需专业技术人才引进难问题。由于经济全球化、一体化、社会化的大背景，人才争夺战及升级版愈演愈烈，经济发达地区紧缺急需专业技术人才的引进难度进一步加大，经济欠发达地区紧缺急需专业技术人才引进呈现难度越来越大的趋势。

（二）引进专业技术人才拴留难

近些年来，经济欠发达地区不仅面临专业技术人才招聘引进难度越来越大的困境，更面临着引进的专业技术人才流失越来越严重的困境，这是经济欠发达地区专业技术人才引进的又一难点。一些地区花重金、费大力引进来的专业技术人才，在很短时间内就又离开了。据云南迪庆州人社局反映：这个州采取优惠政策，先后从州外招聘引进了200多名知识型、技术型公安干警，一两年后，只剩下不足80人，120多人陆续离开。这个州还出现多起新招考录用的公务员，到所属县上任，报到没几天就提出辞职、甚至干脆不来报到等情况。四川省凉山州的11个深度贫困县，采取各种政策措施引进的各类专业技术人才，先后有491人"流失"，导致一些学校、医院及科技事业单位等，优秀中青年专业技术人才多岗"空缺"，几乎无人担起本单位科技、业务、技术"大梁"的重任。青海省海西州人社局反映：全州引进的业务技术高的医疗人才，流失严重，包括最好的医院。青海省海西州副市级市的格尔木市人社局反映：其所管辖地区每年考取市外高等院校的大学生均在1300~1500人之间，而每年返乡就业的均在5%~10%之间，流失优秀青年大学生在90%~95%。柴达木职业技术学院作为海西州的唯一大专高职院校，每年高职毕业生留在海西工作的仅占5%。喀什地区第一人民医院，这些年引进各类医疗医务人才的流失达到200余人，其中高级职称医疗人才11人。

（三）引进专业技术人才作用充分发挥难

经济欠发达地区专业技术人才引进的另一个难点在于：有些地区或单位的专业技术人才千方百计引进来后，作用得不到充分发挥。据调查了解的现实情况是，一方面，由于经济欠发达地区，尤其是"三区三州"等地区，大都没有国家及重大工程项目或重点企业，也没有新兴的产业，缺乏引进专业技术人才充分发挥作用的科技经济实体。另一方面，由于上述地区大都没有应有的研发、创新、试验等科技发展平台及科技工作岗位，导致引进的专业技术人才缺乏与之相对应的充分施展才能的空间和条件。一些地区或单位前期对专业技术人才紧缺急需的岗位、目录等缺乏精准调研，盲目追求引进工作政绩，一些引进的专业技术人才不能对口安置或专非所用等，导致引进的专业技术人才在很长一段时间内不能实现自身价值，作用充分发挥难问题严重存在。有关区州的人力资源和社会保障部门反映，引进的专业技术人才至少有30%以上的作用不能得到充分发挥，有的地区或单位甚至超过50%。这就产生了另一个问题，即引进的专业技术人才因为不能妥善安置或作用不能充分发挥而选择离开。

（四）引进的专业技术人才素质能力提升难

据调查了解到的现实情况，经济欠发达地区，尤其是"三区三州"，其区州及县的财政资金自给率不超20%，有的甚至更低。由于财政资金经费限制，经济欠发达地区的各类专业技术人才，在开发培养和现代素质能力的提升上缺少充足的资金经费支持。这种状况更导致已经引进的专业技术人才素质能力无法继续得到最大程度的开发和使用。一些地区表示，由于财政资金等条件限制，各地区本身的自我培训提升机制不健全，培训渠道和方式、方法单一，尤其是其现行的人才培训缺乏应有的制度安排、激励动力，也导致引进的专业技术人才参加现代管理、技术、业务培训的积极性不高。而另一方面，各地区又缺少充足的资金经费把引进的专业技术人才送到省外、国外高等院校进行系统的现代管理、技术培训，或到对口的先进企事业单位进行考察学习和职位、岗位锻炼；也无充足的资金经费外请高端人才及其科技创新团队进行现场实地传、帮、带。这种状况不仅导致引进的专业技术人才队伍的管理、技术、业务水平及创新能力，不能与时俱进、逐步提高；反而导致一些引进的专业技术人才靠吃"老本"混日子的现象日趋增多，更导致经济欠发达地区现有人才，尤其是专业技术人才队伍的素质能力日趋下降。

三、新时代强化经济欠发达地区专业技术人才引进工作的对策建议

为更好更深入地贯彻落实习近平总书记关于巩固拓展脱贫攻坚成果人才、科技、智力工作的重要论述和中共中央、国务院《关于巩固拓展脱贫攻坚成果、加速乡村振兴的意见》有关人才、科技、智力工作的部署、要求，早日实现巩固拓展脱贫攻坚成果，加速乡村振兴目标任务，就新时代强化经济欠发达地区专业技术人才引进工作，化解引进难点，提出如下对策建议：

（一）在专业技术人才的直接引进上要有大突破

1. 按需精准引才

全面调查了解专业技术人才需求，掌握并系统分析各行业、系统、部门、企事业单位以及地方特色产业等专业技术人才引进目录及具体条件要求，从村到乡镇、到县、再到区州；从企业到教育、卫生、科技及农、林、果、畜牧、水利等行业事业系统等，都要制定相应的短、中、长期引进计划或规划，并按需精准引进紧缺急需专业技术人才或后备人才；有针对性地制定并实施本地籍高校毕业生等回乡就业、创业计划，招引更多的包括各类毕业生在内的本地籍专业技术人才回乡就业创业；在重点城市设立引才工作站，聘请招才引智专员，经常性地引进其富余的专业技术人才。

2. 创新并用足、用活政策引才

一是对近年来在专业技术人才引进工作中比较成功的政策进行系统梳理，并进一步巩固完善；二是针对新时代巩固拓展脱贫攻坚成果需要，大胆创新引进政策，包括引进岗位（职位）安排、工资福利待遇、科研、工作、生活条件及职业发展空间等，使各项创新政策措施真正能够对国内外专业技术人才具有较强的吸引力和集聚力；三是用足用活中央及省给予经济欠发达地区，尤其是"三区三州"人才倾斜政策，特别对全国脱贫攻坚总结表彰大会后，中央及省的人才倾斜支持政策措施，进行深刻理解掌握，并创造性地用足用活，吸引集聚更多的有志有识之士到经济欠发达地区，尤其是"三区三州"建功立业。

3. 大力发展特色产业引才

紧紧围绕区州等经济欠发达地区的特色产业，包括矿产业、林果业、畜牧业、种植业、运输业、民族手工业、中医药材业、非遗传承业、文化旅游业等，打造平台、载体或基地，有针对性地引进科技型经营管理人才、专业技术人才、技能人才。要重点引进对上述产业项目投资及创新创业人才；要着力引进高校、科研院所等科研人才，对传统特色产业进行升级改造和转型发展，增强其市场开拓和竞争力；要做到引进一名领军人才，带来一个团队，激活一个特色产业。

（二）在专业技术人才的柔性引进上要有大突破

1. 加强人才工作站建设，柔性引才

加强院士工作站、专家服务站等建设，配备引才专员，专责柔性引进院士等各类专家智力，借助国内外高端人才的高新技术、智力，或带技术、带项目、带资金柔性引进，或帮助高新技术攻关、新产品研发；或进行传统特色产业项目改造升级；或对本地现有专业技术人才进行"传、帮、带"，提升其现代专业技术素质能力。

2. 加强"人才飞地"建设，柔性引才

鼓励和支持本地企事业单位在发达地区人才资源密集型城市及其高新技术开发区等，有针对性地建设"人才飞地"，让愿意为经济欠发达地区经济服务的高端或紧缺急需人才，在科研、工作、生活、服务等环境条件更好的发达地区，异地为本地区的企事业单位创新发展，提供急需的技术、智力服务。

3. 加强高校和科研院所合作，柔性引才

有针对性地与国内相关高校、科研院所等，进行人才、技术、智力对接，并建立健全长期合作关系，与这些高校院所等共建博士、硕士等大学生社会实践基地和帮扶机制，充分发挥高校院所科技及研发整体资源优势，经常性开展高校院所"博士、硕士行""科技专家帮扶行"等活动，及时解决经济欠发达地区巩固拓展脱贫攻坚成果、实现乡村振兴目标任务过程中，科技进步、经济发展的难题。

4. 充分发挥企业主体作用，柔性引才

一是引导企业制订并实施推进柔性引才专项计划，精准引进高端或紧缺急需专业技术人才的技术、智力，让他们"候鸟式"解决技术等难题；二是动员政府及社会服务机构等资源，为企业引进，特别是柔性引进专业技术人才的技术、智力，为企业提供及时有效的技术、智力服务；三是设立人才引进专项资金，对企业等单位柔性引进给予比较充足的经费支持。

（三）在对口支援专业技术人才力度上要有大突破

1. 任（挂）职对口支援

对口支援的发达地区省、市，要按需精准选派专业技术人才，特别是科技、教育、卫生医疗等方面的科技型领导管理人才，到经济欠发达地区的区、州、县、乡政府及其科技、教育、卫生医疗部门任（挂）职科技领导管理副职，并形成长效机制；到区州及县乡的经济管理部门、经济技术开发区和重点发展行业、企业，任（挂）职科技领导管理副职，把发达地区经济、产业、企业创新发展的先进科技领导管理经验、科技开发和经营方式、市场营销等成功做法带过来、传下去。还可动员高校、科研院所，对口支援选派博士、硕士学生，到这些区州基层企事业单位挂职锻炼，形成博士、硕士及所在高校、科研院所共同帮扶机制。

2. 配套组团对口支援

对口支援先进地区的省、市要按需精准选派一名领军人才带队，组成由高、中、初各类专业技术科技人才配套的团队，到对口支援的区州及县乡等重点或中心医院任（挂）职医务副院长或主要医疗科室副主任或主治医生及检验、护理骨干，全方位提升这些医院的现代医疗、检验、护理水平；到这些区州的高、中职院校及重点高、初中学任（挂）职教务副院（校）长及配套骨干教师等，全方位提升这些院校的现代教育水平；到这些区州的重点企业任（挂）职科技副职及配套专业技术科技人才，加速推进企业的科技进步或传统产业升级改造、转型发展。

3. 人才项目对口支援

一是针对区州亟待开发的矿产业等工业项目，按需精准选派创新创业等方面的人才及其项目，带动经济欠发达地区矿产业及工业企业项目发展；二是瞄准区州农、林、果、牧、禽、鱼等特色农业产业项目，按需精准选派创新创业等方面的人才及其项目，带动经济欠发达地区特色农业产业发展；三是充分利用区州运输业、文化旅游业等资源优势，大力开发经济欠发达地区运输和文化旅游等产业项目，带动经济欠发达地区运输和文化旅游产业快速发展。

（四）在中央支持专业技术人才及其基层项目的力度上要有大突破

1. 进一步巩固拓展中央已有的专业技术人才基层支持项目

认真总结中央这些年专业技术人才基层支持项目实施的经验和成效，包括"村干部"计划和选派村第一书记、"三支一扶"计划、"特聘教师"计划、"科技特派员"计划以及"志愿者支援西部"计划等。在此基础上，按新时代巩固拓展脱贫攻坚成果、加速乡村振兴的需求，加大上述人才基层支持项目的数量、质量和规模，注重实效性和长远性，使之成为永久性的人才基层支持项目及经济欠发达地区人才、技术、智力保证。

2. 进一步加大中央支持专业技术人才基层支持项目的财政投入力度

要扩大中央及省所属经济欠发达地区专业技术人才基层支持项目的财政投入的规模和数额，比如上述项目专业技术人才国内外引进所需的资金保障；上述项目引进专业技术人才创新创业发展的资金保障；上述项目引进专业技术人才工资福利待遇和工作、生活条件保障等，让参与上述项目的专业技术人才在实现自身价值的同时，获得应有的报酬，做到事业与财富"双丰收"。

3. 进一步强化第一书记队伍及其联盟建设

从中央到地方各省、市，要加大向巩固拓展脱贫攻坚成果任务比较艰巨繁重的村、屯优选第一书记，并强化第一书记队伍建设。一是按需精准选好政治思想强、具有丰富经验，既懂管理又懂技术的人才担任第一书记，并保证他们充分发挥作用的工作、生活等条件；二是以乡镇为单位建立第一书记联盟，定期学习交流经验体会，实现优势互补、相互帮扶；三是充分发挥第一书记所在部门、单位人才、技术、智力及资金等资源优势，实现第一书记作用效能倍增。

（五）在引进专业技术人才的服务保障上要有大突破

1. 强化引才服务机构建设

进一步强化引进专业技术人才的服务机构建设，完善其功能，包括引才工作站、人才驿站、专家服务站乃至人才发展集团等的建设及其功能，使之能够为引进专业技术人才提供全方位、配套的所需服务，解除他们引进后工作、生活和发展的后顾之忧。

2. 强化引才经费保障

建立健全"政府投入、单位支持、社会参与、逐步递增"的引才引智经费支撑保障，既要保障专业技术人才能够"引得来"的资金需求，也要保障引进专业技术人才"用得好"的资金需求，更要保障引进专业技术人才"留得住"的资金需求，不断提高包括引进在内专业技术人才的薪酬福利待遇水平和生活品质，让他们巩固拓展脱贫攻坚成果、加速乡村振兴中安业、安心、安身。

3. 强化党政领导干部引才工作目标责任制

创新完善党政领导干部专业技术人才引进工作目标责任制，注重引进实效的考核和信息反馈，加大引进目标任务落实效果的奖惩或追责力度，确保引进目标任务落到实处；加强各级党政领导干部引进，包括柔性引进专业技术人才，尤其是高端人才的联系制度安排，畅通直接联系渠道，及时听取他们的诉求，及时解决他们在科研、工作、生活等方面遇到的困难与问题；要加强引进专业技术人才的继续教育，使他们的素质能力能够与时俱进；要加大作出贡献引进专业技术人才的宣传表彰力度，给予他们应有的精神与物质奖励，包括政治荣誉和资金重奖，让他们有成就感、价值感和幸福感。

（李蹊，本子课题组执行组长，中国人民大学公共管理与人力资源专业博士；姬养洲，本子课题策划指导，中国人才研究会副秘书长，研究员，国务院特殊津贴专家。）

关于西部人才高质量发展的若干思考

——基于贵州的实践探索

肖凯林　胡月星

党的十八大以来，在以习近平同志为核心的党中央坚强领导下，西部地区经济社会发展取得重大历史性成就。但同时，西部地区发展不平衡不充分问题依然突出，与东部地区发展差距依然较大，维护民族团结、社会稳定、国家安全任务依然繁重，仍然是实现社会主义现代化的短板和薄弱环节。党的十九大明确指出，"人才是实现民族振兴、赢得国际竞争主动的战略资源。"对于西部省区而言，站在新的历史起点和交汇点上，处于与全国一道开启全面建设社会主义现代化新征程、向第二个百年奋斗目标进军的关键时期，要实现高质量发展要求，必须坚定不移学习贯彻习近平总书记关于人才工作的新思想、新论断、新要求，以人才的高质量发展引领西部高质量发展，实现习近平总书记关于构建西部大开发新格局的殷殷嘱托。

一、人才发展是战略性问题

党的十八大以来，习近平总书记对人才工作做出了一系列重要论述，深刻阐明新形势下人才工作的重大问题，形成治国理政新理念、新思想、新战略中的人才篇，具有十分鲜明的时代特征和丰富内涵，为人才事业发展指明了方向，提供了根本遵循。

（一）高度重视人才是第一资源的战略地位

习近平总书记从多个维度对如何认识人才的重要性作了高度概括，强调"当今世界的竞争说到底是人才竞争、教育竞争。"[1] "综合国力竞争归根到底

---

[1] 习近平．在中国科学院第二十次院士大会、中国工程院第十五次院士大会、中国科协第十次全国代表大会上的讲话．人民日报，2019年5月29日．

是人才竞争。人才资源作为经济社会发展第一资源的特征和作用更加明显,人才竞争已经成为综合国力竞争的核心。"[1] "办好中国的事情,关键在党,关键在人,关键在人才。"[2] "人才是创新的根基,是创新的核心要素,创新驱动实质上是人才驱动。"[3] 加快建设人才强国,成为党中央基于国内外形势的深刻判断和我国人才发展现状的清醒认识做出的重大战略部署。

(二) 高度重视引进人才培育人才工作

在引才育才方面,习近平总书记提出了"聚天下英才而用之"的重要理念,强调要"广开进贤之路,广纳天下英才。"[4] "要实行更加开放的人才政策,不唯地域引进人才,不求所有开发人才,不拘一格用好人才。"[5] "要实行更加积极、更加开放、更加有效的人才政策,聚天下英才而用之。"[6] "要建设一支规模宏大、结构合理、素质优良的创新人才队伍"[7] "要更大规模、更有成效地培养我国改革开放和社会主义现代化建设急需的各级各类人才"[8] "按照人才成长规律改进人才培养机制,'顺木之天,以致其性',避免急功近利、拔苗助长。"[9] "要深化教育改革,推进素质教育,创新教育方法,提高人才培养质量,努力形成有利于创新人才成长的育人环境。"[10]

(三) 高度重视构建人才发展体制机制

在人才发展体制机制方面,习近平总书记也作了许多精辟深刻的论述,强调要"加快推进人才发展体制机制改革,加快构建具有全球竞争力的人才制度体系。"[11] "要着力破除体制机制障碍,向用人主体放权,为人才松绑,让人才创新创造活力充分迸发,使各方面人才各得其所、尽展其长。"[12] "要在全社会积极营造鼓励大胆创新、勇于创新、包容创新的良好氛围,既要重视成功,更要宽容失败,完善好人才评价指挥棒作用,为人才发挥作用、施展才华提供更加广阔的天地。"[13]

---

[1][4][8] 习近平在欧美同学会成立100周年庆祝大会上的讲话. 人民日报, 2013年10月22日.
[2][11][12] 习近平对深化人才发展体制机制改革做出的重要指示. 新华网, 2016年5月6日.
[3][13] 习近平关于科技创新论述摘编. 中共中央文献研究室, 2016.
[5] 习近平关于人才工作论述摘编. 中央人才工作协调小组, 2016 (37).
[6] 习近平在全国组织工作会议上的讲话. 当代党员, 2018 (19).
[7] 习近平在全国科技创新大会、两院院士大会、中国科协第九次全国代表大会上的讲话. 人民网, 2016年5月30日.
[9] 习近平在中国科学院第十七次院士大会、中国工程院第十二次院士大会上的讲话. 新华网, 2014年6月9日.
[10] 习近平在十八届中央政治局第九次集体学习时的讲话. 中国政府网, 2013年10月1日.

(四)高度重视营造良好的人才环境

在人才环境方面,习近平总书记强调"环境好,则人才聚、事业兴;环境不好,则人才散、事业衰。"① "要积极营造尊重人才、求贤若渴的社会环境,待遇适当、后顾无忧的生活环境,公正平等、竞争择优的制度环境,为人才心无旁骛钻研业务创造良好条件。"② "决不能让科技人员把大量时间花在一些无谓的迎来送往活动上,花在不必要的评审评价活动上,花在形式主义、官僚主义的种种活动上!"③ "要创新人才工作政策、体制机制、方式方法,积极营造拴心留才的良好环境。"④ "要着力改革和创新科研经费使用和管理方式,让经费为人的创造性活动服务,而不能让人的创造性活动为经费服务。"⑤

(五)高度重视党对人才工作的领导

习近平总书记强调"择天下英才而用之,关键是要坚持党管人才原则。"⑥ "对广大知识分子,重要的是团结,同时要加强引导,特别是要加强政治引领和政治吸纳,使更多知识分子参与实际工作,激励他们自觉为实现中华民族伟大复兴贡献聪明才智。"⑦ "各级党委和政府要从心底里尊重知识、尊重人才,为人才发挥聪明才智创造良好条件,营造宽松环境,提供广阔平台。"⑧

二、当前西部(贵州)人才工作存在的问题与挑战

近年来,西部省区牢牢抓住人才工作这个关键因素,加大吸引、稳定、培养人才的工作力度,引进人才数量和质量大幅提升,人才队伍结构进一步优化。但与东部相比,人才集聚能力依然较弱,人才工作的整体生态依然脆弱。从贵州的情况看,在思想观念、人才总量、人才结构、人才市场化程度、人才综合竞争力等方面,都存在许多问题和挑战,需要认真分析解决。

(一)思想仍不够解放

在具体的人才工作实践中,思想解放不够制约了人才工作活力的激发,具

---

① 习近平在欧美同学会成立 100 周年庆祝大会上的讲话. 人民日报,2013 年 10 月 22 日.
② 习近平在全军装备工作会议上的讲话. 中国政府网,2014 年 12 月 4 日.
③ 习近平在两院院士大会 中国科协第十次全国代表大会上的讲话. 人民日报,2021 年 5 月 29 日.
④ 习近平在吉林考察时的讲话. 人民日报,2020 年 7 月 25 日.
⑤ 习近平关于人才工作论述摘编. 中央人才工作协调小组,2016.
⑥ 习近平. 习近平谈治国理政(第一卷). 外文出版社,2017.
⑦⑧ 习近平在网络安全和信息化工作座谈会上的讲话. 人民出版社,2016.

体表现：一是存在"以物为本"的观念。在涉及经济社会发展重大问题决策时，往往只盯着资金和项目，忽视人才的重要性，不能真正做到把人才作为高质量发展的第一资源、第一要素、第一推动力。二是存在"以有为本"的观念。一些地方和单位热衷于单纯的人才全职引进，要求户口、档案及社保关系等必须转入才算是本地本单位的人才，与"不求所有，但求所用"的引才理念不相适应。三是存在"以官为本"的观念。不能正确看待人才的成长规律，简单套用党政领导干部管理办法管理、使用人才，导致一大批优秀人才在创造力最旺盛的年龄段去挤行政工作的"独木桥"，造成了极大的人才浪费。四是存在"不作为"现象。有些单位和部门墨守成规、安于现状，不求有功但求无过，往往是按部就班、循规蹈矩，人才工作局面很难打开。如落实人才政策，发达地区是"非禁止即能做"，有的地方却是"没有规定不能做"，甚至层层设置路障，向用人单位放权、为人才松绑不到位。

（二）人才资源配置效能还不高

与粤港澳大湾区、长三角经济圈等地区凭借发达的产业基础、强大的研发水平和雄厚的财政能力对人才的如饥似渴相比，西部如贵州存在人才集聚平台匮乏、科研经费偏少、人才薪酬待遇偏低等先天不足，加之创新要素配置的低效状况，导致劣势愈加凸显。一是高端人才偏少。从院士、国家人才计划入选者数量来看，贵州分别为 2 人、40 人，四川分别为 62 人、504 人，广东分别为 112 人、1078 人，差距十分明显。二是人才培养投入不足。从对高端人才的培养投入来看，贵州对遴选为"院士后备人选"的在 5 年培养期内给予 150 万元培养经费，广西、云南达到 1000 万元，深圳市则达到 2000 万元；2019 年贵州 R&D 经费支出仅占 GDP 的 0.86%，排名全国第 26 位。三是高水平平台载体缺乏。贵州现有国家级重点实验室 5 个、工程技术研究中心 5 个、院士工作站 86 家；四川有国家级重点实验室 14 个、工程技术研究中心 16 个、工程实验室 7 个；而 2015 年江苏已建成国家和省级重点实验室 97 个，工程技术研究中心 2989 个，企业院士工作站 329 个，国家技术中心 95 家。四是产才融合不深。贵州现有人才资源与产业发展需求匹配度较低，人才知识更新速度跟不上产业转型升级需求，高校学科设置滞后于现代产业发展，大数据、现代旅游、装备制造等业态人才缺口大，引进的高层次人才大多集中在体制内的教育、科技、医疗卫生等领域事业单位，引进的"百人领军人才""千人创新创业人才"在民营企业的比例不足 35%。五是成果产业化不畅。目前贵州企业实力总体偏弱，尤其是中小企业大多处于产业低端，并不具备科技成果转化所需的配套研发能力与实施能力，加上省内从事成果转化的中介服务机构力量严重不足，导致科技成果转化率极低。

（三）人才创新活力不足

一是协同机制僵化。一些部门和单位在制定具体政策时习惯性侧重本部门利益，在实际操作中依然存在政策打架、推诿扯皮现象；有的科技人才对离岗创业、兼职取酬存在顾虑，技术入股无论是否带来现金收益，都要先行缴纳个人所得税。二是评价机制僵化。分类分层评价不足、评价标准单一、评价手段趋同，不能很好地回答"谁是人才"的问题。三是激励机制僵化。年薪制、协议工资制、期权分红、领创办科技型企业、容错免责等政策缺乏实施细则和标准，激励效应有限。四是流动机制僵化。人才流动成本高，审批程序烦琐，耗费大量时间精力，党政机关、企事业单位、非公经济组织之间的人才流动渠道不通畅，人才逆向淘汰。

（四）服务能力有待提升

一是服务意识有待提高。在调研中发现，很多人才政策基本没有落实，让人才感受不到应有的尊重、存有怨气。二是人才工作合力凝聚不够。组织部门经常唱"独角戏"，"统抓"成了"总抓"，相关职能部门冷热不均、不推不动甚至推而不动等。三是用人单位主体作用发挥不够好。有的行业主管部门牵头作用发挥不够，既没有积极承接中央和省委的人才政策和项目平台，也没有结合实际制定实施行业人才队伍建设政策措施；有的用人单位主体作用发挥不够，对人才政策的知晓率较低，没有抓人才工作的主动性。

三、着力推进西部（贵州）人才工作高质量发展的对策思考

（一）凝聚尊才爱才的强烈共识

思想是行动的先导。推动人才工作发展，必须进一步解放思想、开阔视野，树立强烈的人才意识，把各方英才聚集到推动贵州高质量发展的热潮中来。一是从"拼资金"向"拼制度"转变。改变过去简单地给政策、给资金，更加注重从制度层面集成创新，打通人才引育用中的制度"壁垒"，促使人才、资金、项目等创新要素充分耦合，以制度优势集聚人才、激发活力。二是从"注重引进"向"引育并重"转变。随着全国区域间、城市间人才竞争日趋白热化，"抢人大战"在全国各地频繁上演，在人才吸引力处于相对劣势地位的情况下，贵州人才工作不能止于"引"，更要注重"育"，只有坚持引育

并重，一手抓人才引进，一手抓人才培育，才能充分释放人才红利。三是从"体制内"向"体制内外"转变。不论国有还是民营，只要是为贵州经济社会作出贡献的，都要一视同仁，从资金、项目等方面给予实实在在的支持，如各类人才计划项目要向各类企业、社会组织开放，鼓励支持和积极推荐各类企业、社会组织人才申报，并给予同等评价激励待遇，让他们切实感受到党和政府的温暖。四是从"全职引才"向"柔性引才"转变。借鉴共享经济的做法，探索人才资源共享新模式，采取项目引才、异地用才等多种柔性引才方式（如银龄工程），不求所有、但求所用，让更多的人在共享时间、技能、技术、经验的同时，打破人才流动的时空瓶颈，让人才的活力和创新力得到充分的释放。

（二）充分发挥教育在人才培养中的基础性作用

习近平总书记指出，"人类社会需要通过教育不断培养社会需要的人才。"[①]当前，贵州仍处于人口红利黄金期（第7次人口普查显示，近十年人口增长380万人），但教育资源相对短缺，职业教育缺乏精准的社会定位，高等教育则缺乏资金倾斜与技术支持，自主培养人才能力较低。要实现人才高质量发展，教育的基础性作用不可或缺。一是优化高校人才培养机制。充分考虑经济社会发展对各类人才的动态需求，以市场对人才的需求配置为导向，具体设置高校人才培养目标，确定招生的专业、人数，建立高校学科专业、类型、层次和区域布局动态调整机制，确定适合人才培养的理念和教学模式。二是完善现代职业教育制度。推进职业教育扩容提质，实施中职"强基"、高职"双高"和"黔匠"培养工程，力争实现未升入高中或普通本科院校的学生接受中职（含技工）、高职教育全覆盖，同时确定企业和学校在技术技能人才培养中的"双主体"地位，克服过去由学校单纯培养技术技能人才的局限性，充分发挥企业在培养人才中的实践锻炼与孵化检验作用。三是推行"产业导师"选聘制度。鼓励高校、职业院校从企业、科研机构选聘科技创新人才、专业技术人才和高技能人才担任产业导师，指导学生提高职业能力、动手能力和创新创业能力加强产教融合发展。四是强化产学研一体化发展。加大科研人员离岗创业支持力度，激励更多高校教师参与创业活动，促使学术能力向应用能力的有机转化；鼓励企业牵头组建创新联合体，共同承担重大项目，并为科研人员提供必要的资金、技术和成果转化支持。

---

① 关于教育 习近平这样思考与嘱托.央视网，2019年11月4日.

（三）落实引才用才举措

采取超常规举措引进、培养、使用人才，坚持全链条、各环节共同用力，确保人才引得进、留得住、干得好。一是加强顶层设计。研究出台切实可行的人才发展专项规划，加快推进高层次创新创业、重点产业、重点领域等方面的重点人才及平台载体实现倍增；同时，加强相关政策的集成创新，构建更有含金量、更具竞争性的人才政策体系。二是拓宽人才引进渠道。引进是解决急需人才问题最直接的途径。充分用好贵州人才博览会、大数据产业博览会、东盟教育周、高层次人才引进计划等平台和项目，以及东西部协作机遇，探索"揭榜挂帅"项目引才、"建立离岸孵化基地"异地用才等柔性引才、灵活引才方式，力争引进一个人才、带来一个团队、做大一个产业。三是丰富人才培养方法。培养本土人才是贵州实现人才队伍和经济社会高质量发展的可持续举措。不断优化整合现有人才培养平台载体和计划项目，建立覆盖全面、资源共享、衔接有序、梯次递进的人才培养体系，力争培养更多的创新创业领军人才和青年拔尖人才。研究制定个性化人才培养措施，通过国外培训、跨省交流、东西部协作等渠道，有针对性地培养重点人才。四是搭建人才干事平台。加强省级人才基地、院士工作站、博士后科研（流动）工作站、重点实验室、工程技术研究中心等平台载体建设，不断提升对人才的虹吸效应。坚持因岗选人、量才用人，尊重创新、宽容失败，让创新创业人才放开手脚、尽展才华，特别是打破人才成长的"天花板"，让各路英才在各领域各显神通。设立省级人才发展专项资金，"一事一议"引进和培养高端人才。

（四）推动体制机制改革

只有体制机制活，人才工作才能满盘皆活。一是改进人才评价机制。健全完善人才评价标准，着力破除"唯学历、唯职称、唯帽子、唯论文、唯奖项"倾向，将原创成果、技术创新、成果转化及经济社会效益等业绩作为评价创新类人才的重要指标，将资产投入、销售收入、纳税、就业等作为评价创业类人才的重要指标，建立更加科学合理的人才评价指标体系。"对待特殊人才要有特殊政策，不要求全责备，不要论资排辈，不要都用一把尺子衡量。"二是改进人才激励机制。用好"贵州杰出人才奖"，对作出突出贡献、取得重大经济社会效益的创新创业人才进行表彰。推进用人单位结合实际制定成果转化收益分配实施办法，明确收益分配比例，充分调动科技人员的积极性、创造性。探索建立"人才金""人才贷"等人才创业融资机制，解决人才创业融资难、融资贵的问题。三是改进人才流动机制。打破"一亩三分地"的思维定式，在人才引进、项目攻关、技术研发、成果转化等方面，通过多元化的人才资源共享模式，持续推动人才"一体化"发展。积极引导人才向基层一线流动，为乡村振兴提供更加精准的指导、更加优质的技术服务，领创办好农业龙头企业或合作社。四是改进人才使用机制。坚持以事业凝聚人才，推动人才领衔重大工程、重点项目，参与到经济社会发展重要决策事项的事前研究、事中施行、事后监督等，增强他们的自豪感、成就感、光荣感。注重人岗相适，把合适的人安排到合适的岗位，充分尊重和信任人才，放手使用人才，多压担子、多压任务，在使用中培养锻炼人才，确保人尽其才、才尽其用。创造一个宽容的环境，对人才保持宽容、包容的心态，不能用"全人"的标准去衡量每一个人才，也不能用党政干部的标准去要求每一个人才，给人才充分的自主权，鼓励人才充分发挥聪明才智。

（五）落实服务保障

优化人才发展环境，以企业服务客户的状态服务好人才，让一流人才获得一流待遇，让更多"贵漂"变成"贵定"。一是坚持强化政治引领。落实好党委联系服务专家制度，强化各类人才教育培训、国情研修，引导广大人才把爱国之情、强国之志转化为实际行动。二是营造良好氛围。落实"人才日"等制度，督促检查人才引进、培养的年度计划完成情况，广泛开展走访慰问、表彰奖励等系列活动，切实让尊重人才、关心人才、关注人才工作成为时代风尚。三是提供更加优质服务。围绕"无微不至服务人才"的要求，落实"优才卡""高层次人才服务绿卡""人才之家"等，采取一网通办、全程代办、上门帮办等形式，切实解决好人才安居、子女入学、配偶安置等具体问题，让各类人才在贵州安身、安心、安业。

（六）争取部委支持

2020年，中共中央、国务院下发《关于新时代推进西部大开发形成新格局的指导意见》，对加快建立更加有效的区域协调发展新机制，以更大力度、更强举措推进西部大开发形成新格局进行了安排部署。在具体的工作中，一是希望教育部门落实"促进西部高校国际人才交流，相关人才引进平台建设向西部地区倾斜。鼓励支持部委所属高校和地方高校'订单式'培养西部地区专业化人才"要求，加大实施国家支援中西部地区招生协作计划力度，将招生计划增量向贵州等中西部地区倾斜，条件成熟时可继续开展西部地区专项招生和定向招生计划，促进区域协调发展。同时，希望教育部分批次逐步下放博士招生指标权限，增加贵州等地高校博士学位授权单位和授权点及博士招生指标。二是落实"完善工资待遇倾斜政策，结合事业单位改革，鼓励引导机关事业单位人员特别是基层公务员、教师、医护人员、科技人员等扎根西部。鼓励符合条件的企业实施股权激励、分红等中长期激励。允许国有企事业单位专业技术和管理人才按有关规定在西部地区兼职并取得合法报酬。允许退休公职人员按有关规定在西部地区创业。"同时，希望有关部门出台地区补贴新政策、设立中西部人才专项基金，对在中西部特别是艰苦地区工作的科技工作者在政治待遇、生活津补贴、税收优惠、金融支持等方面给予特殊支持，进一步提升中西部人才吸引力。三是建议调整艰苦边远地区津贴标准，进一步强化地区贫困补贴对激励人才扎根、奉献艰苦边远地区的作用。

[肖凯林，贵州省委组织部副部长；胡月星，中央党校（国家行政学院）党建部党的领导与领导科学教研室主任，教授。]

欠发达地区乡村人才流失现状、问题与对策研究[*]

李冬梅

习近平总书记在 2021 年 9 月 29 日召开的中央人才工作会议上再次强调，"国家发展靠人才，民族振兴靠人才"。[①] 新时代全面振兴和全面高质量发展，人才更是关键。因此，强化人才支撑已经成为经济高质量发展的时代要求。人才资源开发与管理的优势，将直接关系到社会经济发展的成败。对此，我们有必要认真分析并用更加科学的态度与方法来解决人才问题。

一、人才的内涵

"人才"二字从字面上是很容易解释的，"人"指的是社会中的每一个活生生的人，"才"指的是才能，"人才"指的是人的才能。"人才"二字通常有以下几种解释：一是指德才兼备的人，人们在谈话中讲到的人才，指的就是这个含义；二是指有某种特长的；三是指美丽端正的相貌，《三国演义》讲到马超时，罗贯中是这样描述的，"一来结束非凡，二来人才出众"，这里"人才"一词指的是相貌出众，长得很漂亮的意思。对人才概念的理解，不同历史时期，不同的人，站在不同的角度可以做不同的解释。1982 年以来，我国一直把"具有中专及以上学历或初级以上专业技术职称"作为人才的统计标准，这对于开展人才工作起到了重要作用。但随着经济社会的发展，对人才的要求越来越高，用人单位无论是对于"人才"的理解，还是制定挑选相关人才的标准，都不再单纯地把学历、职称作为人才的必要条件，"高学历不等于高阅历"已为社会所共识。相反，在人才的认定上更加注重其实践中的能力水平。实践表明，有学历或职称的不一定都是人才，有些做出一定贡献的人才未必有特定的学历或职称。按学历、职称进行统计的人才概念，与实际意义上

---

[*] 本文为中国人才研究会 2021 年度立项课题。批准编号：ZRH—2115。
[①] 深入实施新时代人才强国战略　加快建设世界重要人才中心和创新高地．人民日报，2021 年 9 月 29 日．

的人才概念相差甚大。突破旧有的人才观念，树立新的人才观，成为当前做好人才工作必须首先解决的问题。

二、经济欠发达地区人才流失现象与原因

（一）人才外流现象及发展趋势

20世纪80年代的大学毕业生分配工作来到欠发达地区后少有变动，劳动者第一次就业的单位就是其终身就业之所。自20世纪90年代起，随着我国人事制度改革和户籍制度改革的深入，阻碍人口流动的制度性壁垒渐趋弱化，已就业人口变动工作单位的难度较以往大为减小。特别是自1996年国家对大学生毕业后不再实行统一分配，而是实行通过市场双向选择、自主就业政策以来，这一状况有了很大的变化，人才流动的趋势加快，经济欠发达地区明显感到了人才外流的压力。人才外流现象主要表现在以下三方面：

1. 在外地接受高等教育的经济欠发达地区户籍的学生，学成后较少返乡

根据教育部门的统计，经济欠发达地区的应届高中毕业生（1000人左右）中有60%~70%能够升入大中专院校深造。由于经济欠发达地区本地高等院校缺乏，户籍为经济欠发达地区的学生大多前往沿海城市学习。据估计，每年毕业后返回经济欠发达地区工作的学生有400多人，其中在返乡学子中，75%是中专毕业生，20%是大专毕业生，只有5%是大学本科毕业生。

通过问卷调查父母对子女工作地点的期望，其中72.3%的家长希望子女到经济欠发达地区以外的地方去工作，明确表示不希望子女离开经济欠发达地区或是持无所谓态度的分别占15.7%和12.0%。值得一提的是，后两部分家长中，有55.3%的人是没有正在读书的子女的，即他们的孩子或者太小（学龄前儿童），因此现在考虑子女未来的工作地点显得为时尚早；或者是子女已经就业，所以这个问题是既成事实，因而没有了做进一步设想的必要。而在那些希望子女到外地工作的家长中，有70.2%的人是家中至少有一个孩子尚在读书。这些家长对子女的学历期望是大专以上，其中又以本科和研究生居多。由此，至少能够得出两个基本结论：第一，父母是期望子女能够进入高等院校深造的。第二，父母是希望子女能够到外地工作的。在父母的心目中，子女未来理想的工作地前4名依次为上海、北京、广州、深圳。在这些家长所列举的城市中，甚至没有一个地级市。此外，有18.60%的家长没有列举具体的城市，只是表示由孩子决定或笼统地提出"大城市""省会城市"或"沿海地区"等。由此可见，在一定程度上，父母是希望通过加大对子女的投入，以

增强子女未来在外地（主要是大城市）人才市场上的竞争力。可以预见，就目前的趋势看，未来即使有更多的经济欠发达地区学子能够进入高等院校深造，但学成后重返经济欠发达地区的可能还是极少数。

2. 高等院校毕业生来经济欠发达地区工作的少

在计划经济时代，由于经济欠发达地区集聚了为数众多的大中型企业，每年都有一定数量的应届大学毕业生分配到经济欠发达地区工作。但是，随着社会主义市场经济的发展和我国人事制度改革的不断深入，大学生毕业分配模式发生了很大变化。当毕业生有了更大的选择就业单位的权力后，他们往往不愿意到经济欠发达地区工作。有的大学毕业生虽然暂时来到经济欠发达地区工作，但时时想的却是如何尽早离开。近年来，经济欠发达地区虽然采取各种措施加大外出招聘人才的力度，但效果都不尽如人意，参加招聘大中专毕业生的单位往往都会流露出对大学生不愿意来的遗憾和对大学生留不住的无奈。

3. 各类现职人员往沿海地区寻求发展机会

在经济欠发达地区，时常会听到人们讲起单位同事或是亲友前往北京、上海等地发展的故事。在痛心于经济欠发达地区人才外流的同时，似乎又认可了这样的事实——是人才就能流得出去，流不出去的似乎够不上"人才"。在经济欠发达地区，人才流动被看成一种体面的事情，有的人才原本不想流动，但在舆论环境支配下纷纷到沿海城市寻求合意的"雇主"。当有一个熟悉的人决定去沿海城市发展时，周围的人在赞叹其勇气可嘉的同时，已经在期待他（她）衣锦还乡的那一天。经济欠发达地区人才流失严重，从前面的分析可以看出，经济欠发达地区近几年人才总量基本上是负增长，最关键的还在于走的都是中青年骨干人才。经济欠发达地区的国有企业、教育、卫生系统更加明显地感受到了人才外流的压力。

通过对居民的调查发现，即使是在那些子女已经就业的家长中，仍有44.6%的人希望已经工作的子女能够到经济欠发达地区以外的地方发展。这也是导致经济欠发达地区人才外流的更深层的原因——人才资源价值实现机会的缺失。人才资源的特征之一便是不断找寻自我实现机会。尽管在各类人员主动选择流动的过程中往往伴随着收入水平的不断提高，但这种收入水平的提高更主要的应当是人才价值的回归和重新发现。当某人做出跳槽决策的时候，其动机可能并不是追求更高的收入，而是试图找寻自我发展空间、才能展示空间或价值实现空间。

经济欠发达地区人才流失现象及未来发展趋势的分析，留下的是沉甸甸的思考。

目前所面临的人才资源发展问题在我国许多地方，特别是山区，都有所表现，而非经济欠发达地区特色。在我国有许多与经济欠发达地区有着类似地理特征的地区，其工业化程度远远落后于经济欠发达地区，人才外流现象也大量存在，这是一个带有普遍性的问题，是我国建设社会主义市场经济中必然经历的阶段。在计划经济时代，在户籍制度和劳动人事制度的双重壁垒作用下，人们往往少有迁移，首次就业便是终身就业。但改革开放的不断深入使这一状况有了根本性的改变，集中表现为人口流动性的增强和"单位人"意识的淡化，以及"打工"意识的增强。当沿海地区、经济发达地区、大城市对经济活动人口的吸引力不断增强，而且人们现在也有可能依靠自己的力量到自己向往的地方工作时，人才流失现象就不可避免了。

（二）经济欠发达地区人才流失的主要原因

流失本质上是一种不平衡，是一种势差产生的结果。根据钱学森同志的观点，社会主要的人才系统工程体制是一个由社会、单位、个人三大层次和培养、管理、使用三大环节交叉组成的矩阵结构，仅就管理体制而言，是一个由社会、单位和人才个体三大管理主体在管理功能上相对独立、协同互补、各负其责的统一体。其中，社会管理主体负责人才资源在社会整体意义上的优化配置和使用效益的最大化；单位管理主体负责人才结构在单位群体意义上的优化配置和使用效益的最大化；人才个人主体通过自觉能动的自我管理，实现自身才能发挥和使用效益的最大化。

按照上述管理体制构成中社会、单位、个人三个层次的界定，人才流失的原因主要归结为国家宏观人才环境与区域社会人才公共服务环境因素、用人主体组织人文环境因素和个人功利价值因素三方面的综合作用。国家宏观人才环境的影响因素，主要包括国家人才政策环境、人才流动社会意识形态和不同区域经济发展环境差异等因素。随着国家市场经济体制的逐步完善，全国人才市场逐步健全，人才流动政策逐步完善，过去计划经济体制下人才为单位部门所有和分配一次定终身的封闭状态开始被打破，人才资源选择职业的机会和渠道较之以往大大增加，人们对人才流动的态度渐趋宽容，宏观上，国家为人才流动充分展示才华和参与外部竞争提供了政策支持和有利的社会意识形态支持。因此，国家宏观人才环境的影响因素主要表现为不同区域经济发展环境间的差异。山区经济发展水平相对我国东部沿海城市滞后，至今仍然是资金缺乏、工作条件差、待遇低、生活困难、后顾之忧多，特别是子女上学、就业及个人薪酬待遇高低等问题尤为突出。相反，沿海地区、经济特区比山区经济发展快、社会发展水平高、人才收入多、工作条件好、子女容易就业，并且可以更为便利地实现自我价值。客观上，经济环境好，人才易聚；经济环境差，人才易失。经济发展环境的好坏，现实中往往成为人才流动中优先考虑的因素。山区区域社会人才公共服务环境和用人主体组织人文环境，指的是人才所在山区县（市）区域、用人主体，合称属地组织，尊重知识、尊重人才，促使用人主体和人才双方优化配置和人才使用效益最大化的人文环境。属地组织人文环境存在不足，对人才流失起了一种推动作用。个人功利价值因素，主要指的是和个人功利价值相关的因素，如收入、自我价值的实现、子女上学、住房、人际关系等。个人流动往往是个人在对国家宏观人才环境，也就是不同区域经济发展环境与区域社会人才公共服务环境、用人主体组织人文环境因素综合评价的基础上，再结合个人的功利价值观做出决定的。解决人才流失的核心是要消灭势差。

分析导致经济欠发达地区人才外流的主要因素，首当其冲的当属经济因素——沿海地区或者是大城市的收入更高。人们跳槽到厦门、泉州等地后，同样的工作，收入却是经济欠发达地区的 3~4 倍。然而，不同区域间经济发展环境势差的改变是一个综合因素，由于客观方面的因素，不可能短期内有很大改观。在不同区域经济发展环境势差一时难以改变的情况下，解决人才流失的关键就是要解决属地组织人文环境，含区域社会人才公共服务环境、用人主体组织人文环境的势差，以制度创新来营造一个符合个人功利价值观的一流人居环境，促进人尽其才、才尽其用，以服务稳人，用事业、用感情留人。

综合分析经济欠发达地区人才流失因素及经济欠发达地区县域人事人才公共服务机制、经济欠发达地区用人主体人事人才管理体制、人才成长舆论氛围等组织人文环境因素，本文认为，当前影响经济欠发达地区乃至山区人才流失的原因主要是：

1. 部门内部管理体制僵化，人才标准认识不到位

人才流失是一个全局性问题，从根本上说是由管理体制的弊端造成的。突出表现在以下三方面：

（1）以事为中心，见事不见人，人才的使用与培养不到位。目前的人才管理制度，从其内容分析，大都是围绕落实单位责任目标，就工作任务、工作规则、纪律惩戒等对员工加以限制，而不是从以人为中心，不是从调动人才积极性和创造性、求得人才发展的角度出发，缺乏尊重个性的职业生涯规划，内部人才缺乏发展、创新的机制和平台。在某种意义上，目前的这种人才管理制度的执行具有一定的强制性，大部分领导和人事工作者习惯于重"事"不重"人"的传统思维方式。有技术、有能力、有创新思维、有开拓意识和冒险精神的人才，常常受到冷落，特别是青年人才，往往成"八仙桌旁的老九——摆不到应有的位置"，常常得不到应有的重视，存在着"在职失业"现象，人才难免产生失落感和怀才不遇之感。一旦时机成熟，这部分人自然就会到能够施展才华、实现抱负的地方去。

（2）效益与公平矛盾突出，缺乏竞争激励机制。人的能力有大小，创造的劳动价值有大小，得到的报酬也应有多少之分。长期以来，收入分配都被打上"平均主义"、吃"大锅饭"的烙印，没有形成市场决定人才价格的分配机制，经济欠发达地区机关事业单位尤为突出。机关事业单位目前大都执行职级结构工资制，人员发放的工资大都是按照国家有关规定，按职级、年限等执行统一的工资套改标准，与工作实绩无关，年度考核也基本上是套用上级组织、人事部门的考核格式，缺乏结合部门实际的绩效考核机制，考核工作往往是走过场、形同虚设；年度绩效奖金也实行按职级确定标准的做法，淡化了能力考核和风险、责任意识，普遍存在着重要岗位与一般岗位拉不出差距、收入分配与单位效益和贡献大小关系不大的问题。用人、评职称、薪酬分配，包括福利等，大都是重资历轻贡献、重学历轻能力，没有形成竞争激励机制、岗位双选机制，能进不能出、能上不能下现象明显。人才的薪酬、晋级、提拔、考核以及培训等机制中的某些不足，都是导致人才流失的原因，因为这些因素对人才个人功利价值的影响和人才个人价值的实现都是相当重要的。平淡而没有活力，缺乏为之拼搏奋斗精神的工作，对激情充沛、想干一番事业的人才，特别是中青年人才来说，是无法施展其抱负的，他们会去追求一种更高物质生活水平的环境，是在情理之中。

（3）"官本位"思想严重，人性管理缺失。为了体现和实现个人价值，社会上形成了一种不良风气，就是人们把主要精力用在经营关系上而不是用于本职工作中。一般知识分子血气方刚，刚正不阿，很难适应这种氛围，往往就得不到应有的重视，岗位安排不合理，缺乏晋升机会，从而就会"心寒"，感到"无望头"。再加上缺乏科学的管理方法和领导艺术，单位主要负责人管理方式粗放简单，摆架子，以自我为中心，集体领导被"家长制"所代替，往往是"老子天下第一"，职工只有奉献和服从的义务，政治气氛浓厚。这种行为和这些现象会挫伤广大人才学技术、钻业务的热情，缺乏事业心和责任感。只有把工作作为职业，甚至作为一项需为之努力奋斗的事业来看待时，人们才会不计得失、忘我投入；而当工作仅仅作为谋生的手段时，随时的流动、经常性地变换工作就是合理、健康的了。因这类因素而流失的人才，可以说是由于用人单位用人不当而被"逼走""推走"的。各级用人组织只有首先把握自己，才能真正寻找到并留住属于自己的人才。

2. 区域人才综合服务机制不健全，人才自我实现机会缺失

人才流动是市场经济发展的必然趋势，对于各级组织来说，人才流出现象在短时间内都是不可避免的。但对一个区域整体而言，可以通过正确处理好区域内用人主体中人才流出与区域内部门间消化安置的问题，通过在区域内合理配置人才资源，达到事业留人的效果。人才要流动，还要讲人才留住。本文认为，目前，山区县（市）往往对县域内有意向流动的人才缺乏有效的内部调节和控制措施，这也是导致山区人才流失的重要原因。服务机制不健全，人才自我实现机会缺失，突出表现在以下三方面：

（1）市场两个主体没有到位，区域人才调剂互补难。人才市场的开放早已提出打破人才"单位所有、部门垄断、条块分割、静态封闭"体制的迫切要求。面对人才市场逐步开放的诸多机遇，作为市场两个主体的行为主体——用人单位和人才个体在追求自身利益最大化原则的驱使下，都有打破市场行为主体粘连格局的主客观要求。目前某些县（市）依然没有跳出条块分割和体制壁垒的限制，在新旧体制的转换过程中，传统的官本位观念、体制及其运作惯性依然强大。人才资源的开放、配置和管理上，其市场化转轨的步伐，大大落后于其他要素市场。以区域为纽带的跨领域、跨部门的综合观、系统观、协同观没有形成，区域内人才交流渠道仍然不畅，无法实现区域内人才资源的优化配置。这些，不同程度地制约着人才的实践舞台。为了满足自身价值实现最大化的目标，人才就只有向县域外流动，也就流失了。

（2）供需交流网络不健全，市场服务功能弱。伴随着信息流的加速，人才配置将发生三种变化：人才流动加速化、人才保障法制化和人才市场网络化。宏观管住，微观搞活，山区人才市场的运行，有利于加大山区区域内人才调剂互补力度，在人才与用人主体之间架起桥梁，使人才的合理流动进入良性循环。建立人才市场供需信息网络和促进人才交流配置的中介机构，是完善人才市场，实现人才调剂互补的重要保证。目前，山区人才交流基本上是由政府主办的，实质上仍是人事部门的一个派出工作机构，远没有形成真正的市场，人才市场服务功能弱。

（3）创业保障机制不配套，人才资源锻炼成长机会少。根据产业结构调整发展及对人才素质的新要求，发挥好人才的"活效益"，保持人才总体结构优化和素质优化，从项目经费、改善工作环境、提供深造机会着手，通过课题招标等方式放开搞活，推行人才与经济技术的合作，可以为高层次技术与管理人才建功立业、更好地服务项目经济发展提供良好的人才工作支持，推动高层次技术与管理人才的自我提高和自我完善。目前，在人才的养老、医疗保障与福利待遇等社会保障都还同用人单位捆绑、各类社会化保障功能还很不健全的情况下,如经济欠发达地区机关及经费财政核拨、财政定补的事业单位大都没有开展基本养老保险,致使山区缺乏规范人才智力流动内容和方式的人才流动政策保障,如养老保险社会衔接办法、兼职管理办法、人事争议仲裁制度等。山区以区域经济为纽带的人才智力转移机制大都未建立,人才流动缺少制度规范和全社会认同的道德准则,没有形成一套竞争、流动且充满活力的开放性的人才管理体制,致使人才二次创业机会缺乏,反之,就是人才的闲置问题得不到解决,人才保护措施不到位,人才锻炼成长机会少。

3. 人才价值的舆论氛围没有形成,人才地位、作用不明显

马斯洛的需求层次理论告诉我们,人们在满足了低层次的生理需要后,还要追求高层次的社交和尊重的需要。大多数人才都有着事业上的追求,对于自己所从事的工作和取得的成果都希望得到别人的关心、支持和认可。因此,应当进一步关心、体贴、尊重劳动,并注重经常进行感情交流。那种把人才流动看成一种体面的事情,认为是人才就得流出去,流不出去似乎够不上人才的舆论环境,对山区如何留住人才、防止人才流失是一种启示。

综上所述,工资待遇并不是山区人才外流的主要原因,防止山区人才外流重在坚持"以人为本",必须谨慎把握用人主体内部凝聚力和山区人才工作整体吸引力这两个维度,通过满足人才创业需求,才能更好地留住人才,为山区社会经济发展提供服务。

三、解决经济欠发达地区人才流失的对策建议

人才资源管理,侧重的是用人主体组织内部的制度与方法;人才资源开发,所侧重的是用人主体组织的外部环境。建立"以人为本"的用人主体内部管理体系,完善市场化的山区区域内人才资源开发环境,是人才资源开发与管理的两大紧迫任务。外部环境不好,好的内部制度往往无法建立,即使建立了,也很难正常发挥作用。这就是说,内部制度需要外部环境的支持。但是另一方面,外部环境不能替代内部制度的建设。仅有好的外部环境,内部制度混乱,同样无法提高人才资源的利用效率。

(一) 增强激励政策的竞争力

根据弗鲁姆的期望价值理论公式:$M = VE$(M代表激励力量,V代表满足个人需要的预期价值,而E代表可能获得该价值的概率),激励效果如何取决于人们对自己所能得到的结果的全部预期价值乘以他认为可能得到该结果的概率。也就是说,在获得概率一定的情况下,激励效果主要取决于激励价值量的

大小。经济欠发达地区的省的激励政策的价值量明显低于部分发达地区，致使招人困难，又有大量的高层次人才不断流失。

1. 提高薪酬待遇标准

完善高层次人才薪酬体系是非常重要的一项工作，如果物质激励不充分或者形式单一对激励人才有很大的影响。薪酬体系一般包括保障性薪酬体系和激励性薪酬体系。既要不断完善保障性薪酬体系，也要不断加大激励性薪酬的力度，实现高层次人才收入分配形式的多样化从而起到激励作用。保障性薪酬体系一般包括工资、基本福利等。

（1）基本工资和基本福利可以根据个人的差异来进行设置，比如说个人的能力如何，所在的岗位责任怎样，这些都是很好的依据，因为高层次人才各有特色，可以让高层次人才自己进行选择，增加他们的主动性，也更有利于体系的设计。

（2）激励性薪酬可以丰富薪酬体系，增加高层次人才报酬。激励性薪酬要突出个人贡献的大小，它包括津贴、奖金、员工培训与发展经费等，重在体现效率性。可以通过让员工持有一部分股票的方式来激励高层次人才，这是根据人才的科技贡献来决定的，当高层次人才手里持有本单位的股票时，个人与单位之间就形成了更稳定的良性关系，这样可以激发高层次人才更投入地为单位作贡献，这也意味着在为自己利益作贡献。利润共享的设计，是为了激励员工努力工作，将企业的部分净利润分配给员工以激励员工创造更多财富的一种激励形式。在完善薪酬体系设计时，一方面，要确保高层次人才的薪酬比其他相同层次单位相同层级的人才有优势，工资一旦领先，就有一定的优越性。另一方面，在单位内部，高层次人才的工资也应该高于一般类型的员工，这样有区分才能显示出对高层次人才的重视。

（3）加大政府资金投入。改革开放以来，尤其是实施人才强国战略以及人才强身战略后，国家和各省都加大了高层次人才队伍建设的财政投入。尤其是发达地区更是不惜重金投入到涉及日常人才工作及高层次人才队伍建设中。

①加大重大人才项目资助专项资金。重大人才工程是引领高层次人才队伍建设的重要途径，对经济社会发展全局产生重大影响。经济欠发达地区的省组织实施的"双千计划""省百千万人才工程"等重大人才工程都缺少不了资金的支持，现阶段实施的人才工程奖励资金相较发达地区来看，资助力度很低，对高层次人才的吸引力在不断降低，如此下去，既不利于工程的实施，更不利于人才的培养。

②加大科技成果转化推广专项资金。高层次人才的研究成果进行科技转化将对经济发展起到巨大的推动作用，但是科研成果要进行转化需要大量的资金

支持。当前时期，要靠高层次人才个人寻找资金来源进行成果转化困难重重，政府的财政投入必不可少，也可以说，越多、越合理的投入，越能激励高层次人才发挥作用。

③加大高层次人才个人所得税奖励资金。实行高层次人才所缴纳工薪个人所得税地方留成部分以财政奖励形式返还。这一完善财政补贴、税收优惠的政策，是以扩大高层次人才税收优惠来对高层次人才进行激励的重要手段。

2. 完善精神激励政策

知识分子更注重精神生活方面。重要时刻的荣誉感对人的激励有着金钱无法替代的价值。对高层次人才除了物质激励形式以外，还应多注重各种类型的精神激励，从而对高层次人才进行更有效果的激励。

（1）加强情感激励。情感激励是指管理者通过满足高层次人才生存发展特别是心理情感的需要，从而使人才不遗余力地为组织作出最大贡献。管理者对高层次人才要尊重、理解，做到真真正正地关心高层次人才，并及时地和他们进行沟通，帮助他们解决生活和工作中的问题，缩短管理者与高层次人才之间的心理距离，提升人才对组织的归属感，积极地营造一个良好的关系和氛围，可以让人才感到舒服、自在和安全，同时也能提高这个组织的凝聚力，更好地实现激励效果。

（2）给予政府名誉奖励。政府名誉奖励是对高层次人才的一种认可，在一定程度上要比物质奖励对高层次人才更具有吸引力。多年来，国务院政府特殊津贴制度越来越深得人心，虽然特贴奖励不高，但享受国务院政府特殊津贴这一名誉越来越被人才所看重。很多地区都建立了各省自己的政府津贴奖励制度，这对经济欠发达地区的省来说是可以借鉴的。给予高层次人才省级政府名誉的奖励，可以有效地激励高层次人才不断发展和完善自我。

（3）加大新闻舆论的广泛宣传。高层次人才的优秀事迹可以通过各种形式进行广泛的宣传，一是体现对高层次人才成果的认可，二是可以将这种优秀的精神在全省范围内进行推广，从而营造一个全省尊重人才、热爱知识的良好氛围。

（二）提高激励政策的针对性、公平性

适当地调整政策内容，使激励政策更具有针对性和公平性，能更好地达到激励的效果。通过分析不同层次的高层次人才需求及高层次人才在不同时期的不同需求，可以更有针对性地制定激励政策，同时扩大政策的惠及面，可以降低高层次人才的不公平感。

1. 提高政策的针对性

（1）对于不同层次人才给予不同的激励政策。根据马斯洛需要层次理论，处于不同层次的高层次人才，在某一时期的优势需要不同，激励政策应针对这一优势需要加以调整，进一步完善"人才+项目""人才+产业""人才+团队""人才+资金"等引才激励模式，精准引进创新创业人才及其团队；要不断创新人才就业创业的配套支持政策，实施更有力的人才引进激励制度。不同层次的人才分类实施激励。

（2）对于人才的不同层次需求给予不同的激励政策。从马斯洛的需要层次理论出发考虑，从这些高层次人才的最低层次的需要到最高层次的需要都给予有力的保障。深入分析高层次人才各类存在性需求，明确各类行为动机，决定了制定高层次人才激励措施的成败。单位应遵从事业、待遇、感情和环境留人的原则，从单位对高层次人才的租用住房补贴、购买住房补贴、家属子女安置等一系列优惠政策来增加高层次人才对单位的满意度和认同感。从赫兹伯格双因素理论的激励因素来考虑，"激励因素"几乎都是无形的、内化的、精神的和心理方面的，起到激发内在动机的作用。单位应从工作、生活、科研等方面为高层次人才制定相应的激励制度。例如，根据这些高层次人才科研成果或工作绩效来给予相应的奖励；为高层次人才的科研提供资金或设备等支持的一些激励措施。如果能切实地从高层次人才不同需求出发制定激励政策，高层次人才队伍也将会快速成长、不断壮大。

2. 提高激励政策的公平性

根据亚当斯的公平理论，当对自己收入的感觉/对自己投入的感觉＝对他人收入的感觉/对他人投入的感觉时，人们才感觉公平。目前，经济欠发达地区的省的激励政策缺乏普惠性，严重影响了激励政策的公平性，给相关的高层次人才带来强烈的不公平感。

（1）减少政策不覆盖现象。目前，经济欠发达地区的省的政策存在住房待遇排斥中直单位、博士后进企业没有优惠政策、科研立项简单平均化的现象，非常不利于激励高层次人才。因此，应扩大激励政策的惠及对象范围，让在中直单位的高层次人才能享受到省直制定的住房待遇等激励政策，让进入企业的博士后获得与进入事业单位的博士后相同的奖励，改变科研立项平均分配的做法，对科研较弱单位的立项照顾不应影响重点科研单位获得应有数量的科研项目。

（2）提高政策的可及性。具有较高激励价值量的激励政策既要获得好的激励效果，还应适当提高高层次人才获得的概率。对高层次人才的奖励设定了许多身份、学术职务等条件，对于一些潜力大但是年纪较轻的人才可望不可即。因此，可以适当调整享受政策条件，让更多的人才可以获得奖励、科研项目和资助资金。既要制定锦上添花式激励政策，又要制定雪中送炭的激励政策，充分发挥激励效应。

（三）保持激励政策的连续性

为了更好地实现激励效果，就需要动态的激励政策，这样可以更有效地激励高层次人才开发自己的潜力。动态的激励政策涉及人才入口、出口等多个环节，应在人才评价、人才退出等方面建立健全的激励政策。

1. 健全人才评价机制

在建立人才评价机制时，既要看到人才的能力，也要看到人才的业绩。同时奖罚分明，做得好时有奖励，不好时有惩罚，才能发挥评价的作用。高层次人才有自己的特征，在评价的时候，要根据专业、岗位和层次需求的不同来制定不同的评价标准，尽可能地使评价过程做到公正和公平。

（1）优化评价导向。当前的人才评价主要是看论文、课题等显性的指标，往往没有注意到人才实际能力和实际的贡献，这样的导向相对简单单一，不利于进行评价。因为当前的评价方式，人才自然而然也对论文、课题这些显性的项目比较在意，把注意力大部分都放在这方面，而把少量的精力放在具有实际意义的研发项目上，无法投入市场或者进行成果转化。所以改变当前的评价导向，势在必行。

（2）丰富评价标准。当前人才评价标准也比较单一化，对于所有的人才都用同一个标准来衡量是不合适的。人才有多样化的特征，所以面对不同领域、门类、层级的人才要用不同的标准来量化。当前不合理的评价标准造成"评上的用不上，用上的评不上"现象大量存在。人才发展和成长没有"标准化"，不应该是定制式的，丰富评价标准刻不容缓。

（3）评价机制科学化。现行的人才评价方式无法避免地受到行政权力的干预，丰富的、多元的评价机制还未形成，往往在评价的时候并不是以用人主体的意见为主，而是行政机关的意见占主导，使人才评价失真和偏颇的情况时有发生。建立科学的评价机制，才能使这一制度真正发挥其作用。

2. 建立高层次人才退出机制

（1）实行"退出制度"。退出制度是指在考核期内，考核对象未完成考核目标而实行的退出制度。这一机制对人才产生压力，压力又产生动力，使这一机制有利于发挥人才的积极性。不合适的人通过这一机制无法再在组织内部存在，同时也给人才一定的压力，为了能留在组织内就需要不断地提高自己，实现自己的价值。这样可以在一定程度上使人力资源配置更加优化。

(2) 实行"荣退机制"。"荣退"是指荣誉退休。"荣退机制"是指对超过一定年龄的高层次人才实行保留有关荣誉或待遇，但不再享受相关权利并承担相关义务的机制。这一制度一方面可以让老一代的高层次人才在适合的时候回到家中安享晚年；另一方面也能激励更多的年轻人才成长。

(四) 加强引进和培养双激励政策效果

加强高层次人才队伍建设既要积极引进人才也要自主培养人才，二者缺一不可。打造新时代人才追求理念、实现价值的品牌工程，激发人才比其他地区更有吸引力的动力，要依托本土优势，加大海外高层次人才及优秀留学人才的引进力度；要深化和先进地区的对口交流合作，形成招才引智和招商引资共赢局面；要建立健全与全国各著名高校长效合作机制。

1. 完善高层次人才引进的激励措施

(1) 树立新时代人才观。新时代，要想实现高质量发展，就要建立与时代发展相适应的人才观。引进德才兼备，具有丰富经验，较高业绩水平的高层次人才。新时代是人才的竞争，充分运用大数据，精准人才信息，根据实际所需引入人才，根据实际所需发现人才，根据实际所需考核人才。

(2) 强化服务意识。完善制度供给、政策供给、服务供给等无缝衔接，不断健全人才链、产业链、创新链等相扣环节；当好人才与项目引进之初的"保姆"、引进之中的"参谋"、引进之后的"助理"；落实好人才政策，将人找政策的被动服务向"政策找人"的主动服务转变，把政策及时落实到人；采取特殊人才、特殊政策、特殊方式、特事特办的"四特"举措，为高端及急需、紧缺人才提供"一对一""点对点"的配套服务。精准确定政策支持项目和金额，建立人才专项资金直达渠道，打通人才政策落地"最后一公里"。

(3) 充分调动用人主体积极性。赋予用人主体更多地引进高层次人才自主权和政策优待，充分调动起引进高层次人才的主动性和积极性。充分解决海外高层次人才"回得来，用得好，留得住"的问题。

2. 完善中青年人才培养的激励措施

(1) 加大对中青年人才的开发力度。关注青年技能人才。积极发掘和培养各领域能工巧匠、民间艺人等青年人才，引导他们带领技艺传承，带强产业发展，带动群众致富；建立健全技术技能人才培养体系，培养技艺精湛的技能人才。大力引进培养高技能领军人才，培育新兴产业技能人才、乡土人才。

(2) 创造最佳环境，释放青年人才资源潜能。设立人才培养开发专项奖励资金，对积极培养人才的企业、高等院校、科研院所给予奖励，一方面，激发人才培养单位的积极性，另一方面，也可以在一定程度上缓解用人单位用于人才培养的经济压力。

（3）精准发力，助力青年人才攻关。精准发力，助力青年人才攻关"卡脖子"技术。针对以往引进青年人才引而不用、研而不实等问题，以服务生产为准则，要求各单位必须基于企业实际需求，把人才资源与企业发展方向相结合，实施大学生培育计划，鼓励优秀大学毕业生到企业工作，培养一批既懂科技又懂市场的复合型创新创业人才等。

（4）点对点研发，调动青年人才活力。充分利用青年人才在前沿科技领域的技术研发优势，鼓励引导产业在转型升级过程中跳出跟随和模仿的怪圈，走自主研发创新之路，不断突破、掌握行业关键核心技术，推动企业跨越式升级。

[李冬梅，中共辽宁省委党校（辽宁行政学院）副教授，东北大学博士后。]

欠发达地区创新乡村人才集聚机制研究*

陈 亮

人才集聚是指在一定时间范围内,大量同类型或相关人才按照一定的联系,通过人才流动的方式集聚在某一地区或者某一行业而产生的一种人才聚类现象。党的十九大提出了乡村振兴的重大战略部署,明确了人才振兴这一关键。就我国欠发达地区的乡村人才集聚机制情况来看,由于欠发达地区乡村人才成长和集聚机制不健全,欠发达地区乡村人才流失严重,人才集聚成效较差,人才集聚效益更是无法发挥,这直接影响我国欠发达地区乡村振兴战略的实施。开展欠发达地区创新乡村人才集聚机制研究,能更好地整合欠发达地区的乡村人才资源,充分挖掘欠发达地区的乡村人才潜力,加速欠发达地区的农业农村现代化建设进程,助推乡村振兴。实现欠发达地区经济社会稳步发展,改善农民生活质量,都需要依靠乡村人才来实现,提升欠发达地区乡村人才综合素质,引进适宜人才,营造良好环境来为欠发达地区乡村人才集聚提供充分保障。虽然我国欠发达地区的乡村人力资源相对丰富,但是这些丰富的人力资源却没有真正转化为人力资本,也就无法切实发挥人才作用。想要成功解决欠发达地区的乡村发展问题,维持欠发达地区乡村社会稳定,实现中华民族伟大复兴,必须结合欠发达地区乡村人才发展情况,大胆创新乡村人才集聚机制,只有这样才能改善欠发达地区乡村人才发展环境,推动欠发达地区乡村经济社会健康稳定发展。

一、推进欠发达地区乡村人才集聚的意义

注重人才培养,帮助欠发达地区集聚人才是推动欠发达地区乡村振兴的重要内容。推进欠发达地区乡村人才集聚,能够为欠发达地区乡村振兴提供充足的人才,推动欠发达地区乡村"五大振兴"顺利实施,帮助当地农户实现稳产增收。同时,人才集聚可以在乡村产生更大的集聚效应,更好地解决欠发达

---

* 本文为中国人才研究会 2021 年度立项课题。批准编号:ZRH—2116。

地区乡村的发展难题。

（一）欠发达地区乡村建设的智力保障

改变欠发达地区乡村的落后面貌需要充足的人才和智力支持，并为欠发达地区乡村发展制定科学合理的发展规划，明确欠发达地区乡村的目标定位，领导欠发达地区乡村找准发展方向，有序推进乡村振兴战略顺利实施。乡村振兴战略的实施为我国乡村发展指明了发展方向，乡村建设急需多方面人才作为支撑。新型农民伴随我国农村现代化建设而生，经过培训，他们的专业素质、生产技术水平、市场运营能力都有了明显提升，他们能更好地为欠发达地区乡村建设服务，切实发挥新型农民和乡村人才的能动作用，带领农民集中力量促发展，更好地推动欠发达地区乡村建设事业的长足发展，帮助欠发达地区建设宜居宜业美丽乡村。总之，欠发达地区的乡村建设离不开强有力的智力支持，而新型农民和乡村人才刚好能为欠发达地区的乡村建设和发展提供知识、技术和科技支撑，推动欠发达地区乡村人才集聚可以为欠发达地区的乡村建设提供智力保障。

（二）欠发达地区乡村可持续发展的核心力量

欠发达地区的健康可持续发展，是缩小我国地区发展差距、实现中华民族伟大复兴的重要内容。实现欠发达地区健康可持续发展的基础是欠发达地区的经济结构更加合理、社会基础设施和社会保障更加完善、东中西部差距不断缩小，这些都要依靠各类人才和科学技术的不断投入，因为科技是第一生产力，人才是第一资源，创新是引领发展的第一动力。但就欠发达地区的具体情况来看，由于资源和条件的差距，出于综合条件考虑，许多人才都流向了发达地区，这就导致欠发达地区高素质复合型人才相对短缺。只有欠发达地区创新乡村人才集聚机制，才能为农业农村现代化建设和农业产业绿色健康发展提供有力的科技支撑。简而言之，就是要立足欠发达地区乡村实际发展情况，建立完善农业技术推广体系，充实各方面人才力量，进而更好地发挥乡村人才积聚力量，破解欠发达地区乡村发展难题，推动欠发达地区乡村可持续发展。

（三）欠发达地区解决"三农"问题的强大助力

欠发达地区"三农"问题的解决，既需要立足欠发达地区实际培养新型农民，也需要通过人才集聚来壮大乡村人才队伍。欠发达地区创新人才集聚机制，可以为欠发达地区乡村集聚人才创造科学合理的保障机制，为欠发达地区乡村振兴集聚人才，实现对乡村人力资源的合理开发，将乡村潜在的人力资源优势转化为乡村人力资本，加快推进农业农村现代化发展进程。目前，我国虽然已经取得了脱贫攻坚战的全面胜利，欠发达地区的乡村环境也有了明显改善，但是我们也必须充分认识欠发达地区乡村人力资源严重流失的发展现状。为了加速推进欠发达地区乡村农业农村现代化发展进程，帮助欠发达地区乡村实现跨越式发展，就必须高度重视对欠发达地区乡村各项资源的高效整合和科学开发，尤其是乡村人才和人力资本，而创新乡村人才集聚机制是从解决"三农"问题的长远角度出发，最终为"三农"问题的解决提供强大助力。

二、欠发达地区创新乡村人才集聚面临的困境

（一）人才集聚机制不够健全

欠发达地区乡村人才集聚是一个系统工程，需要农民、农村自治组织和政府共同发力才能完成。农民虽然是欠发达地区乡村人才集聚的基础，但是为了改善生产生活条件，欠发达地区的许多农民都选择了进城务工，尤其是农村青壮年劳动力流失极为严重，农村剩余人口多为老弱病残孕，这就导致欠发达地区乡村人才集聚的基础不稳，新型农民培训工作成效并不显著，长此以往导致农村内生性人才短缺，增加了欠发达地区乡村人才集聚的难度。作为欠发达地区乡村人才集聚实施主体的农村自治组织，他们都想推动所在乡村产业经济健康快速发展，实现农业农村现代化，构建宜居宜业美丽乡村，但由于其成员综合素质偏低、获得信息途径相对闭塞等因素的影响，他们对乡村人才集聚的重要性认识不够，人才集聚工作开展落实得不到位，直接影响欠发达地区乡村人才集聚成效。作为领导欠发达地区乡村人才集聚的地方政府，为了更好地完成上级政府部门的各项任务，将重点放在了人民收入的提升之上，对乡村人力资源的开发和乡村人才集聚的关注度相对较低，很少对乡村人才成长、培育和集聚进行科学指导，政府对乡村人才集聚指导上的缺位，不仅不利于乡村人才快速成长，还直接影响到乡村人才集聚机制的构建，不利于欠发达地区乡村的长足发展。

（二）人才市场体系不够成熟

人才市场起着集聚人才和人力资本的重要作用，通过成熟的人才市场体系，各类乡村人才都能找到适合自身发展需求的工作或机会。之所以大量的乡村人才愿意背井离乡到其他城市找工作，是因为城市成熟的人才市场体系能够为乡村人才提供更加便捷、高效的服务，他们能够在城市获得更多的发展机

会，找到相应的工作，因为城市成为我国人才集聚和流动的重要场所。但目前我国欠发达地区的乡村并未建立成熟的人才市场体系，尤其是乡镇和农村，受各方因素限制，并没有建立起相对成熟的乡村人才市场，不利于乡村人才的集聚和流动，本地乡镇企业招工也面临着巨大困难，长此以往形成恶性循环。虽然，欠发达地区的部分乡镇出现了一些小型的人才代理中介，但是这些中介多数是帮助以前在外打工的企业招工，并没有开展相应的人才引进工作，还加速了欠发达地区乡村人才资源的流出。因此，乡镇人才市场的建立首先应满足欠发达地区乡村发展需求，为乡村发展留住本土人才，引进所需人才，然后才考虑人才的流出，最终助力欠发达地区的乡村振兴。

（三）教育科研体系不够完善

教育是人才成长的摇篮，尤其是欠发达地区的乡村，教育将对本土人才培养起着重要作用。但目前欠发达地区乡村的配套教育资源相对不足，教师综合素质相对较差，教育科研体系不够完善，严重制约了欠发达地区乡村教学水平的提升，不利于乡村人才的培养和集聚。而与乡村对应的城镇，集中了相对优质的教育教学资源，吸引了大量的乡村人才向城镇流动，并成为城市发展的重要组成部分，进而加剧了乡村人才的流失，导致乡村发展人才严重不足，无法集聚人才。而现阶段的乡村振兴和农业农村现代化建设需要充足的乡村人才作为支撑，欠发达地区乡村人才的缺乏，除了流失的那部分，一个重要的原因还在于欠发达地区的农业教育科研体系不够完善，无法为欠发达地区的乡村建设培养高素质人才，乡村人才也没有良好的成长空间，人才集聚就更无从说起。此外，由于专业人才的缺乏，先进的农业生产技术和科研成果推广应用难度显著增加，欠发达地区乡村农业技术从业人员成长空间受限，既制约了欠发达地区乡村农业农村现代化的发展进程，也阻碍了欠发达地区乡村人才的集聚。

（四）人才投资资金相对匮乏

人才的成长和集聚需要大量的物质和资金作为支撑。但对于欠发达地区的乡村而言，农民的收入多半用于生产生活和满足孩子教育需要，并且这些投入相对比较分散，他们真正将资金用于人才集聚上的投入较少，对自身技能培养和集聚发挥的作用根本无法满足现阶段乡村社会的发展需要。欠发达地区的农民由于增收难、收入来源单一、收入少等各方面因素的限制，除了满足日常开支外，根本无法拿出多余的资金来满足自身成长。而欠发达地区的地方政府部门财力有限，加上管辖乡村多且分散，对于乡村新型农民培育、乡村人力资源开发、人才资本投资等方面的资金投入严重不足，这些都严重制约着欠发达地区乡村人才的成长和集聚。此外，国家虽然高度重视新型农民培训，并为此制定出台了相应的扶持政策和资金支持，但是由于涉及乡镇众多，资金下拨后分开落实，加上协调组织上的欠缺，导致这些资金无法有效发挥应有的效用，对欠发达地区乡村人才成长和集聚作用较差，并没有达到预期目标。

（五）人才激励措施相对缺乏

完善的人才激励措施对乡村人才集聚具有很强的吸引力。但目前欠发达地区的人才激励措施相对比较缺乏，这在一定程度上制约着欠发达地区的乡村人才集聚。就欠发达地区的乡村发展情况来看，由于资源和市场条件限制，生活在乡村的农民增收相对困难，收入上的激励作用不明显。尤其是乡村人才，在无法达到预期收入、人生价值又难以实现时，他们基本选择搬离农村，去城市发展。对于乡村人才的激励要从物质和精神两个方面入手，从而增强乡村人才的幸福感、满足感和归属感。近年来，国家对乡村人才采取的激励措施虽然有所增强，农村创业之星、劳动模范等比重有了明显增加，对乡村人才的发展起到了一定的促进作用。但是，这些激励措施还无法满足欠发达地区乡村人才集聚的需要，加上地方政府对乡村人才集聚和人才激励的重视不够，进而缺乏长期有效的乡村人才成长激励机制，乡村人才的成长也受到限制，不利于欠发达地区乡村人才的集聚，更无法发挥乡村人才集聚的作用。

三、欠发达地区创新乡村人才集聚机制的对策

（一）健全乡村人才集聚机制，保障乡村人才集聚

与发达地区相比，欠发达地区乡村人才集聚缺乏先天优势，由于各方面因素制约，欠发达地区乡村人才集聚机制并不健全，需要政府积极引导，不断健全和完善欠发达地区乡村人才集聚机制，进而为乡村人才集聚提供保障。政府部门要立足本地区人才集聚的实际发展情况，积极作为，科学整合本地区人才资源，完善农村基层自治，吸收借鉴其他地区先进的人才集聚经验和意见，制定出台符合地区发展实际的乡村人才集聚政策，并做好宣传落实，为乡村人才集聚提供良好的集聚条件，加速欠发达地区的乡村人才集聚速度。要做好乡村人才集聚载体和相关组织的扶持工作，为乡村人才集聚打造良好的集聚平台，提供相应的乡村人才发展空间，让集聚的人才有施展才华的舞台，进而更好地发挥乡村人才的集聚效应，推动欠发达地区农村经济社会的健康稳步发展。要

敢于破除技术、资本、产权、劳动力、教育、医疗、户籍等各种影响机制障碍，创新探索符合乡村人才集聚的保障机制，加速乡村人才集聚。

(二) 构建乡村人才市场，助力乡村人才集聚

乡村人才市场作为乡村人才集聚的有效载体，构建成熟的乡村人才市场可为乡村人才集聚提供强大助力。尤其是作为欠发达地区的乡村，乡村人才本来就出现了巨大流失，通过建立起成熟的乡村人才市场，可以在一定程度上实现对乡村人才资源的高效整合。考虑到人才市场建设成本和地区分散等因素限制，欠发达地区构建乡村人才市场可以考虑相邻几个村联合建设乡村人才市场，或者将乡村人才市场建设在所在的乡镇，这样既能为乡村人才集聚提供相对便捷的服务，也能减少乡村人才市场建设成本。同时，政府部门要做好乡村人才市场建设的统筹工作，畅通各乡村人才市场的乡村人才资源和信息流通渠道，更好地为乡村人才集聚提供更多机会。此外，要做好现有工商企业资源的整合工作，对于那些发展相对成熟的工商企业可以将其作为乡村人才集聚的有效载体，并出台相应的优惠政策，提升这些企业对乡村人才的吸引力，助力乡村人才集聚，让乡村人才更好地为欠发达地区的经济和社会建设贡献力量。

(三) 完善乡村科研教育体系，促进乡村人才集聚

欠发达地区乡村人才集聚，最需要的是本地人才支撑，只有实现欠发达地区乡村人才内生性增长，欠发达地区乡村人才才能实现快速集聚，集聚效应也会得到有效发挥。而农业科研教育作为培养乡村本土人才的重要手段，对乡村本土人才的成长有着积极作用，并且对欠发达地区乡村人才集聚具有良好的促进作用。但由于欠发达地区乡村人才流失严重，很多地方出现了空心村，这也导致欠发达地区的农业科研教育事业发展缓慢，乡村本土人才成长也受到限制，最终形成恶性循环。推进欠发达地区乡村人才集聚建设，要加快完善欠发达地区的乡村科研教育体系，提升欠发达地区乡村的基础教育水平，改善配套教育教学设施，对基础教学设备进行升级换代，充实基础教育的师资力量，为乡村人才培养和留住乡村人才提供良好的教育教学环境；要改善欠发达地区的成人教育环境，加大对乡村职业教育和农民职业素质教育培训投资力度，形成良好的教育学习氛围，为欠发达地区乡村发展培养更多新型职业农民，实现乡村人才的健康成长。同时，要进一步完善欠发达地区的农业科研体系建设，培养更多懂技术、会经营、善管理、爱农业的新型职业农民，为推广先进农业生产技术和转化先进农业科研成果创造良好条件，实现集聚效益，加速欠发达地区农业现代化发展进程。

(四) 完善乡村人才引进政策，辅助农村人才集聚

就欠发达地区乡村人才集聚的现实情况来看，由于欠发达地区乡村人才和人口的大量外流，通过培养本土人才来实现欠发达地区乡村人才集聚所需时间太长，无法满足当前发展需要。因此，要在培养乡村本土人才的同时，完善欠发达地区的乡村人才引进政策，进而辅助推动欠发达地区乡村人才集聚工作的开展，更好地发挥乡村人才集聚效应，加快欠发达地区农业农村现代化发展进程。同时，引进的人才也能对欠发达地区乡村本土人才起到一定的带动作用，能帮助欠发达地区的乡村发展培养更多的乡村振兴建设人才。因此，作为欠发达地区的地方政府部门，要不断完善村干部制度，引进高素质、高学历、有理想、有干劲的青年人才来领导欠发达地区的乡村建设，拓宽欠发达地区乡村人才的成长渠道，助力乡村人才集聚；要扎实开展农业技术人才引进工作，加速先进农业生产技术和成果的推广应用与转化，为欠发达地区农业农村现代化建设和农业产业发展提供人才保障；要继续发挥志愿者作用，助力欠发达地区乡村人才集聚。

(五) 建立科学的人才激励机制，维护农村人才集聚

激励是人才实现自身价值的一种体现，科学合理的乡村人才激励机制对欠发达地区乡村人才集聚起着不可忽视的作用，它能够激发乡村人才的智慧和才能，让乡村人才能够获得更多的幸福感、归属感、认同感和满足感，真心诚意地扎根乡村建设，为欠发达地区的乡村振兴贡献力量。建立科学合理的乡村人才激励机制，要充分考虑物质激励与精神激励两个方面的内容，明确乡村人才激励的方式和内容，让欠发达地区的乡村人才能够清晰地认识到自身可获得的收益，进而为这个目标去努力拼搏和奋斗。与城市相比，欠发达地区的乡村生产生活和各项基础设施都存在着巨大差异，尤其是外来的人才，可能来到乡村会产生巨大的心理落差。因此，要注重对欠发达地区乡村人才的情感管理，给予他们更多的关心和关怀，让他们找到家的温暖，进而更好地融入欠发达地区乡村建设工作之中。总之，帮助欠发达地区建立科学合理的乡村人才激励机制能够更好地维护欠发达地区乡村人才集聚。

(陈亮，四川省内江市农业科学院农艺师。)

行业人才研究

江苏推进产业链中的人才生态建设研究*

刘小群　戚　湧等

一、研究背景及意义

习近平总书记强调"发展是第一要务，人才是第一资源，创新是第一动力"。① 新时期，我国发展迈入了新阶段，逐渐过渡为由创新驱动的生产方式，这样的转变需要一支强大的人才队伍支撑。"十四五"时期，是江苏产业转型的关键时期，江苏围绕13个先进制造业集群和战略性新兴产业领域，以推进产业链现代化和提升产业链治理能力为目标，出台了产业链行动计划，着力提升产业链稳定性、安全性和竞争力，是加快江苏推动制造强省建设，促进制造业高质量发展的重要举措。

当前，江苏实现产业链现代化最关键的因素是要有与现代产业转型升级相匹配的人力资源，特别是具备丰富的现代产业人才作为支撑。近年来，江苏在人才工作方面给予了更高的重视，各市区围绕人才引进纷纷给出了各类人才优惠政策，并取得了较为显著的成果。然而引来人才只是人才工作的起点，人才进驻之后，如何让人才感觉值得留、能够留，还有赖于政府对人才生态环境的优化建设。习近平总书记指出："环境好，则人才聚、事业兴；环境不好，则人才散、事业衰"，② 人才生态环境对人才发展至关重要，更关乎江苏产业的现代化发展。

开展人才生态建设研究有助于江苏发挥人才大省的最大优势。当前，摆在江苏面前的首要工作，就是站高望远，从全国的大格局出发，做好江苏人才发展的顶层设计，积极努力履行"两争一前列"光荣使命，实现"六个显著提升"。开展人才生态建设研究，有助于深刻认识江苏人才新发展格局和人才循环的内涵和特征规律，推进人才高质量发展，坚持供给侧结构性改革主线，使人才再生产系统的生产、流通和使用诸环节形成衔接和循环。开展人才生态建

---

* 本文为中国人才研究会2021年度立项课题。批准编号：ZRH—2120。
① 习近平参加十三届全国人大一次会议广东代表团审议上的讲话. 新华网，2018年3月7日.
② 习近平在北京出席欧美同学会成立100周年庆祝大会并发表重要讲话. 共产党员网，2013年10月21日.

设研究有助于江苏提升人才竞争力。随着我国推进高质量发展，关于人才争夺的影响范围已扩展至全国，各地人才政策改革红利不断释放升级，江苏在人才竞争方面遇到了人才发展的新的困惑和瓶颈。

二、研究综述

研究人才生态环境首先对其重要性要有充分认识，关于这方面的认识，国外学者起步较国内学者要早，最早可以追溯到1938年，且从研究学者的身份来看，绝大多数都集中于心理学角度出发做的研究，当时的德裔美国心理学家库尔特·勒温（2004）提出了一个心理场的概念，人的行为受主体和环境的双重影响，并随着自身和周边环境、空间的变化而变化。之后，美国心理学家和管理专家费德勒提出了权变领导理论，社会心理学家马斯洛提出了需要层次理论，这些理论都从一个侧面证明了人才生态环境对人的发展具有非常重要的作用。国内学者王光玲（2009）从企业及组织发展的角度出发，认为一个企业要想引才和留才，前提是这个企业或组织内部拥有一个适合人才生存与发展的生态环境。李锡元、查盈盈（2006）指出一个地区对人才吸引力的强弱很大程度上取决于该地区的人才生态环境是否良好。无论从宏观层面还是微观层面，大到国家，小到企业，人才生态环境对地区或组织内部人才的流动、发展以及作用发挥等都是至关重要的。反过来看，人才自身发展进步也离不开良好的人才生态环境这一培育土壤。关于人才生态环境影响因素，国内外学者的研究涉及社会学、心理学及经济学等多个学科领域。Price（2001）通过连续性地研究人才流动性选择问题，结合期望理论和经济、社会、心理等多个学科视角，发现了人才在人才环境间的流动规律，并强调工作机会和满意度对人才流动起到重要作用。Jackson和Carr（2010）基于心理学和国际视角，系统分析了影响人才流动的原因，发现人才环境很大程度上决定了人才的流动，这其中经济、政治、职业、文化等因素影响较大。孙健、尤雯（2008）提出一个地区的产业若不能高度集聚，将对该地区的人才生态环境产生重大影响。李倩（2009）得出在影响人才集聚速度和程度方面，政策环境起到了决定性和根本性作用。顾然、商华（2017）认为员工素质、文化环境、物质环境、经济环境等因素是影响人才生态环境建设的重要因素。陈杰、刘佐菁、陈敏等（2018）在研究广东省人才环境对人才流动意愿影响的科技计划项目中发现，从流动意愿线性回归模型分析来看，政策环境、事业环境、团队环境、生活环境等人才环境因素对人才特别是高层次人才影响比较显著，这其中又以团队环境的影响效应最大。对如何认定良好人才生态环境的构建标准方面，学者们观点不尽相同。刘长明（2001）长期关注美国硅谷的发展历程，硅谷能够在几十年间获得高速发展，除了高技术的支撑，人才生态环境的营造很重要，特别是当地政府有针对性地加强人才生态环境建设，围绕良好的人才生态环境标准，积极营造创新创业环境，加大了政府支持力度，优化了交通条件和文明人居环境。胡翔（2014）、张文娟（2015）、李云和李锡元（2016）等结合需求理论，把人才生态环境从高到低，分别为高级层次、社交层次、基本层次等三个层次，判断一个地区人才生态环境优良与否，重点看城市环境是否得到持续改善、人才机制体制改革力度是否持续加大，知识产权是否得到充分保护。韩峰（2008）在研究城市人才环境问题中，从经济、生活、人口、自然、政策五个方面构建了一套评价标准，并通过定性与定量分析，得出影响一个城市人才环境是否良好的最核心评价标准是经济环境。在人才生态环境优化方面，Scott 和 Storper（1987）对 20 世纪 80 年代高新技术崛起进行了研究，发现高新技术产业与人才集聚、人才生态环境优化成正比关系，深入分析后发现其中起到关键作用的是产业政策。张潇（2011）在评价鄱阳湖生态经济区人才生态环境中指出，改善当地人才生态环境需要营造一个良好的经济环境、和谐的社会环境、健康的政策环境和共生的生态环境。盛昔明（2010）认为人才生态环境竞争到最后，比的是谁的措施更有力，办法更扎实，特别是看谁能更加创新人才理念，保持环境的可持续性建设。王永桂（2010）认为，在影响我国人才环境中政府这只看得见的手不能置身事外，进一步优化人才生态环境，政府应该唱主角，扮演主要角色，发挥主要作用。应验在研究海南人才环境优化路径中提出要坚持市场化导向，发动更多的社会力量参与才能不断优化地区人才经济环境、生活环境和政策环境。古龙高、古璇（2017）认为生态性人才环境的优化目标就是要让人才智力得到充分集聚、人才机制建设充满活力、创业创新氛围高度活跃，人才服务实现便利优质。

综上，国内外对人才生态环境的研究已形成了较为成熟的体系，但以往的研究并未解答如何将体系与江苏新情况、新政策进行结合以服务江苏新实际。因此，还需针对当前实际状况和政策方向做出进一步的研究。

本研究以高技术船舶产业链为例来开展人才生态建设研究，原因有以下四点：一是高技术船舶产业链是江苏省产业链推动实现卓越提升的 10 条产业链之一，具备很强的代表性。二是围绕高技术船舶产业链展开人才生态建设研究，研究聚焦性强，且能够深入探究产业链人才生态建设状况和发展规划。三是高技术船舶作为"三高"产品，具有很好的应用需求和发展前景，开展高技术船舶产业链人才生态建设研究，将有利于促进该领域人才的引进与培养，能够尽早解决我国高技术船舶产业在基础技术和高技术领域存在较为突出的"卡脖子"问题。四是江苏作为全国前 TOP 50 造船厂中造船厂数量最多的地区，围绕江苏高技术船舶产业链开展人才生态建设研究将会极大地促进江苏省高技术船舶产业链人才的发展，也会弥补我国在高技术船舶人才生态建设研究领域所存在的空白。

三、高技术船舶产业链及人才生态界定

（一）人才生态理论基础

美国心理学家勒温提出过个人与环境关系的公式：$B=f(P, E)$。他认为，一个人所能创造的绩效（B），不仅与他的能力素质（P）有关，且与其所处的环境（E）也有密切关系。生态学是研究生物个体与其环境相互作用的科学，也是一种认识论和方法论。而人才生态学，即借用生态学的方法，来研究人才与环境（自然环境、社会环境）关系的学问，目的在于通过生态环境的优化，使资源得到充分利用，实现人才、群体、组织和环境系统的最大的生态功能。1979年，美国心理学家布朗·芬恩·布伦纳系统地将生态学知识引入人类行为研究，提出了生态系统理论。他认为个体嵌套在一系列相互作用的环境系统中，这些系统与个体相互作用，影响个体的发展。布朗·芬恩·布伦纳的生态系统理论强调发展来自于人与环境的相互作用和相互作用的过程确定了人类发展的路径，将人才生态系统划分为微、中、外以及宏等四个层面的系统。此后，该理论被广泛应用于社会学、心理学和其他研究。

尽管布朗·芬恩·布伦纳提出了生态系统理论，但学术界对人才生态并没有形成一个统一明确的定义。国内关于人才生态系统以及人力资源生态系统的研究多聚焦在区域层面等宏观和中观的研究，在社会生态学领域，尤其是人力资源生态学和人才生态学领域，我国学者从概念构建与因素分析两个角度都做了多方位的研究。相关学者提出人才生态系统的基本功能和特征是在保持自然与社会生态平衡的同时，达到人才的培养、知识与经济增值的最终目的。也有学者认为人力资源生态系统是研究客体区域中各种类型的人力资源与周围的自然、社会环境共同组成的物质—能量—信息系统，并提出一个由人力资源要素、自然环境要素与社会环境要素共同组成完整的人力资源生态系统模型。目前我国的劳动力市场上，仍以一般性劳动力为主体，然而企业却普遍缺少高端性人才，尤其是在研发和设计领域，企业的人才需求呈递增状态。

（二）高技术船舶产业链

船舶制造属于复杂程度高、综合性强的大型装备制造产业，高技术船舶是其所生产的特殊产品。船舶作为流动的"国土"相当于一个微缩的、完整的海上城镇，在船上不但要实现各种专业化的作业功能，还要保证船员的各项生活

需求。因此，船舶工业除了总装制造外，还有庞大的配套体系，涉及大量复杂的设备和系统，如动力系统、机电系统、电子通信系统、专业化设备及系统等。当前世界船舶产业的发展呈现出三分天下的态势，中国、韩国、日本占据着全球市场的主要份额。自2011年起，中国造船三大指标全部超越韩国，中国持续保持着载重吨统计指标上的世界第一的位置。在选用载重吨作为计量标准的条件下，我国造船完工量新订单量以及手持订单量所占世界的份额长期保持在一个较高的水平。目前我国已经具备除豪华邮轮以外几乎所有船型的建造能力。

高技术船舶产业链的构成要素包括节点和产业链（见表1）。产业链上的节点包括生产商/企业（供应商、成品商、经销商）、中介机构（行会、商会、金融机构、保险公司、运输机构、律师事务所、会计事务所、信息中心和教育培训中心等）、研发机构（大学、研究所、中心）、规制机构（政府机构、检测与监督机构）、消费者等。

表1　　　　　　　　船舶产业链组成部分分析表

序号	节点	主要内容	机构类型	功能
1	供应商	船用材料	船用材料、有色材料、油漆等	为船舶工业企业提供造船及配套相关材料
		船舶设备零配件	船用柴油机零件、甲板机械配件等	为船舶配套企业提供再配套产品，为造船厂售后维修服务提供所用相关零配件
		船舶设备	船舶主机、辅机、导航设备、甲板机械等	船舶设备制造是船舶产业链中一个极其重要的组成部分，它的发展状况、技术水平以及产品质量的好坏，直接关系到整个造船业的综合实力和竞争实力
		船舶舾装件	船舶分段、船用门窗、梯、舾装等	舾装是指下水后船内的机械、电气电子设备等的安装，直接影响船舶的建造质量
2	生产商	船舶修造	远洋船、内河船、修拆船等	根据客户要求和自身需要制造各种类型的船舶，修拆船则提供修船和拆船的服务
3	服务机构	船舶规划机构	政府机构、检测和监督机构等	政府根据市场和环境等需要制定各种支持船舶产业发展的政策和规划，船级社、船检、海事部门等检测和监督机构对生产和市场活动进行管理和规范
		船舶研发机构	大学、研究所、技术中心等	根据造船厂或者船东的要求为造船厂设计和提供船舶制造方案及造船用相关图纸，并负责船舶制造过程中的技术支持
		船舶中介机构	行会、商会、金融机构、运输机构、律师事务所、会计事务所、信息中心和教育培训中心等	产业链中的中间环节，在供方和需方之间传递供求信息，起到一个桥梁和中介的作用
4	船东	船东	航运公司、经营租赁公司等	船舶产品的购买方，有可能是最终用户，也有可能是经营租赁公司，一半是航运公司

按照最终产品形成过程中的价值产生边界来划分，船舶工业产业链最主要可分为船舶设计、船舶制造和船舶配套三个环节，如图 1 所示。

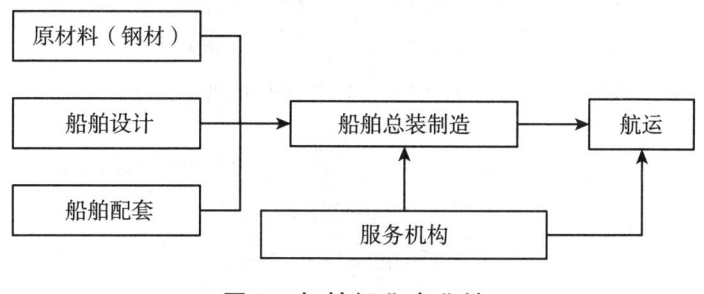

图 1　船舶行业产业链

（三）高技术船舶产业链人才生态概念界定

根据布朗·芬恩·布伦纳的生态系统理论，微系统是人才生态系统的最内层，包含两方面的含义：一是微系统是人才最直接接触的生态环境；二是人才产生的影响也会直接作用于微系统。人才生态微系统的主要代表为企业、车间等办公工作环境。中系统是由人才生态系统中各微系统向上所组成的更大系统，指的是各微系统之间的联系或相互作用关系。在产业链中，中系统是由产业链上中下游企业的微系统所组成的。外系统是人才未直接参与，但对人才发展产生间接影响的系统。在产业链中，外系统指的是服务机构这些未直接参与产业链，但却对产业链发展起到重要作用的系统。从系统组成来讲，外系统也是由不同微系统所组成的，与中系统的不同之处仅在于是否直接参与产业链，因此可以将外系统划在中系统范围内。宏系统是人才所处的整个社会环境，包括政治、经济、文化、社会和科学等各个方面，是一种广阔的意识形态，如图 2 所示。

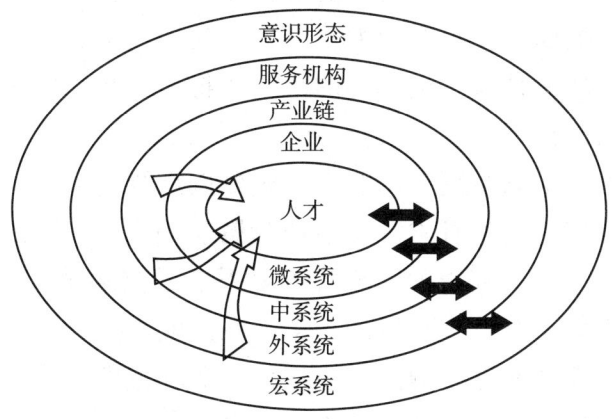

图 2　布朗·芬恩·布伦纳生态系统理论模型

根据布朗·芬恩·布伦纳的生态系统理论，结合高技术船舶产业链结构，对高技术船舶产业链人才生态系统进行进一步界定。本研究认为人才生态系统是指人才本身与环境生态系统交互作用而构成的有机复合系统，但根据产业链及其环境的层级，对中系统与外系统进行合并处理，将高技术船舶产业链的人才生态划分为企业微观人才生态系统、产业链中观人才生态系统和区域宏观人才生态系统，如图3所示。

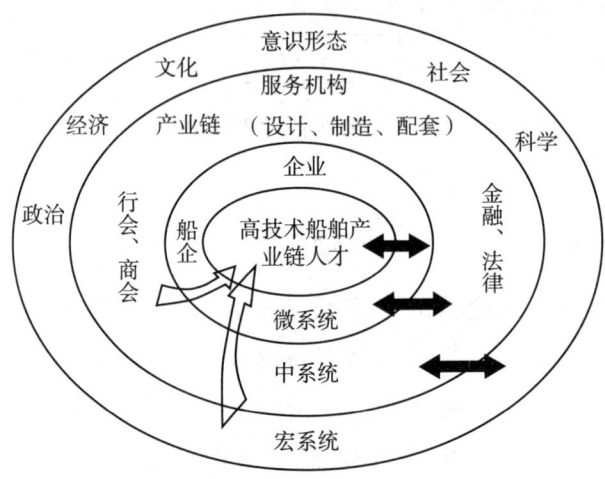

图3 人才生态环境基本模型

企业微观人才生态系统作为人才生存与发展的多维空间载体，也是构成产业链中观人才生态系统、区域宏观人才生态系统的最基本单位。企业人才生态系统已经演变成为企业之间综合实力竞争的重要工具，对于企业人才生态系统的客观评价与适度调整，能够帮助企业迅速在快速变化的市场中占据主动位置，为企业的人才战略政策制定提供建议。对企业人才生态系统进行层层分解可以发现，高素质人才是这一有机系统的核心，为系统的持续有效运行提供活力；居于中间层次的要素是组织能力，它是有效激励员工、将员工与环境紧密契合的纽带；区域环境是居于最外层的因素，将员工与组织包含在各种客观条件内，其影响作用同样不可忽视。

产业链中观人才生态系统是产业链上企业微系统环境之间的相互联系和彼此作用。因此，我们将服务机构等外系统归属于中系统。布朗·芬恩·布伦纳认为，如果微系统之间有较强的、积极的联系，发展可能实现最优化。相反，微系统间的非积极联系会产生消极的后果。在产业链人才生态中，产业链上下游的强联系和协调发展能够影响人才对所处产业环境的适应度和舒适度，进而影响人才工作的积极性和工作绩效。因此，良好的产业链人才生态对于培养和发展人才具有重要意义。

人才与区域宏观环境的相互作用也是客观存在的。但这一作用主要体现在区域宏观环境对人才日常生活、工作动机、创新思维、工作条件的影响等。区域宏观环境对人才价值创造的影响虽然大多并不是直接施加的，但却由于其可能影响到人才日常生产生活的方方面面而越来越受到重视。人才对区域宏观环境的贡献主要体现在其为企业创造的价值最终流入社会，且人员变动也会对区域的人才政策环境产生影响。产业链与区域宏观环境的关系也是十分密切的。产业链的发展风向和供应链模式在某些程度上直接受到政策环境的影响，如政策变动、区位环境变化以及行业风向变动等。而企业则是以整体组织的形式暴露在区域环境中，因此，企业的价值创造、价值评价与价值分配环境必然受到区域宏观环境的制约。所以，必须将区域宏观环境作为企业微观人才生态系统和产业链中观人才生态系统的最外层影响因素加以研究。同时，企业和产业链对区域宏观环境也有不可否认的贡献，如优化区域要素环境，维护区域文化环境，支持区域宏观环境等，三者相互依存、密不可分。

四、江苏高技术船舶产业链人才生态现状研究

（一）构建高技术船舶产业链人才生态环境指标体系

1. 评价指标体系设计

（1）企业微观人才生态环境。企业是除生活环境外，人才与周围环境产生交互作用最多也是最大的场所，是最关键的人才发展生态环境。企业作为微观人才生态系统的载体，其对人才发展影响主要体现在引才和用才两个方面。引才就是能够"引进来"，即企业能够在需要人才时，通过招聘、猎头等手段吸引外来人才，从而助推企业发展；用才就是能够"留得住，用得好"，即企业能够充分发掘企业内的人才的潜力和活力，做到人尽其用，人尽其才。张红霞（2019）等认为影响企业微观人才生态环境系统的因素应包括企业文化、人力资源管理制度、管理者特质和员工关系等四个方面，本研究采用以上观点作为企业微观环境的评价指标体系。

①企业文化。该指标是企业微观环境系统的核心指标，决定了企业的整体环境，并对人才在企业的去留起到一定的主导作用。

②人力资源管理制度。人力资源管理制度体现的是企业对人才的引进、培养、激励和管理机制，是人才对企业展开评判的直接载体。

③管理者特质。根据盖洛普路径，领导者的个人特质及其领导风格，决定了员工工作效率和绩效，是企业微观环境系统的重要指标。

④员工关系。员工关系是人才与企业环境其他人员交互的结果,代表着人才对环境的交互积极性以及对企业环境的舒适满意度,且由于其固有的社会性会对人才集聚产生影响。

(2) 产业链中观人才生态环境。毛冠凤（2010）从我国中部和东部选取出四个城市,围绕人才流动意愿展开对比研究,认为产业链的经济环境和生活环境是影响人才流动的主要环境因素。本研究在毛冠凤研究的基础上,结合当前发展形势,加入了产业链科技环境和政策环境因素,完善了产业链中观人才生态环境系统。

①经济发展。人才流动的推拉理论表明经济因素是影响人才流动意愿的最重要因素。本研究所讲的产业链经济环境指标主要包括船厂数量、高技术船舶成交新船订单、从业人员数量和质量。

②科技实力。高技术船舶作为"三高"产品,具有创新性高、技术密集、制造复杂等显著的特征,良好的科技环境可以更有利于产业链的可持续发展,释放人才创新活力,降低研发制造阻碍。产业链科技环境包括专利申请和技术标准。

③政策质量。与企业人才政策不同,产业链人才政策涉及范围更广,影响程度更深。良好宽松的人才政策是产业链人才可持续供给的保障,这是因为良好宽松的人才政策不仅能够提升对外来人才的吸引力,也能够进一步释放现有人才活力,激发其创造力。人才政策包括人才引进、人才培养、人才激励、人才流动、人才评价和人才保障等政策工具。

④社会保障。舒适的生活环境、便捷的交通设施、先进的教育体系、稳定的社会治安和完善的基础配套设施是人才追求事业发展的前提。产业链的生活环境包括产业链的生活配套设施,主要包括居住条件、交通条件、休闲娱乐条件、饮食条件、治安环境、购物环境、子女教育环境7个方面。

(3) 区域宏观人才生态环境。根据人才生态模型,区域宏观人才环境是人才生态环境的外围,是包括人才、企业和产业链三者在内共同的基础环境。根据李锡元（2006）、顾然（2017）等学者对区域人才生态环境的研究,本研究选取经济环境、社会环境、文化科技环境、政策环境和自然环境五个方面构建区域宏观人才生态环境系统。

①经济环境。经济发展水平是人口流动最重要的影响因素,在人才生态环境中影响作用显著。经济环境指标由区域人均GDP、第三产业占GDP比重组成。

②社会环境。良好的社会环境,不仅能够提升人才对生活的热情,也能够增强区域对人才的吸引力。社会环境由居民人均可支配收入、公共图书馆数量、基本养老保险覆盖率、每万人拥有的病床数、商品房平均价格组成。

③文化科技环境。文化科技环境代表区域的创新能力、科技水平以及对科技发展的重视度。文化科技环境由以下指标构成：财政支出中教育经费所占比重、财政支出中科学技术经费所占比重、科学研究与开发机构数、高校科研院所数量、有研发活动的企业数、万人大专以上学历人数。

④政策环境。政策环境反映的是政府对人才重视程度，是人才对区域发展前景进行评判的主要依据。区域能够根据自身产业结构吸引人才、培养人才、保留人才，政策制度发挥着重要作用。政策环境可以从人才政策制定的规模及执行反馈情况来衡量。

⑤自然环境。自然环境因素对人才生态环境的作用影响方式与生活和社会环境因素相仿，为保证评价体系的完善性而加入此指标。自然环境由城市空气质量二级以上天数所占比重、人均绿地面积组成。

综上，人才不仅是企业组织环境的参与者，也是产业链和区域环境的参与者，本研究从企业微观、产业链中观、区域宏观三个层面来研究高技术船舶产业链人才生态环境。高技术船舶产业链人才生态环境评价指标体系及权重如表2所示。

表2 高技术船舶产业链人才生态环境评价指标体系及权重

评价对象	一级指标	二级指标	三级指标	权重
江苏高技术船舶产业链人才生态环境 A	企业微观人才生态环境 B1 （0.1）	文化制度 C1 （0.03）	企业文化 D1	0.014
			人力资源管理制度 D2	0.022
		人员关系 C2 （0.04）	领导者素质 D3	0.025
			员工关系 D4	0.015
	产业链中观人才生态环境 B2 （0.37）	经济发展 C3 （0.18）	企业船厂数量 D5	0.049
			企业高技术船舶成交新船订单 D6	0.06
			从业人员数量和质量 D7	0.048
		科技实力 C4 （0.21）	高技术船舶产业链专利申请 D8	0.059
			高技术船舶产业链开放度 D9	0.055
		政策质量 C5 （0.06）	人才政策质量 D10	/
		社会保障 C6 （0.03）	居住条件、交通条件、休闲娱乐条件、饮食条件 D11	0.015
			治安环境、购物环境、子女教育环境 D12	0.023

续表

评价对象	一级指标	二级指标	三级指标	权重
江苏高技术船舶产业链人才生态环境 A	区域宏观人才生态环境 B3 (0.53)	经济环境 C7 (0.06)	人均 GDP D13	0.046
			第三产业占 GDP 比重 D14	0.04
		社会环境 C8 (0.13)	居民人均可支配收入 D15	0.043
			基本养老保险覆盖率 D16	0.031
			公共图书馆数量 D17	0.026
			每万人拥有病床数 D18	0.028
			商品房平均价格 D19	0.017
		文化科技 C9 (0.15)	政府支出中教育经费所占比重 D20	0.038
			财政支出中科学技术经费所占比重 D21	0.048
			科学研究与开发机构数 D22	0.042
			高校科研院所数 D23	0.041
			有 R&D 活动的企业数 D24	0.042
			万人大专以上学历人数（%）D25	0.06
		政策环境 C10 (0.1)	人才政策数量 D26	0.057
			政策执行情况 D27	0.041
		自然环境 C11 (0.01)	城市空气质量二级以上天数所占比重 D28	0.009
			人均绿地面积 D29	0.006

2. 确定权重

为科学全面地反映江苏沿海地区高技术船舶产业链人才生态环境发展程度和水平，本研究在上述原则的指导下，以管理学、经济学、社会学为基础，借鉴国内外学者对科技人才评价的研究成果，以生态系统理论为基础，以高技术船舶产业链人才生态基本模型为框架，将人才生态划分为宏观、中观、微观三个层面，同时参考顾然（2017）、李锡元（2006）、孙会（2018）、张红霞（2019）等开发的评价指标体系，结合高技术船舶产业链人才特征，构建一套基于生态系统理论的人才生态环境评价指标体系。

高技术船舶产业链人才评价指标体系是一个多视角、多层面的系统。在该体系中，应通过指标权重来体现各个指标的功能和重要性的不同，因此运用专家打分法，邀请高技术船舶及其上下游相关企业中高层人员以及企业管理方面的专家学者等共15名专家对指标权重进行评判。

在企业微观人才生态环境指标中，多数专家认为对人才发展起到主要影响的在于企业内部的人员关系处理，其次才是文化制度的影响。而具体排序为：领导者素质＞人资制度员工关系＞企业文化。

在产业链中观人才生态环境指标中，专家认为高技术船舶作为"三高"产品，结合高技术船舶产业链对人才高技能、高技术、高层次的需求特征以及人才对优势产业的趋向性，产业链的科技发展和经济发展环境更能够为高技术船舶产业链营造出良好的人才生态。而相比于社会保障对人才生活物质环境的影响，政策质量更能影响人才对该产业链就业的选择和未来发展的规划。具体排序为：科技实力＞经济发展政策质量＞社会保障。

在区域宏观人才生态环境指标中，专家认为相比于产业链经济发展对人才发展的影响，人才对宏观区域的经济发展要求较低，而更加关注区域内的文化科技和社会环境。其主要原因在于，宏观环境作为人才发展的外围环境，也是人才生活和工作的基础，良好的文化科技和社会环境能够为人才提供更为舒适安定的感觉，更利于人才去实现自身价值和发展规划。具体排序为：文化科技＞社会环境＞政策环境＞经济环境＞自然环境。最后通过计算得出如表2所示的各指标权重。

（二）江苏高技术船舶产业链人才生态环境评价分析

本研究采用模糊综合评价法对江苏高技术船舶产业链人才生态环境进行评价，模糊综合评价法是一种基于模糊数学的综合评价方法，是根据模糊数学的隶属度理论把定性评价转化为定量评价，即用模糊数学对受到多种因素制约的事物或对象做出一个总体的评价。它具有结果清晰，系统性强的特点，能较好地解决模糊的、难以量化的问题，适合各种非确定性问题的解决。

1. 确定江苏高技术船舶产业链人才生态环境等级集

等级集是评价江苏高技术船舶产业链人才生态环境等级组成的集合，本研究将高技术船舶产业链人才生态环境等级分为5级：V1（差）、V2（较差）、V3（一般）、V4（较好）、V5（好）。

2. 确定模糊综合评判矩阵

因素集U分为3层：

第一层：$U = \{B1, B2, B3\}$

第二层：$U_1 = \{C1, C2\}$；$U_2 = \{C3, C4, C5, C6\}$；$U_3 = \{C7, C8, C9, C10, C11\}$

第三层：

$u_1=\{D1,D2\};u_2=\{D3,D4\};u_3=\{D5,D6,D7\};u_4=\{D8,D9\};u_6=\{D11,D12\};$

$u_7=\{D13,D14\};u_8=\{D15,D16,D17,D18,D19\};u_9=\{D20,D21,D22,D23,D24,D25\};$

$u_{10}=\{D26,D27\};u_{11}=\{D28,D29\}$

指标权重确定后，对高技术船舶产业链企业中高层人员以及企业管理方面的专家学者等15名专家进行调查，由各位专家根据自身经验和理论实践对各层级人才环境指标进行投票，调查结果如表3所示。

表3　　　　江苏高技术船舶产业链人才生态环境调查结果

三级指标	V1（差）	V2（较差）	V3（一般）	V4（较好）	V5（好）
D1			3	5	7
D2		1	3	7	4
D3		2	3	3	7
D4		1	4	8	2
D5		1	9	2	3
D6		3	8	2	2
D7		1	2	4	8
D8			4	8	3
D9		1	2	5	7
D10		3	1	10	1
D11		1	2	8	4
D12			2	11	2
D13			4	5	6
D14		4	6	3	2
D15			2	9	4
D16			2	4	9
D17			5	9	1
D18			1	5	9
D19		3	4	4	4
D20			3	3	9
D21			3	6	6
D22			3	5	7
D23			2	10	3
D24		2	6	4	3

续表

三级指标	V1（差）	V2（较差）	V3（一般）	V4（较好）	V5（好）
D25		1	6	7	1
D26			2	4	9
D27			4	6	5
D28			2	8	5
D29			4	8	3

根据 $r_{ijk}=m_{ijk}/n(k=1,2,3,\cdots,29)$，得出对高技术船舶产业链人才生态的综合评判，见表4。其中，r_{ijk} 表示指标的隶属度，m_{ijk} 表示有 m_{ijk} 个人在评价等级 V_k 上面投票，n 表示评价主体的数量，本研究中 $n=15$。

表4　　　　江苏高技术船舶产业链人才生态环境综合评判

三级指标	V1（差）	V2（较差）	V3（一般）	V4（较好）	V5（好）
D1	0.0000	0.0000	0.2000	0.3333	0.4667
D2	0.0000	0.0667	0.2000	0.4667	0.2667
D3	0.0000	0.1333	0.2000	0.2000	0.4667
D4	0.0000	0.0667	0.2667	0.5333	0.1333
D5	0.0000	0.0667	0.6000	0.1333	0.2000
D6	0.0000	0.2000	0.5333	0.1333	0.1333
D7	0.0000	0.0667	0.1333	0.2667	0.5333
D8	0.0000	0.0000	0.2667	0.5333	0.2000
D9	0.0000	0.0667	0.1333	0.3333	0.4667
D10	0.0000	0.2000	0.0667	0.6667	0.0667
D11	0.0000	0.0667	0.1333	0.5333	0.2667
D12	0.0000	0.0000	0.1333	0.7333	0.1333
D13	0.0000	0.0000	0.2667	0.3333	0.4000
D14	0.0000	0.2667	0.4000	0.2000	0.1333
D15	0.0000	0.0000	0.1333	0.6000	0.2667
D16	0.0000	0.0000	0.1333	0.2667	0.6000
D17	0.0000	0.0000	0.3333	0.6000	0.0667
D18	0.0000	0.0000	0.0667	0.3333	0.6000
D19	0.0000	0.2000	0.2667	0.2667	0.2667
D20	0.0000	0.0000	0.2000	0.2000	0.6000

续表

三级指标	V1（差）	V2（较差）	V3（一般）	V4（较好）	V5（好）
D21	0.0000	0.0000	0.2000	0.4000	0.4000
D22	0.0000	0.0000	0.2000	0.3333	0.4667
D23	0.0000	0.0000	0.1333	0.6667	0.2000
D24	0.0000	0.1333	0.4000	0.2667	0.2000
D25	0.0000	0.0667	0.4000	0.4667	0.0667
D26	0.0000	0.0000	0.1333	0.2667	0.6000
D27	0.0000	0.0000	0.2667	0.4000	0.3333
D28	0.0000	0.0000	0.1333	0.5333	0.3333
D29	0.0000	0.0000	0.2667	0.5333	0.2000

3. 高技术船舶产业链人才生态环境模糊综合评判

（1）江苏高技术船舶产业链人才生态环境模糊综合评判。根据上述所确定的三级指标权重和江苏高技术船舶产业链人才生态环境模糊综合评判隶属矩阵，对三级指标进行评判，计算公式为：三级指标权重×评判隶属矩阵，由于二级指标C5与三级指标D10共享指标，且已作为三级指标参与计算，为避免重复计算，在此跳过其计算过程，所得二级指标评价向量如表5所示。

表5　江苏高技术船舶产业链人才生态环境二级指标评价结果

二级指标	V1（差）	V2（较差）	V3（一般）	V4（较好）	V5（好）
C1	0.0000	0.0015	0.0072	0.0149	0.0124
C2	0.0000	0.0043	0.0090	0.0130	0.0137
C3	0.0000	0.0196	0.0747	0.0305	0.0491
C4	0.0000	0.0032	0.0195	0.0421	0.0322
C6	0.0000	0.0010	0.0051	0.0249	0.0071
C7	0.0000	0.0107	0.0233	0.0283	0.0237
C8	0.0000	0.0034	0.0249	0.0635	0.0531
C9	0.0000	0.0096	0.0719	0.1073	0.0822
C10	0.0000	0.0000	0.0185	0.0316	0.0479
C11	0.0000	0.0000	0.0028	0.0080	0.0042

表5是由11个二级指标评价向量所组成的矩阵，由二级指标评价向量和二级指标确定权重向上推导一级指标评价向量，计算公式为：二级指标权重×二级指标评价矩阵，所得一级指标评价向量如表6所示。

表 6　　江苏高技术船舶产业链人才生态环境一级指标评价结果

一级指标	V1（差）	V2（较差）	V3（一般）	V4（较好）	V5（好）
B1	0.0000	0.0002	0.0006	0.0010	0.0009
B2	0.0000	0.0162	0.0217	0.0551	0.0198
B3	0.0000	0.0025	0.0176	0.0290	0.0255

第一层为 $U = \{B1, B2, B3\}$，权重 $A = \{0.1, 0.27, 0.53\}$，根据一级指标评价向量和权重，计算得出江苏高技术船舶产业链人才生态环境综合评价向量 A。

$$A = BR = (0.1, 0.27, 0.53) \begin{bmatrix} 0 & 0.0002 & 0.0060 & 0.0010 & 0.0009 \\ 0 & 0.0162 & 0.0217 & 0.0551 & 0.0198 \\ 0 & 0.0025 & 0.0176 & 0.0290 & 0.0255 \end{bmatrix}$$

$$= (0.0000, 0.0074, 0.0174, 0.0358, 0.0209)$$

（2）上海高技术船舶产业链人才生态环境模糊综合评判。本研究选择同属长三角地区且高技术船舶产业发展突出的上海作为参考，为与江苏地区高技术船舶产业链人才生态环境进行对比分析，以求更好地发现江苏高技术船舶产业链人才生态环境所存在的不足。重复上述操作，得到上海高技术船舶产业链人才生态环境各级指标评价向量和其综合评价向量，如表7和表8所示。

表 7　　上海高技术船舶产业链人才生态环境二级指标评价结果

二级指标	V1（差）	V2（较差）	V3（一般）	V4（较好）	V5（好）
C1	0.00000	0.00000	0.00813	0.01253	0.01533
C2	0.00000	0.00167	0.00867	0.01300	0.01667
C3	0.00000	0.00000	0.02680	0.05073	0.09647
C4	0.00000	0.00000	0.01613	0.03233	0.04853
C6	0.00000	0.00253	0.00407	0.01267	0.01873
C7	0.00000	0.00000	0.01067	0.02600	0.04933
C8	0.00227	0.00567	0.02227	0.04147	0.07333
C9	0.00000	0.00000	0.03493	0.11000	0.12607
C10	0.00000	0.00000	0.01580	0.03160	0.05060
C11	0.00000	0.00000	0.00620	0.00640	0.00240

表8　上海高技术船舶产业链人才生态环境一级指标评价结果

一级指标	V1（差）	V2（较差）	V3（一般）	V4（较好）	V5（好）
B1	0.00000	0.00007	0.00059	0.00090	0.00113
B2	0.00000	0.00008	0.01633	0.03230	0.06412
B3	0.00029	0.00074	0.01042	0.02667	0.03649

$A = BR = (0.1, 0.27, 0.53)$

$$\begin{bmatrix} 0.00000 & 0.00007 & 0.00059 & 0.00090 & 0.00113 \\ 0.00000 & 0.00008 & 0.01633 & 0.03230 & 0.06412 \\ 0.00029 & 0.00074 & 0.01042 & 0.02667 & 0.03649 \end{bmatrix}$$

$= (0.000156, 0.000425, 0.011623, 0.026179, 0.043175)$

综上，上海、江苏高技术船舶产业链人才生态环境模糊综合评判结果见表9。

表9　上海、江苏高技术船舶产业链人才生态环境模糊综合评价结果

地区＼等级	V1（差）	V2（较差）	V3（一般）	V4（较好）	V5（好）
江苏	0.000000	0.007363	0.017411	0.035850	0.020934
上海	0.000156	0.000425	0.011623	0.026179	0.043175

（三）江苏高技术船舶产业链人才生态环境评价结果

1. 企业微观人才生态环境

通过上述对上海、江苏高技术船舶产业链人才生态环境一级指标评价的分析，按照最大隶属度原则，其中江苏企业微观人才环境评价结果中数据最大的是0.0010，所对应的等级为V4＝较好，即江苏高技术船舶产业链人才生态环境中企业微观层面的建设状况较好。同理可知，上海企业微观人才环境评价结果中最大值为0.00113，所对应等级为V5＝好，即上海高技术船舶产业链人才生态环境中企业微观层面的建设状况要比江苏高出一个等级。

由于$B1 = \{C1, C2\}$，从企业微观人才环境所属二级指标的评价结果可知（见表5、表7），江苏企业微观人才环境中文化制度（C1）评价结果最大值为0.0149，等级为V4＝较好；人员素质（C2）评价结果最大值为0.0137，等级为V5＝好，表示江苏在文化制度和人员素质方面均有较好的优势，且人员素质方面优势明显。上海企业微观人才环境中文化制度（C1）评价结果最大值为0.01533，人员素质（C2）评价结果最大值为0.01667，等级均为V5＝好，

表示上海在文化制度和人员素质方面均表现突出。此外，上海人员素质最大值要高于江苏，0.01667 > 0.0137，这表示尽管两地人员素质均为 V5 等级，但上海人才素质仍要略好于江苏。

2. 产业链中观人才生态环境

江苏产业链中观人才生态环境评价结果中数据最大的是 0.0551，所对应的等级为 V4 = 较好，即江苏高技术船舶产业链中观人才生态环境的建设状况较好。上海产业链中观人才生态环境评价结果中最大值为 0.06412，所对应等级为 V5 = 好，即上海高技术船舶产业链中观人才生态环境的建设状况良好。

$B2 = \{C3, C4, C5, C6\}$，但因为产业链政策环境（C5）仅有一个指标，所以没有对其进行评价。从产业链中观人才环境所属二级指标的评价结果可知（见表 5、表 7），江苏产业链中观人才环境中产业链经济环境（C3）评价结果最大值为 0.0747，等级为 V3；产业链科技环境（C4）评价结果最大值为 0.0421，等级为 V4；产业链社会环境（C6）评价最大值为 0.0249，等级为 V4，这表示江苏在产业链中观层面中的经济环境表现一般，而科技环境、社会环境方面均有较好的优势。上海产业链中观人才环境中产业链经济环境（C3）评价结果最大值为 0.09647，等级为 V5；产业链科技环境（C4）评价结果最大值为 0.04853，等级为 V5；产业链社会环境（C6）评价最大值为 0.01873，等级为 V5，这表示上海在产业链中观层面中的经济环境、科技环境、社会环境方面均有明显优势。

通过对比分析可知，在产业链中观人才环境方面，上海在经济环境、科技环境、社会环境等方面全面优于江苏，特别是在高技术船舶产业链经济环境方面，江苏与上海差距较为明显。

3. 区域宏观人才生态环境

江苏区域宏观人才生态环境评价结果中数据最大的是 0.0290，所对应的等级为 V4 = 较好，即江苏高技术船舶产业链人才生态环境的建设状况较好。上海区域宏观人才生态环境评价结果中最大值为 0.03649，所对应等级为 V5 = 好，即上海高技术船舶区域宏观人才生态环境的建设状况良好。

$B3 = \{C7, C8, C9, C10, C11\}$，江苏区域宏观人才环境中经济环境（C7）评价结果最大值为 0.0283，等级为 V4；社会环境（C8）评价结果最大值为 0.0635，等级为 V4；文化科技环境（C9）评价结果最大值为 0.1073，等级为 V4；政策环境（C10）评价结果最大值为 0.0479，等级为 V5；自然环境（C11）评价结果最大值为 0.0080，等级为 V4。上述分析表示江苏在区域宏观层面中的经济环境表现一般，而社会环境、文化科技环境、自然环境方面均有较好的优势，在政策环境方面具有突出优势。上海区域宏观人才环境中经济环境（C7）

评价结果最大值为 0.04933，等级为 V5；社会环境（C8）评价结果最大值为 0.07333，等级为 V5；文化科技环境（C9）评价结果最大值为 0.12607，等级为 V5；政策环境（C10）评价结果最大值为 0.05060，等级为 V5；自然环境（C11）评价结果最大值为 0.00640，等级为 V4。上述分析表示上海在区域宏观层面中的经济环境、社会环境、文化科技环境、政策环境方面均有明显优势，但在自然环境方面表现稍显不足。

通过对比分析可知，在区域宏观人才环境方面，上海在经济环境、社会环境、文化科技环境等方面全面优于江苏。在政策环境方面，江苏表现虽稍落后于上海，但二者表现均良好。而在自然环境方面，江苏实现了反超上海，但仍有较大的进步空间。

4. 人才生态环境综合评价

江苏高技术船舶产业链人才生态环境模糊综合评价结果中数据最大值为 0.035850，所对应的等级为 V4＝较好，即江苏高技术船舶产业链人才生态环境的建设状况较好。上海高技术船舶产业链人才生态环境模糊综合评价结果中最大值为 0.043175，所对应等级为 V5＝好，即上海高技术船舶产业链人才生态环境的建设状况较好。

通过模糊综合评价可知，江苏高技术船舶产业链人才生态环境模糊综合评价结果与上海相比仍存在一定差距，企业微观人才环境、产业链中观人才环境、区域宏观人才环境均劣于上海，应在每一个方面都加强建设，才能吸引留住高技术船舶产业链人才，实现江苏高技术船舶产业链的可持续发展。

（四）江苏高技术船舶产业链人才生态建设不足分析

1. 高技术船舶产业链企业内部人才战略有待深化

一是尚未树立起准确的用人理念。在高技术船舶产业链企业发展过程中，由于企业性质和国家支持的因素，或许会注重人才的招聘及选拔工作；然而，在具体的产业链人才培养、引进方面却不愿投入较多的资金，导致企业人才队伍陷入停滞不前的困境，无法从根本上发挥出人才的积极作用。在企业中即使会组织职员培训活动，也仅仅是"师傅带徒弟"的方式，如此则难以加强职员的综合工作能力。当前，部分船舶制造企业为了能够更好地挽留人才而采取扣留薪资或延迟发薪资的形式，然而如此的形式起到"适得其反"的作用，导致企业人才的大量外流。二是人才管理缺少规范化。高技术船舶产业链企业在针对职员开展管理时，采取的管理方法显得较为盲目及随意，企业管理机制仍需进一步健全。例如，在职员录用及升职方面或许会由于受人情关系的影响而被录用或者升职，而并非是考察职员自身的能力及其工作绩效。此外，业绩的考评缺少对于各个岗位技能的指标需求等，也需进一步完善相关制度。三是人才激励体系仍不成熟。在高技术船舶产业链企业缺少成熟的激励体系，无法全面发挥出激励体系的作用。例如，奖励不公正或者克扣员工奖金等现象，这样对于高技术船舶产业链，特别是制造环节人才的积极性有巨大的负面影响，进而严重阻碍高技术船舶产业链企业快速、稳定的发展。

2. 高技术船舶产业链人才职业教育有待完善

一是高技术船舶产业链人才数量不足且结构不合理。当前，江苏省虽然已是造船大省，但是归根结底还是"人海战术"，专职高端人才紧缺是不可忽视的核心因素。高技术船舶产业链是以传统船舶产业链为基础，其人才也多是传统船舶产业链人才，高技术船舶所需的创新人才、设计人才、技能人才数量少且人才结构不合理，由于产业链特性，人才多集中于生产制造环节，产业链两端人才较少且高端人才更是匮乏，人才发展可塑性相对来说比较小，这对提升产业链档次、提高创新能力、推进产品升级等均带来了不利影响。二是产业链人才专业素质较低。2008年之前，船舶专业技能人才的需求旺盛，很多学校开设船舶类专业，但是，近几年船舶行业不景气后，不少学校停办了船舶类专业，高技术船舶产业链也受到很大影响。目前江苏省现有的几家招收船舶专业的学校，每年的招生数在逐步下降，造成高技术船舶产业链乃至船舶产业链人才素质出现下滑。高技术船舶作为"三高"产品，其生产制造对信息化、精细化管理要求更高，产业链人才技术水平、职业素质会直接牵制产品质量和生产效率。三是教学内容相对滞后。当前，船舶智能制造涉及生产现场网络化、生产过程数字化、产品质量管控三个方面，包括船体设计与制造、船舶机械、焊接、船舶电气、船舶动力、船舶舾装等多个方面。目前，在船舶类职业院校中各个专业的独立性很强。例如，船体设计与制造、船舶机械、船舶电气、船舶动力专业分别归属于船舶工程系、机械工程系、机电工程系、动力系，几个专业自成孤岛，而且涉及的信息化、自动化的知识和技能不多。2005年开始，信息技术在课堂中开始普及，数字化造船进入课堂，但是信息化、智能化在船舶类专业课程中并未形成体系，也缺乏统一的标准。中国要从造船大国到造船强国，江苏要从造船大省到造船强省，智能造船的复合性技能人才非常稀缺。

3. 高技术船舶产业链人才生态开放性和异质性有待提升

一是国外人才资源未得到充分利用。高技术船舶产业链因企业性质原因，对国外高技术船舶产业链人才多采用的是指导不生产的方式，尤其在高技术船舶生产制造环节最为显著，人才生态的封闭性和排外性限制了江苏引进海外高层次高技术船舶产业链人才。此外，留学生在华从事高技术船舶产业链工作的门槛还相对较高,在华接受学历教育70%以上的本专科学历外国留学生不能获得工作许可,这部分人力资源未能得到充分利用。二是高技术船舶产业链人才的专业背景、文化背景趋同。高校在招生方式、学科和专业设置、培养模式等方面趋同,导致自主培养的学生专业素质趋同,差异性小;此外,在苏常住外籍人员总量相对于人口总量而言占比太低,其中的外籍高技术船舶产业链人才占比更低,人才生态的文化背景(人种、国籍等)趋同,多样性不够。三是高技术船舶产业链人才生态调整优化不够。例如,人才引进政策更多关注知识生产者集群的高层次人才,对产业链所急需的知识扩散者集群的科技中介人才、知识应用者集群的高技能人才关注不够;高技术船舶产业链中的设计人才、技术创新人才、科技中介人才、高技能人才、航运人才教育培养制度有待改革,需培养更符合市场需要的设计人才、技术创新人才、中介人才、高技能人才和航运人才等。

五、江苏高技术船舶产业链人才生态建设路径研究

结合国内外人才生态建设经验和江苏省人才生态现状,运用产业链发展和人才生态发展理论,从顶层设计、要素供给、服务保障等方面,探讨江苏产业链人才生态建设路径和策略。

(一) 健全产业链人才生态培养机制

构建产业链人才培养实践项目知识库,完善产业链人才培养实践教育基地。提高实践能力是现代高校人才培养的重要内容,江苏省应创新高校教育教学内容,建立实践项目知识库,企业可以将自身生产中遇到的问题充实到实践项目知识库,高校师生根据现有的知识储备在教学实践中寻求解决方案。要以产业链创新联盟为依托,加强高校与联盟内企业的联系与合作,通过联合建立校外实习基地、工程实践教育中心等,完善高校校内外创新实践教育体系,为高校学生开展专业实习、生产实习、毕业实习等提供有力的载体和平台,协助高校顺利完成各项教学任务。同时,在产业链创新联盟的平台作用下,联盟成员要本着资源共享、优势互补、互利双赢的原则,以区域特色产业经济为重点,以提高大学生创新意识和实践能力为根本,整合优化一切可利用的资源,完善产业链人才培养机制,产业链人才培养模式,加快建立集理论讲授、技术研发、中试、成果转化与商业化于一体的高校校外学生实践实习基地。

教育链、产业链与人才链、创新链的有机衔接。《国务院办公厅关于深化产教融合的若干意见》中提出,深化产教融合,促进教育链、人才链、产业

链等有机衔接,是当前推进人力资源供给侧结构性改革的迫切要求。江苏省应该以产业转型升级为需求导向,围绕创新型人才培养、关键技术突破和技术产业化等目标,推进教育链、创新链和产业链相互融合,促进人才、技术、资本等要素流通和管理机制优化,扩大各链条共同利益而形成的融合状态,并存在进一步融合的空间。江苏省应大力促进教育链、创新链和人才链的融合,鼓励研究型大学、产业企业和科研院所将其分别具备教育、资本和研发优势通过"三链"联通渠道进行要素交流,在放大自身功能的同时,补齐功能短板。在区域经济发展、行业未来发展、新工科未来走向和创新型人才职业发展的多维需求导向下,催生知识价值链和价值网。

以产业链创新联盟为依托,加强产业链人才培养质量。建设一支专业水平高、实践经验丰富、综合素质能力强的高校师资队伍,对加快素质教育实施和提高产业链人才培养质量具有关键性作用。一是江苏省要充分发挥产业技术创新联盟的平台作用,以产业技术创新联盟为依托,加快高校青年教师队伍建设。要充分发挥工程技术中心、研发中心等科技平台作用,吸引高校优秀青年教师参与到产业创新联盟的科研活动中来。二是高校要聘请知名企业家、企业技术骨干或工程师到校兼职,结合自身的实战经验对学生开展科技创新和产业技术指导。三是加强产业技术创新联盟内部各成员之间的互动交流,取长补短,优势互补,通过理论与实践的有机融合优化高校师资队伍知识结构。

(二) 完善产业链人才生态中的流动机制

打破户籍、地域、身份、人事关系等制约,促进产业链中人才的双向流动,推进人才生态中资源合理流动、有效配置。鼓励高校、科研院所吸引优秀企业家、企业"千人计划"人才和高级工程师兼职,担任学生兼职导师。高校、科研院所科研人员经所在单位同意,可以在职创业并按规定获得报酬。建立技术人才发展苏南、苏中、苏北挂钩合作机制,促进产业链人才在地区之间合理流动和协同创新。对符合条件的产业链人才及产业链创新业绩突出、成果显著的人才,开辟高级职称评审绿色通道,建立高层次人才、急需紧缺人才优先落户制度。加快人事档案管理服务信息化建设,完善社会保险关系转移接续办法,为人才跨地区、跨行业、跨体制流动提供便利条件。

强化产业链人才生态市场体系建设。人尽其才,需以高效的资源配置体系为基础,市场导向也是人才工作的基本原则。当前,江苏应深化人力资源市场体系建设,大力推进与高质量产业链人才生态市场的接轨,重点加强中介组织建设,推动专业化、国际化和科技化的产业技术人才市场服务体系建立,扶持人力资本服务产业发展。通过市场化模式设立临港外服人力资源有限公司,以公司化运作机制推进产业链人才工作国际化发展，构建全周期国际化产业链人才生态服务体系。

建立完善的产业链人才激励机制。建立体现产业链人才价值的物质激励机制。建立具有竞争力的产业链人才薪酬体系，薪酬不仅要与工作职责、绩效和实际贡献相结合，还要重视奖金、津贴、住房、子女教育等福利待遇，并积极对接人才市场价值。只依靠政府财政支持的物质激励模式有一定的局限性，鼓励以技术、管理、信息等生产要素参与收益分配，探索关键技术折价入股、技术承包等股权和期权的分配方式，建立重业绩、重贡献的收益分配和激励机制。建立激发产业链人才创新动力的精神激励机制。精神激励是物质激励的必要补充。通过授予"优秀人才""科技人才"等荣誉称号，提高产业链人才的社会地位，宣传其业绩以提高社会知名度和职业美誉度，激发人才工作的积极性。要完善人才激励机制，必须坚持精神激励和物质激励相平衡的原则，根据企业发展的不同阶段选择激励的主要和辅助方式，促进人才生态发展。

（三）优化产业链人才生态的发展服务措施

转变政府人才管理职能，建立管理服务权力清单和责任清单，消除对用人主体的过度干预。构建统一开放的产业链人才生态市场体系，大力发展产业链人才服务业，积极培育专业性、社会化产业链人才服务组织。建立政府、企业、社会多元投入机制，发挥政府投入的撬动作用，引导社会资本支持产业链人才创新创业。各级政府建立稳定增长机制，足额安排人才专项资金，纳入财政预算，保证重大人才项目实施。产业类的引导资金等安排一定比例用于相关领域人才引进、培养工作，政府投资基金优先支持人才项目。大力宣传人才工作重大方针政策，宣传各地各部门人才工作新举措新成效，宣传优秀产业链人才成果和先进事迹。完善人才奖励制度，加大对有突出贡献产业链人才的褒奖力度。强化人人皆可成才理念，培育鼓励创新、宽容失败的创新创业文化。

构建产业链人才生态的服务机制。一是加强知识产权保护力度，促进知识产权交易。在产业链集群区域组建综合知识产权交易市场，完善知识产权评议、鉴定、质押融资风险补偿等机制，建立企业、产业链人才之间有效的交易平台。健全知识产权保护制度，建立侵权预警、应对和维权等机制，加强企业、研发机构、中介服务机构的协调互动，建设知识产权仲裁、维权和保护中心。二是建立科技成果共享服务机制，促进成果转化为实际生产力。鼓励信息咨询机构、科创企业、科研院所与新城合作建立产业链人才创新智库，共享科技资源，为新城发展提供科研评价、决策咨询、政策推广等服务。支持企业、研发机构、中介服务机构等开展科研创新合作，建立创新创业服务平台，为产业链人才和企业提供创新创业服务，促进优秀项目和科技创新成果的落地化和产业化。

建立产业技术创新人才增值的发展机制。一是加大产业链人才的培训力度。由政府和企业共同出资成立员工技能发展基金，建立与省内、外高校的合作关系，通过定期开展针对性的学习培训、专家讲座、参与课题研究等方式，帮助产业链中的专业技术人才和管理人才不断获取新信息、补充新知识、学习新技能。对于高层次人才，要制订产业链人才国际培训计划，选派有潜力的人才到国外接受培训和锻炼，做到按需培养，提高产业链人才的综合素质和实践应用能力。二是加大产业链人才的培养力度。人才培养应重视前瞻性，针对整个产业链的发展需要，充分利用校企合作、订单培养和项目合作等方式，分层分批选送产业链中的专业技术人才到高等院校、科研院所、发达国家等进行培养，做好产业发展的人才池，优化产业链人才结构。产业链人才的培养不仅需要依靠外在的资源，还要积极探索自主培养高层次人才模式，满足新城大数据产业可持续发展需要。通过成立大数据产业研发中心、大数据学院等平台，培养滨海新城大数据产业发展所需的各层次产业链专业人才，推动产学研人才开发。

（刘小群，江苏省人才学会会长；戚湧，南京理工大学常务副院长、教授；周文魁，江苏人才发展战略研究院研究员、江苏省人才学会副秘书长；石君，江苏省人才学会办公室主任、高级人力资源管理师。）

社区人才队伍建设问题研究

——以吉林省为例*

古天娇　王　艳

党的十九届四中全会提出了推进"国家治理体系和治理能力现代化"的战略决策，同时确定了"构建基层社会治理新格局"的行动目标。① 社区作为国家治理的基本单元，是实现国家治理目标和提升城乡治理成效的关键环节。在2020年，习近平总书记视察吉林时指出，"社区是基层基础，只有基础坚固，国家大厦才能稳固。""推进国家治理体系和治理能力现代化，社区治理只能加强，不能削弱。"② 社区治理涉及人民群众生产生活的方方面面，这就需要我们结合吉林省自身的实际情况，聚焦人民群众反映最集中、诉求最迫切的问题，重点研究发展思路、破解路径，带动社会治理体系和治理能力现代化的整体提升。而社区治理的过程中，需要依靠社区人才实现高质量的治理效果。为此，本文对长春市、吉林市和延边地区的社区治理实效和社区人才队伍建设问题进行了实地调研，通过分析总结基层治理模式的演进脉络、社区治理和人才队伍建设的发展现状，找寻出推动社区人才队伍建设、提升基层社区治理能力的发展路径。

一、基层社区治理模式演进脉络

我国基层治理模式的变迁，同国家经济社会发展水平以及国家政治、经济、社会体制改革密切相关。改革开放以来，经济发展方式由计划经济转变为市场经济，随之而来的是利益格局的改变和社会结构的深刻变化，由此而产生

---

* 本文为中国人才研究会2021年度立项课题。批准编号：ZRH—2136。
① 中共中央关于坚持和完善中国特色社会主义制度　推进国家治理体系和治理能力现代化若干重大问题的决定．人民日报，2019年11月6日．
② 坚持新发展理念深入实施东北振兴战略　加快推动新时代吉林全面振兴全方位振兴．人民日报，2020年7月25日．

了大量的社会问题。尤其是在"后发劣势"的影响下，我国在实行跨越式发展的同时，也把发达国家 200~300 年时间中分阶段产生的农民失地、工人失业、社会失稳、结构失衡、环境失序等问题集中到 20~30 年的中国改革开放进程中。在这种情况下，衍生的大量社会问题倒逼中国的社会治理体制改革和社会治理模式创新。总体来说，1949 年至今吉林省基层治理模式大致可以划分为以下五个阶段。

（一）1949—1957 年：以巩固新政权为核心的基层治理模式

在新中国成立后，我们面临着巨大的内外压力：一方面，西方资本主义阵营国家对新政权施压。另一方面，国家内部百废待兴。如何将一个贫穷落后、一盘散沙的国家建设为社会主义国家是对中国共产党执政能力的深刻考验。由此，在新中国成立之后，我国国家治理的核心目标就是巩固政权，把新中国成立之初有限的人力物力财力集中于国家建设的关键领域，同时满足人民群众的基本生活需要。在这种背景下，中国共产党借鉴革命战争年代实行供给制的成功经验，也参考了苏联社会治理的模式，明确了强化单位组织功能的发展思路。在这种思路的影响下，在城市建立了"以单位制为主、街居制为辅"的管理模式，将单位职工全部纳入单位统一管理中，将社会基层层面的自我就业和闲散人员纳入街居管理体制中，从而强化对于城市的整体管理把控；在农村，广泛建立人民公社，即"农村苏维埃"政权，实行"议行合一制"。从而对农村居民的生产生活进行整体管理。

（二）1958—1978 年：高度统一的一元化基层治理模式

在社会主义三大改造基本完成之后，我国进入到社会主义建设时期。在社会治理模式方面，我国继续借鉴苏联的社会治理模式，即"斯大林模式"，不断强化"一大二公三纯"。中央层面，通过高度统一的政治意识形态来引领社会管理。地方层面，实行同指令性计划经济模式相对应的指令性社会管理模式。随着 1958 年人民公社化运动的兴起，广大农村地区的人民公社既是基层政权组织同时也是生产组织。高度集中的"政社合一"模式不仅管理乡村农业生产，同时也涵盖了政治、社会生活、文化活动等方方面面。在高度统一的一元化社会治理模式下，国家实行自上而下强制性的管理方式。

（三）1978—1992 年：逐渐放松管制的基层治理模式

随着改革开放的不断深入，我国经济发展模式出现了巨大变化，从计划经济逐步过渡到社会主义商品经济，随之而来的是社会管理方式发生了变化。在城市，从20世纪80年代开始，我国推出了一系列关于城市基层管理的相关法律法规，如《城镇街道办事处条例》《城市居民居委会组织法》《居民委员会组织条例》等，街居制得到快速发展。但是，由于这一时期的改革开放以经济改革为主，行政改革和社会改革相对滞后，同时城市的国有企业改革没有取得较大进展。在这种背景下，城市的基层管理依旧以政府和公营企事业单位为主，基层社会组织发展相对缓慢。在农村，管理方式出现较大变化。1978年，生产大队、生产队两级组织逐渐失灵，人民公社体制从基层开始解体，农民开始自发行动起来，创造了村委会这一新的组织形式。

（四）1992—2002年：逐步建立与社会主义市场经济体制相适应的市场化社会治理模式

中国改革开放的步伐大幅加快。在城市，随着国有企业改革的不断推进，城市利益格局发生了较大变化，旧的城市社会整合机制功能逐渐弱化或消失，而新的社会整合机制和组织并没有建立起来，"社会服务体系缺乏、公共产品供应不足、社会利益冲突加剧、社会控制机制失效、新兴市场规范乏力"等种种问题凸显了转型过程中的城市社会管理能力不足，社区建设逐渐成为我国城市社会整合、组织再建的探索和规划。以吉林省为例，吉林省全面开展城市社区建设工作始于1999年，之后吉林省利用2年时间在全国第一个实现了社区基础设施全省覆盖，使城市基层管理有了依托，为民服务有了阵地，也将全省的城市社区建设工作带入和谐社区创建新的发展阶段。在农村，选举技术和程序不断创新。

（五）2002年至今：以制度化为核心的现代社区治理模式

在2002年党的十六大之后，我国的经济发展方式从原有的粗放型发展逐步向坚持以人为本、树立全面协调可持续发展方式转变。在这一背景下，中央对于经济发展方式、社会管理方式进行了新的全面部署。我国在城市社区建设中以"提升社区服务面积，扩大居民社区活动区域"为首要抓手。例如，吉林省从2003年起，利用两年时间，大力度、高标准、广覆盖建设社区基础设施。同时，将制度建设作为城市社会建设的核心，为与城市基层管理体制的变革相适应，2002年初，吉林省确定了"典型引路、重点突破、梯次推进、扇形展开"的社区居民自治建设发展战略，对全省的居委会进行了重新划分，建立了新型社区自治组织体系，不断完善和创新居民委员会选举制度，强化社区事务民主管理、决策和监督机制，并大力发展社区社会组织。在农村,"海选"在全国推广,吉林省参选率达90.60%,村委会主任和村党支部书记"一肩挑"比例高达80%。同时,吉林省不断进行实验创新,创新了选举、监督和管理方式。2016年,为使政府行政管理、公共服务与农村居民自我管理、自我服务更好地衔接互动,增强农村社区自治和服务功能,吉林省印发了《关于全面推进农村社区建设的实施意见》,在全省范围内大力推动农村社区建设。

二、吉林省推动社区人才队伍建设的主要做法和存在的问题

(一) 吉林省推动社区人才队伍建设的主要做法

1. 健全社区治理组织机制

一是建立"三社联动"机制,坚持以社区党建为核心引领,以社会组织为服务载体,以社会工作为专业支撑,以满足居民需求为价值导向,建立健全社区党组织、社会组织、社工"三社联动"的社区治理模式,实现社区的党建引领、精准服务和共驻共享,满足群众多元化、个性化、精准化需求。二是提高居民参与度。由党委政府统筹规划社区治理能力提升工程的宣传载体、宣传形式、增强公信力。在惠民App上开发本社区居民间的沟通交流版块,提高信息服务的吸引力。积极回应居民群众对于居家养老、医疗资源配备、文娱活动开展等方面的期盼,依据社区实际情况,引入社会资源,探索建立社区食堂等服务载体。依托社区党建联盟,拓展社区共治的方法路径,公开办事流程,强化问题反馈,扩大公众参与。三是推动居民自治体系建设。由街道统筹,社区成立自治指导中心,指挥调度小区自治组织设置、赋能管理、服务购买、团队组建、章程制定工作。推动小区支部、自治委员会"双组建",遴选威望高、能力强的居民党员担任支部书记、委员,通过居民自荐、单元长推荐、楼栋长举荐,兼顾代表性、覆盖面吸收自治委员会成员。

2. 规范社区管理服务制度

一是规范立体网格运转流程。建立健全立体网格在问题受理、序时办理、流程监控、反馈问效等各环节的制度规范,制定街社两级网格员定期巡查制度,明确网格员处理答复时限,保证立体网格高效运转。二是建立联席会商研判制度。针对群众反映涉及多部门的问题,由社区治理服务能力提升工程领导小组办公室组织上报,由领导小组会商研判,并制定责任领导及牵头部门负责统筹协调,整合工作力量,统一部署落实。三是强化追责问责体系建设。由"两办"督查室负责对立体网格各环节办理情况进行不定期督导检查,评估运

转成效。对于因推诿塞责、敷衍扯皮造成群众反映问题得不到妥善解决的部门和个人，由纪委监委实行严肃追责问责，倒逼责任落实。

3. 实行上下联动形成合力

一是强化组织领导。自2018年吉林省启动社区工作者队伍职业化专业化建设试点工作以来，按照"试点先行、以点带面"的原则，推动地方进行改革试点工作，并在提高基层社区工作者薪酬待遇、社会保障和社会认同等方面取得了一定的经验，并在全省进行推广。直到2020年，吉林省在全省范围内推动"社工岗"（即城市社区工作者专职岗位）政策，并成立了专门的领导小组，实行党委政府同意领导，民政部门具体负责，组织、人社、财政等相关部门协同推进的领导机制，实现顶层设计、上级牵头、上下联动，有序推动"社工岗"工作。二是制定具体政策。为了推动社区工作人才队伍建设，省委省政府出台了相关政策文件，如《关于进一步加强全省城市社区专职工作者队伍建设的意见》《吉林省培育发展社区社会组织专项行动实施方案（2021—2023年）》等，在"社工岗"人员范围、配备人数、选任招聘、薪酬体系、相应待遇等方面提出了明确的要求。三是制定社区工作清单。为了减轻社区工作人员负担，不断提升社区服务能力和服务效能，推动地方制定社区工作清单。例如，长春市印发了《关于印发社区减负五项清单的通知》，明确了社区减负五项清单。

4. 坚持科学设岗合理配置

通过前期对基层社区的工作人员类别、"两委"成员数量、居民数量、网格划分等基本情况的摸底调查，综合考虑不同社区规模、居民数量、社区特点等，合理配置"社工岗"数量。3000户以下社区，可按10~15人左右设立"社工岗"，对超过3000户的社区，每增加300~500户可增设1个"社工岗"，坚持按需配备，防止人浮于事。"社工岗"人员由各县（市、区）实行总量控制，进行员额管理。原则上在每个城市社区设立2个以上专职党建"社工岗"（不含社区党组织书记、副书记），确保城市基层党建工作有专人负责。同时，按照相关法律制度规范选举任命招聘流程。明确社区党组织、居民委员会专职人员转入"社工岗"的资格条件和转入流程，规范其他进入"社工岗"人员招聘原则和要求。

5. 强化待遇保障体系

一是提高薪酬待遇。"社工岗"可以分为社区正职、"两委"其他成员和普通工作人员三类，按照岗位职责、工作年限、文化程度、专业水平等因素，制定与这三类社工岗位相适应的薪酬制度。薪酬平均标准参照当地上年度事业单位管理岗位人员平均工资水平核定，其中基础报酬占70%，绩效奖金占

30%。二是明确奖惩制度。对社区工作人员进行绩效考核,由街道(乡镇)根据绩效考核结果进行分配,奖勤罚懒、优绩优酬。三是落实待遇保障。"社工岗"人员纳入城镇职工社会保险体系,落实"五险一金"、免费体检、带薪休假等待遇,建立应急补贴发放制度。对"社工岗"实行服务协议管理,建立健全"社工岗"人员人事档案管理制度。

(二)社区工作人才队伍建设存在的问题

1. 社区组织架构和队伍配给结构失衡

在社区"三位一体"组织架构下,社区面临着来自政府、党组织和社区居民服务三重岗位要求,社区工作者需要完成多重角色下的工作服务要求。社区承担很多来自于上级街道和各级部门的行政、党建任务。再加上社区本是为居民服务由居民自我管理的自治组织,承担着社区居民自我管理和服务的工作。调研中,有社区书记、主任谈到自己每天面临大量的行政性以及党务工作,约占到工作量的一半以上,这极大地影响了社区为百姓服务的时间和效果。虽然这几年在民政部门的倡导下,要求一些行政部门不能将自己的工作完全下放到社区,但是社区工作人员依然面临众多行政、党务工作。特别是在疫情、台风等突发性事件爆发时,社区工作者的工作量更是加大,"上面千根线,下面一根针"。多重角色和多重工作影响了社区在基层治理创新和服务中的发挥作用。

2. 专业能力服务意识较低

一是思想解放还不到位,部分街道、社区工作人员习惯于传统基层治理工作模式,对于大数据参与社区基层治理服务缺乏认同感,思想观念守旧,创新意识不强,没有深刻认识到数字信息化带来的深刻变革。二是目前吉林省专职社工多数是近年来集中招录的,很多都是大专、本科甚至研究生毕业,具有计算机操作能力和较强的思维能力。但是,由于缺乏基层实际工作经验,特别是在基层工作时限较短,同社区居民不熟悉,不了解基层工作的特点。三是为居民提供服务是社区工作者重要的工作内容。特别是在基层工作,面临的问题千差万别,面临的居民也是素质性格各有不同。因此,社区工作者必须具备一定的亲和力,还需要有较强的应变能力和调解能力。但是,很多通过公开招聘录用的社区工作者,因专业培训不足、激励机制不突出,导致很多社区工作者对于社区工作缺少热情,为居民服务的意识较差。

3. 队伍结构缺乏稳定性

一是社区工作者流动较快,已经成为基层社区发挥工作服务职能的一个障碍。有相当一部分的社区工作者并不安心在基层社区工作,或者将社区工作当作跳板，或者将社区工作作为解决自身"无业"状态的一时过渡。二是薪酬待遇和社会认可度导致社区工作者流失率较高。虽然很多地区通过多重手段不断提高社区工作者的薪酬待遇以及社会认同度。但是，同公务员和事业单位相比，社区工作者薪酬待遇依然存在落差。特别是很多不熟悉社区工作性质的群众，认为社区工作不需要具有专业性，谁都能做，对于社区工作者的认可度较低。这些种种现实导致很多优秀人才不愿意进入社区工作。即便进入社区工作也是将这个工作视为跳板。三是上升通道狭窄。虽然多地出台政策要求基层给予社区工作者更多的培训机会、上升通道。但是，在实际落实的过程中，相对于现有基数的社区工作者，能够实现职业提升的人数相对较少，要求不够明晰，上升通道狭窄。这也导致很多基层社区工作者不愿意踏实在基层工作，而是选择其他途径寻找新的机会。

三、国外社区治理模式带来的启示

世界各国经济发展水平各不相同，政治制度也存在差异，历史文化社会发展程度更是迥异不同，因此社区治理的理念和方法具有很大区别。有三种比较有代表性的范式，分别是美国的社区自治模式、新加坡的政府主导模式和日本的混合模式。在疫情以前，课题组成员前往美国芝加哥地区学习，对芝加哥地区的部分社区进行了参观，并同社区行政人员和委员会成员展开了交流，现就实地调研情况进行分析。

芝加哥属于特大型城市，市区面积591平方千米。和芝加哥市紧密相连的是6个郊区郡，加上市区人口，整个地区共有人口近1000万人，5500平方千米，它们和芝加哥市一起组成"大芝加哥地区"。这个地区的人口占芝加哥所在的伊利诺伊州人口的75%。芝加哥是世界上领头的金融中心之一，美国全国的交通中心和工业中心。在现代化发展的过程中，芝加哥城市人口呈现出越来越明显的郊区化变迁。芝加哥地区生活在市区的人口不断下降，而整体芝加哥地区（市区加郊区6郡）人口在不断提升，人口变迁呈现出郊区化倾向。因此在芝加哥周边出现了卫星城，人们居住在郊区的卫星城中，工作于芝加哥。这些郊区的卫星城社会环境与民众生活息息相关，社区建设体现出极强的自治性。

在参观芝加哥地区卫星城橡树园市和瑞柏市社区中，我们发现社区治理机构是由地方政府、社区委员会和非营利性组织共同承担的。政府的主要工作不是具体的事务性工作，而是更多体现在指导和提供支持方面。政府制定社区运行的相关法规和制度，并为社区的发展提供财政支撑，同时对非营利性组织的工作进行监督和考核。政府正是通过这些宏观的举措来调动社区居民参与社区建设的积极性。社区下设一系列委员会，各个委员会之间分工各有不同、各有侧重。每个委员会根据政府和社区制定的相关法规和制度行事及运行。委员会成员都是由社区居民担任，居民根据自身专业背景、关心议题等方面自愿无报酬加入委员会。委员会涉及的层面众多，关系到民生的方方面面。例如，环境保护、社区安全、社区教育、社会福利、住房维护、老人帮扶等。社区依赖这些委员会行使自治权力和职能，保证社区的正常运行并实现社区发展的目标。社区专业委员会的负责人员由社区委员会委员担任，而其他的职位和成员可以由社区居民通过竞选产生。非营利性组织最为根本性的目的是为社会治理和服务提供帮助。如果说政府为社区发展提供方向性指导和政策财政支持的话，非营利性组织则是具体社区事务的承担者。

当然，非营利性组织加入到社区服务中需要满足相关的程序。第一，社区委员会在听取专业委员会和广大社区居民意见之后，经过整理和判断，如果觉得有些问题有必要解决或者有些议题具有意义则向政府提出相关建议。第二，政府在通过对社区委员会建议进行充分研究和调研的基础上，判断是否立项并通过法律程序进行招标。第三，具备参与招标条件的非营利性组织整理相关材料、制定工作实施规划和方案，参与招标。第四，通过法定程序政府同中标的非营利性组织签订合同。非营利性组织通过服务合同为社区居民提供服务、参加具体事务的运作。第五，政府对非营利性组织进行实时监督和定时评估。评估标准的一个重要层面是社区居民对于非营利性组织工作的满意程度。正是通过政府、社区委员会和非营利组织在社区事务形成的互动和协调实现了社区长期发展的目标。而居民则是通过参与社区委员会、社区志愿服务、社区听证会、社区会议等方式来加入到社区治理的过程中。同中国社区居民代表委员会会议相类似，美国橡树园和瑞柏市地区社区会议每隔固定时间召开一次，并将召开的时间、地点或者召开的相关议题公布于告示栏、媒体网站上。在会议的过程中，委员会成员汇报工作进展程度、下一阶段工作重心和重点，由社区居民对社区委员会工作进行评议。

美国社区发展已有上百年历史，成熟度较高。我国社区发展起步较晚，很难达到美国社区高度自治的程度。例如，美国是一个高度法治化的国家，法律涵盖了生活的方方面面，当然包括社区生活——社区环境、房屋维护、动物保护等。社区委员会在管理社区事务中可以依赖法律。另一方面，我国经济发展、社会环境、历史文化和居民素质等同美国有着很大的区别，很难完全走美国社区发展模式。但是，从美国这两个社区的实践来看，有4个社区服务队伍建设方面的经验值得我们关注：第一，利用共同利益提升居民的参与度。美国社区强调居民是社区的主体，社区的好坏与居民密切相关。而且美国征收的房地产税中有相当比例是用于社区建设的。在这样的基础上形成居民的共同利益从而提升居民对于社区事务的关心程度和参与度。第二，高度的居民志愿服务精神提高了社区自治能力。美国志愿者队伍非常成熟。居民具有较为明显的为社会服务的意识和理念。这种志愿服务的氛围提升了社区志愿者队伍建设，同时也提升了社区的自治能力和水平。第三，明确的权责分配发挥了社区自治组织的作用。社区中有各种委员会，每个委员会之间权责不同，分工明确，相互既有区别又有协作，在很大程度上发挥了社区自治组织的作用。第四，非营利性组织在整合居民力量、参与社区建设、提供公共服务、实现社区互助方面发挥了重要作用。

四、提升社区人才队伍建设质量的发展路径

（一）改革完善社区治理服务结构体系

一是完善区域化党建工作体系。推动形成以区域化党建为引领的社区多元协同治理机制，探索党建项目模块化运作模式，指导社区党组织确立党建项目，组织动员区域内党建单位认领服务项目。推广行业统建、楼宇统建、园区统建模式，不断提高社区"两新组织"党建组建比率。构建社区党组织、网格党支部、楼区党小组、党员中心户四级组织架构，充分发挥惠民 App "党建引领"模块作用，打造网上网下相互促进、有机融合的党建工作新格局。不断提升党员、居民的参与度，减轻社区工作者的工作负担和压力。二是完善社区治理体系。结合乡（镇）街机构改革工作，打造精细化治理体系。大力推动社区"全科社工"建设，强化网格员引导居民自治能力，提升居民自治水平。三是完善社会组织管理体系。引入专业社会组织参与社区治理服务，健全采用招标、委托等形式向社会组织购买服务。建立社会组织和志愿者服务组织规范运作、诚信执业、信息公开、公平竞争、登记评估、奖励惩戒等自律监管机制，加强规范运行管理。四是完善物业管理体系。探索以社区党组织为核心，业主委员会和物业企业"交叉任职"的"红色物业"新格局，建立完善社区党组织、社区居民委员会、业主委员会和物业服务企业"四位一体"的议事协调机制，落实物业管理账目公开，促进物业企业严格履行物业服务合同，提高物业服务水平。

（二）加快构建社区治理服务方法体系

一是构建多元化自治体系。成立社区议事协商委员会，建立由社区党组

织、基层群众性自治组织牵头,居民群众协商解决问题机制。健全社情传递、民意收集、纠纷调解、秩序维护机制,把小区(院落)自治发展为居民自治的基础环节。积极探索社区协商式、"契约化"、网格化共建模式,建立区域化统筹、实体化支撑、项目化运作的合作机制,实现政府治理与居民自治良性互动。二是深化网格化治理体系。加强信息平台建设,健全社情民意收集、特殊人群服务管理、社会矛盾调处、便民服务等网络。完善网格层级设置、网格划分、网格职责、运行机制、考核评价等标准体系,推进网格化管理流程规范化、权责清晰化、效益综合化、效率高效化。三是打造法制化治理体系。加强社区治安防控网建设,结合扫黑除恶专项斗争,全面防范黑恶势力扰乱基层治理,提高社区治安综合治理水平。推进法治与自治德治相结合。引导居民积极践行社会主义核心价值观,大力加强以职业道德、社会公德、家庭美德为核心的公民道德建设,不断增强社区法制化治理成效。

(三) 健全完善社区治理服务制度体系

一是健全社区专业化服务机制。打造高素质社工队伍,加大专业化社区工作者招录力度,全力配备社工干部。加强人员培训,支持参加社会工作职业资格评价和学历教育。建立"三社联动"机制,以社区为平台,以社会组织为载体、以社工为支撑,整合资源优势和专业优势,实现三者互惠融合协调发展。二是健全重点人群服务管理机制。加强流动人口信息采集,建立流动人口动态服务管理机制,推动建立流动人口公共服务平台,逐步实现基本公共服务均等化。三是健全矛盾纠纷预防化解机制。依托网格员、党员中心户等力量,健全民意收集、维稳信息排查、治安隐患分析等机制,及时做好网格内各种问题的现场情况和处理结果信息采集、分类和处理工作。建立矛盾纠纷调处机制,引进人民调解员、基层法律服务工作者、社会工作者、心理咨询师等专业人员,在物业纠纷、家庭纠纷、邻里纠纷调解和信访化解等方面发挥积极作用。

(四) 不断提升社区治理服务功能体系

一是全面推进社区治理精细化建设。加强对社区公众需求的精细化识别和解决,对照社区居民个性化、差异化需求,坚持因地制宜,突出问题导向,注重治理细节,强化体制机制创新,推动各社区充分发挥自身禀赋和人文特色,完善社区工作思路和制度机制,实现共性与个性相得益彰。二是大力加强信息化人才队伍建设。建立社区社工人才职业化专业化标准体系和职业资格认证制度,加强数字信息化培训,开展信息业务轮训,逐步实现社工人员信息技术专业化。建立健全社区人才激励机制。建立与岗位等级和绩效考核相衔接的薪酬体系，适当提高社区网格化工作者待遇，让社区干部上升有通道、发展有空间、待遇有保障。三是健全优化社区组织功能建设。以立体网格为载体，推进职能部门工作重心下移、力量下沉，促进人、财、物等资源向社区倾斜。探索建立财政资金、公益创投、社会捐赠资助、辖内单位共建等多元投入机制，搭建完善的社区服务经费保障体系。

（五）运用多种方式吸引培养留住人才

社区治理的关键在人，专业化的人才队伍建设是社区不断发展的关键。一是依托省内高校和专业培训基地，设立专门的社区工作者专业培训项目，为社区工作培养和输送高层次、专业化人才。由高校负责学生职业能力教育培训，地方党委政府提供制度保障，社区提供实训机会。通过校企合作来进行人才的订单式培养。二是通过建立现代学徒制，发挥社区经验丰富老同志的作用。建立现代学徒制，通过项目合作建立社区老同志与大学生的师徒关系，不断提升高校学生和新加入社区工作人员的实务处理能力。三是进一步加大优秀社区工作者的培养上升通道。在现有录用和培养机制的基础上，开通社区"人才培养链"，继续扩大编制范围，将满足工作业绩突出、群众认可、有职业资格、工作经验丰富等条件的优秀社区工作者引入事业编制岗位，享受与机关事业单位人员同等的工资待遇。四是进一步加大激励和保障力度。有计划地提升社区工作人员薪酬待遇水平。并建立社区工作者职级制度，构建包括技术等级体系、能力评价等为核心的综合职级评价体系，为社区工作者建立阶梯式的职业上升平台。

（古天娇，中共吉林省委党校政治学教研部副主任；王艳，吉林省委党校，副主任。）

数字经济下电商直播人才培养体系建设研究*

肖春悦　吴　慧等

随着大数据、5G、移动互联网、人工智能、云计算、区块链等信息技术的发展和应用，新一轮科技革命和产业变革正在加速拓展，日渐改变人们的生产生活方式、经济运行机制和社会治理模式。2021年3月党中央在"十四五"规划中提出建设数字中国战略，标志着数字化发展上升为国家战略。2021年10月，辽宁省发布《数字辽宁发展规划》，指出全省将以数字化推动服务业提质升级，培育100个电商直播示范基地。电商直播成为数字经济的新风口，市场对直播人才的需求也发生了新变化。

本文针对当前电商直播新业态，结合电商直播"人、货、场"三要素的实际工作场景，基于对电商直播产业生态链条中重点岗位能力重构，提出以职业素质和职业核心能力培养为主线的电商直播专业化人才培养方案、课程体系、教材体系和实训实习体系，探索构建"数字经济"背景下电商直播人才培养新形态，实现电商直播人才培养的专业化，为我国电商直播发展提供全方位的智力支撑和人力资源保障。

一、研究背景

电商直播行业的迅猛发展，催生了对电商直播人才的巨大需求。在当前数字经济背景下，传统的专业人才培养体系已经不适应当前产业对各类电商直播人才的需求，电商直播人才培养体系问题日益显现。为此，极有必要进一步研究应用型电商直播人才培养体系的构建问题。

（一）疫情推动线上经济发展，电商直播增长迅速

2020年初，面对突然暴发的新冠肺炎疫情冲击，所导致的"宅经济"，让

---

* 本文为中国人才研究会2021年度立项课题。批准编号：ZRH—2107。

移动互联网迎来存量时代后的首次高速增长，其中电商直播市场更是迎来全面增长。

据 CINNIC 数据显示，截至 2020 年 12 月，我国网络直播用户规模达 6.17 亿人，较 2020 年 3 月增长 5703 万人，占网民整体的 62.4%；其中，电商直播用户规模为 3.88 亿人，较 2020 年 3 月增长 1.23 亿人，占网民整体的 39.2%。

据企查查数据显示，截至 2020 年 9 月，我国新增直播相关企业注册数量 23308 家，累计注册 44568 家；2020 年新增直播企业注册数量较 2016 年增长 10 倍，现有直播企业数量是十年前（2010 年）的 112 倍。

据商务部统计，2020 年 1~11 月，电商直播超 2000 万场。

电商直播经济的快速发展，需要加快开发培养高素质、专业化的电商直播人才，并构建与电商直播产业发展相适应的应用型人才开发培养体系。

（二）电商直播产业链迅速向供应链与运营延伸

电商直播经历 2016—2019 年四年的沉淀，从 2020 年初迎来暴发期，直播成为平台延长用户时长、提高营销转化的普遍方式，这种普及迅速培育出一个新型生态圈，行业迅速从单纯的流量红利挖掘过渡到对整个生态的红利挖掘，尤其是通过精细化运营与供应链渗透实现新的增量。生态的繁荣也意味着竞争的激烈，竞争的激烈驱动产业链持续输出更多价值，尤其是供应链价值与运营的价值。

产业链的延伸需要既懂供应链又懂电商直播运营的专业人才。但现实情况是，当前电商直播人才开发培养模式多是基于第三方电商平台的操作型人才开发培养，缺乏懂供应链和电商运营的中、高层人才。

（三）电商直播对传统分销渠道重构

电商直播已全面渗入零售、批发、生产等所有实体经济产业链条，直播带货、B2B 直播、生产直播、直播大会等新业态、新模式将成为中国电商发展新常态。据不完全统计，过去两年人们在手机端观看视频时间增加近 1000 万分钟，预计 2021 年全球网络流量将约有 82% 为视频形式。

传统分销渠道的重构，带动人才需求的不断增长。截至 2020 年底，行业内主播从业人数已经达到 123.4 万人，就业核心层包括主播等平台就业者、直播平台内部从业人员、公会等主播运营单位。但现有的电商直播人才，还远不适应我国电商直播新业态、新模式发展的时代需要。加快开发培养新时代需要的电商直播人才十分迫切。

(四)电商直播面临范式转移

现在,国际新型新冠肺炎疫情仍在肆虐,我国新冠肺炎疫情在国际环境下也时有发生。在这种情况下,电商直播生态必将整体呈现迅猛增势,而头部主播却呈现出强烈的马太效应。直播推广非常特殊,需要商业产品与用户需求的高度匹配,商业流量要与直播间的营销内容实现强绑定,才能有效提升产出。大量商家在试水直播时,暴露了缺乏整体营销方案、缺乏优质直播内容策划、直播间互动玩法少、缺乏有效的直播培训等一系列问题,因而面临免费流量获取难的困境。这些症结显示,电商直播面临范式转移,进入了创新的深水区。高校的人才培养模式如果不能跟上产业的创新,将难以适应新时代电商直播产业的发展。

本文正是在上述大背景下展开的。

二、数字经济背景下电商直播人才开发培养的时代要求

数字经济是以数字化的知识和信息作为关键生产要素,以数字技术为核心驱动力,以互联网为载体,通过与实体经济深度融合,不断提高经济实体的数字化、网络化、智能化水平,加速重构经济发展与治理模式的新形态。数字经济背景下,电商直播作为一种新的业态形式发展迅猛,市场规模急速放大,显现出极强的经济发展新动能。其以数字技术和消费数据挖掘为主要内容,以广泛的分享、高效的交互、沉浸式的体验、便捷的信息获取等为特征,重构整个生态链。与之相对应,数字经济对电商直播专业人才的能力、素质、知识结构等方面也提出了新要求。

(一)扎实的信息素养

数字经济时代,信息化已经渗透到电商直播的各个环节,从电商直播范式来看,以数字技术为依托、面向用户的新范式不断涌现;从电商直播营销来看,社交型营销成为新潮流,基于个人 IP 特色的"短视频+网红+直播+电商"两线营销成为新形式;从电商直播服务来看,"在线订单"服务项目、AI 服务体系,智能客服等智慧营销服务体系逐渐普及;从电商直播产品设计来看,商业流量与直播间的营销内容强绑定,基于用户行为理解、识别、追溯、精准提供与用户高匹配度商业产品成为新热点。因此,电商直播人才必须具有扎实的现代信息素养。

（二）丰富的知识结构

随着电商直播进入精耕细作时代，直播需要构建全面的能力：制定整体直播营销方案、规划优质的直播内容、开发直播间互动促销脚本，为直播带货设置人群策略、货品策略、流量策略，并让它们匹配起来。这表明电商直播已呈现出跨界融合发展趋势，电商直播产业对人才的需求更加复杂，需要新型经营理念、商业模式等多层次、多领域的知识与能力，兼具跨界知识与技能的人才。这对高校电商直播专业人才的开发培养提出了新挑战。

（三）过硬的实操能力

电商直播是实践性极强的专业，在数字经济背景下要求电商直播人才能够操作各种新技术下的设备。

一是复合性电商直播技术。必须具有善于借助专业的直播设备及其技术为直播做支撑的素质能力，如摄像设备、麦克风、倒计时器、展示板、灯光、声卡等。二是网络营销手段。必须懂得新媒体运营知识和品牌包装设计技术，充分利用粉丝经济来进行社交营销。三是在线服务。数字经济时代，用户急需专业的人员来提供建议和分析。因此，数字经济时代线上咨询服务更受青睐。现代直播人才必须具有既熟练经营又精通在线管理，还需要懂得各类产品技术性能用途等专业知识的复合应用型素质能力。

三、数字经济视域下高职电商直播人才开发培养存在的问题

随着电商直播产业的快速发展，产业集群效应凸显，产业的快速发展对电商直播专业人才需求呈现供不应求的态势。原有以院校主体培养的电子商务、市场营销等专业人才已不能满足企业对电商直播复合型人才的需求，电商直播应用型人才短缺已经成为当前行业发展掣肘，电商直播应用型人才开发培养体系建设问题日益显现。

（一）电商直播应用型人才普遍缺乏

电商直播已全面渗入零售、批发、生产等所有实体经济产业链条，不仅要求电商直播从业人员掌握操作技能，还需要熟练运用数据分析工具与方法，分析电商直播市场情况，知晓如何运用新媒体工具推广品牌和服务，熟悉电商直播运营管理、熟练与目标客户沟通交流等。而现实情况是，电商直播应用型人才缺口巨大，尤其缺乏通晓直播营销案制定、直播内容规划、直播间促销手段

开发、互动脚本打造、策略设置等专业复合型人才。

当前，电商直播应用型人才缺乏已成为制约企业可持续发展的瓶颈之一。

（二）缺乏较为成熟的电商直播开发人才培养体系

当前，各类高校根据自身特点，在电商直播专业人才培养方面已经探索出了诸如"订单培养模式""校企融合、工学交替、岗位轮换"等做法，这些培养模式都有自身的可取之处，但也存在不少缺陷。一些院校的校企合作多流于形式，"大而全"但缺乏特色和深度，开发培养的电商直播人才整体质量不高，存在实践能力较差、专业背景知识欠缺、理论与实践脱节、综合能力不足等问题。电商直播尚未真正形成一套较为成熟的电商直播人才开发培养体系，也未能体现出以区域产业特色和优势为导向的应用型人才开发培养模式。

（三）产教融合及校企合作实践机制不健全

当前，许多高校热衷于开展各种形式的校企合作，但缺乏有效的合作模式和利益耦合机制，没有搭建产教融合知识管理系统，合作深度和效果不甚理想，大多停留在校企合作开设实践班或者招收实习生阶段，学生到企业仅进行一些常规的电商平台店铺操作或客户服务方面工作。

（四）高校人才培养与企业实际需求匹配度不高

当前，越来越多的企业加快运用数字技术构建自身的核心优势。因此，急需各类熟悉电商直播、供应链方案设计、数据分析、数字化营销等方面的技术型、创新型、复合型人才。而多数院校以淘宝、京东、拼多多等第三方电商平台店铺的实训操作为主，开发培养的多是单一操作型人才，缺少综合专业能力的培养，凸显了当前高校电商直播人才培养与企业实际需求匹配度不高，学与用、理论知识与实训操作脱节等问题。

（五）电商直播人才"软"能力方面严重不足

当前，不同人才培养主体大多注重电商直播人才在"硬"能力方面的开发培养，忽视"软"能力方面体系的建设。电商直播作为综合性的数字贸易活动，必须具有数据化思维能力、沟通能力、创新能力等"软"实力。但现有的电商直播人才的开发培养主体，恰恰缺乏这方面的重视、聚焦力。

（六）现代教学实践师资力量比较薄弱

数字经济对电商专业的教师也提出了新要求，既要有过硬的专业知识，同时还要具备较完备的信息技术、现代营销等交叉学科知识及实践经验。而目前高职电商教师多是电商专业专职教师，在学校接受的也是电商专业理论相关培训，缺乏信息化、网络营销等相关知识结构和电商直播实际工作经验，实践运用能力较弱，不能很好地把握数字经济时代电商直播人才需要的技能和知识。此外，在课堂和实践教学中，仍以传统教学手段为主，信息化运用能力不足。

四、数字经济背景下高职电商直播人才的开发培养路径

高职电商直播专业化人才的开发培养，应以"电商直播产业学院"为载体，以"五育"融合为主线，以电子商务、市场营销、物流管理、连锁经营等专业学生为主体，以开发培养学生的综合素质和实践动手能力为目标，采取"1+1+3+1"的培养模式和"订单班"方式，借助于"现代学徒制"和"1+X证书"以及"双师型"教师培养等手段，通过构建完整的电商直播人才开发培养体系、课程体系、教材体系、实践体系和教学标准体系，开发培养高质量技能复合型人才。

（一）在人才开发培养全过程贯穿"五育"融合的理念

将"以电商直播岗位（群）任职要求、职业标准、工作过程或产品"作为教材主体内容；将"以德树人、课程思政"有机融合到教学中，提供丰富、适用和引领创新作用的多种类型立体化、信息化课程资源，实现教材多功能作用并构建深度学习实践的管理体系。

教师在教学中设计多元的教学场景，坚持问题导向、项目驱动，激发学生的学习欲望和参与热情；发掘育人内涵，不断推动实践活动向深度学习转变，让学生在充分的试错、纠错过程中获得高质量的全面发展。

（二）构建"电子商务专业群"和相应"课程群"

电子商务专业群以电子商务、物流、金融、会计、连锁专业为依托，开发培养具有电商直播、网络营销、数据分析、供应链管理等应用能力的复合型人才。打破原有高校院系与专业壁垒，在教材标准、课程体系、培养定位、学生考核评价、师资评审等方面确立标准，实现跨院系、跨学科、跨专业的联合开发培养。

高职教育开发培养学生时，不仅要侧重技能训练，依据岗位需求，还要把学生可持续发展的能力放在首位。高职院校要以"数字经济"的思维，重新调整电商直播人才的开发培养目标，以推进学生信息素养提升、知识结构的丰

富、实操能力锻炼、创新思维的训练为抓手，注重学生信息化应用能力、数据分析能力、定制设计能力、跨界创新能力、在线营销服务、新媒体运营等能力的开发培养。针对带货主播的培养需添加"新媒体运营""新媒体文案的设计""小视频制作""演讲与口才"等课程，以提高主播新媒体运营及口才的表达能力。同时，为适应"电商直播＋"的来临，可将一些特色课程作为主播培养的储备知识，如引入"地方特色农产品"课程为"电商直播＋农产品"运营岗位做准备，提前为助力农村电商蓄能。

（三）建设新课程活页式校本教材

目前，市面上专注于电商直播的专用教材种类较少，根据电商直播专业的人才素质能力要求，开发培养适合电商直播课程的专用教材是非常必要的。

针对电商直播专业人才开发培养方案的要求，编写具有地域特色的校本教材，既可以实现学生对电商直播相关知识的学习，又可以通过训练提升关于地域产品的电商直播技巧。由于电商直播专业知识更新换代迅速，因此教材可采用活页式，方便随时更新、替换教材中的知识、案例及训练模块。同时，在教材中添加二维码，以方便对教材中的知识进行扩展，增加教材内容的广度和深度，提高学生的教学实践效果。利用微信营销平台、知识付费小程序等在线学习平台建设线上课程，学生可以在该平台上提前预习课程内容，课后上传作业，达到线上线下学习内容的充分融合，形成直播电商课程校本教材和课程改革应用成果，由学院认定，在电子商务甚至其他专业教学实践中进行应用和推广。

（四）加强师资力量培养

在电商直播人才开发培养过程中，急需加强对电商直播方向教师队伍的建设。一方面，学校可以鼓励教师走出校门进行实践锻炼，或与企业专家、社会团体交流学习，或积极参加电商直播的高水平国内交流论坛；另一方面，学校给教师创造机会到电商直播发展前沿省份高职院校进修、学习，扩大教师的视野、增长教师的见识、提高教师的实践教学水平。积极与电商直播企业合作，在实践教学中聘请电商直播的专家参与教学指导，在学生进行实训的同时，也提高了专职教师的实践能力。

（五）提高教学能力引入先进教学方法

电商直播虽然起步较晚，但发展非常迅速。高职院校若想满足企业对直播人才的需求，需要积极引入先进教学方法。要充分结合先进教学软硬件，加强教学内容线上线下融合互动，以取得优质教学效果。以"直播运营"课程为例，可在教学中让学生在课下通过线上学习平台学习理论知识。课上将学生分为若干组，每组为一个直播团队，团队内部明确设置选品、文案、运营和客户服务等岗位，实行岗位轮动制，每周选品两种（地方特色商品，畅销大类目商品各一）设计模拟直播，在模拟直播运营过程中完成如何选品、直播策划与筹备、直播实施与执行、直播传播与发酵、直播复盘与提升的全环节学习。团队之间可实行项目积分制，每个项目都记录成绩，总成绩即为学科成绩，对总成绩排名第一、第二的学生给予奖励。这样的教学过程可以让学生在学中练、练中总结、总结中提高，既调动了学生的学习积极性，又得到了良好的教学效果。

（六）建设真实场景的校内外共享实习实训基地

高职教育的主要任务是，为地方经济开发培养职业技术技能人才。因此，学校把为地方企业提供职业技术技能人才储备作为学生毕业的主要去向。要开发培养高水平应用型电商直播人才，加强校政（政府）交流，深化校企合作是最有效的培养途径之一。

一方面，通过充分深入的校政交流，可以让高职学院对区域经济、对电商直播规模需求有较宏观准确的了解，在招生、培养、实习、就业的各个环节都能有较全面的认识，从而形成较完整的办学闭环，培养出学以致用的毕业生。

另一方面，深化校企合作，可以通过对企业调研了解电商直播在企业中的运营模式及对电商直播人才岗位的素质能力要求，在教学过程中融入企业人才需求，根据岗位技能需求调整教学重点、难点。如对于企业所需的专项电商直播人才可以针对性地设置项目培养班，有的放矢地制定企业人才需求培养方案。最后，将校企合作项目真正落地。聘请有电商直播经验的主播及运营人员到学校作为客座讲师对学生进行讲授辅导，让学生不出校门就可以掌握先进及时的工作经验。带领学生走出去，到电商企业进行实训，让学生实地接触工作岗位，了解工作流程，激发学习热情、提高实践能力。

（七）筹建创新创业孵化平台

高职院校肩负着学生创新创业项目落地、扶持、发展的使命，筹建创新创业孵化平台是学生创新创业的有力保障。首先，学校应允许电商企业在校内建立电商直播相关工作项目的办公地点，建立企业电商直播间，方便在校学生不出校门就能亲身体会电商直播操作场景，以此提高学生的应用实践能力，丰富学生的实习工作经验，从而提高他们未来的求职竞争力和创新创业能力。其次，学院方要研究国家在创新创业方面的政策方针，帮助有创新创业能力的毕业生及时了解国家优惠政策，利用校企合作优势为毕业生提供创新创业项目，除提供必要的硬件支持外，还可在项目实现的过程中提供政策引领和技术指导，帮助学生在创业的过程中克服困难，方便学生提高知识技能。最后，学院在帮助学生引入、指导孵化项目的同时，也提高了教师的教学实践能力，提高了教师对电商直播在企业中作用的认识，掌握电商直播在企业运营中所遇到问题的解决办法，实现通过指导学生创新创业反哺教师教学能力的提高。

数字经济时代，企业对电商直播人才的技能和素养都提出了更高要求。作为我国电商直播人才开发培养重要基地的高职院校，应不断与时俱进，以需求为导向，以创新能力的培养为重点，更新培养目标、丰富课程体系、完善师资力量、深化校企合作，提升电商直播专业人才的综合技能和职业胜任力。

（肖春悦，沈阳职业技术学院工商管理学院电子商务教研室主任，院级黄大年团队负责人，副教授；吴慧，沈阳职业技术学院工商管理学院金融教研室主任，副教授；策划指导：姬养洲，中国人才研究会副秘书长，研究员，国务院特殊津贴专家；刘伟力，沈阳航空航天大学，副教授；孙健，沈阳职业技术学院工商管理学院，讲师；徐东，沈阳职业技术学院工商管理学院，讲师；张宁，沈阳职业技术学院工商管理学院，讲师；马宁，沈阳职业技术学院工商管理学院，讲师；周宇，沈阳职业技术学院工商管理学院，讲师。）

文旅融合发展视域下复合型文化创意人才的培养研究*

薛永武　薛乔珊

发展文化产业的核心和关键是需要一大批高素质的文化创意人才，随着文旅融合的深度发展，文旅产业正在不断扩容和升级，客观上更加需要一大批复合型的文化创意人才。这不仅是我们文旅产业融合发展需要研究的重要课题，也是人才学需要研究的重要课题。

一、文旅融合发展对复合型创意人才的需求

（一）从"文化转向"与景观扩容的视角看对文化创意人才的需求

21世纪以来，我国文学研究发生了从语言论转向文化研究的主要趋势，即把文学视为一种文化形态，对其进行多维视野的学术研究，从以往关注文学内部规律研究逐步转向文学内部研究与文学外部研究并重的态势。文学研究的文化转向态势，客观上对文旅融合发展具有重要的启发意义。

随着新世纪的到来，电子媒质的兴起向传统纸媒体提出了挑战，以各种新媒体为载体的媒介文化深刻地改变和影响着我们的生活。随着文学对各种新媒体的渗透和泛化，文学已经广泛地进入戏剧、影视艺术、动漫艺术、音乐艺术、娱乐服务、网络艺术等视觉文化产品。现实向我们提出了新的问题：文学必须重新审视原有的文学对象，越过传统的边界，关注视像文学与视像文化，关注媒介文学与媒介文化，关注大众文学与大众流行文化，关注网络文学与网络文化，关注性别文化与时尚文化、身体文化；而文艺学则必须扩大它的研究范围，重新考虑并确定它的研究对象，比如，读图时代里的语言与视像的关系，全球化条件下网络文学与文化中的虚拟空间，媒介时代的文学与传播，时尚时代文学的浪潮化、复制化与泛审美化，全球化时代的大众流行文化、性别

---

* 本文为中国人才研究会2021年度立项课题。批准编号：ZRH—2110。

文化、少数族裔文化以及身体文化。以前在传统文学观念的限定下被排除在文学界域之外的电视文学、电影文学、图像文化、网络文学与网络文化已然进入文艺学研究和文学理论教学的工作程序。特别是随着日常生活审美化的普及和广泛影响，文学也已经进入诗意栖居中最具诗意的文化元素和审美元素。因此，文学研究必须走出传统文学研究的思维遮蔽性，不仅要研究文学自身，而且应该研究与文学相关的其他的审美元素，更加关注对文学性的研究，通过对文学研究的越界与扩容，不断拓展和深化文学研究的内容和形式。从一定程度上来说，文学研究的文化转向既是文学研究的升级，也是文学研究的越界与扩容。

文学研究的越界与扩容对文化创意人才提出了新的时代要求。在传统的文旅产业中，主要的景观有两大类：一类是传统的人文景观；另一类是自然景观。但随着社会的发展进步和新媒体的兴起，一方面，群众对旅游的需求越来越多元化；另一方面，各种文化创意产业蓬勃兴起，客观上已经广泛地吸引了许多游客的注意力，也已成为旅游观光新的关注点。我们要发展文旅产业，可以借鉴文学研究的文化转向，对旅游景观进行越界与扩容，不断丰富和完善文旅产品，促进文旅产品的转型升级。由此可见，文旅融合与转型升级客观上必然对文化创意人才提出新的需求，要求文化创意人才的素质和能力要与时俱进，要拓宽视野，进一步优化知识结构和能力结构，不断优化思维方式，培养创意与创新的能力。

（二）哲学视野与景观扩容对文化创意人才的需求

从哲学视野的角度来看，哲学注重主体与客体的有机统一。从主体层面来看，人的求知欲与好奇心一方面具有无限性的特点，另一方面由于"爱美之心，人皆有之"的普遍性，人的审美需要和审美趣味也具有丰富性的特点。上述这些主体性特点客观上决定了人类主观上试图满足主体求知欲和好奇心的活动是没有止境的，因此在各种文旅活动中，人们也会为了求知欲和好奇心的满足而无限度地拓展旅游视野，参加各种各样的文旅活动。从客体层面来看，各种审美对象是旅游对象中最重要的对象，而各种审美对象具有丰富性、边界的模糊性和相对性的特点，客观上并不存在旅游景观与非旅游景观的绝缘性，即某些对象存在亦此亦彼的现象。也就是说，在实践层面上，文旅融合发展与各种创新创意已经打破了旅游景观与非旅游景观的边界。

实际上，美国的文旅融合发展早已经开始越界与扩容，甚至把看似与旅游毫不相干的事物也打造成旅游景观。美国有两个特殊的文旅景点：一是旧金山的"六姐妹"；二是赫氏巧克力世界。"六姐妹"实际上是美国旧金山 1906 年大地震后唯一留存的6幢相连的维多利亚式建筑,而赫氏巧克力世界却只是一家历史悠久的生产巧克力的工厂。这两个所谓的景点本来不属于文旅景观,却不经意间融入了文化创意,成为美国旅游产业的两张特殊的名片。相比之下,我国旅游资源比较丰富,人们往往满足于已有的旅游景观,反而忽视了旅游景观的越界扩容,我们对此应该高度重视。

哲学视野与文旅景观的扩容启示我们,在新的时代背景下,文化创意人才特别需要具有哲学视野和国际视野。从哲学视野来看,文化创意人才应该具有全域旅游的概念,打破旅游景观与非旅游景观的边界,运用整体思维,把握旅游景观的全域性。从国际视野的角度来看,文化创意人才尤其需要走出国门,拓宽国际视野,通过对旅游边界进行越界与扩容,进一步拓宽旅游观光的对象,为此需要文化创意人才具有更加广阔和丰富的文化创意。

二、复合型文化创意人才的特点

(一) 知识结构与能力结构的复合性

长期以来,人才学专家对人才知识能力结构的研究可以说是仁者见仁、智者见智,但大致经历了下面几种模型:第一,宽基础的"__"形结构;第二,具有一技之长的"丨"形结构;第三,具有宽基础与一技之长的"T"形结构;第四,两门主要知识能力专长的"π"形双峰结构;第五,"山"形知识能力的复合结构。

笔者提出了山形人才培养模式。复合型文化创意人才应该具有复合型的知识结构和能力结构,拥有山形人才的结构特点。所谓"山"形人才,顾名思义,即人才的知识与能力结构像一个"山"字形。在"山"字中,中间的"丨"代表人才知识结构与能力结构的主要专长;"山"字左右的两道"丨"代表主要专长的双翼;"山"字底部的"__",代表文化创意人才知识结构与能力结构的宽基础或基本能力。整个"山"字形意味着文化创意人才既具有通才的知识结构和能力结构,又有一门主要专长,同时还围绕着主要专长,具有两门次级的专长。这种"山"形结构颇类似古代作战的队形,有中军的主力部队,有双翼的左右护卫,还有后边的援兵。因此,与"π"形人才相比,"山"形人才是一种超"π"形人才,也是一种全新的复合型文化创意人才。文化创意人才具有了山形人才的知识结构和能力结构,才能在文化创意中左右逢源,融会贯通,保障文化创意的科学严谨性,有利于形成整体的文化创意合力。

实际上，在当代知识浩如烟海而又层出不穷的时代，很难用一个固定的模式说明知识的结构。著名人才学家郑其绪先生认为，现代的知识结构已经演变为群星拱月式结构，这是一个知识的动态结构。他认为，群星拱月式结构即核心知识＋外围知识，这是一个最明了、最简单、最科学的结构模式。群星拱月式结构告诉我们：第一，人们的所有知识分为两部分：核心知识与外围知识（辅助知识）；第二，核心知识与外围知识是相对的，它们根据岗位的需要可以互换，即核心知识永远根据岗位的变化而变化，它永远是岗位的函数，是动态的；第三，这个模型还告诉我们，不要拒绝任何知识。不要目光短浅、实用主义。核心知识与外围知识可以互相激荡产生新思想及创新的灵感。我们要永远处于学习状态。郑其绪先生关于人才群星拱月式结构的观点，对于我们培养复合型的文化创意人才，具有重要的启发意义。

（二）辐射思维的开放性与辐集思维的聚焦性

随着脑科学的发展和现代信息技术的飞跃发展，文化创意已经打破了传统的思维方式，体现出了辐射思维的开放性。所谓辐射思维，是指文化创意主体根据文化创意的需要，从一个特定的思维对象出发，由思维聚焦中心向四面八方进行自由联想和想象的思维方式，可以充分展现出思维的开放性。具体而言，文化创意者可以由点及面，触类旁通、举一反三，激活文化创意的思维火花进入精骛八极、心游万仞的境界。很显然，文化创意者具有了辐射思维，不仅可以与辐集思维形成有效的互补，而且还可以极大地激发创新思维的巨大活力，能够促进文化创意思维的多种灵感。

例如，笔者曾经为营销项链提供创意，体现了思维的开放性。其中，有个项链的挂坠是一把钥匙造型，我们由此可以想到，这个钥匙造型的挂坠对于不同的消费者可以阐释出来不同的意义：对于青年男女而言，这是打开爱情之门的金钥匙；对于孩子而言，这是打开智慧之门的金钥匙；对于老人而言，这是打开健康长寿之门的金钥匙；对于所有人而言，这是打开幸福之门的金钥匙。如此一来，我们就可赋予这个项链及其钥匙挂坠以丰富的文化内涵，能够激发消费者购物的欲望，激发消费者潜在的情感和心理需求。

文化创意人才在具有辐射思维的同时，还应该具有辐集思维的能力。辐射思维主要表现为思维的开放性，是创意者思维的天马行空，自由驰骋，是精骛八极，是心游万仞；而辐集思维主要表现为创意者的向内聚焦，是内敛，是从360度全方位的视角聚焦注意力，对创意对象进行定向聚焦射击，从而形成极强的穿透力。创意者通过辐射思维与辐集思维的优化互补，能够产生强大的创意能力，克服思维的单一性和片面性。

(三) 学科无界的超越性

在学术研究中,我们按照既定的学科概念和界定模式,客观上容易受到学科壁垒的局限。复合型的文化创意者往往能够打破既有的学科壁垒,在文化创意过程中法无定法,无拘无束,甚至天马行空,自由驰骋。实际上,在学科史上,中国古代和西方古代最初都没有学科意识和学科概念。当学者们界定了学科以后,一方面,促进了科学研究的细化和有序化;另一方面,人为地为学术研究构筑了学科壁垒,客观上不经意间影响了学术创新。因此,文化创意人才往往不受学科壁垒的束缚,可以在多学科或者跨学科之间,无视学科的存在,自由越界和扩容。所以,文化创意人才在对创意产品艺术设计时,既要体现产品的实用性,也要彰显产品的艺术性和审美性,还要体现内容与形式的和谐统一,有时还要兼顾透视学和光影学等原理。所以,一个优秀的文化创意者,可以不受学科界限的拘束,或者对学科束缚视而不见,充分体现出了学科无界的超越性特征。

(四) 天人合一的合规律性

文化创意策划的涉及范围非常宽广,除了包括许多人文产品的创意设计以外,还大量涉及人类与自然的关系。从自然旅游景观来看,一方面,许多自然景观越来越体现出了人类创造的文化元素;另一方面,许多自然景观越来越蕴含出了人类的审美意识。例如,哈尔滨和长春的冰雕艺术就是人化的自然景观,艺术家巧夺天工,把滴水成冰的大自然打造成了令游客赏心悦目的观光审美对象和旅游产品。此外,我们可以赋予人工园林、美丽的海滩、林海雪原、原始森林、江南水乡等自然事物丰富的审美意识,使其成为人化的和审美的自然景观。人化的自然景观将会随着人与自然关系的和谐,"智者乐水,仁者乐山",愈加体现出人的审美本质力量。比如,对于名山大川人文景观的创意设计,就必须充分考虑天人合一的合规律性,既要考虑名山大川这些自然景观的自然特性,保护自然生态,又要考虑这些自然景观与人文景观的和谐统一。在对海洋文化产业和海洋旅游的转型升级过程中,天人合一就是人海合一,要求文化创意者在设计涉海文旅产业时,应该充分考虑海洋的环境保护,在海岸线景观的设计中,充分考虑海洋生物的集聚效应和滨海文化人文景观的综合效应,这就需要创意者遵循天人合一的合规律性。

(五) 人文合一的合目的性

文化创意本身属于人文意蕴,体现了特定时代的价值取向、人文情怀、时尚趣味和社会心理等人文元素。因此，文化创意者在创意设计中，要全方位考虑产品设计的内容和形式，力求使产品的内容和形式能够体现上述人文元素。在文旅融合发展的大背景下，综合类创意景观尤其需要综合性的创意。在文化创意方面，需要以历史的、文化的、科学的、审美的多维视野，充分阐释和挖掘人文景观的多维价值，通过与现代新媒体的结合，逐步形成"人文＋旅游""人文＋教育""人文＋传媒""人文＋智造"等跨界融合发展的新模式，全面提升人文景观的服务品质和拓展新的服务内容。因此，文化创意设计应该根据消费者对观赏对象的多元需要，统筹规划和创建综合类创意类景观，按照主题划分，可以把景观设置为多主题的创意元素，其中包括：休闲主题、亲子主题、创造主题、学习主题（智力开发）、审美主题、采摘主题、个性主题、体验主题、爱情主题、健康主题、快乐主题、交友主题、游戏主题、穿越主题、表演主题、创意设计、文艺表演等。在这些丰富的主题中，对于吸引游客来说，不再是众口难调，而是各取所需，各爱其需，琳琅满目，应有尽有，供应充足，无穷尽焉。上述这些丰富的人文创意的各个要素之间要彼此相容，做到水乳交融、和谐统一，又要做到让这些丰富的创意元素形成科技、文化与审美的张力，能够满足不同消费者的共同需要，实现这些文化创意产品的合目的性。

（六）科技＋文化＋审美的融通性

文旅融合发展客观上需要具有科技＋文化＋审美的融通性。这种融通性要求文化创意者具有复合型的知识结构和能力结构，既要掌握相关的、最新的科技知识，需要了解创意对象所蕴含的丰富的文化内涵，又需要具有丰富的美学素养。比如，对黄山迎客松的创意设计，创意者既要凸显松树在中国传统文化中独特的审美价值，如孔子所说的"岁寒，然后知松柏之后凋也"，传统的"寿比南山不老松"和松鹤延年等传统文化意蕴，还可以切入审美视角，挖掘迎客松的审美价值，而不同于松树的实用价值。现代影视、动漫艺术尤其需要科技＋文化＋审美的融通性。因此，文化创意者在文旅融合发展的大背景下，特别需要具有科技＋文化＋审美的融通性。

上述文化创意人才的特点客观上决定了我们未来培养复合型文化创意人才的内容和方式。也就是说，我们在文旅融合发展背景下，要培养复合型的文化创意人才，必须打破已有的思维定式，注重科技＋文化＋审美的融通性。

三、培养复合型文化创意人才的具体思路和方法

培养复合型文化创意人才的具体思路和方法，一是要根据文旅融合发展的

大格局对复合型文化创意人才提出总体需求；二是根据上述复合型文化创意人才的特点，有针对性地培养文旅融合发展急需的各类文化创意人才。

（一）培养复合型文化创意人才的具体思路

1. 在文化旅游化中培养文化创意人才

所谓文化旅游化，是指随着社会的发展进步，文化越来越成为旅游者观光、休闲的消费对象。

传统旅游业的主要对象是传统的人文景观和自然景观，传统的人文景观如北京的故宫、长城、雍和宫、天坛，曲阜的孔府、孔庙，西安的大雁塔等，全国还有很多著名的寺庙等。自然景观如泰山、黄山、峨眉山、芦笛岩等。此外，还有大量的旅游景观是人文景观与自然景观的结合。比如，故宫博物院培养文化创意人才，一方面，可以借鉴文物的文化价值、历史价值和审美价值，研发出具有时代特色的现代创意产品；另一方面，也可以借鉴最先进的工艺技术，通过仿古的方式，研发古代"文物"，这种仿古技术客观上也能够激发人的文化创意。在文化旅游化中培养文化创意人才，就是要求创意者在对文化产品进行设计时，要尽可能考虑设计的艺术性、审美性和趣味性，通过对文化产品的转型升级，进一步彰显其审美功能和娱乐休闲的功能，能够符合旅游者的多方面需求。

2. 在旅游文化化中培养文化创意人才

所谓旅游文化化，是指旅游对象超越固有的客观属性，越来越具有文化的内涵，即旅游被文化所化了。游客在旅游过程中，不再局限于欣赏自然风光和传统的建筑等看似客观的事物，而是更加关注这些对象所蕴含的文化内涵，把自然风光视为人化的自然，把古典建筑视为建筑艺术，进一步彰显旅游景观的文化内蕴。在旅游文化化中培养文化创意人才，要求文化创意人才敢于突破旅游对象的自然属性和客观属性，通过人化自然和审美移情等多种方式，运用辐射思维，进一步拓展旅游对象的文化视野，赋予旅游对象以丰富的文化内涵，让自然景观成为人化的自然，成为文化的自然。

青岛绿城中心湖畔有两棵历尽沧桑的柳树，树干从底部就开始裂开，不但坚韧地活了下来，而且是枯木逢春，焕发了勃勃生机。对此，我们就可以赋予这两棵柳树以艺术的生命，描述其"婀娜多姿，造化神奇；不屈不挠，枯柳长青。"或"沧桑岁月，不离不弃；死而后生，枯柳逢春。"的生命品格。如果导游增加这样的解说，就已经为这棵柳树增添了文化内涵，也为游客分享了诗意。

重庆市内有道很高的砖墙外侧竟然生长着高大的人参榕，人参榕的树根大部分裸露在墙的外面,少量的根须扎进了墙内,让游客大开眼界。但从文化创意的角度来看,创意者可以从旅游文化化的角度,对这些人参榕进行文化化的描述,比如广告词的创意表述如下:"生命坚韧人参榕,根雕艺术如神工。感天动地泣鬼神,爱情连根扎墙中。"如此一来,客观的人参榕已经不仅仅是一棵树,而是体现了人化的自然,具有了深刻的生活底蕴和文化内涵,蕴含了人参榕坚韧的生命精神。此外,桂林的象鼻山和月牙山也都赋予了自然对象以文化意味,为旅游增添了文化魅力。

3. 在文化与旅游的审美化中培养文化创意人才

文化与旅游在融合发展过程中,不仅要提升其科学品质,而且还需要增加审美内涵。比如,在海洋旅游和文化传播的过程中,其中一个非常重要的内容就是海洋意识教育的传播。海洋意识教育的内容广,范围大,涉及全体国民的终身教育,教育方式因人而异,因时而异,因地区而异,应该注重寓教于乐、寓教于学、寓教于游、寓教于闲、寓教于观、寓教于赛、寓教于节、寓教于美等多种方式的有机统一。对于青少年和儿童幼儿,可以寓教于乐、寓教于学;对于滨海游的游客,可以寓教于游;对于休闲者,可以寓教于闲;寓教于观,即引导人们在参观海洋博物馆和海洋展览馆等海洋景观中寓教于观;寓教于赛,即通过举办各种海洋知识竞赛、海洋文化创意大赛和涉海作文大赛,提高海洋意识;寓教于节,即通过鼓励人们参加各种海洋节、海洋文化节、海洋日、海洋宣传周,提高海洋意识;对于所有人,可以寓教于美,通过对海洋的审美以及对海洋艺术的审美,在潜移默化中培养对海洋的美感和情感,增强海洋意识。

文化与旅游在融合发展的过程中,可以考虑在文化产品和旅游产品的设计中,充分蕴含审美的内涵,构成文化产品、文化景观、旅游景观与诗意的和谐统一,构成丰富多彩的审美意境。比如,海南旅游具有蓝天白云、金色海滩的魅力,文化创意者可以通过审美想象,描写海南美丽的自然风光,让海南的自然风光彰显浓郁的人文意蕴和审美意蕴。比如,广告词的创意可以表述为:"蓝天白云携浪高,椰子参天立九霄。金色海滩王棕绿,天涯海角未觉遥。"这样就凸显了海南的旅游特色,彰显了浓郁的审美意蕴。面对美丽的晚霞,文化创意者可以写下"红云漫天燃苍穹,金光晚霞醉天空。"的诗句,为旅游增添美的色彩。

4. 在增加文化与旅游的融合度中培养文化创意人才

随着文旅融合发展,二者的互补度与融合度将会愈加亲密。运用文旅融合中产业的互动性,提升文旅发展的能力和质量,成为文旅融合的动力和创新机制。在文化创新中,新业态创新、新技术应用、新 IP 打造、新产品体系、新商业模式、新媒体应用构成了文化创新的重要发展趋势。在文旅融合发展的新思路中，我们一方面要"以文促旅"，挖掘文化的旅游内涵，即文化特色塑魂，文化品牌赋能，名人故里观光，文化风情展演，艺术工艺创品，仿生艺术设计，以及 IP 价值整合，让丰富的文化场域成为吸引旅游的重要载体。另一方面，通过"以旅彰文"，逐步实现旅游文化化、景观文化化、文化产品化、文化业态化、文化体验化、文化游乐化、文化互动化、文化情境化，为文旅融合发展全面赋能。

比如，长江沿岸具有丰富的人文资源，这是长江文旅融合发展的重要文化元素和基础。我们为了在文旅融合发展中培养文化创意人才，可以挖掘长江沿岸丰富的人文资源，加快长江历史人文资源的现代转换，挖掘长江沿岸丰富的历史人文资源，要有长江文旅融合发展的整体思维，贯通上游、中游和下游整个长江水系，然后根据各种人文资源的不同特点，找到转换成现代文化产业的思路和方法。长江文明是长江文化创意产业发展的重要支撑，文化创意产业的发展只有依托历史人文资源，才能取得发展的动力和活力。对于有些历史人文资源，可以拍成电影、电视节目，或者制作成动漫游戏等，如长江文化系列电视剧等，建构长江创意旅游文化的立体体系，比如举办传统灌溉艺术表演、船夫号子表演、横渡长江踩水表演、游轮沿江创意审美体验，沿江欣赏长江之美，引导游客欣赏沿江江岸自然风光之美，体验互动的艺术表演节目，直升机鸟瞰长江之美。由此可见，我们把复合型文化创意人才纳入文旅融合发展中进行培养，为人才发展提供宽广的思维与创新平台，也提供了启发文化创意的情景与情境，客观上非常有利于激发创意者的创新思维和创新的灵感。

因此，增加文化与旅游的融合度，客观上要求文化创意者避免以往文化与旅游彼此孤立的发展模式，注重二者的互补、联动，追求文化与旅游融合后的共生效应。由此而论，文化创意者应该进一步培养自己的综合创意能力，在文化与旅游的融会贯通中形成促进文旅融合发展的新创意。

（二）培养复合型文化创意人才的具体方法

1. 全面调研文旅融合发展所需要的各类复合型的文化创意人才

文旅融合发展对文化创意人才提出了创新的要求，对此，各级文旅主管行政部门和学校在制订文化创意人才培养计划时，应该站在国际视野和全球化的大背景下，全面调研文化和旅游融合发展所需要的复合型文化创意人才的具体类型和人才数量，科学规划和设置复合型文化创意人才的集聚高地，做到人才培养的针对性、实践性、科学性和前瞻性。

随着经济一体化和全球化的到来，文化创意产业已经成为世界发达国家特别关注的新兴业态。我们要培养复合型的文化创意人才,就必须拓宽国际视野,才能克服坐井观天的局限性,使创新思维走向广阔的视域澄明。电影《阿凡达》的创意超越了阶级、国别和意识形态的差异和对立,倡导地球环保与天人合一的意识,创造了巨大的经济效益和很好的社会效益。美国、韩国的影视和日本动漫等,都拓宽了我们的国际视野,对我国文化创意产业产生了重要影响,对于我国培养复合型的文化创意人才也颇具启迪。

文化创意人才是发展文化产业的核心能源和内在动力,是文化产业软实力的核心价值,创意人才人文素质和想象力的高低是决定创意质量好坏的关键因素。文化创意人才主要包括以下六类:文艺演出管理人才、出版发行和版权贸易人才、影视节目制作和交易人才、动漫和网络游戏制作人才、会展产业人才和艺术品创作及交易管理人才。目前,我国文化创意产业急需四种创意人才:第一,内容创意人才;第二,将内容产业化和市场化的人才;第三,策划、经营类人才;第四,文化创意人才的领军人物,尤其是缺乏能将创意文化产业链贯穿起来的人才。我们只有真正理解现实需要的复合型文化创意人才,才能有的放矢,做到人才培养的针对性和前瞻性。

2. 在"产学研"融合互动中培养复合型的文化创意人才

文化创意产业是一种全新的复合型和知识型产业,也是一种在知识经济背景下文化产业化的特殊产业,需要多个领域的参与互动。因此,只有"产学研"的积极互动,通过文化创意产业的集聚效应,才能更好地培养复合型文化创意人才。

(1) 文旅融合发展为培养复合型文化创意人才提供了现实需求和人才价值的实现平台,成为高校和科研机构科研创新和激发创意的孵化器,为高校和科研机构提供了文化创意人才的发展目标。高校和科研机构都应该密切关注文旅融合发展对复合型文化创意人才的现实需求,围绕文旅融合发展对创新的需要,激发文化创意者解决现实问题的成就动机,为文旅融合发展提供所需要的文化创意或研发产品,客观上有利于克服闭门造车。此外,文旅企业可以为高校和科研机构提供必要的资金支持,有利于形成"产学研"的机制,提高高校和科研机构研究人员的积极性和创造性,从而激发更多的文化创意,有利于文旅产品的研发。

(2) 高校对复合型文化创意人才的培养。高校担负着培养人才、科学研究和服务社会的多种任务,也是人才集聚的重要高地。师生教学相长,思维互荡,激活创造力,具有激活创意与开发智力的双重磁场效应与共生效应,对于促进文旅产业的融合发展具有特殊的重要意义。高校可以承担一些文旅企业委托的课题,一方面可以为文旅企业提供文化创意,为文旅企业研发文化产品;

另一方面，高校研发可以更好地把理论与实践结合起来，有利于促进复合型文化创意人才的培养。

（3）科研机构对文旅企业的促进。文旅企业通过借助科研机构的研发力量，为企业引入文化创意或研发成果。从科研机构的角度来看，国家除了具有独立的科研机构以外，诸多大学也有科研机构，比如原国家文化部在一些高校设置了六个国家文化产业研究中心，国家文化部和旅游部合并以后，又在高校设置了一大批国家文化和旅游研究基地。文旅企业可以发挥这些科研机构的作用，进一步促进"产学研"三位一体，更有利于促进复合型文化创意人才的培养。

"产学研"融合互动有利于形成培养复合型文化创意人才的合力，一方面，文旅融合发展客观上向文化创意者提出了新的研究课题，这样就能够使文化创意者具有针对性地探索文化创意的现实问题，避免了脱离实际和纯粹的理论思辨；另一方面，通过"产学研"融合互动，可以为文化创意人才提供研发和激活创意的平台，为实现文化创意的价值提供现实土壤。由此可见，"产学研"融合互动非常有利于培养复合型的文化创意人才。

3. 打造复合型文化创意人才高地

人才高地客观上具有人才集聚效应和人才开发的共生效应，具有类似磁石的吸铁效应。因此，打造复合型文化创意人才高地，对于汇聚文化创意人才，激发文化创意的新智慧，具有非常重要的意义。

第一，围绕文旅融合发展的需要，"产学研"三方合作创建文化创意创新团队，加强文旅融合发展所需要的复合型文化创意人才创新团队的培养，尤其要发挥高校培养文化创意人才的主体作用。第二，"产学研"组团实施"文化创意创新工程"，注重文化创意的原创性、实践性、跨学科性与现代性的融合。第三，要发挥文旅企业培养文化创意人才的实践孵化作用。文旅企业可以根据企业的条件，酌情建立文化创意研发机构或文化创意培训基地，鼓励创意人员结合企业发展的需要，大胆批判，大胆设疑，大胆突破，大胆创新。

打造复合型文化创意人才高地，既要注重形成文化创意团队，鼓励思维创新的"大兵团作战"，运用"头脑风暴法"思维互荡，建构"智力磁场"激发创意，又要鼓励个人在创意方面"单兵作战"，允许和鼓励"见异思迁""喜新厌旧"，以激活和形成星火燎原的创意火花。激发文化创意，应该在弘扬中国传统优秀文化的基础上，注重原创性、实践性、跨学科性与现代性的融合，"产学研"形成研发合力，通过人才集聚，集思广益，激活或创造出具有传统文化深厚底蕴、能够融汇古今中西、富有原创性、普世性、现代性和审美性相结合的文化创意。

4. 为培养复合型的文化创意人才提供机制赋能

文化创意属于创新设计，具有一定的意识形态特征。为了激励广大创意主体的创造精神，政府管理机构应该努力营造自由宽松的人文环境，为创意人员提供体制机制保障。文化创意人才一般都具有很强的好奇心，敢于突破常规，敢于创新，不循规蹈矩、不墨守成规。因此，管理者应该积极鼓励各类文化创意人才的奇思遐想，要允许创意失败，甚至鼓励创意失败。因为在科学创新发展史上，失败的次数要远远大于成功的次数，正是无数次的失败才成为后来的成功之母。政府和"产学研"四方都要为文化创意人才创设良好而又宽松的社会环境和企业环境，为文化创意人才在思想上松绑，为文化创意人才创造力的喷发提供实现的土壤和舞台，而不能简单按照量化管理和打卡上班的方式管理文化创意者，也不能按照企业管理的常规来判断文化创意人才的价值和贡献。

5. 激发人才自主开发的主体性和创意活力

人才开发包括主客观两个方面的因素，除了上述客观因素以外，文化创意者主体自身应该激发人才自主开发的主体性和创意活力。

无论是政府还是"产学研"，抑或文化创意者，都需要充分认识到文化创意对于文旅融合发展的重要性。从文旅融合的产业链来看，文旅企业首先要在众多的文化创意中选择最适合本企业生产的创意，然后根据具体的创意制作或创造产品，最后才进入产品的营销环节。在产品从创意、制作到营销的过程中，文化创意属于文化产业的第一个环节，这个环节如果出了问题，牵一发而动全身，后面的其他环节都会受到影响。

文化创意作为文化产业的灵魂，注重创意所蕴含的真善美相统一的三个维度：一是文化之真，要求文化内容具有历史真实和科学真实的双重维度，因此，从文化之真的维度来看，文化创意虽然可以尽情想象和虚构，但这种想象和虚构必须符合逻辑，不能任意杜撰，更不能建设"鬼城"文化。二是文化之善，要求文化创意所蕴含的内容必须符合广大消费者的需要，把普及与提高结合起来，努力满足广大消费者对健康文化的需求，决不能迎合部分人的低级趣味。三是文化之美，要求文化创意不仅要关注文化产品的内容，而且也要对文化产品的形式进行审美设计和艺术包装，体现出文化产品的审美（艺术）品位，让文化产品之美美化人们的人生，丰富人们的社会生活。

上述这些因素都需要创意者主体性的实现，需要主体高扬自由创造精神，需要创造主体的自我激励，需要主体在真善美的有机统一中激发丰富多彩的文化创意，需要创意者对文化创意对象的酷爱，需要复现的想象力、形象思维能力、逻辑思维能力、文化创意能力和艺术创造能力等。创意者只有全身心沉浸于创意对象，不断加深对创意对象的情感体验和理性思考，历经兴趣、喜欢、热爱、酷爱四个阶段的殚精竭虑、呕心沥血和科学思维，才能水到渠成，春华秋实，创意灵感就会不请自来，结出创新成果。

综上可见，文化创意是一种新理念、新思想、新意象，体现了创新意识、创新思维和创新能力的和谐统一。从激发文化创意的思维来看，想象力是激发创意的核心和关键，因此，应该特别重视对复合型文化创意者想象力的开发，把丰富的文化内涵、科技创新与放飞想象力在思维聚焦中和谐统一起来，把辐射思维与辐集思维和谐统一起来，才能全面提升创意者的文化创意能力。

（薛永武，中国海洋大学文学与新闻传播学院教授、博士生导师，山东省高校干部与人才研究基地主任，中国人才研究会常务理事、中国人才研究会人才学专业委员会副理事长；薛乔珊，西班牙加泰罗尼亚投资贸易局高级国际推广顾问，管理学博士。）

新时期我国体育翻译人才高质量培养策略探究[*]

于欣欣

一、研究背景

近年来，我国的国际化体育交流活动不断增多，特别是举办大型国际体育赛事的次数大幅度增加。举办各种国际体育赛事，运动员和教练从世界各地涌入国内，翻译工作就成为运动员、教练员日常生活和比赛的必要环节。随之而来的问题也在增加，语言交流障碍是需要解决的首要问题。生活中翻译工作的质量会直接影响运动员的生活，而赛场上翻译工作的质量和效率会直接影响体育赛事的结果，因而，高质量的体育翻译是赛事取得圆满成功的重要保证之一。目前，国家和社会各界对于体育翻译人才的培养已经高度重视。因此，发展体育翻译人才培养工作势在必行。国内大型体育赛事对体育翻译人才的需求存在巨大缺口，高素质体育翻译人才供不应求，体育翻译人才的培养迫在眉睫。但是目前国内体育翻译人才存在两个突出问题：一是英语知识突出，体育专业知识薄弱；二是体育专业知识突出，英语基础薄弱。由于目前翻译人才市场规模有限，使得体育翻译人才管理体系不规范，政府引导不充分，劳务关系不稳定，培养模式无体系，这一系列问题加剧了翻译市场上的供需矛盾。现有这种人才供应状态难以达到体育翻译的高标准高要求，不能满足体育产业快速发展的需要。我国体育翻译人才的来源主要是体育院校和外国语院校的外语专业及体育专业，小部分毕业于体育翻译对口专业，这其中还夹杂着培训机构流出的人员、社会人员等。目前院校培养出来的体育翻译方向学生不能自成一派，外语翻译能力比不上外语专业的毕业生，体育专业素养也不高。相关院校的体育翻译培养路径可以说是外语课程不周密，体育课程走形式主义。这点从外国语院校人才培养角度看，其专业能力难以达到高级外语人才的培养目标；而从体育院校的人才培养角度看，其毕业生的技能和综合能力难以达

---

[*] 本文为中国人才研究会 2021 年度立项课题。批准编号：ZRH—2106。

标。因此，这些相关专业培养的体育翻译工作者并不具备市场上对其相关素质的要求，供需矛盾较为突出。对于体育翻译市场上产生的问题，很大程度上归结于体育翻译人才培养路径的问题。如何解决体育翻译人才发展中数量少、质量低的问题，提升翻译人才自身综合素质，满足国际体育赛事对翻译人才的高要求，急需加强对体育翻译人才培养路径的整改力度。因此，通过本文对于体育翻译人才培养问题的研究，旨在为我国体育翻译人才的培养提供参考。

二、体育翻译人才的内涵界定

体育翻译人才是指有较高的体育专业素养、过硬的外语语言能力和扎实的体育专业词汇和体育术语能力，能够适应不同文化和地区的语言交流，具有较为宽广的国际视野和强烈的创新意识，并具有较强的信息运用和语言处理能力的外语人才。

三、我国体育翻译人才培养中存在的主要问题

（一）体育院校培养语种单一，课程设置不足

体育院校体育外语专业是我国培养体育翻译人才的主要途径之一。在进行体育翻译人才培养时，能够将体育知识和体育术语系统地传授给学生，能够使学生在学习外语的同时掌握好专业性很强的体育术语，但不足之处是开设的语种课程过于单一，大部分以英语翻译为主。我国目前有11所体育院校开设了外语相关专业，其方向均为英语语种，由此可见，语种课程单一性问题在体育院校非常突出，与现实需要存在着脱节现象。在奥运会中，赛会服务语言就多达五六十种，亚运会服务语言也有9个语种。而现阶段我国体育翻译人才培养仍以英语翻译为主，其他小语种的体育专业翻译人才培养没有得到应有的重视，能够胜任这些小语种体育翻译工作的人才少之又少。

从问卷调查、实地考察以及访问的情况来看，在课程开展方面，缺乏实践课程、缺乏体育相关课程、缺乏中文课依次排在体育英语翻译人才培养课程设置调查的前三名。

（二）外语院校培养体育专业知识不足，实践转换能力差

外语院校翻译专业是我国培养体育翻译人才的另一种主要途径。外语院校

在外语翻译方面有很强的专业性，且开设的语种课程类型丰富，能够满足不同语言的体育翻译人才的培养需求，但不足之处在于缺乏相关的体育专业类课程的设置，在体育知识的教学上显得"力不从心"，导致外语知识的翻译不能应用于体育翻译实践，缺乏相应的及时转换能力，在体育竞赛翻译工作中就会造成尴尬的局面。例如，在棒球、橄榄球中的裁判用 umpire 表示；而田径中的裁判则需用 judge。同样，不同项目的运动员叫法也不同：sprinter（短跑运动员）、athlete（田径运动员）、surfer（冲浪运动员）、ball player（球类运动员）。作为一名专业的体育翻译，只有外语远远不够。还需要掌握体育知识，才能把体育与外语更好地融会贯通，才有助于赛事翻译工作的顺利开展。

对体育专业知识和外语语种的教学方面，二者"不可兼得"，是现阶段体育翻译人才培养过程中凸显的一大问题所在。

（三）缺乏实践锻炼，实践运用能力较差

体育翻译人才是活跃在国际赛事背后的主力军，在比赛后台、发布会现场、会议室、新闻宣传室、播报台、休息室甚至是酒店、机场，都少不了他们的身影。调查中约有 70% 的同学表示，他们在大学期间参与过体育赛事的双语志愿者活动在 3 次以下，他们当中大多数人对体育赛事双语志愿者实践活动不感兴趣。6% 的同学表示从没参与过，不感兴趣也不想去了解。从该结果可以看出，50% 以上的同学在校期间的实习实践机会较少，这也影响了他们对体育英语翻译的了解。在对参与 3 次以上体育赛事双语志愿者活动或实习的同学们的访谈中得知，参加活动的次数越多，在下一次实践候选人的选择上就越容易被老师注意，从而更有机会参与下一次的实践活动。

实践运用能力已成为我国体育人才翻译工作实践的一大短板，这是由培养模式所直接决定的。在我国培养体育翻译人才的高校中，大部分学校在进行授课时所使用的教学方法为传统式教学方法，即"师讲生听"，这种方法虽然有助于学习者系统掌握体育翻译的技巧和体育专业知识，但被动灌输知识总会有弊端的，最直接显现出来的就是实际运用能力差，体育翻译人才在翻译学习方面要从两方面进行学习，即笔译（Translate）和口译（Interpret），而对于大部分人才来说，在口译方面的能力要弱于笔译方面的能力，即实践弱于理论。这就造成一种"哑巴英语"的"困局"，在体育赛事中，体育翻译人才要做的大部分是口译工作，而传统的教学培养模式直接导致体育翻译人才在能力上理论强于实践，并不利于体育翻译人的培养和发展，这也是体育翻译人才在发展过程中的极为重要的问题所在。

(四) 师资力量薄弱

翻译课涉及知识众多，是一门跨学科的综合性课程。一名合格的翻译教师不仅需要掌握扎实的双语基本功和专业基本理论，还要具备相关学科知识。具体到一名合格的体育翻译教师，应身兼四项职责：一是体育翻译经验的传授和提升者；二是体育翻译理论结合实践的示范者；三是体育翻译思想和策略的诠释者；四是体育翻译职业操守的体现者。高校对体育翻译教师的高标准要求，以及体育翻译自身的难度，造成了当前体育翻译师资队伍的短缺。尤其是与综合性院校相比，体育院校翻译师资的短缺更为明显。体育翻译师资的发展也面临着诸多的困境，如体育翻译师资受体育翻译学科、体育专业特点等因素的影响，其实现"价值"的方式不明显，时效性相对较弱，相比于体育院校的其他主要学科，体育翻译学科的发展远远落后，体育翻译教师在教学成果评定、科研项目获得、职称晋升等方面有被边缘化的趋势。长此以往，必然影响体育翻译教师教学和科研的积极性，导致他们产生职业倦怠，进而影响教书育人的效果。体育翻译师资队伍建设已成为体育院校师资队伍建设中不可缺少的重要一环。

(五) 教材建设滞后

体育翻译教材建设滞后，是当前制约体育翻译人才培养应用能力的重要因素之一。多数高校的教学对体育英语同声传译、英汉体育视译、体育交替传译、体育情报翻译、体育英语速记等教材的编写和征订尚未纳入规划，更谈不上相关课程的设置，这严重阻碍了体育翻译人才培养质量。

(六) 专业培养投入不足

为了培养体育翻译人才而开设的相关专业过于小众化，以开设的体育英语专业为例，在十几所体育院校中招收的学生每年少则几十人，多则也只有一百多人，加之体育翻译具有极强的专业性和实践性，需要掌握大量的体育知识和翻译技能，导致在教学方面相比于其他专业来说投入过少，因而没有得到足够的重视，导致体育翻译人才的培养过程始终处于一种"不愠不火"的状态，因而发展也受到了一定的制约和影响。

(七) 就业定位不明确

近年来，随着我国体育交流国际化水平的提高，衍生出不少对体育翻译人才新兴职业的需求。从相关领域体育翻译人才的需求来看，随着体育产业的发展,体育赛事、体育旅游、体育外交、体育贸易、体育文化的衍生,对体育翻译人才的数量需求飞速增长。但在调查中了解到,近70%的同学表示,虽然本科阶段的英语学习对他们或多或少有一些帮助,但未来并不会从事体育翻译方面的工作。25%的同学认为虽然在实践中有很大帮助,但自己依旧不知如何入行。尽管课程开设的多样性十分重要,如果职业上对同学们缺乏引导,就很难在未来求职就业定位上有所帮助。

四、我国体育翻译人才队伍高质量发展提升策略

(一)加大对专业培养的投入,重视专业的建设

首先,高校要从思想上重视体育翻译人才的培养工作,进一步扩大人才的培养途径,加大教育的投入力度,在培养过程中突出专业的特色和优势,来提高体育翻译相关专业的地位和水平;其次,体育翻译人才在体育赛事的开展中是不可或缺的一部分,在赛事中扮演着极为重要的角色,对体育产业的发展起到间接的影响,所以,政府也要制定相关的政策文件,重视体育翻译人才的培养和发展,这样才能有效地组织体育赛事的开展,促进地方体育经济的发展;最后,体育翻译人才本身要重视自身的体育专业素养和翻译能力的建设和发展,打铁还需自身硬,唯有掌握过硬的技能,才能更好地为体育翻译行业服务,促进体育翻译人才的进一步发展。高校、政府、人才三者有机地统一结合,才能为体育翻译人才的发展创造美好的明天。

(二)丰富语种类别,加强体育专业知识和外语翻译能力的结合

在进行体育翻译人才的培养过程中,应扩大语种的开设范围,促进体育翻译人才培养的多元化。目前我国体育与世界已逐渐接轨,每年需要接待来自世界各地的运动员,而当前多数高校培养体育专业学生的语种有限,大多以体育英语翻译为主,语种单一。在未来的体育翻译人才培养目标中,可适当增加小语种的种类。除了将法语、德语、日语等纳入招生计划外,还可开设阿拉伯语、泰语、柬埔寨语、印尼语、越南语等偏门小语种的专业;教学中,教师应更多传授小语种翻译经验、体育专业知识、双语能力、责任心等方面的知识,使小语种专业的学生了解和掌握体育翻译的技能,培养体育翻译工作者的职业意识和职业素养;强化体育翻译的实践练习,增强小语种体育翻译能力的训练。如果我国能够培养出更多杰出的体育和小语种一专多能的德才兼备的翻译人才,一方面,能够为我国体育翻译事业的口译、笔译等各个方面作出贡献,

以满足我国世界级大型体育赛事中对体育翻译人才的需求；另一方面，也能进一步促进我国体育翻译的学术研究，形成完善的体育翻译理论。

此外，要对体育翻译人才加强体育专业知识的教育，在实际中的体育赛事翻译，会碰到各种体育方面的专有名词和体育术语，只有使体育翻译人才同时具备体育专业知识和外语翻译的能力，才能更好地提升我国体育翻译人才的发展水平。相关部门也要加强对体育术语教材编写的管理，使学习者能够更好地加强对体育专业术语的检索和记忆，做到随口说出、牢记于心。

（三）创新培养模式和培养路径，强化实践能力

决定体育翻译人才质量高低的是教学培养模式。只有好的教学培养模式才能优化体育翻译人才的结构和质量。传统的教学培养模式不仅禁锢了学习者学习的主动性和积极性，而且限制了学习者的实践操作能力，体育翻译重在实践，学习者不仅要做到会看、会读，更重要的是能说得出。改变和创新人才培养模式势在必行，在培养过程中要以学习者为学习主体，改变原有的"师讲生听"局面，在培养过程中要尽可能多地给学习者创设一定的赛事模拟情景，使学习者能够在模拟的赛事环境下提高自己的体育翻译实践能力，真正做到"在做中学"，在实践的过程中，积极巩固体育专业知识，提高和熟练翻译技巧，使自身的体育翻译能力变"机械化"为"人性化"，真正做到"教"与"学"相统一、理论与实践相统一，这样才能更好地为学习者营造良好的学习氛围，促进和提高体育翻译人才的进一步发展。

对于学校，在努力促成各大体育赛事同学院合作的同时，坚决杜绝"水实践"。对于不认真对待实践机会的同学进行批评教育，必要时可将实习表现记入学分中。要求同学们撰写实践日志。一方面，督促大家在赛事实践中学习创新，另一方面，也能够复盘实习内容，帮助大家自我定位，寻找就业目标。

在创新培养模式和培养路径上，应考虑实施以下路径：

（1）"2+2"培养路径。随着我国体育事业的蓬勃发展，传统的培养路径问题日益凸显，现有翻译人才难以适应社会发展需要。体育院校和外语院校作为培养体育翻译人才的主战场，需提升体育翻译人才的数量与质量。我国体育翻译人才的培养需要统一路径，多方支持、培养出符合市场需求的高质量人才，推动体育事业的发展。本研究提出的"2+2"翻译人才培养路径就是基于上述国内现状，针对目前翻译人才存在的供需均衡问题给出的方案。"2+2"翻译人才培养路径是基于国际体育赛事面临的体育翻译人才问题所提出的解决方案，指的是通过普通高等学校招收全国统一考试的文化生在体育院校或外语院校，通过四年制本科的学习，完成培养方案的要求，拿到文学学士学位（体

育翻译方向），达到体育赛事对翻译人才的高要求。在校内，学生学习两年外语的基础上再加上两年体育专业课的学习，培养出的体育翻译工作人员能够满足国际体育赛事对体育翻译人才在数量上和质量上的要求。

（2）"3+2"培养路径。基于我国体育翻译人才供需不均衡的问题，本研究提出了"3+2"体育翻译人才培养路径。此路径区别于"2+2"培养路径，是针对院校的体育特长生提出的，指的是通过高考且特招为有体育项目特长的体育生在体育院校或外语院校，通过五年制本科的学习，完成规定的要求，拿到文学学士学位（体育翻译方向），达到体育赛事对翻译人才的高要求。在校内，体育生由于文化基础弱，外语储备不足，所以实行三年外语配合两年体育专业课的学习方式，培养出的体育翻译工作人员能够满足国际体育赛事对体育翻译人才在数量上和质量上的要求。

（3）短期应急培养路径。短期应急培养路径指的是有翻译基础的人员，由政府组织在社会培训机构的短期培训下，培养出符合国际体育赛事要求的体育翻译人才。这种机构短训方式能较好地解决时间紧迫和体育翻译供需不均衡带来的问题。集中筛选体育翻译工作人员，在短期内巩固外语，规范比赛用语，学习比赛规则，体验项目特征，最后进行比赛翻译实践。这条路径条件下培养的翻译人才具有较高的专业素质，能够在短期内培养出高效的体育翻译人才。从体育翻译人才市场的供需矛盾的角度和培养年限看，短期应急培养路径是可行的。

（4）短期过渡培养路径。短期过渡培养路径就是基于国内体育翻译人才供给数量不足，质量低与需求不均衡的现状提出的，指的是在院校学制培养路径落实之前，为了解决翻译人才供需不均衡的问题，体育翻译工作者在由市场主导的培训机构统一培训下，达到体育赛事翻译人才的需求，完成人才培养零散化到统一路径的过渡期。

短期过渡培养路径是由市场主导的培训模式，在时间的过渡期，人才断层的尴尬期，此路径的提出帮助翻译市场上的人才进行查漏补缺，对低质量的翻译人才进行短训，提升自身素质；对小语种工作者进行培训，扩大市场。从功能条件来看，短期过渡培养路径是可行的。

（四）建立多元化培养机制

通过以下途径培养体育翻译人才：一是通过授予体育翻译双学位的方式，培养既精通体育专业又具备小语种语言能力的人才；二是建立颁发体育翻译资格证书制度，凭证上岗，并鼓励和促进人才流动；三是建立体育翻译人才数据库，储备和扩大体育翻译人才的来源途径；四是各体育高校加强沟通交流，提倡高校联合培养合格的体育翻译人才。目前，我国部分专业体育院校成立了全国体育英语专业教学合作组，目的是为体育专业的学生搭建一个互相学习、交流和合作的平台，这为小语种与体育专业的教学协作进行体育翻译人才培养提供了有益的借鉴。

（五）多途径、对维度加强师资队伍建设

教师是人才培养的起点，对人才培养的整个过程起着重要的导向作用，对于体育翻译人才的培养来说也是如此。关注教师的翻译教学经验的同时，更要完善和加强教师的体育专业知识结构，一名专业、合格的翻译教师不仅要具备扎实的双语基本功和基本理论知识，还要具备与之相关的学科性知识，对培养体育翻译人才的教师来说，具备扎实的翻译基本功和体育性知识是同等重要的，不能"顾此失彼"。要重视师资队伍的建设，适时采用"请进来、走出去"的方式，引导校内教师外出进修，学习相关的体育学科知识及体育方面的翻译技巧；引进优秀的教师前来进行相关的学术交流，给校内的教师传授新的教学理念和教学方法，以此来充实翻译教学经验、弥补教学上的不足，真正做到师资队伍素质和质量上的提高。

体育翻译教师不仅要注重翻译技能的习得与提升，同时还需要体育素养的不断累积。尤其是体育素养的积累需要长期的关注与研究。体育改革带来的新变化，使得体育翻译教师必须敏锐地把握体育发展动向。中国体育改革和发展将进一步促进和融合体育国际化交流，国外的体育发展也是高水准体育翻译教师的学习范畴。如此来看，体育翻译教师的知识储备量要求非常高，这就需要体育翻译师资必须解决好自身的学习养成问题，需要以更好的精力、更佳的思辨能力、更高效的学习能力来满足高标准的知识储备。

教学、科研与社会实践是体育翻译师资的生命线，且紧密关联。教学过程中发现的问题可以通过科学研究得以解决，科研又可以反哺教学、服务教学。而充足的、高水平的社会实践可以同时影响到教学和科研。通过研究国外高水平大学的外国语言文化专业中翻译课程任职教师的工作履历和工作模式，发现"442"模式（即教学、科研和社会服务分别占其全部工作时间的40%、40%和20%）是一种比较普适且有效的工作模式。然而由于我国体育改革变化之快，再加上长久以来高校师资在社会服务（实践）环节普遍缺失，本研究认为，在条件允许的情况下，建议体育高校基层教学单位鼓励体育翻译师资采取"333"模式（即教学、科研和社会服务分别占其全部工作时间的1/3）。因为翻译需要极强的应用型知识，在社会实践的过程中须牢牢把握市场动向，了解社会发展方向和人才需求变化，进而服务于教学和科研，改善人才培养方案，是体育翻译师资工作重中之重。

师资规模与特色化既是基层教学单位的布局重点，也是校际交流、合作的研讨重点。从目前来看，师资规模的形成来自于该课程、该专业在学校的发展地位，以及受在校生、毕业生就业质量等因素的影响。有些学校师资规模不断扩大，且师资质量越来越高，还有些学校的师资规模呈现出不断浓缩的态势。该问题有待于进一步探讨，但对于整体来讲，师资规模的扩大与均衡是未来发展的基础条件。关于师资特色化问题，一定要考虑学校所处地区的社会文化特色。例如，北京、上海等一线城市适宜职业体育发达的运动项目的体育翻译师资培养；郑州由于地处中原，适宜中国传统体育运动武术等项目的体育翻译师资培养。特色化师资培育主要是为了避免培养的学生出现同质化教育导致的竞争，同时也是为了服务多元化的体育需求，以及"一带一路"背景下中国特色体育运动的文化输出。

（六）加强横向合作，丰富教材体系

优秀的专业体育翻译教材是培养体育翻译人才的重要保障，但目前在书籍市场上，高水平的通用体育翻译专业教材寥寥无几。高校体育翻译专业使用的教材大多是由本校教师联合编写的，视野比较狭隘，有一定的局限性，与小语种科目相配套的体育教材更是少之又少。任课教师往往凭借个人经验授课，加剧了授课质量参差不齐的现象。国家教育管理部门应针对这种现状，组织高水平的体育教师和各小语种语言教师通力合作，编撰出专业、实用、高质量的体育翻译专业教材。同时，提倡相关高校横向合作，联合编写适用于本地区实际情况的体育翻译教科书和辅助教材。丰富的体育翻译专业教材，将为高校体育翻译教师授课提供依据，也为学生扩展体育翻译知识储备提供了条件。

（七）搭建就业平台，拓展就业多元化渠道

许多语言类专业都有与相关的公司进行联合培养的计划，在大学实习阶段安排学生进入合作公司实习，积累专业方向的经验。同样，高等体育学院英语专业也可与体育赛事公司合作，在共同承办国际体育赛事的过程中，学生可以找到自己的就业方向，公司也可以培养出自己所需人才，避免人才的流失。由于体育赛事的临时性特点，决定了体育翻译人才工作的不稳定性。应帮助体育翻译人才树立正确的价值观、树立正确的择业导向，可以结合当下的人才翻译市场，拓展体育翻译人才的就业渠道；建立规范的市场准入制度及上岗制度，使体育翻译人才的就业有所保障，提高体育翻译人才的职业归属感和对自我价值的认同感。

（于欣欣，沈阳体育学院副教授。）

企业人才研究

吉林省激发和保护企业家创新精神的对策研究

关云芝 陆 琳等

习近平总书记说："我们全面深化改革，就要激发市场蕴藏的活力。市场活力来自于人特别是来自于企业家来自于企业家精神。"[①] 2017年9月，国务院发布了《关于营造企业家健康成长环境弘扬优秀企业家精神更好发挥企业家作用的意见》，这是中央首次以专门文件明确企业家精神的地位和价值。而企业家精神的核心要素，就是企业家的创新精神。企业家创新精神是企业家创造、经营企业必备的哲学思维、价值观、信仰、追求和务实作风的体现，是企业客观存在的一种动力源头，是形成企业精神的凝聚点，也是影响企业性质、特点的关键。

中央对于"企业家精神"的密集关注，反映出中央对企业家群体的重视，也反映出新时代发展提升企业家精神的新需求。重视企业家，来源于对中国经济和世界形势的理性思考。审视我国经济发展现状其正处于向形态更高级、分工更优化、结构更合理的阶段演进，由此形成的倒逼机制既是机遇，也是风险。企业无疑是引领这场发展变革的重要主体，而推动企业前行的核心要素则是企业家创新精神。激发和保护企业家创新精神，既是现实发展所需，也是远期提质所需。

当前，吉林省供给侧结构性改革正在向纵深推进，急需改造提升传统产业、培育发展新动能，促进经济社会可持续发展。企业家作为现代市场经济中的一种特殊要素资源，作为企业"创新者"群体中的领头者，对企业发展具有引领作用。没有企业家的"头羊效应"，企业就难以焕发蓬勃生机、担当改革发展重任。由于种种原因，吉林省富有创新精神的企业家比较稀缺，在培育企业家特别是激发和保护企业家创新精神方面仍存在很多不足。为此，应着力完善激发和保护企业家创新精神的法治环境、市场环境、社会环境，制定行之有效，切合实际的政策措施，充分调动广大企业家积极性、主动性、创造性，更好发挥企业家作用，为推动吉林经济高质量发展提供强劲动力。

---

① 大力弘扬企业家精神. 中国共产党新闻网，2017年6月5日.

一、关于企业家创新精神的基本内涵

(一) 企业家的基本概念

企业家"entrepreneur"一词是从法语借来的，其原意是指"冒险事业的经营者或组织者"。在现代企业中企业家大体分为两类，一类是企业所有者企业家，作为所有者他们仍从事企业的经营管理工作；另一类是受雇于所有者的职业企业家。目前对企业家一词还没有一个权威的、统一的定义。法国早期经济学家萨伊认为，企业家是冒险家，是把土地、劳动、资本这三个生产要素结合在一起进行活动的第四个生产要素，他承担着可能破产的风险。美国经济学家熊彼特认为，企业家是不断在经济结构内部进行"革命突变"，对旧的生产方式进行"创造性破坏"，实现生产要素重新组合的人。美国经济学家德鲁克也认为，企业家是革新者，是勇于承担风险、有目的地寻找革新源泉、善于捕捉变化、并把变化作为可供开发利用机会的人。由上表述也可看出企业家的一些本质特征：冒险家，创新者。因此，我们不妨将企业家定义为：企业家是担负着对土地、资本、劳动等生产要素进行有效组织和管理、富有冒险和创新精神的高级管理人才。企业家与一般厂长、经理等经营者的不同，主要表现就在于企业家敢于冒险，善于创新。企业家是经济学上的概念，企业家代表一种素质，而不是一种职务。一般地讲，企业家的基本素质包括三个方面：第一个是有眼光；第二个是有胆量；第三个是有组织能力。

(二) 企业家创新精神

企业家创新精神是指企业家具有强烈的创新愿望、动机和意图，反映在企业经营管理过程中有强烈的事业心和成就欲，具有战略眼光，致力于开拓进取，力图创造出新的、不同价值的或把现有的资源组合成新的更具生产力的形态。具体体现在引领企业创新的行动上，并实现企业的战略创新、技术创新、生产方式创新、营销手段创新等。总之，创新是企业家的内在本质。

企业家创新精神的逻辑内涵是：企业家创新精神先体现在观念创新，据此形成创新思维，继而成就了企业家的创新人格。其中创新观念是创新思维、创新人格的前提和动因，创新思维是创新观念和创新人格的实现和结果，创新人格则是创新观念和创新思维的反应具体化。

对于企业而言，"企业家创新精神"是企业家特殊技能（包括精神和技巧）的集合。或者说，是企业家组织建立和经营管理企业的综合才能的表述方式，它是一种重要而特殊的无形又可以具化的生产要素。万科董事长王石曾说："偏执+执着+盈利"就是企业家精神。

企业家创新精神的基本特征如下：①创新是企业家精神的灵魂。②冒险是企业家精神的天性。③合作是企业家精神的精华。④敬业是企业家精神的动力。⑤学习是企业家精神的关键。⑥执着是企业家精神的本色。⑦诚信是企业家精神的基石。

（三）企业家创新精神的价值

企业家创新精神是企业家精神的灵魂。企业家创新精神是企业家创造、经营企业必备的哲学思维、价值观、信仰、追求和务实作风的体现，是企业客观存在的一种动力源头，属高层次企业文化范畴，是企业精神的凝聚点。企业家创新精神具有创新性、冒险性、主观能动性、科学性、坚韧性、奉献性。

1. 企业家创新精神是推动经济发展的发动机

（1）企业家创新精神提供了从事经济活动的主动力。这表现在一方面它解除了社会对于经济活动的偏见，使创新创业成为一件光荣的事情，激发了经济活动的动力，提高了企业家在等级社会中的社会地位；另一方面，它所提供的敬业精神、创新精神等直接成为企业家创业的精神动力。

（2）企业家创新精神为企业家提供了一套从事经济活动的伦理规范，如重契约、诚信、公平交易、以正当手段获取财富等，与现有的经济法律制度相辅相成，成为对企业家经济行为的软性约束，对于减少交易成本、完善市场规则起着不可替代的维护作用。

（3）企业家创新精神为企业家提供了个人生活的伦理原则，使企业家即使富有也不去挥霍纵欲，而是节俭节制，避免了企业家走掠夺投机—暴发挥霍—衰亡崩溃的老路，保证了企业家有饱满的情绪、顽强的斗志和足够的财力进一步创业。企业家创新精神提倡的从事经济行为的规范化的伦理和节俭的个人生活准则，向社会传递着一种积极奋斗的价值观，有利于塑造蓬勃向上的社会文化。

2. 企业家创新精神是推动企业发展的核心力

创新是企业发展动力的内核，是市场竞争的必然结果。企业只有创新才可以打破常规，突破传统；只有不断创新，才能在激烈的竞争中永远立于不败之地。创新是一个民族进步的灵魂，是一个国家、一个企业兴旺发达的不竭动力，只有创新才能在激烈的竞争中把握先机，赢得主动，在新技术、新产品不断升级浪潮中始终保持旺盛的生命力。要赶超世界先进科技水平，在经济竞争的战场上驰骋，必然要求企业家具有锐意改革、开拓创新的精神。有了这种精神，企业家才能正视现实，承认落后而又不甘落后，急起直追，发奋图强，迎头赶上才能变压力为动力，在科学技术日新月异的情况下抓住瞬间的机会，向世界先进科技水平冲刺才能胜不骄败不馁，眼睛永远盯住世界科技的珠穆朗玛峰，不断向科技高峰攀登。简而言之，企业家有了这种创新精神，我们的企业才能赶上世界科技的前进步伐，在世界高科技领域中占有应有的位置，也才能以科技的进步在激烈的经济竞争中站稳脚跟，稳操胜券。

（四）弘扬企业家创新精神要营造良好的环境

企业家创新精神的形成需要良好的土壤和环境，包括良好的市场环境、法治环境和社会环境。由于企业家是在市场的大海中搏击出来的所以构建开放、公正、公平、充分竞争的市场环境是基础。这就需要真正弄懂和落实中央提出的"使市场在资源配置中起决定性作用和更好发挥政府作用"和"供给侧结构性改革"的真谛，让企业家在市场资源配置中发挥主体作用以及决定性作用。在这样一个前提下，政府和社会要遵循企业家的个性特征，为企业家的成长创造良好的宽松环境。

尊重企业家。受人尊重是一个人的基本需求，也是高层次的需求。在著名的马斯洛需求层次理论中，尊重需要仅次于自我超越，排在生理需要、安全需要、社会需要之上。一个人尚且需要尊重，作为国家栋梁之材的企业家更需要尊重。尊重企业家不是一句空话，而是要虚心听取企业家的意见，既包括"忠言逆耳"的意见，也包括在对企业的监督执法中，采取更加文明的方式，顾及企业家的形象和感受。

信任企业家。信任是一种知己的重托。古人讲"用人不疑疑人不用"。对实业兴邦、实干兴邦的企业家来说，得到政府和社会的信任比什么都重要。不要轻易把企业家在海外投资当成"跑路"。信任企业家，就要通过完善产权保护制度，依法保护企业的物权、债权、股权等各种财产权以及创新收益；通过清理涉企收费、摊派事项和各类达标评比，铲除乱收费、乱摊派、乱评比，保护企业的合法经营权益。

激励企业家。企业家也是人，也需要激励。"良言一句三冬暖，恶语伤人六月寒"。对企业家的激励，既包括物质激励，也包括精神激励，就是要让企业家"政治上有地位，经济上得实惠，社会上受追捧"。让企业家直接参与治国理政，参政议政；让企业家合法致富，先富起来；让企业家成为年轻人崇拜的偶像。如果一个社会开始崇敬企业家了，这个社会已向前迈进了一大步。

保护企业家。企业家的家国情怀和冒险性创新，并不是一开始就被人所理解。加上企业家往往都是些率直、有个性、自负心强，甚至有些桀骜不驯、特立独行、胆大妄为的人，说话办事直来直去，常常无意中会得罪人，使一些人看不惯。这就需要政府和社会多理解、多包容、多宽容。一定不能攻其一点不及其余，更不能有所记恨，搞秋后算账。一个宽容的社会环境是企业家成长所必需的。中央之所以强调要保护企业家精神，而没有用关心、爱护的字眼，正说明我们的政策环境、社会环境、舆论环境做得还很不够，我们出台的政策实效与企业家的感觉还有差距，还需要加强和改进。

二、吉林省激发和保护企业家创新精神的主要做法

推动吉林省全面振兴发展，就要深入实施创新驱动发展战略，发挥创新平台载体支撑作用，处理好政府"有形之手"和市场"无形之手"的关系，对于吉林省而言，激发和保护企业家创新精神尤为重要和必须。

通过对吉林省汽车类、生物医药类、光伏新能源类、电子通信类、食品包装类高精尖特型的大中小企业实地调查研究，通过参观和座谈设计并发放《吉林省企业家创新精神培育的环境和机制问题调查问卷》，了解到吉林省在激发和培育企业家创新精神方面存在的问题和进行有益探索。

（一）逐步建立激发和保护企业家创新精神政策的支撑体系

1. 逐步建立激发企业创新的政策支持体系

2017年2月出台《吉林省人民政府关于强化实施创新驱动发展战略进一步推进大众创业万众创新深入发展的实施意见》；2017年1月，省政府印发《关于降低实体经济企业成本的实施意见》，出台47项政策措施，进一步优化发展环境，有效缓解实体经济企业困难，促进经济平稳健康发展；2017年4月，省政府印发《关于促进民营经济加快发展若干措施的通知》，出台25项政策措施，着力破解企业融资难问题、推动企业降本减负、构建"亲""清"新型政商关系，切实解决企业实际困难和问题；2018年2月《中共吉林省委吉林省人民政府关于激发人才活力支持人才创新创业的若干意见》是近年力度最大的。各项政策虽然出台时间在全国滞后，但好饭不怕晚。2019年吉林省公开发布吉林省人才18条政策"1+3"配套措施，主要围绕人才政策碎片化、创业激励不充分、人才安居创业环境不优等问题，有针对性地制定实施一系列含金量较高、针对性强、激励作用较大、操作性较强的惠才政策。2020年吉林省又推出"吉林人才政策2.0版"，创新力度大，含金量高，在不少方面实现了新突破。一是切实赋予用人单位编制岗位管理、职称评审、自主用人等方面职能，在"放"上有新突破；二是出台薪酬激励、个税奖励等方面具

体政策，把收益更多地留给创新人才，在"让"上有新突破；三是出台科研人员离岗创业、创新创业人才择优扶持以及场地、金融等支持政策，在"帮"上有新突破；四是对人才关心的落户、住房、配偶就业、子女教育等问题进行政策升级在"服"上有新突破。

2. 初步建立了企业和企业家创新精神，培育资金支持体系

吉林省政府设立了财政专项资金，以财政"小资金"撬动社会"大资本"。依据企业生命周期，借助财政资助平台，引导成立了一批产业、企业、股权、创投基金，为新兴产业及创新型中小企业提供强有力的资金保障。

3. 推进商事登记制度改革，积极改善营商环境

吉林省和浙江对接后，吉林省的省会长春市率先推进商事登记制度改革，并向全省推行"多证合一、一照一码、只跑一次"，商业环境显著改善。截至目前，全省市场主体总量已达 210 万户，同比增长 12.37%；私营企业达到 34.28 万户，同比增长 20.59%。在省政府开展的第三方评估中，商事制度改革的群众满意度达 90.6%，居简政放权各项改革之首。近年来，吉林省大力提升行政服务水平，积极运用大数据、云计算、移动互联网等信息技术，加快推进省、市、县三级"政务一张网"和信用信息数据共享平台建设，实现互联互通，完善政务信用决策机制，逐步完善"政务清单"，建立"信用清单"、政务信用档案，全面推行政务公开、信用承诺等制度，推进守信激励和失信惩戒工作。目前，已有 185 个服务事项实现一站式办理，倒逼各地各部门简政放权、放管结合优化服务，促进体制机制创新，使群众和企业对改革的获得感明显增强，政府办事效率明显提高，发展环境进一步改善，不断增强经济社会发展活力。

（二）逐步营造激发和保护企业家创新精神的文化和氛围

1. 政府要让企业家成为真正的市场主体

从历史传承来说，作为中国版图上的偏远蛮荒苦寒之地，吉林省缺少商业文化和市场文化的熏陶，也没有亲商重商的传统。作为新中国的老工业基地，我们又是最早进入计划经济和最后退出计划经济的省份之一，弱化官本位，强化市场观念，才能真正尊重企业家。

2. 政府要着力维护公平竞争的市场秩序

吉林省是老工业基地，近两年民营经济发展才占了半壁江山。国企和民企待遇不一样的问题由来已久，民企长期遭遇"玻璃门""弹簧门""旋转门"。现在，政府强调一碗水端平，摆正政府与企业、政府与市场的位置，充分发挥企业家核心引领作用，努力营造"鼓励创新、宽容失败"的创新文化和市场环境。

(三) 建设创新载体，发挥企业家整合配置要素的能力

1. 逐步建立发挥吉林省科教优势的创新生态系统

党的十八大以来，吉林省科技战线凝心聚力，科技事业日新月异。逐步建立以"市场为导向、企业为主体、官产学研资介"紧密结合的创新生态系统。打造孵化器，培育出高科技领头企业和企业家。2021年吉林省科技促进经济社会发展指数居全国第17位，综合科技创新水平指数居第19位，高技术产业增加值占工业增加值比重居第12位，科技活动产出水平居第14位。取得科研成果3500多项；获得国家自然科学奖、国家技术发明奖、国家科技进步奖15项；全省共授奖1433项。高新技术企业数量实现倍增达到524个。技术合同交易额累计突破400亿元。科技进步贡献率增至55.5%。

2. 打造若干具有创新精神的企业家群体

近年来，吉林省积极发展面向市场的新型研发机构，创新运行方式与模式，赋予科研单位领军人物更大的科研成果收益权和决策权。积极推动《振兴东北科技成果转移转化专项行动实施方案》等政策落到实处，启动《吉林省促进科技成果转化条例》人大立法程序，重构吉林竞争新优势。推进"长白山湿地与生态国家重点实验室"建设，新建省重点实验室8个。对接国家2030重点项目，围绕吉林省支柱产业和战略性新兴产业发展，聚焦重大技术瓶颈难题，组织开展重大技术和装备的产学研协同攻关，部署一批对吉林省发展具有战略意义的重大项目。加快引进一批世界水平的科学家、科技领军人才和高水平创新团队。启动实施吉林省科技人才"雨林计划"，突出本地创新人才的挖掘、培育和培养。一批具有创新精神的企业和企业家会诞生在吉林大地指日可待。

3. 拓宽培育企业家创新精神的渠道

培育企业家创新精神，需要全社会共同打造创新体系。政府层面，政府要提供创新的基础条件，创新政策和法规，为企业和企业家创新做好公共服务，促进科技成果转化和孵化，创新服务机制增加双创投入、培育风险投资市场。如吉林省为创新型高科技企业减税免税。仅2019年，吉林省899家高科技企业营业收入2497亿元，实际缴税183.5亿元，享受税收减免达到35.77亿元。设立的重点产业发展专项资金，先后扶持了医药企业、工业互联网建设及制造业服务化示范项目、新冠肺炎疫情防控重点物资生产企业技术改造项目。认证各级各类的"专精特新"企业，评选"创新达人"，积极引导和培育企业家的创新精神；高校科研院所层面，发挥通过知识创新及传播，促进企业家和企业的思想创新、管理创新和技术创新的作用；企业层面，突出强化技术创新职

能，建立以企业为主体、市场为导向、前沿技术为目标、产学研相结合的技术创新体系；社会中介机构层面，进行服务创新探索。吉林省创联企业管理研究院，通过多种方式，引导培育企业、企业家创新。为创新型企业实施网上培训答疑，举办吉林省农业（农村）创新创业型管理人才线下培训班，举办全省中小企业创新发展高峰论坛，尤其是以其理论成果《创新的秘密》（①是谁在推动创新；②创新的所有内涵；③企业创新并不需要太多的钱；④除了创新中小企业还要学会保守）为企业级企业家提供了思想创新方法的系统指导。

三、吉林省激发和保护企业家创新精神面临的主要问题

（一）"脱实向虚"倾向没得到遏制，企业家精神异化严重

近几年，中国经济被房地产绑架，房价从一线城市到五线城市都在疯狂地上涨。房价大幅波动在带来经济泡沫和金融风险的同时，房产短期高额利润与实体经济创业创新成本高企、投资回报回收周期长、利润不断萎缩的现实形成强烈对比，诱导企业家热衷投资虚拟经济，抑制企业家投身创业创新干实业的热情，导致企业家精神异化和衰落。

受房价快速上升、"五险一金"等规定比较僵化等因素的影响，企业办公租金和工资等要素成本不断攀升，再加上需求萎靡导致产品价格下降，制约了企业正常运营，削弱了企业竞争力，对创业创新和企业成长都不利。

（二）保护知识产权力度不够，企业维权成本高、效果差

我国知识产权维权具有周期长、成本高和效果差三大特点。国外知识产权诉讼周期一般是9个月到1年，侵权赔偿动辄千万美元以上，可能将侵权者罚至倾家荡产，相比之下，国内维权时间6年，赔偿也极低，有时几千元了事。对许多国内企业而言，从新产品研发出来到正式上市，部分企业会抢先模仿生产类似产品抢占市场，等到创新企业发现被人侵权，准备起诉时，后者已获得高额利润，耍无赖退出市场，此时法院往往不支持创新企业的索赔诉求，索赔非常困难，众多创新型中小企业根本无法维权。

造成我国知识产权维权周期长、成本高和效果差的主要原因是部分法院知识产权保护力度弱、意愿低，很多地方法院不愿意尽快审结知识产权诉讼，执法和惩罚力度弱，企业侵犯创新者知识产权的违法成本低，创业者无法有效维护自身权益。

(三) 保护企业家的财产权、创新权益、自主经营权等权益效果较差

市场活力来自人，特别是来自企业家。我国一直在推进产权保护，特别是党的十八大之后，产权保护被提到一个相当的高度。2016 年 11 月，中共中央、国务院印发《关于完善产权保护制度依法保护产权的意见》。作为完善产权保护制度的纲领性文件，这是党和国家保护各种所有制经济组织和公民财产权的重大宣示和庄严承诺。

然而，利用公权力侵害私有产权、违法查封扣押冻结民营企业财产等现象在吉林省仍时有发生，利用刑事手段插手经济纠纷的现象一定程度存在；知识产权保护不力，侵权易发多发。这让不少企业家心神不宁、忐忑不安，进而造成经营不安心、投资不放心、创业不专心的局面。这些冤案、假案或是错案，对于社会公众法治信仰的破坏都是巨大的，对于企业家精神的打击都是沉重的。

(四) 还没真正建设好公平竞争、诚信经营的市场环境

一个地方的营商环境优劣，直接对地方经济发展、财税收入、社会就业等产生影响。产业政策、行政审批、国民待遇、市场准入限制等是地方政府影响企业运转和投资的重要手段。现实中，吉林省少数地方政府或是出尔反尔、违约毁约，或是因政府规划调整、政策变化导致当事人签订的民商事合同不能履行，国有土地使用权出让金、投资款、租金打了水漂，甚至还存在企业财产被强制征用的现象。另外，部分地方政府设置种种隐性政策壁垒和准入限制，审批程序烦琐，企业受到差别化对待等问题，个别地方甚至还对企业的经营管理进行直接或间接的干预，这些都不利于激发企业家精神。

(五) 没有形成尊重和激励企业家干事创业的社会氛围

党的十八大以来，以习近平同志为核心的党中央重拳出击、铁腕反腐，一些腐败窝案被挖出，畸形的官商关系衍生出的权钱交易和官商勾结的利益同盟不断被曝光。受贿行为不仅害了官员自己，同时也破坏了正常的市场秩序，形成不公平竞争。"不靠本事靠关系"不仅挫伤了企业家的积极性，而且社会影响极坏。

"出头椽子先烂"，在吉林省尚缺乏一种激励企业家创新的氛围，尤其对企业家在先行先试和企业创新中的错误和失败缺乏容错机制。传统的吉林习惯于"三十亩地一头牛、老婆孩子热炕头"，闯劲不足，小富即安，视野受到局限，这也造成了吉林省企业家队伍量少质不精的结果。"市场观念落后，目光

短浅不开放"是制约吉林经济发展的原因之一。我们知道企业家在市场拼搏、创业创新就常常遭遇失败,屡战屡败、屡败屡战正是企业家精神的写照。我们的政府官员大多还是计划经济的思维定式,工作方式方法呆板老套,不鼓励创新,不宽容失败,对遇到问题的企业家不是帮扶而是打击。对优秀企业家表面强调多尊重、多宣传、多鼓励,内心还是把求官、得利放在首位。

(六) 企业家队伍建设还处于粗放状态

企业要发展壮大,就需要有大量的人才作保障,人才红利的时代已经来临。目前吉林省90%以上的企业反映人才紧缺,而且引进难、留住难,培养之后留住也难。目前,吉林省仅有不到1/3的企业有转型升级的愿望并具备一定的能力。企业创新能力不足,掌握核心技术、拥有自主知识产权的企业数量更少。吉林省很多企业家知识层次不高,经营管理常识缺乏,又不能主动学习,及时更新管理理念,调整经营模式。例如,有的企业家在产品问世后再拿出去找市场,有的企业家认为市场营销就是单纯的广告促销和经销商的连锁加盟。

同全国经济发展落后地区一样,吉林省企业家人才环境的主要问题在于企业家培训、评价、选拔、激励和约束机制没有真正建立起来。其中最重要的是有关职业经理人的市场化机制不健全,没能真正形成优胜劣汰。再者,吉林省对职业经理人的培训还比较粗放,培训效果还有待提高。最后,对职业经理人的激励手段还仅限于年薪制和管理层持股等有限的方式,对职业经理人实行内部控制的约束机制也没有太多有效的方法。这些使吉林省企业对使用职业经理人抱谨慎态度。引进人才、留住人才,才能使吉林省的企业有发展后劲。除了企业自身的努力外,政府可以用好的制度和政策来帮助企业把优秀的企业经营管理和技术人才吸引来并留住。

四、深圳市激发和保护企业家创新精神的经验

作为中国改革开放的"窗口"和"试验田",深圳市创新型经济非常活跃。早在2015年深圳全社会研发投入占GDP比重达到4.05%,位居全球前三;PCI国际专利申请量连续12年居全国首位,高科技企业超过3万家,涌现出一大批全球知名的创新型企业和企业家,如华为任正非、腾讯马化腾等,GDP增速和公共预算收入增速分别为8.9%和31%,均列全国大中城市首位。深圳市经济"逆势增长"和创新发展的重要秘诀是,通过发挥政府"扶持之手"助力市场"无形之手",管住政府"乱为之手"和"掠夺之手",在激发

和保护企业家创新精神方面作出了卓有成效的贡献。时至2020年深圳全社会研发投入占GDP比重已达4.9%左右，处于世界领先水平，在全球率先实现5G独立组网全覆盖，高新技术产业发展成为全国的一面旗帜。

（一）努力打造"创新善政"，完善激发和保护企业家创新精神规则体系

1. 完善激发企业创新的普惠性政策支持体系

以自主创新为主导战略，深圳市制定出台国家创新型城市建设"1+4"文件、自主创新"33条"、国家自主创新示范区"1+10"文件、"孔雀计划"以及高层次人才队伍建设"1+6"文件等一系列全局性、前瞻性的政策，初步形成较为完善的激发创新和企业家精神的政策法规体系，为企业成长和创新创造了良好的政策环境。

2. 加快产业扶持方式改革，构建了精准化的企业和企业家精神培育资金支持体系，以财政"小资金"撬动社会"大资本"

深圳市设立一批财政专项资金和资助平台，建立了无偿与有偿并行，事前与事后结合的资金资助体制，改变了之前完全由政府资助的产业扶持模式。同时还建立了精准化的财政扶持体系。依据企业生命周期，借助财政资助平台，引导成立了一批产业、企业、股权、创投基金，为新兴产业和中小企业提供强有力的资金保障。

3. 率先推进商事登记制度改革，积极改善营商环境

深圳市率先在全国范围内推进商事登记制度改革，率先推行"多证合一、一照一码"，商业环境显著改善。2015年，深圳市商事主体总量迅速翻番，突破224万户，跃居全国大中城市首位，增量超过前30多年的总量。按深圳市常住人口1077.89万人计算，深圳市每千人拥有商事主体192户、拥有企业100户，创业密度居全国首位。发展到2020年，深圳市商事主体总量合计339.1万家，其中中小企业215.2万家，占全市商事主体的63.4%、企业总量的99.9%。作为深圳创新的生力军，中小企业对深圳营商环境，对深圳政府的服务意识和办事效率，对深圳的创业环境给予认可。

（二）尊重市场"自然选择"，营造"蒲公英式裂变"创新文化和氛围

1. 政府充分认识和尊重市场规律，企业家成为真正的市场主体

政府真正"放手"，尊重市场规律并承认市场竞争的结果，企业成为执行市场规则的主体，充分参与激烈的市场竞争，因此造就了腾讯、深创投等一批创新创业成功的民营企业和新型国企，同时还淘汰了一批落后国企和民企，如深圳石化、赛格集团等。

2. 着力维护公平竞争的市场秩序，发挥竞争促进创新的作用

政府采取"积极不干预"的策略，既不当"运动员"，也不当"裁判员"，只当"场地维护员"，政府积极充当创新战略规划者、推动者和市场秩序维护者，不大包大揽摆正了政府与企业、政府与市场的位置，充分发挥企业家核心作用，努力营造"鼓励创新、宽容失败"的创新文化和市场环境，从而推动深圳的创新和企业家精神呈现"蒲公英式裂变"。从2016年3月底，南山的众创空间数量接近90家，孵化面积超过14万平方米，其中，18家获得国家科技部第二批众创空间认定纳入到国家级孵化器管理服务体系。发展到2020年，深圳拥有国家备案众创空间企业112家，在培育经济发展新动能、服务实体经济转型升级上发挥了重要作用。下一步，市科技创新委将继续加强对众创空间的指导和支持，建立动态调整机制，推动众创空间高质量发展，构建良好创新创业生态。

3. 积极利用移民文化，夯实企业和企业家成长的文化土壤

深圳是全国最大的移民城市，吸引了来自五湖四海和四面八方带着不同梦想的人，务工人员和大学生、各类人才和文化交融创造了类似硅谷一样的开放、包容、多元、个性自由的文化氛围，为企业和企业家成长营造了良好氛围，无论是国有企业还是民营企业均能比较好地发挥企业家精神，找到自己的发展空间。

（三）发挥政府"牵线搭桥"作用，构建综合创新生态系统

1. 在全国率先建立以"市场为导向、企业为主体、官产学研资介"紧密结合的综合创新生态系统

依托综合创新生态系统，深圳市推动形成了3万多家创新企业集群，培育出高科技领头企业和企业家。截至2016年3月底，深圳自主创新呈现出"6个90%"的局面：即90%的创新型企业为本土企业、90%的研发人员在企业、90%的研发投入源自企业、90%的专利产生于企业、90%的研发机构建在企业、90%以上的重大科技项目由龙头企业承担。时至2020年，深圳的创业密度继续高居全国的第一位，深圳民营中小企业数量占全市的99.6%，国家级高新技术企业占80%以上为民营主体的中小企业，授权专利将近七成来自中小企业，创新创业群体已经成为深圳市自主创新的重要力量。创新创业内容，涵盖了机器人、5G、商业航天、高端制造、物联网、视觉艺术、工艺设计等众多领域。

2. 发挥市场经济活跃优势，不断完善创新和企业家资源配置制度

近年来，深圳市大力推动要素市场化改革，推动土地、产权、资本、人才、劳动力等要素自由流动和整合，充分发挥市场配置创新和企业家资源的基

础性作用，促进孕育企业家精神的各类要素汇集融合。

3. 打造一批创新载体，形成一批孕育创新企业和企业家精神的苗圃

2015年开始，深圳市已经累计建设国家、省、市级重点实验室、工程实验室、工程研究中心、企业技术中心等各类创新载体1283家，建成了科技企业孵化器67家和科技创新资源共享平台，在移动互联、机器人、基因、北斗卫星导航等领域建立了45个产学研资联盟，与科技部共建国家技术转移南方中心，培育和成长了一批具有创新精神的企业和企业家。实现了创新、创业、创客、创投的"四创联动"。发展到2020年，深圳已累计建成国家、省、市级的重点实验室、工程实验室、工程研究中心等创新载体1877家，其中国家级114家，覆盖了国民经济社会发展主要领域。

4. 完善产业配套体系，发挥供应链优势，降低企业和企业家成长成本

近年来，深圳继续发挥其制造优势，鼓励企业实现产业跨界融合，推动制造业服务化、服务网络化，不断向全球价值链上下游拓展，延伸产业链条，持续夯实自身制造业基础和体系以及供应链管理能力，极大地降低了企业家创业创新成本，最大限度地激发了企业家精神。以智能手机为例，深圳华强北1公里范围内，可以找到所需的任何原材料，并且在不到一周的时间内完成"产品原型—模具制模—产品—小批量生产"的整个流程，成本可能仅相当于硅谷的1%~5%。同时，深圳发达的金融产业也为深圳企业创新创业提供强有力支持，深圳号称中国创投之都，集中了全国1/3的创投机构和创投资本，可满足不同类型创业者、处于生命周期不同阶段企业的融资需求。

5. 积极推动企业"内引外联"，培育成长一批充满活力的全球化企业家

深圳市坚持"引进来"与"走出去"相结合，引进、培育成长一批创新活力强的全球化企业家。引进来方面，首先，主动整合全球创新资源，吸引了微软、英特尔等一批跨国公司和研究机构在深设立研发中心，推动深圳向全球性科创中心转变。其次，推进"孔雀计划"，引进全球高端人才，同时与莫斯科大学、清华大学、加州大学伯克利分校等名校合作，助力企业家培养和成长。再次，积极推进区域创新协作，推进"深港创新圈"建设，推动深港两地研发设施、检测平台等创新资源合作共享。走出去方面，首先，广泛开展国际创新合作。积极参与中微子实验国际合作项目、国际基因组计划等国际大科技计划，提升自身科研水平和协同创新能力。其次，推动深圳本地的龙头企业"出海"，成为国际市场弄潮儿，吸纳整合全球创新资源。华为、中兴、腾讯、创维、迈瑞等均在海外设立了研发和创新中心或并购产业链中的外国创新企业。

五、吉林省激发和保护企业家创新精神的对策

改革开放以来,吉林省虽然也有一批优秀企业家在市场竞争中迅速成长,一批具有核心竞争力的企业不断涌现,但和发达省份相比,具有创新精神企业家的数量和质量差距很大。而制约企业家创新精神发挥的环境制度问题突出,这是造成吉林省经济社会发展落后的最主要原因之一。经济新常态下,吉林省面临着结构调整、产业升级、动力转换等诸多问题,比任何时候都亟须呼唤企业家创新精神。为解决问题应对挑战,激发和保护企业家创新精神,增强经济活力,提出如下对策建议:

(一) 处理好虚拟与实体经济的关系,遏止企业家精神异化趋势

深化住房制度改革,加强人才安居政策的顶层设计,建立分层次、多渠道、广覆盖、规范管理的住房保障体系。在发挥市场"无形的手"调控房价之时,政府应积极运用"有形的手",新增建设用地供应倾斜,加快推进保障性安居工程建设等多种措施来应对当前房价之困,有效应对房价上涨对企业家精神的冲击。

应切实处理好虚拟经济与实体经济的关系,着力防范化解房地产、金融等虚拟经济膨胀风险,促进房地产和金融平稳健康发展,抑制过度投机,提高虚拟经济服务实体经济和企业发展的质量和效率,决不能"脱实向虚",更不能"自娱自乐"。

多措并举帮企业降成本增效益,助力企业创新创业。严格落实国家全面清理规范涉企收费措施,实行涉企行政事业性收费目录清单管理,清理规范行政审批中介服务收费和涉企经营服务性收费。加强就业服务,降低企业招工成本。落实国家降低制造业增值税税负政策、支持中小微企业及高新技术企业等税收优惠政策。鼓励金融创新,提高企业直接融资能力,减轻企业融资成本,完善中小微企业投融资机制。推进电力、油气价格改革,降低电力等生产要素成本。支持物流行业技术创新,加快物流基础设施建设,降低企业物流成本。

(二) 加大知识产权侵权打击力度,推进权利维护便利化

实行更加严格的知识产权保护,完善快速维权机制。加强重点领域知识产权执法,加大侵权行为查处打击力度,提高侵权法定赔偿上限,将故意侵犯知识产权纳入社会征信体系。依法查处滥用知识产权排除和限制竞争等行为。对国外和国内企业和个人知识产权一视同仁、同等保护,平等给予国民待遇。探

索与我国存在经贸关系的国家建立知识产权维权协调机制，加大企业海外知识产权维权援助力度。

简化审查和注册流程，实现知识产权在线登记、申请和审批，降低知识产权申请和维护费用。进一步加大简政放权步伐，积极运用互联网等技术手段，建设知识产权信息和运营交易服务平台，推动知识产权申请和保护的便利化，降低知识产权申请和维护成本，为激发企业创新热情提供机制保障。

加强司法部门办理知识产权侵权案件的信息披露和监督，切实降低维权成本。以提高知识产权办案质量和效率为核心，建立司法部门办理知识产权诉讼的信息披露机制，鼓励司法部门运用互联网、新闻媒体等各类平台，及时披露办案进展，以便维权者及时掌握办案动态，便于后者监督，进而缩短维权周期和降低成本。

（三）依法保护企业家的财产权、自主经营权等权益

全面落实省委、省政府关于完善产权保护制度依法保护产权的实施意见。建立省产权保护联席会议制度，加强对产权保护工作的组织领导和统筹协调。在产权保护的立法、执法、司法、守法等关键环节着力，加快建立健全产权保护长效体制机制，依法及时惩治侵犯产权的违法犯罪，有效保护各种所有制经济组织和公民财产权。严格区分经济纠纷与刑事犯罪，慎用强制措施。加强产权保护相关法律法规的宣传教育，推动形成依法保护产权的社会共识。

公正是法治的生命线。吉林省的司法机构要按照有错必纠的要求，抓紧甄别纠正社会反映强烈的产权纠纷申诉案件。对涉及重大财产处置的产权纠纷申诉案件、民营企业和投资人犯罪的申诉案件，经审查确属事实不清、证据不足、适用法律错误的，依法及时予以纠正并赔偿当事人损失。对确因国家利益、公共利益或者其他法定事由改变政府承诺和合同约定，造成企业家合法权益受损的，依法依规给予公平合理补偿。

（四）构建良好的政府和市场关系，营造更好的企业家成长环境

建立健全激发和保护企业家精神的规则体系。应积极借鉴发达国家和中关村促进企业创新创业的经验，不断充实完善企业家成长的规则体系，通过制度、理念等创新，打造亲企业家制度环境。

全面实施公平竞争审查制度，清理、废止按照所有制不同类型制定的市场主体地方性法规、规章，有序清理和废除妨碍全国统一市场和公平竞争的各种规定和做法，保障企业家公平竞争权益。

加快简政放权步伐，推动政府职能转型。深化行政审批体制改革，进一步

简政放权,做好放管服工作。建立健全市场准入负面清单制度,确保不同市场主体平等进入负面清单以外的领域。深化商事制度改革,创造良好营商环境。加快竞争政策和市场监管体系建设,落实公平竞争审查机制和制度,最大限度减少政府对市场和企业的直接干预。

完善公共和行业信用信息系统,建立企业家个人信用记录和诚信档案,通过省市公共信用信息共享平台或者行业部门依法开展信息交换共享和应用。在行政管理中实行信用报告信用承诺和信用审查。建立以"红黑名单"为核心的联合激励与惩戒机制,健全诚信典型"红名单"和严重失信主体"黑名单",将企业家良好信用状况作为各类行政许可的参考条件,对列入"黑名单"及失信被执行人等严重失信主体依法依规实施惩戒。

全面实施在监管过程中随机抽取检查对象,随机选派执法检查人员,抽查情况及查处结果及时向社会公开,实行"两随机、一公开"监管,对执法职能相近、执法对象相同、执法方式相似的执法部门进行机构和职能整合,做到市场监管及其他行政执法事项随机抽查全覆盖。出台《关于深化行政执法体制改革推进综合执法的指导意见》。

推动综合创新生态系统的建设和升级。发挥政府牵线搭桥作用,培育更多创业创新平台和载体,扩大市场配置创新资源的范围,鼓励企业创业创新,加强"四创"联动,推动综合创新生态体系提质升级。

(五) 营造尊重和激励企业家干事创业的社会氛围

进一步规范政商交往,构建公职人员和非公企业沟通交流机制,推行联系服务非公有制企业制度,完善重点企业挂钩帮扶机制,用亲商、安商、护商增强非公有制企业发展信心。引导更多民营企业家成为"亲""清"新型政商关系的模范,更多国有企业家成为奉公守法守纪、清正廉洁自律的模范。出台《关于推动构建新型政商关系的意见》。

营造鼓励创新、宽容失败的文化和社会氛围,对企业家合法经营中出现的失误、失败给予更多理解、宽容、帮助。树立对企业家的正向激励导向,充分调动企业家的主动性、积极性和创造性。对国有企业家本着专业审慎原则,出于公心、不谋私利、担当尽责、按程序决策、按制度办事、依法依规经营,确因难以预见的市场变化、创业创新风险、突发事件、不可抗力等因素,造成的未危及企业生存和持续经营的风险事件或资产损失,建立健全容错纠错机制。积极探索省属企业市场化选聘经营管理者工作,探索职业经理人制度,完善中长期激励机制,实行市场化选聘、契约化管理、市场化退出。

加强对企业家的社会荣誉激励,增强企业家的荣誉感。持续开展全省非公有制经济人士优秀中国特色社会主义事业建设者、百名优秀企业和企业家等评选表彰活动,总结优秀企业和企业家的典型事迹,在全社会形成尊重企业、尊重企业家的良好氛围。

加强对优秀企业家先进事迹和突出贡献的宣传报道,展示优秀企业家精神,凝聚崇尚创业正能量,营造尊重企业家价值、鼓励企业家创新、发挥企业家作用的浓厚氛围。充分发挥先进典型示范引领作用,结合纪念改革开放40周年,宣传一批优秀企业家典型。

(六) 加强优秀企业家培育和规划引领

企业家在吉林省是稀缺资源,他们是财富的创造者,是特殊的社会群体,承担着重要的历史使命。建设一支有远大理想、有国际视野、懂经营善管理的企业家队伍,关乎着吉林省经济未来能否持续健康发展。培育企业家队伍必须从两方面入手,内练素质,外造环境,对症下药,狠抓落实。作为党委和政府,要把加强企业家队伍建设当作一个系统工程来抓,服务企业,积极引导,营造环境。一是加强企业家队伍建设规划引领。二是发挥优秀企业家示范带动作用。三是强化优秀企业家精神研究。四是加强企业家教育培训。

特别是要完善全省企业家人才培训体系,整合各类培训资源。推动省属企业与央企、兄弟省市国有企业共建共享培训资源。推动省属企业与省委党校、重点高校、高职院校等合作,建设专业化合作教育平台。组织举办吉林国有企业系列大讲堂。实施民营企业家素质提升工程,重点加强对优秀民营企业家的培训,加强对年轻一代非公有制经济人士的教育培养。深入实施"科技企业家培育工程",培育建成一支具有全球视野、战略思维和持续创新能力的科技企业家队伍。

我们正处在创新时代,创新是社会进步的核心动力,但任何创新都是思想先行,政策支持。没有新的思想就没有新的目标、没有新的技术,更没有新的产品。

(关云芝,吉林省委党校、教授;陆琳,吉林省委党校、教授;刘鹏,吉林省委党校、副研究员;黄书丽,吉林省委党校、研究员。)

新时代实用型职业技能人才开发培养与使用模式研究[*]

孙守鹏　梁立学　纪　彬　孙　璐等

一、研究背景和时代意义

（一）研究的背景

职业教育是现代国民教育体系的重要组成部分，是技术技能人才产生与成长的摇篮，担负着开发培养新时代工业、农业、服务业所需技术技能人才和高素质劳动者的重要职能任务，在实施和推进人才强国及其制造业强国、交通强国、航空航天强国、信息强国、数字强国战略过程中具有特殊的地位和作用。改革开放后，尤其是党的十八大以来，以习近平同志为核心的党中央高度重视职业教育。习近平总书记在不同会议、不同场合或考察相关中、高职院校的过程中，对大力发展现代职业教育、开发培养新时代需要的成千上万高层次技术技能人才和上亿计高素质劳动者，做出了一系列重要讲话、论述、指示和批示，为我国新时代职业教育改革与发展指明了方向，提供了遵循。党中央、国务院也先后颁发了有关职业教育改革与发展实施方案、加快发展现代职业教育的意见等。尤其是2021年，国务院又颁发了有关新时代推动职业教育高质量发展的意见。同时，教育部和辽宁省人民政府签署了整省推进新时代辽宁老工业基地振兴教育事业高质量发展的实施意见等。这些都对我国新时代的职业教育改革与发展做出最新部署，提出了新的更高要求。

营口市农业工程学校是1958年创立的中等职业技术学校，至今已有63年的历史。改革开放后，尤其是党的十八大以来，学校领导班子以习近平总书记关于大力发展现代职业教育的一系列重要讲话精神，以党中央、国务院有关深化职业教育改革等一系列文件部署、要求为遵循，在中等职业教育的改革与发展中，大胆尝试、勇于创新，积累了一些值得总结的成功经验。同时，仍存在

---

[*] 本文为中国人才研究会2021年度立项课题。批准编号：ZRH—2121。

一些差距和难以解决的问题。

本研究，试图通过系统总结本校中等职业教育改革与发展的主要经验与成果，深入查找中等职业教育改革与发展中遇到的新情况、新矛盾、新问题，并以我校的经验与问题为"蓝本"，向上级相关部门或领导提供新时代实用型职业技能人才开发、培养与使用新模式的对策建议。正是基于上述背景与思考，我们在中国人才研究会及其专家的指导下，开展了深入研究。

（二）研究的时代意义

1. 贯彻落实习近平总书记大力发展现代职业教育和党中央、国务院关于加强职业教育高质量发展的部署、要求的迫切需要

近年来，我国在职业教育改革与发展中虽然取得了举世瞩目的成就，但从总体上讲，职业教育仍是我国现代国民教育体系中的薄弱环节，远远不适应新时代我国经济高质量发展的需要。特别是我国已进入新的发展阶段，大力构建新发展格局。如何提质扩容中等职业教育？如何把中等职业教育与高职教育、本科职业教育融会贯通，既为中等职业教育学校提供改革与发展的新路径、新模式，又为中等职业教育学校毕业的学生提供进一步成长发展的机会和平台，探索出一条中等职业教育学校创新发展之路。习近平总书记关于大力发展现代职业教育，创新各层次各类职业教育模式以及党中央、国务院相关文件的部署，是研究的指南。可以说，本研究，正是贯彻落实习近平总书记及其党中央、国务院新时代部署的迫切需要。

2. 推动制造业强国目标实现的迫切需要

建设现代制造业强国，推进我国工业、农业和服务业现代化，是我国新时代经济高质量发展的战略任务。我国要走出一条科技含金量高、经济效益好、资源消耗低、人力资源优势强的发展道路，这都给人力资源结构优化及其现代素质能力提升，提出了新的、更高要求。从目前状况看，我国工业、农业、服务业一线的从业人员素质能力相对较低，特别是急需的技术技能人才缺乏的问题更为突出，已成为我国制造业升级换代、新兴产业发展的桎梏因素。我国虽是制造业大国，但还不是制造业强国。我国的制造业技术及其技能人才，与发达国家比，还存在较大差距。研究新时代现代职业技术技能人才开发培养的新路径和新模式，大力开发培养我国经济高质量发展急需的职业技术技能人才，已成为我国工业现代化、农业现代化、服务业现代化的迫切需要。

3. 促进我国高质量就业的迫切需要

就业问题一直是我国面临的不可回避，但必须解决好的问题。在我国众多的社会劳动力中，包括高校毕业生找不到合适的工作，甚至毕业就失业，而我国众多的用人单位也很难找到急需的技术技能人才。一个很重要的原因，就是我国的社会劳动力的现代素质能力，远远不适应新时代企业生产与发展的需求。因此，要提升就业率，让更多的社会劳动力，特别是高校毕业生及时就业，充分就业，就必须强化职业教育，尤其是从强化中等职业教育，加速中等职业教育提升扩容做起。由此可见，促进我国社会劳动力，尤其是高校毕业生高质量就业，应是本研究的重要任务。

4. 打通中等职业教育提质扩容渠道的迫切需要

以营口市农业工程学校为例，学校的建设与发展已有63年的历史，为本地经济发展在提供技术、技能、人才方面作出了巨大贡献。但自从高职院校扩容以来，中等职业教育学校面临招生困难、毕业生成长发展渠道狭窄等严重问题。这对新时代中等职业教育学校的生存与发展带来了太多不确定性。开展本研究，正是试图通过中国人才研究会及其专家的指导，探索出一条中等职业教育学校改革与发展的路径与模式。

二、新时代实用型职业技术技能人才开发培养的成功做法与经验

（一）新双元制的教学改革德国模式移植与创新

1. 移植与创新背景

在国家大力发展职业教育的形势下，"工业4.0"中"制造2025""一带一路"新的历史环境和伟大契机，对职业教育模式和人才培养质量提出了新的要求和挑战。以营口市农业工程学校为例。该校在2014年3月开始双元制培训中心的建设，2016年作为营口市政府教育教学改革重点项目同德国工商大会上海代表处合作，正式挂牌成立中德（营口）培训中心。在党和国家职业教育深化改革部署和要求下学校在引进德国双元制教育模式的基础上，借鉴双元制教学理念，并在汽车维修专业实施双元制本土化教学，推进职业教育的供给侧结构性改革。在立足加强校企合作，促进产教融合，吸收德国双元制职业教育真谛的基础上，通过"学习理念—借鉴精髓—创新发展"的本土化思路，多年来，双元制教学模式在该校落地生根、创新发展。不仅开创了营口乃至辽宁地区双元制本土化教学的先例，而且取得了很好的教学效果，提高了教学质量，更提升了办学效益。

2. 移植与创新内容

（1）双元制职业教育模式的本土化创新。双元制职业教育被誉为德国经济发展的秘密武器，在国际职教界久负盛名。但是，由于国情的差异，在国内

很少有企业像德国企业一样主动参与学校人才培养。也因此不管从形式还是实质来看，都因缺少了企业"元"的参与而使得双元制的实施难以为继，因此很多人认为双元制模式在中国是难以推行的。但是，经过研究分析认为，只要能保证在学生学习、培训过程中，为其提供与企业类似的生产环境、工作内容、制度标准等，不管与双元制是否完全形似，都可以起到双元制职业教育模式的本质效果。事实也是如此，不能只是简单模仿德国双元制的形式，而是认真研究其精髓，借鉴双元制跨企业培训中心的培训模式，以学校为主体，充分并利用已有的资源优势，申请政府支持，吸引企业参与，对原有的实训中心进行重新规划和改造，建成了双元制培训中心，补足了双元制中的企业"元"，体现了双元制职业教育的本质特征，使双元制教学模式的实施有了基础保障，走出了双元制本土化人才培养模式的创新路。

（2）行动导向教学——职业教育提高人才培养质量的最佳途径。

①行动导向教学的秘密。德国经济腾飞的秘密武器是双元制职业教育，双元制职业教育的秘密在于行动导向教学方法。行动导向享誉全球，被普遍认为是最先进的职业教育理念，至少通过九种语言平台国际推广。那么，行动导向教学法的秘密和法门是什么呢？其实就是——为了行动而学习；通过行动来学习。

"为了行动而学习"的"行动"是指具体的工作（学习）任务，该任务可大可小，具有明确的针对性和目的性。

"通过行动来学习"的"行动"是指完成工作（学习）任务的全部活动过程，包括个体活动、集体活动，也包括思维活动、肢体活动等。如果将"通过行动来学习"理解为在活动中学会了相关知识和技能，是非常片面的，这只是行动导向教学的冰山一角。在活动中习得学习方法、学会组织、计划、交流、合作、展示、表达等方法能力和社会能力，这才是行动导向备受青睐的魅力所在。

②行动导向的教学方法和教学形式。双元制培训实践中我们依据行动导向原理精心设计工作任务、学习任务，以学生为中心广泛采用项目教学法、任务驱动教学法、案例教学法、展板法、讨论法等行动导向教学法，以小组学习的方式，结合独立学习、探究学习、参与式学习的学习形式，充分发挥学生的主观能动性，使学生在完成工作（学习）任务，习得专业能力的同时习得了相应的组织、计划、沟通、合作、表达等跨专业能力。

③行动导向教学的实施过程。为了使学生能够适应行动导向教学过程，培养学生的学习能力和社会能力，我们在教学设计与教学实施中一直遵循咨询、决策、计划、实施、检查、评价这一完整的行动模式，这就使学生们能从具体

变化的工作过程的要素中，把握其相对固定的工作步骤，从而使学生获得一个完整的思维能力训练，习得一个指导行动的思维方法，进而使这一完整的行动模式能够始终显性和隐性地存在于学生一切工作过程之中，为学生能够适应未来不断变化的职业技能和职业环境打下扎实的基础，实现职业教育终身发展的宗旨。

（3）学习领域课程——产教融合的有力抓手。

①学习领域课程模式。学习领域是德国双元制职教模式下课程的一次重大改革，学习领域的课程模式以典型的职业工作任务为核心组织与建构教学内容，是一种跨学科的课程设计。传统双元制职教以培养学生的适应工作环境的能力为主要目的，学习领域课程模式以培养学生建构或参与建构工作环境的能力为主要目标。学习领域的课程模式使德国职业教育再度成为经济发展的助推器。

②学习领域课程设计与开发实践。营口市农业工程学校汽车双元制学习领域课程开发按照汽修岗位典型工作任务分析—行动领域归纳—学习领域设计开发—学习情境设计开发的总体思路。突破了"学科体系"的束缚，对学科体系课程重新解构与重组，选择与专业相关的职业活动体系中具有代表性的职业行动领域，通过适合教学的学习情境将其具体化，增加了车辆检查、车辆操作、手动加工、汽车改装与加装以及设备使用、安全法规、技术标准等相关内容，总计15个学习领域，并将企业的培训计划有机融入，使职业培训更加贴近生产实践。学习领域及学习情境的组合充分分析了实践岗位工作情境、作业频率、难易程度、学生认知规律等因素，按照从简单到复杂、由单一到复合的原则科学排列，保证培训计划的顺利实施。

③学习领域课程实施。学校学习领域课程的实施坚持行动导向的教学原则，针对每一个具体真实的工作任务分组实施，充分体现学生主动学习、自主学习的特点，发挥学生为主体、教师为主导的作用。采用基于问题的探究式、讨论式、参与式等学习方式。注重学生个性化培养，注重学生独立思考能力、创新能力以及动手能力的训练。使学生不仅能够胜任岗位工作，且知识层次、职业素养以及职业能力、创业能力、创新能力均获得全面提升。

④实施学习领域课程模式的成效。学习领域课程从职业岗位实际出发，将企业岗位工作任务、技术标准、培训计划等有机地融入学校培养目标中，提高了人才培养的目标、规格、质量，使职业教育更加贴近生产实践，促进了校企合作、产教融合。

"学习领域"课程模式以采用"行为导向"教学法为主，为培养学生的"核心能力"构建了最自然的学习环境。在教学活动中，学生小组内有合作，小组间能互助。这样的课程模式和教学方法使学生的主体地位得到真正的体现，教师能充分尝试导演和咨询者的角色，为学生的知识能力、专业能力以及社会能力的培养开拓了新的途径。

教师在实践中运用了先进的职教新理念。从学习领域的构建、学习情境、任务的设计开发到教学实施，教师必须深入了解和掌握相应专业规范及具体实践操作等。教学中教师与学生所处空间环境的改变、角色的调整让教师更了解学生的情况，可以让每一个学生学有所获。学习领域教学过程也是"双师型"教师培养及成长的过程。专业教师与实训教师的结合，打破了理论教学与实训教学相互独立的状态，在教学中相互学习、促进、取长补短，理论教师锻炼了技能，实训教师提高了专业理论水平。按"工作过程"建构学习领域课程模式促进教师相互合作交流、师生之间交流合作。教师团队的专业水平、教学能力得到了广泛提高。

本土化的双元制职教模式是德国双元制的创新和实践，借鉴和运用的是其精髓，即行动导向的教学观和学习领域的课程观。这种教学模式以提高学生综合职业能力为培养目标；通过"明确的任务"激发了学生的学习动力；以真实的工作任务增强了学生的学习兴趣，在"行动"中的学习更加符合学生的认知规律。学习过程成为一个人人参与的创造实践活动，注重的不是最终的结果，而是完成工作的过程，学生在自己的"工作过程"中获得了成功的喜悦。锻炼和培养了学生的安全意识、环保意识、规范意识、质量意识、合作意识以及工匠意识等，提高了学生的综合职业能力，更提高了人才培养的整体质量。

（4）一体化教学促进产教融合。本土化的双元制教学模式与德国双元制教学模式虽不求貌似，但力求神合，借鉴精髓，创新实践，教学实施中科学设计任务，精心设计教学过程，实现了理论与实践一体化、学习任务与工作任务一体化、学校场景与工作场景一体化、学习过程与工作过程一体化的教学情境，教学过程充分融入了企业工作任务、技术标准、生产流程、质量管理等企业元素，促进了产教融合。

（5）大赛培训与教学相结合，培养工匠精神。全国职业院校技能大赛在提升职教影响力、改革人才培养模式、推进校企合作等诸多方面起了很大的积极作用，但部分学校为追求成绩而将本该是"以赛促学，由点带面，全面提升"的技能大赛搞成了"有点无面"的"应赛教育"，背离了大赛的初衷。

营口市农业工程学校在双元制本土化实践中，将技能大赛培训与双元制培训相结合，设备、师资等资源共享，将技能大赛比赛项目、技术标准、考评标准、培训经验等资源融入双元制培训中，同时也将双元制的行动导向教学方法、课程模式运用到技能大赛的培训中，面向更多的学生展开培训，以赛促学，以赛促教，培养学生的竞赛意识、创新意识、工匠意识，学生的专业技能和综合职业素质普遍提高，教师团队整体水平逐步提高。

3. 移植与创新应用及效果

（1）双元制培训中心高效运行，功能拓展。该校双元制培训中心建成以来，一直高效运行，保证了双元制培训顺利进行，并在假期对非双元制班学生进行职业岗位技能培训，促进学生职业能力水平整体提升。培训中心承接了学校实习实训车辆、教职工私家车辆、校外车辆的维护与维修业务，使学生们开阔了视野，提高了专业技术技能水平，提高了分析问题、解决问题的能力。

几年来该校汽车双元制培训中心先后承办了央企港务集团维修技术大比武，辽宁省总工会技能大赛和历年的学生及教师参加省级、国家级技能大赛。得到政府与央企港务集团的高度好评和良好的社会反响。

（2）人才培养质量显著提高。该校在双元制本土化的人才培养模式实践中始终坚持一个中心（综合职业能力）、两个基本点（行动导向教学观、学习领域课程观）、三个能力（专业能力、方法能力、社会能力）、六个步骤（完整的行动模式），取得良好的教学效果，人才培养质量显著提高。学生 AHK 考试通过率达 90%，各级技能大赛中表现突出，成绩优异，营口、盘锦港务集团，凌志、奥迪 4S 店等多家企业均表示吸收学生就业意向。

4. 移植与创新成果应用前景

该校成果立足于提高人才培养目标和规格，致力于提高人才培养质量，具有很强的针对性、系统性和实用性，在双元制本土化创新实践、教学实践、课程体系建设、产教融合等方面取得重大的人才培养效益。经过我校本土化的双元制职教模式，深化与拓展了职业教育的内涵，对中等职业教育提高人才培养质量具有极大的参考价值和推广意义。

（二）校企合作和产教融合的联盟模式实践与完善

在营口市政府、营口市人力资源和社会保障局和营口市退役军人事务局的大力支持下，由营口市农业工程学校牵头建立营口市农业工程集团将"营口市站前区退役军人创新创业就业孵化基地"引入集团范围，设立综合服务办公窗口，借助集团资源优势，围绕优化城市发展资源，针对企业培育和企业家培养需求，积极提供就业创业培训和企业管理、市场开拓、金融服务、国际贸易等各类功能性服务，总体上具备了齐全的就业创业服务功能，并通过优化的政策环境和基础条件，吸引一批创业创新成果到基地孵化；引进一批企业、资金和技术，加速与国际接轨，形成"聚集"效应，走出多元化、市场化、效益化、专业化、资本化、品牌化、网络化、国际化的发展之路，充分利用各种社会资源，为包括退役军人在内的创业者提供支持。

1. 联盟合作的方式与投入

集团成员学校占地面积592亩，总建筑面积20.7万平方米，校内实训基地总面积达2.2万平方米，有满足实践教学需要的校内外实训基地25个，设立汽车运用与维修、机电、数控技术、港口机械、冶金、焊接等涉及一、二、三产业的专业共十大类、27个专业，建有各类职业技能实训基地40多个、培训中心5个，形成国家级职业技能教学优势专业1个、省级职业技能教学优势专业3个。累计为营口地区乃至辽宁经济建设，特别是老工业基地振兴培养各类职业技能人才6万余名，已成为辽南地区经济社会发展的人才培养基地。

集团学校投入资金3600万余元，建成新型工学结合实训教室20个，其他各类实训室52个。其中，汽车运用与维修、船员专业实训基地被教育部、财政部认定为国家级中等职业教育实训基地，船员实训工作被交通运输部列入"浪花计划"；机电专业、数控专业、港口机械专业被认定为有教学和产品的省级校内实训基地。除建有80个工位的钳工车间、30个工位的焊工车间、配置先进的计算机房3个外，集团成员学校还设有颇具特色的专业实训基地4个，学教室等8个实训室，主要先进设备132台（套）。

集团现有在校学生12000余人。作为集团主体的营口市农业工程学校，有教职员工200余人，本科学历教师达100%，研究生学历教师41人。其中专任教师134人，双师型教师65人；国家级名师1人、辽宁省级名师4人；正高级职称9人、高级职称42人、中级职称32人。集团学校先后从中央、省、市有关部门和相关职业教育服务、就业创业服务、人力资源和社会保障服务、人才研究等社会团体聘请专家50余人，建立了智库，定期或不定期地开展就业创业、职业教育、知识更新、技能转换和人才人力资源开展培养等多种形式的咨询和培训。

为提高教育培训和推荐就业质量，集团建立了健全的服务保障制度。一是建立了一整套完善的从职业文化培训到就业创业指导、用人企业和就业岗位体验适应性实训，再到专业技能培训，最后推荐就业的培训制度。二是建立了完备的社会名优教师、学校教学名师培训退役军人现代学徒制度。三是建立了严格的退役军人岗位技能培训全军事化管理制度。四是建立了退役军人就业创业典型总结宣传制度。五是探索建立了退役军人创业孵化制度。

2. 联盟合作共建退役军人就业创业基地模式与内容

（1）就业服务项目。

①人力资源：为退役军人登记求职信息，孵化基地工作人员为有就业需求

的退役军人筛选合适的就业岗位,与相关企业联系洽谈,推荐就业。跟进退役军人的就业情况,收集反馈信息并记录在档。

②技能培训:为退役军人提供技能培训服务,培训项目包括平面设计、室内装潢设计、视频拍摄制作、自媒体运营、办公全能培训、维修电工、车工、钳工、焊工、数控车工、建筑测算员、叉车驾驶与维修等,培训结束后推荐就业。

(2)创业服务项目。

①政务代理:帮助创业的退役军人做好公司成立之初相关注册登记、税务登记、特行准入等有关政府程序的事务代理服务。

②财税代账:为退役军人提供专业的财税代账服务。

③科技服务:为退役军人提供技术成果转化服务(如商标注册、申请版权等)。

④融资贷款:为退役军人提供市场对接,银行资金渠道(如抵押贷、信用贷等)。

⑤项目宣传:为退役军人创业项目提供宣传服务,宣传平台包括营口站前区创新创业就业孵化基地公众号、营口创新创业孵化器抖音、快手官方平台。

⑥人力资源:为退役军人创业企业提供人力资源服务,帮助解决用工问题。

⑦策划咨询:为退役军人创办的中小企业提供产业政策、市场预测、可行性研究以及投资概算和人才设备等创办初期的策划咨询。

⑧创业指导:基地不定期举办各种沙龙活动,邀请创业导师为参会的退役军人进行创业辅导、管理培训、创业指导,为在各行各业创业的退役军人提供更多的交流机会,分享成功经验。

3. 政策扶植与措施创新

(1)退役军人培训补贴优惠政策。

①退役军人职业技能和专项能力培训补贴。参加职业技能水平资格培训的退役军人,凡通过等级职业技能鉴定并取得职业资格证书的,分别给予2000~5000元不等的资金补贴。

②疫情期间退役军人职工线上培训补贴。在疫情期间,凡企业在职的退役军人参加学校或培训机构线上培训专业课程,达到30学时,并经考试考察成绩合格者,每人培训补贴资金1000元。

③企业退役军人职工内训补贴。参加企业内训的退役军人职工,凡达到岗位或专业培训时限的,每人内训补贴400元。

(2)退役军人促进就业优惠政策。优先提供求职择业信息。积极组织就业洽谈，联系企业提供岗位并推荐就业，对有就业意愿的退役军人进行"一对一"的跟踪服务。

优先提供创业帮扶服务。项目涵盖创业注册登记、税务登记、特殊准入等事务代理、财税代账、科技服务、融资贷款、项目论证、政策咨询、创业指导和进入创业孵化基地扶持等全方位的服务和支持。对创业项目进行跟踪服务，提供50万~300万元的项目贷款，并提供贷款担保、贷款贴息等优惠政策。

（3）大力宣传退役军人就业创业典型。对经过集团学校培训、推荐到企业就业的退役军人中成长发展快，对企业发展作出突出贡献的，通过新闻媒体进行宣传，并给予相应的奖励，大力宣传退役军人的创业项目及其成果。举办创业论坛，交流退役军人创业经验。目前，已为700余名退役军人提供了就业创业咨询和指导，举办了20余场退役军人创业沙龙、10场资金对接会和10场创业论坛。

4. 基地运营绩效

自2010年开始，集团学校先后与辽宁省民政厅退役士兵安置就业中心、辽宁省退役士兵就业指导中心、营口市退役士兵就业培训中心、营口市退役士兵就业指导中心和营口市退役军人服务中心等单位签订退役士兵培养协议、委托就业培训协议20余份，并建立了退役军人就业创业战略合作伙伴关系。在近10年的退役军人培训工作中，集团学校摸索出了一套从职业文化培训到就业创业指导，到用人企业、就业岗位体验适应性培训，再到专业技能培训，最后推荐就业岗位的系统的培训流程。针对退役军人的特点，集团学校还聘请社会名优教师和学校教学名师担任授课教师，增加实践动手课程量，在实践中学习理论，手把手传授技能，使退役军人能够更快地掌握专业技能。在管理上，集团学校实行全军事化管理，配备精良人员担任退役军人管理工作，在10年的退役军人培训工作中没有出现一起违纪事件。

近三年来，集团学校培训退役军人3000多人，取得了电工证、焊工证、数控操作工证、汽车修理证、汽车驾驶证、特种车辆驾驶证、1+X证、船员证等专业技能证书。通过集团学校的技能培训、就业指导、就业推荐等工作，绝大部分找到了理想的工作岗位，收入可观。

5. 联盟合作示范效应情况

营口市农业工程学校自20世纪90年代就按照以培训为基础、以就业为导向、以服务为宗旨的办学理念，积极探索"校企合作、集团化办学、国际化办学"的培养学历+技术+技能的复合型人才之路，围绕企业、市场需求办学，与企业展开合作，坚持学校和企业共同面试、共同培养，实现了招生即招工。为适应市场发展和就业形势，组建了以营口市农业工程学校为主体，多家企业、中职学校、社会人才服务机构参与的营口市农业工程职业教育集团，与沈阳、大连、营口、鞍山等地几十家大中型企业建立了合作关系，成为营口港务集团、鞍钢汽车运输有限公司、新东北电气集团、辽宁红运集团等多家企业首选的人才培养基地，并与吉林大学、沈阳理工大学、辽宁省果树科学研究所、辽宁省能源研究所等多家科研院所合作，提供高端技术支撑。

（三）船员培训中心混合所有制改革的实践与研究

1. 船员培训中心建设背景

（1）政府支持。

①2016 年营口海事局考虑到营口市农业工程学校之前有航海教育的办学经验，又是职业教育联盟发起人，以及学校雄厚的办学实力，2016 年 6 月 22 日营口海事局下发营海便函【2016】19 号文件，同意营口市农业工程学校成立船员培训机构。

②教育事业的发展离不开政府的规划与支持，早在多年前辽宁海事局按照省政府五点一线建设的整体规划，就计划在营口地区建立一所航海类的培训机构，2017 年投巨资在营口海事局建设了现代化的海船船员无纸化考场，但由于一直没有成立培训机构，营口地区船员培训一直没有开展。

③2016 年 12 月营口市发展和改革委员会下发营发改社会【2016】651 号文件，关于营口市农业工程学校建设船员实训基地项目做出了批准，并同意项目资金投入 2500 万元。

④2017 年学校申请建设船员培养混合所有制办学，2018 年经第十六届市政府常务会议审议通过，营口市人民政府办公室下发营政办发【2019】3 号文件，把营口市农业工程学校建设船员培养混合所有制专业列为首批产教融合、校企合作和人才培训重点项目。

⑤2017 年至 2018 年期间辽宁海事局、营口市教育局、营口海事局等多位领导，就营口市农业工程学校成立船员培训中心事宜多次到校指导工作并召开会议。

（2）地区需要。营口位于环渤海经济圈与东北经济区的交界点，是距东北三省及内蒙古东四盟腹地最近的出海口，营口港是营口的核心资源，随着航运业的迅速发展，培养现代航运服务业技能型人才，是区域航运可持续发展的必要保障。

营口地区几千名海员的（含轮驳公司）职务晋升培训考试、知识更新培训、各种海事类的培训考试，都要到大连的培训机构完成，由于路途较远，食宿成本高，增加了广大船员与企业的负担，更重要的是耽误了作业生产。因此，营口急需建立一个高水平、现代化的以航海技术、轮机工程、船舶电子电气为主干专业，具有航运特色的职业教育培训机构。航运专业群的建设将为营口航运类人才培养，经济纵深发展打下坚实的基础，是符合营口、辽宁乃至东北腹地经济发展的需求的。

（3）具备航海教育经验。营口市农业工程学校2005年开始与大连海事大学继续教育学院合作，从事船员教育培训工作，培养航海类人才上百人，积累了丰富的航海类教育经验，培养的毕业生具备良好的综合素质，很强的实践动手能力，已成为营口港、盘锦港的带头人和骨干力量，为发展营口经济建设作出了贡献。

2. 成效

培训中心获得国家海事局批准两年来，积极开展各项培训，吸引了省内外学员到校学习，校企双方发挥各自优势，不断总结航海类教育办学经验，不断提高办学质量，服务地区港口及国内外航运企业。

（1）实施效果。

①值班水手培训共计开展7期（约260人，其中营口市退役军人23人）。2020年学校与营口市退役军人事务中心通过招投标，确定学校为营口市退役军人唯一的船员培训点。

②知识更新培训28期约1000人，其中包括鲅鱼圈港400余人、盘锦港220余人。解决了以往都要到大连培训所带来的路途较远、食宿成本高、船员与企业的负担重和耽误了生产作业问题。

③客船特殊培训5期约120人，包括大连海事大学继续教育学院学生20人。

④高级消防培训3期（约120人，其中鲅鱼圈港114人）。为港务局轮驳公司的员工提供了职务晋升培训考试服务。

⑤各项目考试平均通过率均位于行业前列，并且呈上升趋势。

基本安全培训：96.7%；精通救生艇筏和救助艇培训：88.8%；保安意识培训：95.9%；负有指定保安职责船员培训：96.4%；高级消防培训：98.3%；客船特殊培训：98.2%；值班水手培训：丙类85.2%，甲类62.1%。

⑥船员培训中心的成立带动了学校船舶驾驶专业的成立，目前共计两个班级45人。同时，2019年学校新聘在编航海类教师3名。

⑦2019年葫芦岛船舶职业技术学院一行，到我培训中心进行考察学习混合所有制办学模式。

⑧2020年上半年因新冠肺炎疫情的影响，全国船员培训机构均未开班，

能够参加航运的船员数量不能满足航运企业的需求，各航运企业急迫请求我船员培训中心开展培训，希望能够为其提供充足的人员保障，2020年下半年我培训中心连续开班5个培训班。

⑨2020年我校船员培训中心被列为交通运输部和退役军人事务部实施"浪花计划"所指定的首批培训机构之一，面向退役军人招生，为退役军人取得船员职业资格和就业安置提供平台。

（2）预期前景。

①目前开展的培训项目。合格证部分：Z01基本安全培训；Z02精通救生艇筏和救助艇培训；Z04高级消防培训；Z07保安意识培训；Z08负有指定保安职责船员培训；T06客船船员特殊培训；国际航行船舶船员专业英语。

试认证部分：C32普通船员（水手）岗前职业培训（11规则）。

②至2022年预计新增培训项目。为了更进一步服务营口港及周边港口、港航企业，2022年预计新增本港船船长、轮机长、驾驶员、轮机员船员适任培训项目；辽宁小型船船长、驾驶员、轮机长、轮机员、驾机员适任培训项目，Z05、值班机工适任培训项目、电子技工适任证培训项目。

③未来开设学历教育专业。开设水路运输与海事管理专业、国际航运管理专业、物流管理专业等延伸专业。根据国家一带一路的倡议部署，按照交通运输部发布的《关于中国自由贸易试验区试行扩大国际船舶运输和国际船舶管理业务外商投资比例实施办法》要求，为外资企业进入营口试验区，从事国际船舶管理业务，在全国率先培养出符合国际船舶管理业务所标准的一线工作人员，为营口、辽宁乃至国家建设世界航运管理中心培养专门的技术技能型人才。

④长远发展目标。建立营口国际海事学院。在国家海洋战略、海上丝绸之路发展的大背景下，国家海事局与东盟成员国的海事主管机关，陆续互签、相互承认，东南亚与南亚的学生，已经开始进入我国的海事教育培训机构学习，取得中国及巴拿马等国家的海船船员适任证书，为世界的海运事业服务。因此，我们的长远发展目标是：与相关主管机关、境内外企业、高校建立战略合作关系，设立营口国际海事学院，招收外国学生来校学习、培训、交流等；与国际办学惯例接轨，坚持"内涵、特色、效益"的总体发展战略，"走质量和特色之路"，以内涵提水平，以特色促发展，根据发展的需要，伺机启动新校区建设，扩展办学空间，优化育人环境，把营口国际海事学院建成营口乃至辽宁一流，具有全国影响力的现代船（海）员技术技能人才开发培养的摇篮。

三、新时代实用型职业技术技能人才开发培养存在的主要问题

尽管我国在职业教育改革与发展、大力培养职业技能人才上，取得令人瞩目的成效，并初步形成相关制度和政策体系，但与西方发达国家的职业教育水平比，还存在相当大的差距。加强现代化、职业化、专业化、智能化技能人才的开发培养，还有许多深层次的体制性、机制性、政策性障碍，亟待破除；现有的职业技能人才，无论在数量上、还是在质量上，还远不适应建设人才强国、互联网、科技强国及制造、质量、航天、交通、汽车等强国的时代需要。

（一）新修订颁发的《职业教育法》亟待落地见效

2022年4月22日，十三届全国人大常委会第三十四次会议通过了新修订的《中华人民共和国职业教育法》，并于5月1日正式实施。新版《职业教育法》的颁布与实施，为构建现代职业教育体系，多模式、多渠道、多层次开发培养我国新时代中国特色社会主义现代化建设事业急需的各类、各层次职业技术技能人才，从体制机制、政策措施、实施方案、落实保障等各个方面，均提供了坚强有力的法治保障。

过去10年，是职业教育向现代化迈进的关键10年。许多重要的新政策、新举措在这一时期诞生，如建设现代职业教育体系、确立职业教育类型地位、开发国家专业教学标准、建设产教融合型企业、试点现代学徒制、建设中国特色高水平高职学校和专业、推进职业教育高质量发展、构建技能型社会等。发展至今，可以用一句话来概括已有成就：职业教育已形成朝着现代化迈进的基本框架。这些年来，我国的现代职业教育改革与发展取得了举世瞩目的成就，但从整体上讲，职业教育仍是我国现代国民教育体系中的薄弱环节，远远不适应新时代我国科技、经济、社会高质量发展的需要。特别是现在我国已进入新发展阶段、大力构建新发展格局、推动国际国内市场双循环新的机遇与挑战期，中等职业教育如何提质扩容？如何把中等职业教育和高等职业教育、职业本科教育融会贯通，如何深入进行"职普融通改革"既为初高中教育、中高等职业教育的改革发展提供新途径、新渠道，又为初高中学生、中等职业学校学生提供进一步成长发展的机会与平台？如何加强社会职业培训机构建设，把院校职业教育与社会职业培训以及教育部门的职业教育与人力资源和社会保障部门的职业技能培训等有机结合起来？职业教育如何与国际接轨等，探索出一条符合新时代建设人才强国、技能强国需要的现代职业教育改革与发展新模式，这都是必须在贯彻落实新版《职业教育法》过程中抓紧解决的时代课题。

因此，必须尽快制定出台与新版《职业教育法》相配套的《实施细则》《落实办法》及其制度体系和政策体系，推动新版《职业教育法》及时落实见效，创新发展。

（二）新时代技能人才开发培养机制尚不健全

建立完善的新时代职业技能人才开发培养模式，必须建立职业教育行政部门和政府综合行政部门互为支撑、互为补充的运行机制。而职业教育部门和行政等部门必须明确各自的职责任务。根据新时代职业技能人才开发培养模式及其运行机制的要求，职业教育部门和行政管理部门等应有必须遵守的制度和准则，来保障职业技能人才开发培养规范化运作。在职业技能人才开发培养的运行机制下，虽然目前国家对职业教育改革与发展及职业技能人才开发培养在宏观层面做出了相关规定，但是在职业教育改革与发展及职业技能人才开发培养模式运行实施中，并没有有力的制度保障，整个运行机制尚不完善。

（三）新时代职业技能人才开发培养成效评估制度尚不科学

与新时代职业教育改革与发展相适应的职业技能人才开发培养成效评估制度不够科学、准确、其评价标准和方式方法需要进一步修订、完善。比如院校毕业生的政治、道德、知识技能及其水平的认定；学校毕业生高质量的就业率、自主创业率等的认定；毕业生在工作岗位技能适应性与稳定性的认定及其技能转岗就业适应性与工作角色转换的快速性等的认定；职业教育学校培养的大批毕业生在省、国家、国际上参加技能赛事荣获名次、荣誉的认定等。另外，"双证"等国家职业教育制度有待于建立或改进。时至今日，我国还没有与职业教育改革与发展特点相符合的水平评价与认可制度，致使职业技能人才始终认为自己比高等学校毕业生的人才低一等，甚至低二等三等；还有职业教育改革与发展的评价制度，从内容到方式方法，都需要进一步更新。同时，把普通学校的相关标准运用于职业教育学校开发培养新时代职业技能人才的问题，仍然严重存在。比如职业学校教师职称评定仍存在参照普通高校标准执行的状况，不能凸显职业教育学校及其老师教学的针对性，远不能体现职业学校老师直接服务经济发展、服务企业、服务基层一线的特殊性。

（四）新时代职业教育教学脱节问题尚未有效解决

一是职业教育教师队伍中的许多老师在教学中，更多地仍在沿袭普通的教学方法。现在职业教育学校的老师多数是从普通学校毕业的学生，对企业及其员工所需知识技能的了解不多；对职业教育的特点、目的等缺少深刻认识，导致一些教学与企业需求实际脱节，开发培养的职业技能学生不能满足新时代企业的需求。二是企业参与职业教育开发培养技能人才的积极性、主动性不高的问题。职业教育学校一方面在扩大招生，另一方面又在积极寻找校企合作单位，为学生提供企业实践和技能培训等实训基地。企业作为技能人才的使用单位，并没有作为责任方积极主动参与到校企合作的职业技能人才开发培养的模式中来，而只是单纯地作为毕业生接收使用单位，学生进入岗位还需要花费更多的人力、物力、财力、对新员工进行岗前培训或技能培训。在这种校企合作的状况下，职业教育学校一方只能积极主动地承担双重角色，而不是与企业共同承担开发培养符合新时代任务，市场急需的职业技能人才。这也是职业学校教学脱节的重要原因。

（五）新时代职业教育学校服务经济产业结构优化与发展的能力尚需整体提升

近年来，虽然职业学校服务经济产业结构优化与发展的职能得到有效发挥并取得成效，但服务能力仍有较大提升空间。一是职业学校面向社会开展多样化技能人才开发培训的积极性有待激发。由于受绩效工资制度影响，职业学校教师从事社会技能人才培训、企业技术服务等工作的收入，无法通过工资进行发放，教师价值无法得到相应体现，影响了教师参与培训工作的积极性。据了解全国只有50%左右的高职学校面向社会开展培训，到款额数量不多。二是职业学校的应用研发能力较弱。职业学校为企业解决生产一线技术难题的科技开发、技术应用类研究项目比例偏低，成果转化程度低。据有关机构各学校质量报告统计数据显示，全国只有1/4高职学校开展横向技术服务，到款额数量不多。三是专业引领产业发展的能力较弱。服务新兴产业发展的专业建设速度还需进一步加快，人工智能、新能源、新材料等专业人才培养还难以满足产业发展需求。职业学校及其专业学科重复开设，办学成本相对较高、但已不符合新兴产业发展产生的新专业、新业态、新产品需求。

（六）区域职业教育改革与发展尚需平衡布局

区域间职业学校改革与发展能力差异较大，不平衡现象突出。经济发展的不平衡导致地区间对中等职业教育的经费投入水平差异较大，中等职业教育发展区域不平衡不充分的问题突出。部分县域中等职业教育的办学基本条件薄弱，中西部地区城乡中等职业教育的发展差距仍然很大，农村职业学校教师队伍水平参差不齐。高职学校教学资源的区域差异依然明显，如《2019中国高等职业教育质量年度报告》显示，职业学校教学资源50强学校中有33所处于东部，占比66%，中西部东北地区省份仅有17所学校上榜，山西、江西、河南、湖北、湖南、重庆、四川、贵州、云南、新疆等多个省（市、自治区）高职学校生均教学科研仪器设备值中位数不足 1 万元，与东部省份学校差距较大；贵州、云南、四川等 3 省份 16 所学校双师比例低于 30%。

（七）校企合作的瓶颈问题尚未有效突破

一是责任共担、利益共享的校企合作机制尚未全面形成，利益冲突导致校企之间的合作难以持久、深入。二是合作的长效机制需要进一步完善，校企合作的随意性较大。三是中职学校的升学导向影响了校企合作的开展。部分中职学校针对高考科目开设课程，专业核心课程只保留与考试相关的科目，岗位课程（专业方向课程）几乎全部砍去；企业见习、顶岗实习、生产性实训等实践教学环节几乎全部取消。个别中职学校已不再开展校企合作；有些中职学校反映已无企业兼职教师来学校授课，专任教师也不再去企业实习实践。由于合作培养的毕业生大部分都选择升学，企业无法从合作中受益，也不愿意与中职学校合作，校企合作陷入困境。

（八）中等职业教育培养规模呈逐年缩减趋势

一是适龄人口持续下降导致中职学校生源逐步减少。二是社会依然存在轻视职业教育的观念，民众倾向于让子女去普通高中就读，加上普通高中招生规模不断扩大，加剧了中职生源的萎缩。近 5 年来，全国中等职业学校数量以每年 400~600 所的速度递减；在校生数由 1755.28 万人下降到 1555.26 万人。

四、新时代实用型职业技术技能人才开发培养的对策建议

（一）构建与职业教育类型特征相适应的制度与标准体系

健全符合职业教育类型特征的制度框架与标准体系是发展与提升职业教育质量的有力保障，《国家职业教育改革实施方案》明确提出要将标准化建设作为统领职业教育发展的突破口，完善职业教育体系。一是要加强标准体系建设，建立专业目录、专业教学标准、课程标准、顶岗实习标准、实训条件建设标准（仪器设备配备规范）等持续优化机制，提高人才培养质量。二是要基于培养技术技能型人才的职业教育办学定位，以产教融合作为职业教育教学改革的根本方向，灵活设计职业教育与培训的办学形态与多元学制。三是要加强职业教育内部衔接制度建设，优化普职融通和职教高考机制，贯通中职、高职、本科甚至更高层次的职业教育上升通道。四是要建立健全基于职业教育办

学特征的管理和评价制度，把握好正确的改革方向，按照"管好两端、规范中间、书证融通、办学多元"的原则，深化德技并修、工学结合的育人机制。

（二）夯实中职教育在技术技能人才培养中的基础地位

改革开放 40 多年来，中等职业教育为我国劳动密集型经济的发展培养了数以百万计的中级技术技能人才，作出了其他教育类型不可替代的贡献。一是要深刻认识和把握中等职业教育在技术技能人才培养中的基础性地位，把发展中等职业教育作为普及高中阶段教育和建设中国特色职业教育体系的重要基础，保持高中阶段教育职普比大体相当。二是要加强对中西部地区、贫困地区的中等职业教育投入。在改善基本办学条件的基础上，重点支持集中连片特困地区每个地（市、州、盟）原则上至少建设一所符合当地经济社会发展和技术技能人才培养需要的中等职业学校，帮助部分学业困难学生按规定在职业学校完成义务教育，并接受部分职业技能学习。三是要灵活调整中等职业教育教学形态，提升开放办学水平。开办与专业特色相适应的短期培训，实行全日制和非全日制相结合的办学形式，积极招收初高中毕业未升学学生、退役军人、退役运动员、下岗职工、返乡务工人员等接受中等职业教育与培训。

（三）对接新兴产业、重点产业发展需求优化专业结构

构建与区域经济社会需求相适应、与区域产业发展相衔接的专业结构动态调整机制是优化职业学校专业布局，提升职业学校区域产业经济服务能力的重要前提。一是要基于所在区域的产业发展特点和职业学校已有办学基础，在充分调研与科学论证的基础之上，动态规划符合当地产业发展需求的职业学校专业布局，按照产业对人才需求的变化做强骨干专业、拓展新兴专业以及优化传统专业，提升专业与所在区域产业的吻合度；二是基于职业教育专业布局与区域产业结构调整的良性互动，在深化专业内涵建设上下功夫，进一步加强课程体系对接职业标准，教学过程对接生产过程，提升职业教育对区域重点产业、支柱产业的支撑能力；三是要创新专业设置形式，依托产业链组建专业群。如广东省高职学校积极服务粤港澳大湾区建设，通过院校集群对接城市集群、专业集群对接产业集群，71 所院校建立 18 个专业集群，161 个专业对接大湾区重点发展产业，占专业数的 62%，涉及学生占在校生总数的 40%。

（四）加大职业教育投入，促进职业教育区域均衡发展

由于政策和历史等原因，职业教育存在区域发展不均衡问题，不同区域在职业教育经费投入、师资水平、教学资源、办学理念、校企合作等方面仍存在

较大差异。一是中央政府要加大中西部地区、贫困地区职业教育发展的专项投入，加大转移支付力度，夯实职业学校基础硬件设备支撑。二是地方政府要建立与职业教育办学规模、培养成本、办学质量等相适应的财政投入制度，足额拨付职业教育发展经费，逐渐落实各地职业学校生均财政拨款水平高于当地普通教育学校的政策要求。三是要加强经费投入的创新举措，鼓励社会力量捐资、出资兴办职业教育，拓宽职业学校办学筹资渠道。四是要加强东西部校际合作交流，基于不同区域职业学校的特色优势，发挥辐射引领作用，探索实施资源互补、对口帮扶、人才交流、联合办学等形式，整合、重组与优化职业教育资源。

（五）加强产教融合体制机制建设，推进校企深度合作

优化产教融合制度环境，健全和完善行业企业参与办学的体制机制，是职业教育发展的必由之路。各级地方政府要严格落实《关于深化产教融合的若干意见》《职业学校校企合作促进办法》和《国家职业教育改革实施方案》等文件精神，创新产教融合发展机制。一是要进一步与国家政策相衔接，建立产教融合推进的政策协同机制。通过教育部、人力资源和社会保障部、国家发展和改革委员会等部门的协商和沟通，以产业发展规划为依据，加强教育发展规划与人才建设规划的顶层规划和总体衔接。二是建立产教融合政策引导机制。通过出台税收优惠、资金支持等鼓励性文件，设立校企合作政府奖励资金和专项补助资金等，以奖代补、购买服务、金融支持等多种方式，引导企业参与校企合作。三是完善行业企业深度参与职业院校办学机制，推动产教融合型城市和产教融合型企业建设项目，并从制度、招生、师资、管理、经费等方面不断完善责任共担与利益共享机制。四是建立校企合作的评价体系和有效激励机制。由政府部门牵头建立校企合作评价体系，制定科学的评价标准，设置严格的评价程序，对校企合作进行全方位的评估。

（六）加强职业院校与技工院校协同培养技术技能人才

技工教育是我国人力资源开发的重要组成部分。但是由于管理体制的原因，职业教育与技工教育难以发挥协同育人效果。一是要建立各级教育和人社部门的协商一致，确保职业教育资源和技工教育在学校设置、资源优化整合、校企合作等方面的统筹规划与同步推进。二是要充分发挥技工学校在职业培训方面的特色办学优势，实现学历教育与社会培训"两手抓"。三是建立职业院校和技工院校联合招生制度，确保两者在统一的招生平台进行招生宣传，并且打通技工院校毕业生进入高职学校继续学习的衔接通道。四是要在教师专业发

展、薪酬待遇以及师生参加职业技能大赛等方面实现公平公正，同时也要确保职业院校、技工院校学生享受同样的升学就业政策，技工院校学历证书与职业院校学历证书具有同等效力。

（七）加快中等职业教育学校提质扩容

一是在中等职业教育学校尤其是具有半个多世纪实践经验的学校中提质扩容。一方面，可以通过考核学校晋升高职院校；另一方面，也可以通在这样的中等职业教育学校中设置优质专业"大专班"。

二是打通中等职业教育学校与本地专业相似的高职院校直通升学渠道。让中等职业教育学校毕业的学生成长有通道，发展有空间。

三是完善中等职业教育学校与高职院校，与本科职业教育院校的联考制度。为中等职业教育的毕业生提供升学制度保障。

（课题组组长：孙守鹏，营口市农业工程学校校长、高级讲师。副组长：梁立学，营口市农业工程学校副校长、教授级高级讲师；纪彬，营口市农业工程学校教研室主任、讲师；孙璐，营口市农业工程学校高级讲师。成员：刘红月，营口市农业工程学校副教授；郭映旭，工作于营口市农业工程学校；高生存，营口市农业工程学校教授级高级讲师；高业大，营口市农业工程学校教授级高级讲师；杨军身，营口市农业工程学校高级讲师；马福昌，营口市农业工程学校高级讲师；贺传举，营口市农业工程学校高级讲师；伏娟，营口市农业工程学校教授级高级讲师；张素娟，营口市农业工程学校教授级高级讲师；刘杨，营口市农业工程学校高级讲师；王辉，营口市农业工程学校高级讲师；苏莉，营口市农业工程学校高级讲师；王刚，营口市农业工程学校高级讲师；聂晓伟，营口市农业工程学校高级讲师；佟江元，营口市农业工程学校高级讲师；许超，营口市农业工程学校讲师；关华东，营口市农业工程学校讲师；洪名亮，营口市农业工程学校讲师；贾赞，营口市农业工程学校讲师；张永胜，辽港集团仙人岛码头有限公司高级工程师；张立伟，辽港集团仙人岛码头有限公司工程师；张浩东，辽港集团招商港融大数据有限公司工程师。）

新时代下职业技能人才培养模式研究

夏雨红

一、职业技能人才培养的时代意蕴

（1）以习近平同志为核心的党中央提出要加快构建现代职业教育体系，培养更多高素质技术技能人才的要求。2021年习近平总书记对职业教育工作作出重要指示强调："培养更多高素质技术技能人才、能工巧匠、大国工匠"。[①] 为新时代下职业教育培养职业技能人才指明了方向。

职业教育是国民教育体系和人力资源开发的重要组成部分，是青年人获得知识和技能，成为应用型人才的重要途径，肩负着培养多样化人才、传承技术技能、促进就业创业的重要职责。党的十八大以来，习近平总书记多次就发展职业教育作出重要指示，要求必须高度重视、加快发展。2019年，制定出台《国家职业教育改革实施方案》、启动部省共建职业教育创新发展高地试点、实施职业教育东西协作行动计划等，一系列重大举措推动职业教育迈上新台阶。2021年习近平总书记对职业教育工作作出重要指示强调："在全面建设社会主义现代化国家新征程中，职业教育前途广阔、大有可为。要坚持党的领导，坚持正确办学方向，坚持立德树人，优化职业教育类型定位，深化产教融合、校企合作，深入推进育人方式、办学模式、管理体制、保障机制改革，稳步发展职业本科教育，建设一批高水平职业院校和专业，推动职普融通，增强职业教育适应性，加快构建现代职业教育体系，培养更多高素质技术技能人才、能工巧匠、大国工匠。各级党委和政府要加大制度创新、政策供给、投入力度，弘扬工匠精神，提高技术技能人才社会地位，为全面建设社会主义现代化国家、实现中华民族伟大复兴的中国梦提供有力人才和技能支撑"。[②]

（2）培养职业技能人才是时代需求。随着我国经济的不断发展，越来越凸显出职业技能人才在经济发展生产生活中的重要作用。政府和相关职能部门

[①②] 习近平对职业教育工作作出重要指示强调 加快构建现代职业教育体系 培养更多高素质技术技能人才能工巧匠大国工匠. 新华社, 2021年4月13日.

从 20 世纪 80 年代起，就陆续出台政策，逐步认识到职业技能人才培养的重要性。随着国内国外客观条件的不断变化，职业技能人才的培养也需要不断向纵深发展。推动高质量发展，深化供给侧结构性改革，满足人民日益增长的美好生活需要，职业技能人才的培养问题再次被提上重要日程。满足人民日益增长的美好生活需要，不仅需要高端人才，更加需要大量职业技能人才。

改革开放以来，特别是 2012 年以后，我国产业大军主要由职业院校毕业生构成，他们成为企业发展及产业升级的主要力量。在我国的职业教育中 70% 人员来自农村，大量的务工人员、下岗失业人员、复原退役军人等通过学习、培训、职业教育等找到工作，改变了自身以及后代的际遇，改善了自己的生活，成为技工、工程师等，具有了一技之长。职业教育在服务就业、改善民生等方面也发挥了越来越重要的作用。从职业学校的现实情况来看，"我国有 1.13 万所职业学校、3088 万在校生，已建成世界规模最大的职业教育体系。从行业分布来看，在现代制造业、战略性新兴产业和现代服务业等领域，一线新增从业人员 70% 以上来自职业院校"。[1] 当前，在新的五年计划开始实行，同时伴随着第一个百年奋斗目标实现的新形势下，职业技术人才的培养也在不断发生变化。进入新发展阶段，产业升级，经济结构调整，对技术技能人才的需求加大，要求更高，职业教育进入新的发展时期。产业变革，新科技新技术不断涌现，新行业新业态以前所未有的速度产生，人工智能、物联网、大数据等技术的深度应用，对职业技能人才各方面能力素质提出更高要求。建设一支具有高素质的产业工人队伍，培养各种职业技能人才，是我国迈向高质量发展阶段的必然要求。

（3）新时代下需要科学有效地进行职业技能人才培养模式的研究。推动高质量发展，深化供给侧结构性改革，满足人民日益增长的美好生活的需要，需要大量的职业技能人才。为此党中央提出实施国家高技能人才培训工程和技能振兴行动。其中最为重要的一环，就是要加快构建现代职业教育体系，科学有效地进行职业技能人才培养模式的研究。关于这方面研究，2000 年后，大致可以分为两个阶段。2005 年林亚平在《加强学生实践技能培养产教结合实现双赢》中提出职业教育改革，人才培养和校企合作的问题。认为向社会企业提供高质量的应用型、技能型人才是高等学校和高等职业教育改革和发展的方向。2007 年刘峰、孙佩石在《基于职业能力提升的技师学院人才培养模式研究》中，明确技师学院人才培养方向，突出以职业能力培养为核心。从 2013 年开始，关于职业技能人才培养模式的研究开始增多，出现了一些有价

---

[1] 国家统计局统计数据（2010—2020）。

值性的研究成果。2013年李萍在《示范性高职职业化人才培养模式研究》中提出，为解决示范性高职发展瓶颈问题，提出"强化职业化人才培养，使学生毕业时具备的职业意识、职业道德、职业技能、职业形象等基本达到社会标准或企业标准"。2021年石伟平、林玥茹在《新技术时代职业教育人才培养模式变革》中认为"技术并非万能，职业教育人才培养必须回归教育本质。未来职业教育需要培养专业能力与通用能力兼具、能力水平更高的复合型、智能型技术技能人才，职业教育人才培养模式变革将面临人才培养目标复杂化、人才培养过程人本化、人才培养主体多元化等多种挑战"。

二、职业技能人才培养的政策指向梳理

职业人才培养政策几经变迁。其起步于20世纪80年代，20世纪90年代开始发生变化，2010年以来，开始逐步探索，以至到目前提出的职业教育高考制度，建立健全职业人才培养体制机制，一步一步不断完善和深入。经过几十年的曲折发展至今，其间受多方因素影响，包括经济社会发展背景、教育事业发展状况、就业政策等，最终形成以就业为导向，以为经济社会服务为目的的政策指向，培养高水平的复合型、智能型技术技能人才。其间政策的变迁，大致有以下几个阶段：

（1）从20世纪80年代开始陆续出台教育结构改革、教育体制改革、加强职业技术学校师资队伍建设等政策，特别是高校可以招收中职毕业生等政策。其中《关于中等教育结构改革报告》（1980.10.7）指出，"职业技术学校、职业中学、农业中学的毕业生可以报考高等院校对口专业"。在1985年、1986年、1987年连续出台了《中共中央关于教育体制改革的决定》《关于加强职业技术学校师资队伍建设的几点意见》《普通高等学校招收少数职业技术学校应届毕业生的暂行规定》等，文件指出，"小学毕业后接受过初中阶段的职业技术教育的，可以就业或升学，要积极发展高等职业技术院校，优先对口招收中等职业技术学校毕业生以及有本专业实践经验、成绩合格的在职人员入学"。"职业技术师范院校以及有关高等院校开设的职业技术师范系科班，可以招收一定数量的中等职业技术学校优秀应届毕业生"。"招收少数优秀中等职业技术学校应届毕业生升入普通高等学校学习，毕业后分配到中等职业技术学校任教"，提升职业高中吸引力和解决中职师资紧缺问题。

（2）20世纪90年代，中等教育结构趋向合理，逐步制定了职业教育升学政策。中职学校招生数和在校人数，占高中阶段学生人数比例均超过50%。国家进一步实施改革开放政策，逐步确立建立社会主义市场经济体制，企业成

为市场主体。随着市场经济的发展，企业对高技能人才的需求开始凸显。职业教育的发展重点从中等职业教育转移到高等职业教育。1991年，国务院《关于大力发展职业技术教育的决定》提出，"根据未来十年我国经济、社会发展的需要，在20世纪90年代要逐步做到使大多数新增劳动力，基本上能够受到适应从业岗位需要的最基本的职业技能训练，在一些专业性、技术性要求高的劳动岗位，就业者能较普遍地受到系统的、严格的职业技术教育；初步建立起有中国特色的，从初级到高级、行业配套，结构合理，形式多样，又能与其他教育相互沟通、协调发展的职业技术教育体系的基本框架"。[①] 1991年，为了配合普通高校进行招生制度改革，国家教委《关于高考改革有关问题的通知》提到，"工作满两年的中专、技校、职高的毕业生，经所在单位批准后可直接参加高考"。1997年国家教委发布《关于招收应届中等职业学校毕业生举办高等职业教育试点工作的通知》，标志着真正意义上的职业学校学生直接升学制度的诞生。

（3）2000—2010年，职业教育升学政策进入曲折发展阶段。由鼓励升学，到后来严格控制升学比例。2002年，国务院《关于大力推进职业教育改革与发展的决定》要求扩大中职毕业生进入高职学校的比例。2005年，国务院《关于大力发展职业教育的决定》提出，"坚持以服务为宗旨，以就业为导向的职业教育办学方针"，从传统的升学导向向就业导向转变，这是一个巨大的政策转变。2006年，教育部和国家发改委联合发布《关于编报2006年普通高等教育分学校、分专业招生计划的通知》，"培养满足经济社会发展的最新需求人才，使得劳动力市场中技能供需匹配，积极扩大经济建设和社会发展急需的学科专业的招生规模，坚决调减或停止社会需求不足、毕业生就业困难的长线专业的招生"。《国家中长期教育改革和发展规划纲要》（2010—2020年）首次提出"逐步形成分类考试、综合评价、多元录取的考试招生制度"，使高职考试招生与普通高校的考试招生分类进行，这成为国家政策要求和改革的基本趋势。

（4）2010年以后，职业教育升学政策实现了彻底变革。针对升学途径、报考条件、考试方式逐渐合理化科学化。从报考条件、生源范围、考试方式不断进行改革。2019年2月，国务院颁布《国家职业教育改革实施方案》，首次提出建立职教高考制度，职教升学政策逐步宽松。职教成为构建现代职业教育体系关键制度的重要角色。2019年5月13日，教育部等六部门《关于印发高职扩招专项工作实施方案的通知》。通知中允许符合高考报名条件的往届中职

---

① 国务院关于大力发展职业技术教育的决定（国发〔1991〕55号）.

毕业生参加高职院校单独考试招生。2019年9月16日，《职业教育提质培优行动计划》（2020—2023年）发布，该计划"鼓励中职毕业生通过高职分类考试报考高职学校，推动各地将技工学校纳入职业教育统一招生平台。逐步取消现行的注册入学招生规范。长学制技术技能人才贯通培养，逐步取消中职本科贯通，适度扩大中职专业。专科贯通专业以始读年龄小、培养周期长、技能要求高的专业为主"。2021年2月2日教育部《关于做好2021年普通高校招生工作的通知》。该通知逐步取消中职本科贯通招生，适当在学前教育、护理、养老、健康服务，现代服务业等领域扩大中高职贯通招生规模。1997年、2006年、2010年及2019年分别对应的"形成中职生升学的方法雏形""严格限制中职生升学比例""开始探索分类招生""建立职业教育高考制度是影响政策整体走向"的四个关键节点。

三、职业技能人才培养模式研究

目前我国各行业职业从业人员数量较多，整体水平不尽如人意，需要探讨解决从根本上提高这类人群的职业技能水平。必须改变办学定位不够精准，办学层次不够明确，人才培养与社会需求未完全匹配等相关问题。据公开数据显示，2020年，我国重点领域的技能型人才缺口超过1900万人，且该数据仍在不断扩大中，预计在2025年将接近3000万人。如何让职业教育更好地服务于行业需求、服务国家发展需要，解决学校培养和实际用工单位出现两层皮现象，如何加大职业教育供给，建设高水平、高层次的技术技能人才培养体系，探索符合实际需要的职业人才培养模式，关键是要深入贯彻习近平总书记重要指示，"优化类型定位，加快构建现代职业教育体系"。①既要深入推进育人方式、办学模式、管理体制、保障机制改革，也要加大制度创新、政策供给、投入力度，依靠改革提升教育质量，通过制度夯实发展基础。

（一）加快构建职业技能人才培养体系

（1）培养职业技能人才，必须从适应市场经济发展需要、适应经济全球化的需要出发，采取各种途径和措施，形成一个多层次、多形式、多渠道、能够覆盖多领域的、健全和完善的以企业行业为主体，职业院校为基础，学校教育、企业培养紧密联系，政府推动与社会支持相结合的职业技能人才培养体系。

---

① 习近平对职业教育工作作出重要指示强调　加快构建现代职业教育体系　培养更多高素质技术技能人才能工巧匠大国工匠. 新华社，2021年4月13日.

（2）突出高技能人才培养工作在职业教育技能型人才培养培训工作中的高端带动作用，充分发挥高级技工学校、技师学院、高职院校和职业培训机构的培训基地作用。大力发展民办职业教育和培训，充分发挥各类社会团体在职业技能人才培养中的推动作用，建立现代企业培训、企业职工培训制度和职业技能人才、校企合作培养制度，提高职业技能人才培养质量。

（3）依托大型骨干企业、高级技工学校、技师学院、高职院校和职业培训机构等。根据企业对职业技能人才的需求，发挥政府主导和扶持作用。科学规划，突出重点，注重实效，分类实施，建立一批布局合理、门类齐全、功能突出、设备先进的人才培训基地。形成以省级基地为骨干、市县基地为基础的培训网络。

（二）建立健全与政策导向现实需求相符的职业技能人才教育教学内容体系

（1）遵照教育教学规律制定人才培养方案，建立订单式人才培养清单。针对企业急需的各种人才，由高到低，定向培养，形成点对点订单，避免资源的浪费和时间浪费。企业与职业院校应该建立长期合作的关系，行业协会或者政府可以在企业与职业院校之间搭建桥梁，联合多家企业，形成订单规模。职业学校可以尝试依托当地规模产业进行特色化探索，针对企业需要定向培养，设置课程。把企业组织起来，以行业团体形式开展校企合作。

（2）针对不同企业行业制定相关课程，做到紧跟形势发展，随时随势调整，灵活有效快捷。针对行业领军企业需要的高精尖人才高级技工，学校就要依托项目聚焦服务数字经济发展、经济管理、人工智能等各领域，以培养高精尖人才高级技工为主要目标。针对劳动密集型企业需要的用工缺口，要以培养一线产业工人为主要目标。头部企业和中小企业的需求要兼顾。改变课程内容老旧落后，多年不变的状态。

（3）建设高素质高水平的双师型教师队伍。加强"技师+工程师"等"双师型"队伍建设，建立职业技能等级认定与专业技术职称评审贯通机制。围绕职业教学能力升级，加强师资队伍建设，结合教学需求帮助教师深入企业，共同推进"教师与技师"互动学习机制。"双师型"教师是在教师与技师或工程师这两种身份所需要的知识、能力、态度等方面有机融合的教师。职业学校教师的技能水平直接影响着教学质量。人才培养质量的高低，不仅关系到学校的发展，而且也关系到国家建设的全局，职业教育担负着为区域经济社会发展培养技能人才的重要使命。目前，全国技师和高级技师占全部技术工人的比例不到4%，而企业的需求比例是14%以上。供求之间的较大差距，技能人才的严重短缺，直接影响到我国经济的发展。因此，建立一支高素质高水平的

"双师型"教师队伍，不仅是市场经济对高职院校的客观需要，更是职业教育要办出特色的关键所在。

(三) 建立健全职业技能人才培养的体制机制

（1）建立职业技能人才培养校企合作制度。校企合作是院校培养职业技能人才的根本途径，各省（市）可以建立由政府及有关部门负责人、企业、行业和职业院校代表，以及有关方面专家参加的职业技能人才校企合作培养指导委员会。

（2）充分发挥工作室作用，依托劳模、工匠、技能大师等工作室资源，进一步建立产学研合作平台。优化职业教育模式，根据产业发展趋势，以及企业培训需求共同开发职业终生培训项目，发展工学交替等各种学习方式灵活的职业教育；针对未来发展，职业教育应进一步联动行业、企业，提升办学层次，明确办学目标，构建职业人才成长立交桥，组建职业教育集团，打造职教航空母舰，全面推进现代学徒制、1+X改革试点，促进职业教育全面腾飞。

（3）建立产教融合配套设施完备的实训基地，根据合作的深度和广度共同建立就业基地、培训中心等，企业可以帮助学院师生打造技术创新平台，支持新技术的研发和落地。学校优质的创新环境和平台一定会进一步助力项目的有序推进。学生均可进入专业相关领域就业，企业派专家进入学校进行授课。在技术类岗位，技能水平起决定性作用。学校和企业相辅相成，互相成就，实现企业用工和学生就业的良性循环和良好局面，促进共同发展。

（4）以《职业教育法》《高等教育法》等为依托，建立完善的职业教育法律体系，进一步确立具有权威性的、可操作的实施细则，明确学校与企业的地位作用和主体责任。建立对企业有效的激励和监督机制，提升企业的积极性。加强校企合作的紧密性，实现学校与企业在招生与招工，教学与生产方面的利益一致，合作共赢的局面，在这方面需要我们进行探索。职业学校最大的优势就是学生的实际操作技能，为提升学生的技能水平、工程实践素质及创新能力，学校应该点对点开展校企合作，使日常教学中，学生接触到的都是企业真实的项目及案例。让学生有机会进行实操训练，有机会展示自己的学习成果，共同解决就业和用工难题。

（5）以参加全国技能大赛、世界技能大赛等活动为依托，培养和选拔高技能人才。学校要鼓励学生在校期间定期参加职业技能大赛。以竞赛促进学习和教学，给学生们提供一个切磋技艺、展示水平的舞台，有助于培养学生的实践创新意识与团队协作的精神，通过竞赛促进交流，产生碰撞，增进友谊，合作交流，达到共同进步的目的，为加强技能，全面提高教学质量提供经验借鉴与思路启发。

当前，增强职业教育适应性、优化职业教育类型定位、完善现代职业教育体系，既是发展职业教育的热点话题和关注重点，也是推动职业教育深度融入和更好地服务新发展格局的重要举措。在新发展阶段，增强职业教育适应性对职业教育提出了更高的期望，职业教育面对新理念、新形势、新使命，要进一步主动适应需要，进一步增强服务能力。产教融合是职业教育发展的根本方向。职业教育要深化产教融合，加快破解制约产教融合的政策瓶颈，以人才发展引领产业转型升级，科学培养职业技能人才，提升职业教育质量。

（夏雨红，工作于吉林省党校。）

大学生人才研究

大学生创新创业力提升的实证研究*

孟庆伟　刘　铸等

一、问题的提出

(一) 研究背景

党的十九届五中全会审议通过的《中共中央关于制定国民经济和社会发展第十四个五年规划和 2035 年远景目标的建议》，把"坚持创新发展，全面塑造发展新优势"摆在各项规划任务的首要位置，进行专章部署，明确提出：坚持创新在我国现代化建设全局中的核心地位，把科技自立自强作为国家发展的战略支撑。这是我们党编制五年规划建议历史上的第一次，也是以习近平同志为核心的党中央把握世界发展大势、立足当前、着眼长远做出的战略布局，为我国"十四五"时期及今后更长一个时期不断培育和增强发展新动能指明了方向。

创新是引领发展的第一动力。创新始终是推动一个国家、一个民族向前发展的重要力量，也是推动整个人类社会向前发展的重要力量。抓创新就是抓发展，谋创新就是谋未来。2019 年 3 月 10 日，习近平总书记在参加十三届全国人大二次会议福建代表团审议时强调，"要营造有利于创新创业创造的良好发展环境。要向改革开放要动力，最大限度释放全社会创新创业创造动能，不断增强我国在世界大变局中的影响力、竞争力"。①

自主创新能力的提高、创新型国家的建设、实现创业带动就业等科技创新目标已经上升到国家战略的地位。自主创新是面对国际竞争，大国博弈，突破以美国为首的一些西方国家封锁带来的卡脖子、出难题、搅乱国际市场秩序、破坏市场规则的必由之路。大学生作为创新创业的主力军和国家创新

---

* 本文为中国人才研究会 2021 年度立项课题。批准编号：ZRH—2124。
① 福建日报评论员．营造有利于创新创业创造的良好发展环境——二论学习贯彻习近平总书记参加福建代表团审议时的重要讲话精神．中国共产党新闻网．2019 年 03 月 12 日．

驱动战略的中坚力量，其创新创业力的提高已成为国家创新创业工作推进的关键环节。

从就业角度看，近些年来，我国大学生的就业形势比较严峻。在2020年6月3日召开的全国普通高等学校毕业生就业创业工作电视电话会议中，中共中央政治局常委、国务院总理李克强作出重要批示：高校毕业生就业创业，关系千万家庭幸福，关系财富创造、高质量发展。2021年高校毕业生就业面临严峻形势，任务更为艰巨。各地区、各部门要坚持以习近平新时代中国特色社会主义思想为指导，贯彻党中央、国务院决策部署，全面强化就业优先政策，层层压实责任，抓实抓细促进高校毕业生就业这一重中之重。要加紧落实稳企业、稳岗位各项举措，采取更多市场化办法拓宽毕业生就业渠道。持续深化"放管服"改革，加大"双创"支持力度，推动新产业新业态更大发展，为毕业生创业和灵活就业搭建更广平台。会议强调：要把高校毕业生就业作为稳就业工作重中之重，要提供针对性的职业技能培训，扩大就业见习规模，多措并举提升就业创业能力。

就业是民生之本，创业是就业之源，创业离不开创新。创业能够创造一定数量的岗位带动就业、促进就业、缓解就业。而在创业过程中，创新的作用不可或缺。因此，缓解当前大学生就业压力，解决当前大学生就业问题的关键在于，重视培养大学生的创业创新能力，使大学生从被动的求职者转变为主动的就业者，为大学生实现充分就业、国家实现自主创新，提高我国在国际上的大国地位和绝对实力，为全面推进建设实现社会主义现代化夯实人才力量。

（二）研究目的

习近平总书记强调："创新是社会进步的灵魂，创业是推动经济社会发展、改善民生的重要途径。青年学生富有想象力和创造力，是创新创业的有生力量。"[1] 本研究的主要目的是通过对实证的调研分析，探索大学生创新创业力提升的路径和对策。近年来，高校不断加强创新创业教育，提升人才培养的创新创业能力，对提高高等教育质量、促进学生全面发展、推动毕业生创业就业，为服务经济社会发展发挥了重要作用。加强创新创业教育，是推进高等教育综合改革、提高人才培养质量的重要举措。新形势下，高校必须着眼长远、聚焦聚力，下大力气解决阻滞提升创新创业力存在的实际问题，从理论和实践的角度不断提升大学生创新创业能力。

---

[1] 大力推进高校创新创业教育（新知新觉）. 人民网. 2020年4月16日.

(三) 研究意义

1. 理论意义

自《国务院办公厅关于深化高等学校创新创业教育改革的实施意见》印发实施以来，各大高校在深化创新创业教育改革方面广泛开展工作并且取得了一定的成效，大学生的创新创业能力正在不断提高。现有关于大学生就业创业能力提升的文献，一般都是从宏观层面研究得较多，在理论落地实施性方面操作不理想，实践操作效果不明显。本文通过对国内外大学生创新创业力进行实证研究，以辽宁高校大学生创新创业能力培养现状调查为基础，结合多年对辽宁高校大学生创新创业力培养提出的模式和经验，采用实证的方法对大学生创新创业能力提升成效及存在的问题进行分析，目的是找到影响大学生创新创业能力的主要因素，分析其原因，进而提出解决提升大学生创新创业力的对策和建议。

2. 现实意义

从实践上看，可以进一步推动创新创业教育工作，帮助大学生树立创新创业意识，完善创业知识结构，掌握创业技能，提高创业能力，以创业促进就业，将深化创新创业教育改革工作列为推进学校教育综合改革的突破口，以提升应用型人才培养质量服务地方经济建设为目标，将创新创业融入人才培养全过程，不断提升人才培养质量和毕业生就业创业质量。

二、大学生创新创业力实证研究综述

创新创业教育广义上是指包括创新创业教育元素在内的所有教学和实践操作活动；从狭义层面说，创新创业教育专指培养人的创新创业意识的教学活动。创新创业教育包括创新创业意识教育、传授创新创业知识、创新创业实践教育三方面。创新创业教育旨在培养学生的创新精神、创业意识，以满足知识经济时代对劳动者精神、能力、技能等方面的需求。大学生创新创业力是指学生的创新创业能力。

(一) 国外大学生创新创业力实证研究

1. 美国高校大学生的创新创业力提升研究

美国高校大学生的创新创业教育，肇始于哈佛大学商学院迈尔斯·梅斯（Myles Mace）教授为 MBA 学生率先开设的"新创企业管理"课程，后来被认为是美国大学开设的第一门创业学课程；1968 年，百森商学院为本科生设置了创业教育；到 2004 年，美国已超过 10800 所高校设立了超过 2500 门课程，100 多个创业教育科研机构。美国麻省理工学院（MIT）的斯隆管理学院是实施创新创业教育的佼佼者。据调研报告《MIT 创业与创新：推动全球持续增长和世界影响力》报道，MIT 的本科生和研究生校友已经创立至少 3 万家效益可观的公司，雇用了 460 万名员工，创造了 1.9 万亿美元的财政税收，这税收相当于 2014 年世界第十大经济体 GDP 总量。美国的创新创业教育，是经济长期繁荣的驱动力，美国经济稳定增长，失业率维持在较低水平，造就了美国经济霸主地位。

总结起来，美国的创新创业具有以下特点：

（1）高度的创业教育覆盖体系。美国的创业教育对象涵盖了从小学、初高中，大学本、硕、博一体的教育全过程。

（2）积极的创业资金支持政策。为了支持创业者实践创业理念，美国国家科学基金会专门成立了《小企业创新研究计划》，美国联邦政府通过资助或者贷款的形式向创业者提供资金支持。

（3）创新创业教育体系完善，创业者具备专门的知识素养。在高等教育阶段，美国高校许多课程的设置直接与创业挂钩，创业企业 CEO 经验交流分享、学生创业团队竞赛、创业投资与孵化的课程等在大学生群体中营造出浓厚的创业氛围。这些接受过创新创业教育的高学历人员毕业后，将创业知识付诸实践，从而使创新创业力得到提升。

2. 德国高校大学生的创新创业力提升研究

20 世纪 70 年代后，德国科隆大学、多特蒙德、斯图加特等大学相继开启创新创业类教学课程。20 世纪 90 年代中后期，随着德国民众失业率走高，大学生传统就业市场出现萎缩，德国政府和高校开始大力推动社会参与大学生创新创业，并提供环境和平台。德国大学生创新创业力的提升与工商界、政府等存在着紧密联系。比如：2017 年，西门子、Next 47、宝马创业车库等企业联合州政府、高校共同建立了 25 个企业孵化器和加速器。在汉堡，以 IT 及数字媒体为主，共有 23000 家 IT 和媒体公司，如谷歌（Google）、推特（Twitter）、Yelp 等运营中心落户汉堡。汉堡大学、汉堡应用科技大学、汉堡港口城市大学等知名学府开设共享课程，成功协助孵化多个游戏和媒体初创公司项目。

总结来看，德国的创新创业具有以下特点：

（1）具有完善的教育体系。德国创新创业教育具有"全面、连贯"的特点。"全面"指创新创业课程涵盖企业创立、企业财务和企业管理等方面；"连贯"指创新创业教育贯穿于教育的全过程，即在小学、中学和高等教育三个阶段，但侧重点不同。

（2）注重创新创业教育的社会实践性。高校的师资力量主要来源于企业，并专门设立创业教育教授职位。来自企业的专业人才，为高校学生提供信息与咨询服务、项目评估与指导以及课程教学等，提高学生创新思维能力。

（3）注重跨学科人才与平台建设。大学课程不仅包括本专业的学科基础课，还包括跨学科的相关课程，培养综合型人才。政府向大学生就业提供了全方位的支持政策和服务机构，为初创企业提供场所。

3. 日本高校大学生的创新创业力提升研究

日本高校创新创业教育为培育学生的创新能力、提升日本经济实力发挥了不可估量的作用。2000年日本实施《教育公务员特例法》，允许国立大学、科研院所科研人员进行兼职，为高校、科研院所科研人员参与和指导创业教育提供了可能。例如，日本早稻田大学利用晚间授课的形式实施创业教育，以提高创业意识和创业能力为目标，提供全方位的创业课程内容教育，吸引了大量学生参与其中。目前，日本超过一半的高等院校都已将创业教育纳入高等教育体系，在教育内容、教育形式、实施主体等方面极具特色。

总结来看，日本的创新创业具有以下特点：

（1）完善创新创业服务体系。政府倡导大学生实施"官、产、学"紧密合作的创业教育体系；产业界提倡企业要积极地支持学校的创新创业教育；高校筛选优秀的专兼职创业教育教师，开设系列课程、创建孵化器，构建一个完整的创新创业教育体系。

（2）建立创业实践体系。政府提倡校企合作开展大学生创新创业实践活动，旨在依托地区的特色产业优势开展创业教育，培养大学生的创新创业力，助力地方经济的发展。

（二）我国大学生创新创业力实证研究

我国的创新创业教育仍起步较晚，与上述发达国家相比存在较大差距。

1. 我国大学生创新创业课程体系建设

完善创新创业教育课程体系是进行创新创业教育的关键。将创新创业课程与专业课程进行融合，强化创业实践类课程，通过设置多种课程形式进行教学，构建以创新创业教育与其他学科相互结合、相互渗透的课程结构体系，如图1所示。

2. 大学生创新创业教育模式的探讨

对创新创业教育模式的探讨是研究的热点。创新创业教育模式主要分为三类：第一类将双创教育融入人才培养过程中，与课堂教学相结合，培养学生的创业意识、创新能力与综合素质；第二类将创业教育与实践教育相结合，特点

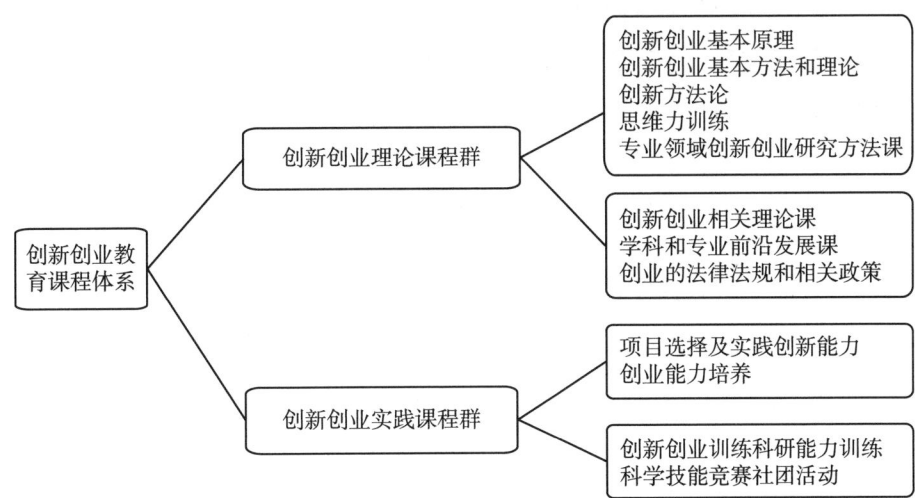

图 1　创新创业教育课程体系结构图

是重视学生创业技能训练，开设专门的创业教育课程，设置创业咨询与指导中心，建立校园创业园与孵化器，提供场所、资金与咨询服务；第三类与就业指导和职业规划相结合，培养专业技能与创业能力，为学生提供创业所需资金和技术咨询，对学生创业活动进行指导，尽可能地使学生成果走向产业化。

3. 创新创业力提升的途径探讨

创业实践活动是高校大学生创新创业力提升的重要途径，是提高大学生创业技能、培养创业能力、提升创新创业力的重要环节。开展创新创业实践活动可分为三类，第一类为模拟创业活动，包括撰写创业计划书、参加创业竞赛、模拟创办企业等；第二类是通过校内创业孵化园进行小规模、小范围的创业实践活动，学校提供咨询服务、场地等，对于一些具有较好市场前景的项目进行扶持与孵化；第三类为自主创业，学生通过组建团队，办理营业执照，创建实体公司或网店，在市场中进行全真创业过程。

（三）辽宁高校大学生创新创业能力培养现状调查

本研究选取了辽宁省内不同研究层次、不同学科背景，不同地域富有代表性的四所高校进行分析。

1. 东北大学学生创新创业情况分析

东北大学紧紧围绕"创意、创新、创业"三项工作，成功构建双创教育与专业教育的深度融合、与实践探索的深度融合、与行业、社会发展的深度融合。成功构建了科学管理一体化、教学内容一体化、师资队伍一体化、基地建设一体化、资金支持一体化机制，搭建了理论教学、科普实践、科研训练、科技竞赛、创业实践和创业孵化相结合的全覆盖、全过程、渐进式的教育与实践平台。面向全体学生，构建了学校、行业、社会三个维度的"创意培养—创新实践—创业孵化"三创融合特色创新创业教育系统，实现双创教育融入人才培养全过程。

2. 沈阳师范大学大学生创新创业情况分析

沈阳师范大学面向全体学生，开设创造性思维与创新方法、创业基础等课程，形成依次递进、科学合理的双创教育通识型课程群；面向大学生创新创业训练计划项目、竞赛、学生社团活动、创客空间以及孵化基地等项目需要，开设相关专业辅助课程的项目型课程群；面向专业，设立校院两级创新创业与专业融合的融入型课程群。把创新创业教育纳入专业教育教学计划和学分体系。学校通过创新创业课程体系建设，实现了省级"双创"教育平台全覆盖，实现了国家、省、市三级"众创空间"大满贯，获批科技部备案的第三批国家级众创空间、辽宁省"云启众创"、沈阳市创业孵化基地（见表1）、沈阳市"青创空间"等。

表1　　沈阳师范大学创业孵化基地在孵企业典型代表

企业名称	行业分类	特点
沈阳有牛数据科技有限公司	数据分析技术研发；软件开发；信息技术服务；商务信息咨询；数据分析技术推广	创业项目曾在全国"创青春"大赛中取得了铜奖的优异成绩
沈阳若水文化用品有限公司	文化用品	大创项目曾在"创青春"辽宁省大学生创业大赛中，取得一等奖的成绩
纸上光年手绘文创	手绘、平面设计、印刷	2016年参加创青春创业大赛辽宁省金奖，互联网＋创新创业大赛辽宁省银奖，2016年中国计算机设计大赛两项全国二等奖，一项全国一等奖，三项辽宁省一等奖
沈阳卜月儿童玩具有限公司	玩教具、剪纸	曾获评国家级大创项目，并在全国大学生创新创业年会中获评优秀创业项目
加猫外教	文化培训翻译	已实现盈利超过100万元的目标，并成功入驻辽宁省大学生就业创业实训基地，创业项目曾在"创青春"全国大学生创业大赛中获得了国家级铜奖的优异成绩
沈阳翰林社会科学研究院	社会科学项目调研、设计、专项课题研究、科考项目调研、策划、咨询、会议服务、文化艺术交流活动策划	东北地区第一家民间社会科学研究机构，现已成功承接海城市人民政府委托项目《牛庄古城复建及其文化产业体系战略构建》

续表

企业名称	行业分类	特点
沈阳众磊文化传播有限公司	户外拓展活动策划，企业管理咨询，文化交流活动策划，会议与展览服务	国家级大创项目，已实现销售额200万余元
创艺者墙绘艺术工作室	艺术设计	已为社会10余所单位和个体经营户提供优质的墙画艺术创作，累计收入超过10万元
衣心一益公益文化衫工作室	服装服饰	获得辽宁省大学生创青春金奖

3. 大连交通大学大学生创新创业情况分析

大连交通大学强化创新创业教育与专业教育深度融合，融入人才培养全过程。学校构建形成了"职业规划启航教育+创新创业基础教育+创新创业专业教育+创新创业专业融合实践"的"四位一体"式课程体系。职业规划启航教育和创新创业基础教育由学校层面组织实施，覆盖全体大一新生，充分利用第二课堂开设20余门创新创业专业选修课，加强对学生创新创业实务的指导，满足学生多层次需求。创新创业专创融合课程由二级学院组织完成，在教学设计上有单独的要求和考核，学校积极鼓励提倡项目式教学。

4. 沈阳工程学院大学生创新创业情况分析

沈阳工程学院将大学生创新创业教育贯穿人才培养全过程，实现应用型人才培养的最佳效果（见图2）。第一，学校将创新创业教育纳入"应用型"人才培养方案。采用"倒推法"，与行业、企业专家深入合作，按照行业、企业的标准制定专业人才培养方案。第二，专业课与大学生创业课融合——打造与专业相融合的"双属性"专业创新创业课程体系。以企业岗位能力需求为核心整合课程，将"机会识别""思维开拓"等创新创业课程模块注入"单属性"专业课程中，开发一系列与专业紧密结合的"双属性"创新创业课，建立"通识教育+专业教育+实践教育"的创新创业课程体系。第三，实训与项目融合——建立"三位一体"的创新创业课外培养体系。把"创新创业实践能力训练、应用实践能力训练、素质拓展能力训练"作为创新创业教育课外学分体系的培养内容。第四，实践与体验融合——创建"四阶梯式"创新创业教育实践育人体系。大学生创新创业培育体系分为选苗、提升、实训、实践等4个环节。注重选苗环节引导、提升环节指导、实训环节模拟、实践环节操作。

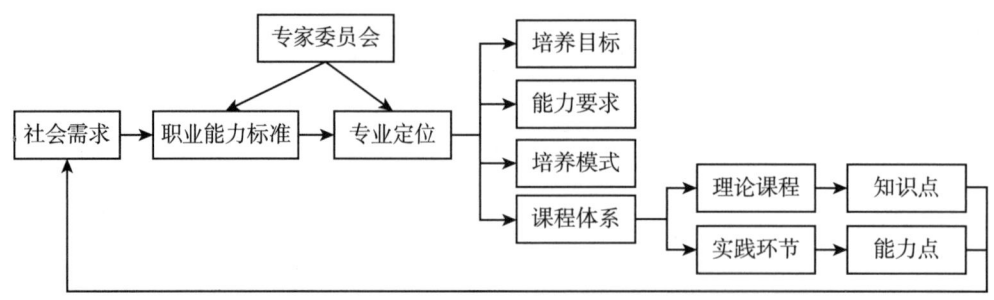

图 2 "需求倒推型"创新创业人才培养方案制定模式图

三、大学生创新创业教育存在的问题

(一) 对大学生创新创业教育的认识不高

1. 政府层面

国家高度重视大学生创新创业教育,在高校中普遍开展创新创业教育,推进大学生自主创业工作,培养和造就一大批具有创新精神、创业意识和创新创业能力的大学生,是在为实现"两个一百年"战略目标和中华民族伟大复兴的中国梦,储备最关键的人力资源、智力资源,积蓄最核心的力量。各级政府积极落实,层层推进。但是,在大学生创新创业教育的系统规划、综合协同、机制完善、实践保障、时间路线等方面仍存在不足。

2. 高校层面

近年来,高校创新创业教育不断加强,取得了积极进展,对提高高等教育质量、促进学生全面发展、推动毕业生创业就业、服务国家现代化建设发挥了重要作用。但也存在一些不容忽视的突出问题,主要是一些地方和高校重视不够,创新创业教育理念滞后,与专业教育结合不紧,与实践脱节;教师开展创新创业教育的意识和能力欠缺,教学方式方法单一,针对性、实效性不强;实践平台短缺,指导帮扶不到位,创新创业教育体系亟待健全。

(1) 组织机构协同不同频。多数高校创新创业教育管理往往受到部门分割的制约而不能形成合力,缺乏统一管理,工作责任界定不清,影响了创新创业教育的开展。教务部门管什么?就业指导部门管什么?团委管什么?二级学院管什么?还涉及其他哪些部门以及职责分工、相互关系等,还没有形成统一规范的协同机制,导致校内资源缺乏整合,校外资源沟通不畅。

(2) 教育实践设计不规范(见表2)。缺乏顶层设计:规范完善的创新创业教育体系和实践体系还没有形成,创新创业教育没有真正融入专业教学、融入人才培养全过程。一是大多数高校虽然开设了创新创业类课程，但课程学时被压缩，导致教师教学进度过快，学生消化时间过短，实务指导力度不够；二是创新创业教育缺乏统筹性、科学性和完整性，教育、竞赛、论坛、活动等各环节分属不同部门，分唱"独角戏"，没有形成完整的创新创业教育体系；三是以创新创业实践能力训练和应用实践能力训练为核心的创新创业实践体系建设亟待加强。

表2　　　　　　　三所高校资源支持方面相关因素均值

学校类别	学校会经常邀请创业成功人士开展讲座	学校设立创新创业社团	学校提供充足的创新创业支持资金	学校实践平台能够满足学生的创新创业需要
H大学	3.81	3.67	3.72	4.11
N大学	3.36	3.40	3.28	3.01
S大学	3.22	3.00	3.27	2.96
总计	3.46	3.36	3.42	3.36

（3）师资队伍不够完备（见表3）。高校创新创业教育师资队伍建设滞后。缺少高水平的教师队伍，专职教师的专业化、职业化程度较低，兼职教师缺乏准入标准。还有很多高校创新创业教师属于"半路出家"。教学方法尚需改进。部分高校在创新创业教育教学方式、方法上较为单一，针对性、实效性不强。创新创业指导服务多偏重理论性，实践性和可操作性的经验较少，使得指导服务的效果无法达到学生的预期。

表3　　　　　　　三所高校师资力量相关因素均值

学校类别	学校创新创业教育主要以理论讲解为主	创新创业课程教师有丰富的自主创业经验
H大学	3.75	3.87
N大学	3.29	3.16
S大学	3.01	2.95
总计	3.35	3.33

3. 社会层面

在新的发展形势下，如果要想推动我国高校创新创业教育完备的教育体系的构建，就需要政府、高校、企业等多方力量的共同参与，高校大学生创新创业教育是一个存在很强社会性的教育学科，但反观当下，由于受地域环境、经济发展、高校特色、企业的思想观念等多方因素的制约，导致政府、高校、企业三者的合力并未形成，校企、校地、校产合作脱节，无法实现将相关指导和服务贯穿大学生创新创业活动的始终，也不能为大学生创新创业教育的持续发展蓄力，创新创业教育的相关政策不能做到真正的落实，整个社会最终无法形成有利于大学生创新创业教育发展的开放氛围。

（二）大学生创新创业教育教学改革模式有待完善

基于理论与实践相结合的创新创业教育教学模式改革问题，主要体现在创新创业教育人才培养方案、课程体系及创新创业实践体系还有待完善。

1. 创新创业教育人才培养方案有待完善

人才培养方案是教育教学改革的起始点和落脚点，是培养创新创业型人才的设计图和施工图，是推进创新创业教育与专业教育融合，实现人才培养与社会需求对接的纲领性文件。目前，部分高校还不能按照创新创业教育改革和创新创业型人才培养的要求，不能结合自身的办学定位、专业特色、服务面向，完成人才培养方案的修订工作，还未构建特色的人才培养体系。

2. 创新创业教育课程体系有待完善

课程教学是人才培养最基础、最关键的环节，完善课程体系、改革教学方法是深化创新创业教育改革的核心。因此，需要构建依次递进、有机衔接、科学合理的创新创业教育专门课程群，形成完善的课程体系，这是开展创新创业教育的基础工程。一是，创新创业教育课程体系还不够健全（见表4和表5）。加强创新创业教育的专业课程有待调整；纳入学分管理的创新创业必修课、选修课有待开发开设；在线课程学分认定程度不够；优质课程信息化建设有待提高，在线课程有待进一步完善。二是，职业院校教师、教材、教法改革推进程度还不够。部分高校还无法广泛开展启发式、讨论式、参与式教学，小班化教学覆盖面不够广，推动教师把国际最前沿的理念和学术发展，最新研究成果和实践经验，融入专业培养和课堂教学的力度还不够。在培养学生的批判性和创造性思维，激发创新创业灵感方面还不够重视。考试考核内容和方式不够创新，学生运用知识分析问题、解决问题的能力不强，非标准答案考试需要探索，"高分低能"积弊现象明显存在。三是，"开放式""双创"教育模式还需进一步构建。部分高校双学位选修课程，创业指导课程，三创选修课程，创业培训课程的空白还有待填补。

表 4　　　　　　　　　　　三所高校创新创业课程类型

学校类别	课程类型	线下课程（必修）	线下课程（选修）	线上课程
H 大学	理论 实践	2 学分 2 学分	2 学分 2 学分	√
N 大学	理论 实践	√	2 学分 √	√
S 大学	理论 实践		2 学分	

表 5　　　　　　　　　高校创新创业课程实施相关因素均值

学校类别	在学习创新创业课程中有收获感	学校专业课设置中渗透着创新创业理念	学校创新创业教育的理论课与实践活动相关度很高
H 大学	3.73	3.81	3.93
N 大学	3.20	3.25	3.25
S 大学	3.45	2.99	3.05
总计	3.46	3.35	3.42

3. 创新创业实践体系有待完善

一是，创新创业实践系列课程还有待开发设计。目前部分高校的创新创业实践课程还不够完善，学生勇于实践，实际动手能力得不到有效锻炼，创新创业的实践经验不足。二是，部分高校创建大学生创新创业实践基地得不到充分利用。学校的重点实验室、工程中心、创业基地、创客空间利用效果不好，专业教学和创新创业实践难以结合，边学习、边实验、边实践难以实现。另外，在努力整合社会资源，充分利用政府和社会组织建立的创业基地、众创空间等，帮助大学生结合产业和行业发展，开展有针对性的创新创业实践等方面的做法还有待加强。三是，创新创业竞赛平台还需进一步打造。通过各种创新创业竞赛平台，如创新创业实验室、大学生创业苗圃、创业孵化基地、校外实践实训基地、全国大学生创新创业大赛、全国职业院校技能大赛、大学生创业协会和社团等，开展创新创业活动浮于形式，大学生创新创业能力未能得到真正提升。

（三）大学生创新创业教育发展受到制约

1. 政府因素对创新创业教育发展的影响

从政府层面出发，政策体系不健全，创新创业扶持力度不足，众创空间打造效果不好，都将影响大学生创新创业教育的健康发展。在制定政策时，缺乏从总体发展战略和规划出发，在整体利益与局部利益，内部条件与外部条件，眼前利益与长远利益，主要目标与次要目标相结合方面不够；扶持大学生创新创业的政策、平台、资金以及指导服务没有形成体系。创业扶持资金匮乏，小额贷款申请难，创业指导服务体系和创业孵化平台建设亟须加强；政府在大学生创新创业教育实训基地建设方面已经取得了良好的效果，在此基础上，如何联合企业、高校在打造高质量的众创空间，优化大学生创新创业环境方面还需进一步采取措施。

2. 社会因素对创新创业教育发展的影响

创新创业作为一个新兴的理念，其被众人熟知的深度和广度可能并没有达到预期的效果，只有在相对发达的城市创新创业的思想才具有一定的影响力和感召力，而在二三线城市、偏远地区、经济不发达地区社会对创新创业的思想的接受程度相对较低。就辽宁省的发展状况而言，在沈阳、大连等经济发展状况相对较好的地区，社会上的创新创业氛围相对较高，但在辽宁省的二三线城市，公众对创新创业的认知可能仅停留在部分媒体的报道上。若是一个来自二三线城市或是偏远农村的毕业生，毕业后想要回到家乡创业，其艰难程度也是可想而知的。

3. 家庭因素对创新创业教育发展的影响

目前，全球经济都在缓慢复苏的阶段，而我国的经济状况可以说也并不如前，辽宁省作为老工业基地在新一轮经济发展中的总体目标也是稳中求进的。面对这样的经济条件，很多毕业生的家长认为大学生在毕业后能够获得一份稳定的工作，比什么都重要，人们主观上会认为接受高等教育的最终目的就是获得一份体面、安稳的工作和稳定的经济收入，面对创业过程中的众多未知和不定因素，大多数家长对创新创业都会采取不支持、不鼓励的态度。

4. 毕业生自身因素对创新创业教育发展的影响

部分学生在毕业时选择创新创业完全是出于对利益的向往和追求，这样的创新创业教育也并不成功。同时，部分学生自主创业能力不足，对毕业后的创新创业活动信心不足，传统思维根深蒂固，也是制约创新创业教育发展的原因之一。

由表6得知，我国大学生创业能力的均值3.677，三所高校的创业能力均值为3.402，相比低于国家的平均水平。H大学学生的创业能力均值低于国家的平均水平。其中H大学的均值为3.770、N大学的均值为3.288、S大学的均值为3.137。三所高校中，仅有H大学学生的创业能力均值高于国家的平均水平，N大学和S大学均低于国家的平均水平。N大学与S大学两所高校在学生自主创业和创新创业项目的竞赛中均有优异的表现，但只是培养了少数学生获取成果。对于国家要求全体学生在创新精神、创业意识和创业能力等方面有提升的目标，还相差很远。

表6 三所高校创业能力的细分均值

学校	核心创业能力	基础创业能力	社会应对能力	均值
H大学	3.6876	3.9067	3.7422	3.770
N大学	3.3371	3.1767	3.3511	3.288
S大学	3.2761	3.0574	3.0766	3.137
总计	3.4343	3.3817	3.3914	3.402

四、以辽宁为例对提升大学生创新创业力的实证研究

党的十七大提出："提高自主创新能力，建设创新型国家"和"促进以创业带动就业"的发展战略。党的十八大提出了"实施创新驱动发展战略"。2014年9月，李克强总理在夏季达沃斯论坛上首次公开发出"大众创业、万众创新"的号召，[①] 并前所未有地写入了2015年政府工作报告。2015年5月4日，国务院《关于深化高等学校创新创业教育改革的实施意见》明确要求：从2015年开始全面深化创新创业教育改革，要求高校把深化创新创业教育改革作为"培养什么人，怎样培养人"的重要任务摆在突出位置，统筹推进创新创业教育工作。党的十九大提出了"加快建设创新型国家""加强国家创新体系建设"。近几年，辽宁省深入实施高校毕业生就业创业工程，将创新创业教育融入人才培养全过程，不断提升大学生创新创业能力，逐渐固化并提升大学生创新创业力的辽宁模式。

（一）探索"思创融合"固本强基

2019年3月18日，习近平总书记在学校思想政治理论课教师座谈会上提出："思政课是落实立德树人根本任务的关键课程。"[②] 思想政治教育对创新创业教育具有价值引领的功能，以核心价值观引领"大众创业、万众创新"的科学发展方向，思创融合是实现立德树人根本任务的应有之意。

---

① 【两会青年声】青年双创怎样支持？.中国青年网，2018年3月10日.
② 习近平主持召开学校思想政治理论课教师座谈会.中华人民共和国中央人民政府网，2019年3月18日.

1. 把创新创业教育作为思想政治教育的新载体

创新创业价值观是社会主义核心价值观的具象，大学生在创新创业过程中形成的勇于创新、诚实守信、艰苦奋斗、乐于奉献的创业价值观正是新时期思想政治教育的时代新内容。

2. 使创新创业教育成为思想政治教育的有效途径

联合企业、地方政府和高校，开展互联网+大学生创新创业大赛。2017年8月，习近平总书记给第三届中国"互联网+"创新创业大赛"青年红色筑梦之旅"大学生回信以来，形成了以下重要成果：一是培养了一批有理想、有本领、有担当源源不断的青春力量。二是开出了一堂最有温度的国情思政大课。一批大学生踏上"青年红色筑梦之旅"，坚定理想信念，锤炼意志品质。三是开出了一堂最具特色的创新大课。引导学生树立创新意识，拓展创新思维，广泛开展创新活动，为我敢闯、我会创，埋下了种子。

3. 以创新创业价值观教育为发力点，推动"思政课程"与"课程思政"协同育人

充分发挥思政理论课作为显性课堂，在精神塑造和价值培养中的主渠道作用，同时，深挖创新创业课程价值元素，调动隐性育人的主阵地积极性。双创思政教育通过"有效课堂教学"和"增加学生生命体验"双管齐下的同时增加双创意识与思政意识的交互，不断对学生强化双创精神与思政教育的黏合性。"增加学生生命体验"提倡应用探究式研究教学、采取案例式教学、提高项目参与度等方法，把以培养企业家精神为核心的创新创业价值观教育纳入人才培养的全过程，推动"思政课程"与"课程思政"协同育人。

（二）加强"科创融合"找准发展着力点

1. 强化科研意识，激活高校科技资源和研发优势

高校是人才培养的摇篮、科技创新的重镇、是推动国家创新发展的引领力量。充分发挥高校科研优势，促进毕业生在辽就业。辽宁省教育厅要求高校凡适宜学生参与的在研项目，每个项目要吸纳不少于3名应届毕业生参加，参与时间不少于6个月。转化的科研项目都要吸纳毕业生做科研助理，工作时间一般不少于6个月。要求高校制定经费补助等相关政策，支持教师发挥科研优势，带动学生创新创业。近几年，每年都有7000名左右毕业生通过科研项目和成果转化实现就业。2018年开始，省教育厅将把学生参加科研项目和科技成果转化情况，作为评价学校科研工作、科技立项、科研经费划拨的重要依据。

2. 建设"三层递进"的创新创业实践体系

学校坚持以创新创业活动为种子、以创新创业项目为基础、以创新创业竞赛为提升，建设"三层递进"的创新创业实践体系。不断完善创新创业实践体系，把创新创业教育融入人才培养全过程。学生创新精神和创造能力不断增强，形成了教师科研课题支持学生创新创业训练计划的良好机制，越来越多的教师参与创新创业教育，主动带领学生开展研究性学习和创新创业训练，学生的体验度和参与度不断提高。

3. 制定吸纳学生参加科技创新活动的政策

通过政策实施促进研究生、本科生参与科技创新活动，并依托科技创新项目实施和成果转化开展创业实践。实施"保障体系+实施体系+成果激励"全过程的制度建设，鼓励统筹规划实验室对学生开放，鼓励指导教师课余时间指导学生开展创新实验，形成"指导教师、博士、硕士、学士"四位一体的指导体系。

（三）完善"专创融合"的课程体系

1. 依托专业是创新创业教育之本

专业是学生立业之本，无论是创新还是创业，专业的主导性始终发挥着重要作用。人才培养方案是培养创新创业型人才的设计图和施工图，是推进创新创业教育与专业教育融合，实现人才培养与社会需求对接的纲领性文件。人才培养方案的设计以当前经济发展，尤其是行业、产业发展对于人才创新创业能力的需求为出发点，结合本学科、本专业的发展方向，明确学科、专业的定位和培养目标，以此将创新创业理念、方法完全融入专业教育教学的全过程，形成一个"需求倒推型"人才培养方案制定体制机制模式。例如，东北大学围绕"创意、创新、创业"三项工作，成功构建了三个融合（即创新创业教育与专业教育的深度融合、与实践探索深度融合、与行业、社会发展深度融合）机制，实现了创新创业教育融入人才培养全过程。

2. 完善创新创业教育课程体系

健全创新创业教育课程体系：调整专业课程设置加强创新创业教育；开发开设创新创业必修课、选修课，纳入学分管理；在线课程学分认定；优质课程信息化建设，推出在线课程。课程体系包括：理论课+实践课。其中，理论课包含必修课+选修课+专业课程，实践课包含实训课+大创项目+各类竞赛+专利+论文。课程考核学分分别设计理论课学分+创新创业实践学分。构建科学合理的创新创业教育专门课程群，形成完善的课程体系。比如，沈阳工业大学建立了创新创业基础课+专创融合课+开放交叉课"三段式"创新创业课程体系。把创新创业教育分为有机衔接的3个阶段，贯通4年、逐步提升。面向全校一、二年级学生开设2门必修课；每个专业设置5~8门创新创业与专业融合的课程。学校设置开放式创新创业交叉课程，利用选修课与创新实践学分形式，鼓励学生多学科融合学习。

3. 建立专兼职相结合的创新创业师资队伍

积极采取在职培训、岗位交流、校企合作、考核聘任等有力措施，解决创新创业教育中专业化师资匮乏的问题。一方面，积极组建导师库。聘请专业教师、创业人士、社会企业家、知名创业校友等各行业优秀人才担任专业课、创新创业课授课或指导教师，加快建立专兼职结合的多元化专家库。另一方面，开办硕士点、博士点。2005年，辽宁省大学生就业局在全国率先与沈阳师范大学共同设立了"就业指导与创业教育"全日制硕士专业方向，重点打造一批专业化、职业化、专家化的就业创业指导师资队伍，为就业创业指导教育和开展就业创业科研工作培养人才。2012年，辽宁省大学生就业局又与大连理工大学合作，创建全国第一个创新创业方向的博士点。

（四）推进"产创融合"深入发展

1. 发挥地方政府的牵动作用

积极引导行业部门、社会各类孵化器与高校加强合作，促进各类社会资源为高校毕业生创新创业搭建平台，提供导师指导、企业融资、项目合作、市场推广、法律援助等系列服务，促进高校毕业生成功创业。不定期举办大学生创业成果展洽活动，为大学生创新创业搭建项目对接、产品推广、企业融资、导师帮扶等服务平台。引导行业产业加强与高校合作，资源共享，政策互惠，合作共建创业基地。指导高校、各市地、行业产业以及各类社会组织加强创业平台建设，整合资源、形成合力，高标准建设，精细化服务。

2. 开展"校地对接促就业"系列活动

辽宁省教育厅组织相关高校先后到沈阳、大连、抚顺、盘锦等省内各市地、行业。围绕行业和企业发展需要组建54个校企联盟，参与企业2737家、学校160所、学科237个、专业1008个，在促进产教融合、校企对接、毕业生就业和创新创业等方面发挥了重要作用。

3. 引导毕业生留辽回辽来辽就业创业

组织全省高校大力开展"促进就业创业、助力辽宁振兴"——五个一百攻坚推进系列活动，集中组织"百场政策宣讲会""百场基层典型人物报告会""百场创新创业大讲堂""百场省内企业专场招聘会""百场征兵宣传动员会"系列活动。激发了高校毕业生服务振兴辽宁的热情，增强对辽宁发展的信心，唱响为辽宁振兴建功立业的主旋律。全省各市积极出台优惠政策吸引毕业生，用待遇留人、事业留人、感情留人。使在辽就业创业人数显著增加。

辽宁省在提升大学生创新创业力，特别是开展创新创业教育方面形成了"思创融合""科创融合""专创融合""产创融合"的特色模式，使提升大学生创新创业力收到了明显效果。但是，在加强大学生创新创业教育，提升创新创业力方面还需要在思想方面结合民族复兴，东北振兴再提高；政府、社会、高校三位一体、相互融合深度上还需发挥好政府统一协调作用再加强；校企对接、校产融合、校地合作衔接方面还不够紧密，人才培养体系科学适用性还需要再创新等问题。

五、进一步提升大学生创新创业力的对策和建议

（一）深刻认识提升大学生创新创业力的重要性

1. 从民族振兴的高度提高认识

中华民族的伟大复兴和伟大的中国梦的实现需要我们一代一代人为之奋斗，"两个一百年"的奋斗目标实现需要全国人民快马扬鞭在创新创业过程中努力实现。党的十九届五中全会进而又提出了到2035年进入创新型国家的前列的基本要求。"十四五"期间要实现创新能力显著提升，更加充分高质量就业的目标要求。《中共中央关于制定国民经济和社会发展第十四个五年规划和二〇三五年远景目标的建议》中提出：坚持创新在我国现代化建设全局中的核心地位，把科技自立自强作为国家发展的战略支撑，面向世界科技前沿、面向经济主战场、面向国家重大需求，深入实施科教兴国战略、人才强国战略、创新驱动发展战略，完善国家创新体系，加快建设科技强国。

2. 从科学人才观的维度提高认识

科学人才观指导下的创新创业教育理念强调全面发展、以"德"为先，重视对学生的综合能力和思想世界的塑造。在创新创业过程中，更需要以"德"为重，注重培养人才的道德情操、家国情怀。突出以"德"为先的创新创业教育理念，寓"德"于创新创业。通过拓展思想政治教育的广度与深度，将"课程思政"思想深化至创新创业。在创新创业过程中，增加大学生的人生理想与价值、职业选择与职业道德、创新创业与国家发展等具体内容，内化为大学生创新创业人格，外化为创新创业行为，综合提升大学生的创新创业能力。

3. 从人才培养实践角度提高认识

我国每年有800多万的高校毕业生步入社会，他们充满活力和发展潜质，经过几年的磨炼终将成为各行各业的中坚力量，成为践行创新驱动发展战略，

建设创新型国家的生力军。在高校中普遍开展创新创业教育，推进大学生自主创业工作，培养和造就一大批具有创新精神、创业意识和创造能力的大学生，是在为实现"两个一百年"战略目标和中华民族伟大复兴的中国梦，储备最关键的人力资源、智力资源，积蓄最核心的力量。

（二）构建政府、社会、高校三位一体、相互融合、协同推进的创新创业协作体系

《中共辽宁省委关于制定辽宁省国民经济和社会发展第十四个五年规划和二〇三五年远景目标的建议》提出："优化创新生态。深化科技体制改革，推动重点领域项目、基地、人才、资金一体化配置。健全创新激励和保障机制，构建充分体现知识、技术等创新要素价值的收益分配机制。完善科技评价机制，建立以创新能力、质量、实效、贡献为导向的科技人才评价体系。"

1. 发挥政府促进创新创业的重要职能

政府主导构建高校与产业集群、与行业、与地方政府对接机制和需求对接平台。政府通过政策引导，带头培育良好的创新创业风气，创造一个开放、包容、促进人才良性发展的环境，培育大学生的责任担当、艰苦奋斗、无私奉献、自主创新的精神。

2. 加强企业对大学生创新创业重视和支持

通过提高企业对人才价值、社会贡献的关注程度，为企业提供大学生创新创业的相关鼓励政策，通过企业的积极投入，为大学生开拓发展空间，激励大学生进行创新创业。

3. 政府、企业和高校联合打造"众创空间"

众创空间是有效整合现有要素资源，专门为创新创业提供政策服务、资金支持、成果孵化、创业交流、资源共享的开放式大众创新空间。在专属众创空间中为其提供更符合大学生发展特征的资金政策、成果孵化器等，有针对性地帮助大学生解决实际问题，并通过各个大学生众创空间以点带面，促进该地区大学生双创资源整合，优化大学生创新创业力提升环境。

（三）深入推进校企对接、校产融合、校地合作

1. 为创业创新提供成长空间

2019年6月13日，李克强总理在浙江杭州出席2019年全国大众创业万众创新活动周时指出：大众创业万众创新实质是通过改革解放和发展生产力，调动亿万市场主体积极性和社会创造活力，更大限度激发每个人的潜能潜质。李克强说，"双创"有力支撑着就业。就业是最大民生，"双创"为我国丰富的人力资源特别是年轻人打开了广阔就业空间,有利于促进比较充分的就业,让每个家庭有安身立命之本。各级政府要深化"放管服"改革,优化营商环境,进一步落实更大规模减税降费政策措施,让创业创新者按照市场规则公平竞争、轻装上阵,为"双创"提供良好的成长空间。李克强指出,"双创"是创新发展的重要抓手。中国经济发展到今天,必须加快新旧动能转换。"双创"聚众智、汇众力,利用"互联网+"平台,促进了新动能加快成长,这是中国未来发展的巨大潜力所在。[①]

2. 鼓励企业发挥主导作用

《中共辽宁省委关于制定辽宁省国民经济和社会发展第十四个五年规划和二〇三五年远景目标的建议》提出:坚持新发展理念,坚持改革开放创新。强化企业创新主体地位。提高科技成果转移转化成效。支持企业与高校、科研院所联合建设中试基地。打造人才聚集高地。牢固确立人才引领发展的战略地位,深化人才发展体制机制改革,提高人才政策吸引力,全方位培养、引进、用好人才。优化创业环境,为年轻创业者创新创业搭建平台、创造条件。实施职业技能提升行动,加强高技能人才队伍建设,打造"辽宁工匠"品牌。

3. 促进高校与企业协同育人

高校要积极与各地市、县区、企业集团签订就业合作协议,扩大就业领域的广度和深度。挖掘沟通渠道,推动高校紧密围绕区域经济发展战略,结合产业集群建设和重点行业、重大项目对人才的需求,设置专业、改革人才培养方案、深化课程改革和实习实训基地建设。引导高校与产业集群和产业园区、相关行业主管部门、地方政府联合培养、协同育人,联合开展需求岗位对接等招聘活动,共建实习实训基地,倡导校企双方联合开展"订单、定制式"培养,共建科研机构,共享科研成果等深度合作项目,促进辽宁省高校毕业生就业,提升高校服务经济社会发展的能力。

(四)建立科学务实的人才培养体系

国务院《关于推动创新创业高质量发展打造"双创"升级版的意见》(国发〔2018〕32号文件)提出:把创新创业教育和实践课程纳入高校必修课体系,把深化高校创新创业教育改革作为推进高等教育综合改革的突破口,面向全体、分类施教、结合专业、强化实践,促进学生全面发展。推动创新创业教

---

① 李克强在出席全国大众创业万众创新活动周时强调进一步提升"双创"水平 更好发挥稳就业促创新增强新动能作用. 新华社,2019年06月13日.

育与专业教育、思想政治教育紧密结合,深化创新创业课程体系、教学方法、实践训练、队伍建设等关键领域改革。

1. 创造性修订人才培养方案

努力挖掘各类专业课程中的创新创业教育元素,嵌入创新创业教育内容,实现专业教育与创新创业教育的协同和融合。这种创造性的修订是基于全新的理念对传统的人才培养方案进行的整体再造,实现激进式发展,其中包括理念、思路、体制、机制的改革与创新。基本思路:建立需求导向的"标准职业人"模型,梳理知识和能力构成,反推理论课程和实践课程体系,通过倒推方式建立"需求为导向"人才培养方案,形成一个"需求倒推型"人才培养方案制定体制机制模式。

2. 构建新型、实用的创新创业课程体系

建立新型的创新创业课程体系。打通不同学科、性质课程之间的障碍,积极挖掘有通用性、融合性的课程,并将其加入创新创业课程体系之中。其中,要注重"专创"课程的融合,通过增强创新创业课程与专业课程及之间的联系性,如在专业课程教学中加入前沿的理论知识和创新实例,在创新创业课程中根据学生专业的不同运用相关创新故事与创业实例进行讲解等,提升专业课程的创新性、提升创新创业课程的专业性,通过二者有机的、深度的融合,从而打造出一批新型创新创业课程。

3. 搭建一体、多元的创新创业实践体系

习近平总书记多次强调要将实践育人贯穿到教育的全过程。在创新创业教育环节中,要通过构建一体、多元的实践体系来提升大学生的实践能力。"一体"是指构建高校与企业的"实践育人共同体"。学校与社会资源对接开展实践活动,通过与政府、企业、其他学校的合作,构建一批创新创业实践基地和创业工业园,积极开展实习、兼职等体验活动,充实社会实践资源,让大学生真实体验项目运行和管理,为大学生实现学以致用、用以促学、学用相长提供广阔的舞台,锻炼大学生的社会性能力。"多元"是指高校构建的实践活动体系。通过开展系列创新创业实践活动帮助大学生理解吸收理论知识,内化为运用的能力。

4. 着力打造创新创业型教师队伍

教师的能力很大程度上也影响了学生潜力的开发,创新创业型导师除了要具备专业性、创新性、创业性,还要有正确的信仰和国家情怀。一是,创新创业型教师应该以"德"为先,教师在创新创业过程中应用自身的人格感染学生,用实际行动给予学生正确的价值引领。二是,创新创业型教师思维要新。开发教师的创新性,促进教师从传统教学转型为启发式教学,促使教师提高创新性教学能力,间接提升大学生的创新思维培养。三是,创新创业型教师交流要深。打破专业导师与创业导师之间的界限,举办相关活动,促进两者交流,促进相互能力、水平的提高,提升综合能力。

(孟庆伟,沈阳市就业和人才服务局原局长、中国人才研究会副会长;刘铸,沈阳师范大学副校长;付志平,沈阳师范大学招生就业指导处处长;张伟国,沈阳市人力资源和行政执法中心副主任;周功,沈阳师范大学科研处科长;崔旸,沈阳师范大学招生就业指导处科长;刘洋,吉林省人力资本应用研究院有限公司人力资源管理师;赵婧宏,工作于教育部学生服务与素质发展中心。)

本科学历与职业技能人才开发培养的路径与对策研究[*]

祁 迹　侯宏波　祁光曦　许 超等

职业教育是现代国民教育体系的重要组成部分，是技能人才产生与成长的摇篮，担负着开发培养生产服务一线技能人才和高素质劳动者的重要任务职能，在实施和推进新时代科教兴国战略和人才强国战略中具有特殊的重要地位。党中央、国务院高度重视职业教育，改革开放以来，特别是近年来，大力发展现代职业教育，采取有效政策措施，支持和助力各级各类职业教育办出特色、办出水平，积累了比较丰富的经验，也取得了长足进展。但从总体上讲，职业教育仍是我国现代教育体系中的薄弱环节，远远不适应新时代我国经济高质量发展的需要。大力发展职业教育，既是当务之急，又是长远之计。

现在，我国就业和经济发展正面临两个重大变化。一是社会劳动力，包括刚刚从高校毕业的大学生，急需加强现代化技能培训，提升新时代就业和求职择业需要的技能水平；二是我国产业结构优化升级，新兴产业及其新业态职业大量涌现，急需加速开发培养造就适应其需要的、更多的职业技术技能人才。面对这种状况，各级党委、政府及社会各界，尤其是各级各类高校，必须深刻认识大力发展现代化职业教育的重要性和紧迫性。

在我国立足新发展阶段，贯彻新发展理念，构建新发展格局，推动高质量发展的大背景下，相关高校如何把职业教育融入高等教育，开发培养从事服务经济社会发展急需的高质量职业技术技能人才，加快本科学历人才与职业技术技能人才开发培养的职能转换，实现开展或参与技术服务技能应用型人才开发培养的改革与创新，探索一条本科学历人才与职业技术技能人才开发培养融会贯通的路径，是本文深入研究的宗旨和目的。

---

* 本文为中国人才研究会 2021 年度立项课题。批准编号：ZRH—2121。

一、本科学历人才与职业技术技能人才开发培养融会贯通的时代意义

(一) 贯彻落实习近平总书记大力发展现代职业教育部署和要求的迫切需要

党的十八大以来,以习近平同志为核心的党中央越来越重视职业教育。2014年6月23日在北京召开的全国职业教育工作会议上,习近平总书记指出,"职业教育是国民教育体系和人力资源开发的重要组成部分,是广大青年打通成才大门的重要途径,肩负着培养多样化人才、传承技术技能,促进就业创业的重要职责,必须高度重视、加快发展。"[①] 习近平总书记要求,"各级党委和政府要把加快发展现代职业教育摆在更加突出的位置,更好支持和帮助职业教育发展,为实现"两个一百年"奋斗目标和中华民族伟大复兴的中国梦提供坚实人才保障。"[②]

2020年12月10日,习近平总书记在致首届全国职业技能大赛的贺信中强调,"技术工人队伍是支撑中国制造、中国创造的主要力量。……要培养更多的高技能人才和大国工匠,为全面建设社会主义现代化国家提供有力人才保障。"[③]

习近平总书记在关于发展现代职业教育,创新各层次各类职业教育模式,为新时代的中国特色化事业发展,开发培养数以千万高技能人才和数以亿计的高素质劳动者等一系列重要部署、要求,为我国职业教育的改革与发展指明了方向,提供了遵循。

在新发展格局下的新发展阶段,我国面临世界百年未有之大变局,国际力量格局深度调整,且受新冠肺炎疫情冲击及美国霸凌主义影响,经济下行压力与不确定因素巨多的严峻考验。人才问题越来越成为迎接上述严峻挑战,化"危"为"机"的关键问题。从习近平总书记这些年来的有关人才及其工作的系列重要讲话中可以看出,迎接挑战、化解危机的人才发展战略方向,主要体现在两大方面。第一大方面就是大力开展培养造就大批量有国际水平的技能科技人才,科技领军人才,青年科技创新人才和高水平的创新团队;第二大方面就是大力开展培养造就数以千万计甚至亿计的创新型、知识型技术技能人才。我国现有的本科院校应承担大力开发培养造就创新型、知识型技术技能人才重

[①] 总书记支持的这件事,大有前途. 新华社, 2019年8月21日.
[②] 把加快发展现代职业教育摆在更加突出的位置. 共产党员网, 2015年1月15日.
[③] 习近平致首届全国职业技能大赛的贺信. 新华社, 2020年12月10日.

要职责任务。因此，本科学历教育与职业技术技能人才开发培养的融会贯通及其角色转换与定位，在新发展格局下的新发展阶段，显得越来越重要和迫切。

（二）新时代推进我国新型工业化、现代化的迫切需要

完善新型工业化、加速建设现代化，是我国新时代经济高质量发展的战略任务。我国要走出一条科技含金量高、经济效益好、资源消耗低、人才管理优势强的新型工业化道路，必须加速产业结构优化升级，经济发展方式转变，提高自主创新能力，不断增强现代化水平。这些都对人力资源的结构及其素质能力提出了新的更高要求。我国的国民经济各行各业的新时代发展，不仅需要大批科学家、工程师和经营管理人才，而且更需要数以千万计的技术技能人才和数以亿计的高素质劳动者。没有数量充足的高技能、专业化的劳动大军，再先进的科学技术和机器设备，也很难转化为现代生产力。我国目前在生产一线劳动者的素质能力相对偏低，且技能人才紧缺的问题十分突出。现在的技术工人只占全部工人的1/3，且多为初级工，技师、高级技师仅占4%。从我国现代制造业发展的现状看，技能人才短缺，已成为制造产业结构优化升级，新兴产业发展的桎梏因素。我国虽已成为制造业大国，但不是制造业强国，我国的制造业生产技术与先进发达国家比，还存在不小差距。主要是：产业结构不合理、技术创新力不强、产品以低端为主、附加值低、资源消耗大、安全事故多。这些都与从业人员技术素质偏低、高技能人才匮乏有直接关系。随着经济全球化的深入发展，国际产业结构加速调整与重组，我国要抓住机遇，努力提升制造业水平，使"中国制造"在国际市场真正有竞争力，就必须从源头抓起，更加重视职业教育，加快提升人力资源的职业技能水平。

研究新时代推进高校的教育改革，加快本科学历人才与职业技能人才开发培养的融会贯通，努力开发培养适应时代需要的职业技术技能人才，已经成为新时代加速我国新型工业化、现代化，建设制造业强国的迫切需求。

（三）促进充分就业、高质量就业的迫切需要

我国人口多，劳动力多，这是基本国情。这种基本国情必然产生一个重大问题，即就业问题，这是我国改革开放以来，特别是进入新世纪后一直面临的、不可回避的、必须解决好的头等民生问题。目前，我国的人力资源供求市场，出现了两种严重不足的问题。一是我国众多的社会劳动力，包括高校毕业生在内，找不到合适的工作、职业或岗位，毕业生甚至一毕业就失业。二是我国众多的用人单位，找不到合适实用的人才，特别是技术技能型人才。这种状况一方面造成了我国的社会劳动力，尤其是高校毕业生及时就业、充分就业、

高质量就业问题日益突出，各种压力也越来越大。另一方面我国的企事业单位技术技能人才缺口越来越大，严重匮乏，严重影响我国经济的高质量发展。一个极为重要的原因是，现实的社会劳动力，包括许多高校毕业生的技术技能远远不适应用人单位高质量发展的需要。因此，提升就业率，让更多的社会劳动力，特别是高校毕业生及时就业、充分就业、高质量就业，就必须强化现代职业教育，着力提升社会劳动力，特别是高校毕业生的技术技能水平，使他们能更快适应我国经济高质量发展的需要。

从现实情况看，我国开发培养造就高技术技能人才的本科院校数量很少，且教育培养的质量也难适应新发展格局下新发展阶段经济高质量发展的需要。研究探索本科学历教育与现代就业教育的融会贯通，推动高校的教育改革，加速本科学历人才与职业技术技能人才开发培养角色转换的路径与措施，促进高校毕业生充分就业和高质量就业，势在必行。

（四）解决"三农"问题，加速乡村振兴的迫切需要

"三农"问题，一直是困扰我国城乡经济均衡发展，农业现代化的制约性"瓶颈"问题。在取得脱贫攻坚伟大胜利之后，我国农业、农民转型升级，加快发展，提到了两大方面的新问题。一方面是巩固和拓展脱贫攻坚成果，加速乡村振兴急需的人才，人力资源支撑配套问题；另一方面是大批农村富余劳动力需要转移出来，进入城镇务工就业问题。解决"三农"问题，加速农业现代化和乡村振兴，必须实现城乡人才、人力资源开发培养、能力提升和引进输送、拴留使用等方面的统筹谋划、科学布局；必须着力加强以下两项重点工作。一是组织引导农村富余劳动力向非农业生产领域和城镇转移，推动我国工业化和城镇化进程。二是大力发展农业现代化和加强社会主义新农村建设，加速乡村振兴步伐。就目前而言，我国农村劳动力的整体文化知识水平较低，缺乏相应的职业技术技能。因此，大力发展现代职业教育，使广大农民尤其是青年农民尽快适应我国工业化、城镇化和乡村振兴的需要，是我国中国特色社会主义现代化建设及经济高质量发展的重大战略任务。

抓紧研究探索涉农涉工涉服等高校的本科学历教育与现代职业教育的融会贯通，大力开发培养造就适应新时代乡村振兴和加速工业化、城镇化步伐需要的职业技术技能人才，迫在眉睫。

（五）完善我国现代国民教育体系的迫切需要

我国现时的国民教育体系，既包括基础教育、高等教育，也包括职业教育。职业教育也是一个系统工程，既包括技术知识教育，也包括技术能力实训；既包括职业技能教育，也包括就业技能培训。可以说，基础教育、高等教育、职业教育，在我国教育事业的地位与作用，同等重要、缺一不可，不能替代。要深刻认识职业教育是新时代我国教育事业发展的内在要求，把职业教育放在与基础教育、高等教育同等重要的地位，统筹兼顾、协调推进。这三大方面相辅相成、相得益彰，共同构成我国现代国民教育体系。

现在的情况是，我国的人力资源虽然十分丰富，但多数劳动力的素质能力都普遍偏低，人才及人力资源的知识与技能结构不尽合理。一个主要原因就是职业教育落后。当前的状况是，我国城乡每年都有上千万初中毕业生不能升入高中；数百万高中毕业生不能升入大学。同时，大学生毕业后就业难的问题仍未从根本上解决。每年都有百万以上的大学生不能及时找到工作，甚至毕业即失业。如果只有高中、大学这一座"独木桥"可以走，不仅会造成教育需求与教育资源供给之间的矛盾难以缓解，而且更会造成教育资源和人力资源的严重浪费。因此，大力发展现代职业教育，是完善我国现代国民教育体系，最大限度满足社会成员就业、创业和成长发展的多样化需求和经济社会发展对多层次人才、人力资源需求的必然要求。

抓紧研究探索高等教育改革，把现代职业教育融入大学本科教学中，并整合为一体，让学生在大学学到相应的科学技术知识的同时，一并掌握相应的职业技术技能，学到在社会、市场上求生存、谋发展的真正本领，是当务之急。

二、我国本科学历人才与职业技术技能人才开发培养融会贯通的成功做法与经验

党的十八大以来，尤其是国务院颁布《国家职业教育改革实施方案》（简称"职教20条"）以来，我国职业教育改革发展走上提质培优、增值赋能的快车道，职业教育面貌发生了格局性变化。

（一）从"层次"到"类型"，本科职业教育开始迈出步伐

长期以来，"低人一等"的偏见严重制约着职业教育的发展，"考不上高中只能去读中职，考不上本科只能去读高职"的导向根深蒂固。针对这一误区，"职教20条"开明学义指出，"职业教育与普通教育是两个不同类型，具有同等重要的地位。"同时，还特别指出，开展本科层次的职业教育试点。为此，2019年以来，教育部已批准27所学校独立举办本科层次的职业教育。2021年，教育部印发《职业教育专业目录（2021年）》，其中设置了247个高职本科专业，并印发《本科层次职业教育设置学校办法》，正式建立本科层次

职业教育专业设置管理的国家制度。

至此，从中职到高职专科，再到本科层次的职业教育开始进入健康发展轨道，职业教育止步于专科层次的"天花板"被彻底打破，我国的职业教育发展逐步迈入提质培优、增加赋能的高质量发展阶段。

据教育部统计数据，2020年全国高职分类考试招生超过300万人，超过高职学校招生总额的60%，初步缓解了"千军万马过独木桥"的高考焦虑，促进了我国教育结构的优化。

（二）建立职业教育高考制度，技能人才培养进入高质量阶段

2021年春季，山东高考本科的职业教育招生计划数，在2020年1.5万人的基础上再增加0.5万人。据青岛电子学校的高考信息显示：该校共有5个班级参加了山东省职业教育高考，其中3+4本科共2个班87人，信息技术专业2个班83人，电工电子类专业1个班46人。青岛电子科技学校2020年电工电子专业本科达线率为95.5%，比2019年提升了20%；信息技术专业本科达线率为81.3%，提升了30%。自2013年以来，这个学校已有393人通过职教高考进入中国石油大学、齐鲁工业大学、青岛大学、山东交通大学、青岛理工大学等本科院校。

潍坊科技学院是山东省应用型本科高校，首批支持高校，同时招收普通高中和中职生源。目前，全校各类各层次生源总数为4355人；2021年从高职毕业生中招生对口升入本科的800人。

职教高考制度的建立与推进，畅通了技术技能人才成长发展的通道，打破了职业教育中的专科"天花板"，建立健全了高质量技术技能人才职业教育体系。同时，职教高考政策也促进了职业教育向纵向问题、横向融通的方向深入发展，推动了中、高职技术技能人才开发培养体系的进度与完善，增强了职业教育的吸引力和影响力。

另外，职教高考制度更促进了中职学校的内涵发展，推动了中职学校的教学教育改革，提高了技术技能人才开发培养质量。比如青岛电子学校是一个中职学校，职教高考制度建立后，该校在开设3+4对口贯通培养；中日3+3+2国际硕士；三二连读大专、五年贯通培养大专的基础上，与优质高中合作，开设了职教高中实验班，职普融通实验班，实现了与普通教育的"双轨双通"，增强了职业教育的适应性。该校从2015年后，通过上述模式，先后有百余名高职毕业生以优秀成绩考入本科大学继续深造。有的在本科毕业生又考取硕士研究生。职教高考制度的实施与推进，使中职学校同样成为年轻人青春起航的摇篮。

山东省作为全国首个部省共建国家职业教育创新发展基地，在全国率先建立"文化素质+职业技能"的职教高考制度，职业技能测试学校实际操作形式，初步构建在职教、普教并行的高考双轨道，基本形成了上下贯通、左右衔接的技术技能人才成长发展的立交桥框架，为技术技能人才的成长发展拓宽了学业晋升、技术技能提升的渠道。

在山东省，长期以来职教只能招收低分生的难题逐步得到破解，在制度层面使职业教育的生源素质和结构发生了较大变化，优化了教育的结构和发展。以2020年为例，山东的很多职业学校招生报名火爆，即全省中职教育招生录取44.4万人，比上年增加了10.8%，其中2.5万人超过普通高中录取分数线；高职教育录取44.9万人，有2.4万人达到或超过本科录取分数线。实践充分证明，职教高考制度的建立与实施，有力地促进了职业教育改革与发展。

（三）理顺教育链、人才链、产业链，推动技术技能人才高质量就业

这些年来，全国许多本科院校深入贯彻党中央、国务院关于本科学历教育与职业技能教育融会贯通的部署和要求，采取有效措施进行高等本科教育改革，紧紧围绕社会、市场及企业的时代需求，把教育链、人才链、产业链有机联结起来，按照产业发展对技术技能人才的需求，调整教学课程，加大与企业技术技能人才开发培养一体化力度，建立健全与企业校企战略合作关系，按企业需求开展培养技术技能人才。深圳职业技术学校加强与华为、腾讯、比亚迪等著名企业的技术技能人才开发培养合作，按照现代企业的需求，开展培养技术技能人才，其开发培养出来的技术技能人才的就业率达到96.97%。常熟理工学院紧紧围绕建设高水平应用型本科的目标，在专业课程建设中融入实战环节，促进学生独立思考、自主创新，在实践中探索知识，在解决问题过程中巩固理论，不断强化学生的技术技能应用能力；该学院以"能力导向、实践驱动、循环递进"的教学方法，打造技术技能人才开发培养模式。

沈阳职业技术学院深化校企"双元制"，技术技能人才开发培养形成特色。沈阳职业技术学院根据国家及省在沈阳建设"中德产业园"的规划与发展需要，专门成立"中德学院"，陆续与华晨宝马、西门子、德科斯米尔、欧福科技等十多家企业，签订《双元制人才培养项目》，学生在学院和企业分别接受知识与技能教育培训，教育培训的时间分别为1.4年和1.6年，技术技能人才完全遵循德国产业人才培养规范化标准。校企双方基于德国双元制职教理念，共同选录项目学员，共同制定人才培养方案，共建教学团队，共同开发项目化课题，共同考核评价学生。"中德学院"开设的机电一体化、汽车维修、模具机械、工业机械、电子技术等5个对接德国企业需求的职业工种，校企共

建了宝马机电班、宝马汽修班、宝马自动化班、德科机电工程等16个项目班，每年招生200人，70%左右的学生一入学就被德资企业定制培养。

辽宁省加快构建纵向贯通、横向融通的现代职业教育体系，以服务数字辽宁、智造强省，推动职业教育高质量发展为目标，坚持问题导向、需求导向；改革创新、特色发展，不断提升服务经济社会发展的动力，为辽宁振兴发展提供更多更高素质的技术技能人才。辽宁省结合老工业基地全面振兴、全方位振兴的实际，确定了"把专业建立在产业链上"的职业教育办学方针，重点推进"引校进企""引企进校"，着力构建校企协同育人、产教融合的职业教育办学模式，推动职业院校和行业企业形成命运共同体，打造"校中厂""厂中校"。目前，全省高职院校与8000多家企业建立"校企合作"关系，双元制育人办学机制开始形成。

（四）"双主体"协同育人，产教研相融互促

党的十九大提出深化产教融合，强化校企合作的战略决策，从国家各部委到地方的党委，政府都先后制定、印发新时代职业教育改革与发展规划方案，政策措施，并贯彻落实。以四川省为例，该省直面产教融合的痛点，坚持以问题为导向，推动开发培养与高质量就业的有机衔接，教学与实践的有机结合，研发与转化相互促进，出台系列举措，促进教育与产业的深度融合、学校与企业共同发展，为经济社会发展奠定了坚实的技术技能人才基础，四川省教育厅、财政厅等多个部门联合推进产教融合示范项目基地建设，首批批准15个，每年投入资金2.5亿元。

坚持"双主体"协同育人，促进产教研相融互促。四川省电子科大示范性微电子学院牵头成立了产学合作协同育人联盟，学院本科教学指导就会有一半专家来自企业。在2020年12月举行的新一年实习基地双选会上，来自上海、江苏、广东、福建、川渝等地的40多家企业为该院的2018年级150多名学生提供了339个实习岗位。

"城市围绕大学建，产业依托教育兴。"四川省宜宾市先后与20所高校签署了职业技术技能人才开发培养合作协议；四川大学、电子科大、成都理工大学、四川轻化工大学等高校，现有在校职业技术技能人才开发培养学生7万多名，走出了一条企业与高校相融互促、相得益彰，区域性产教融合的新路子。

四川省提出构建"5+1"现代产业体系，"10+3"现代农业产业体系、"4+6"现代服务业体系，并统筹优化成都、环成都圈、川南经济区、川东北经济区、攀西经济区、川西北生态示范区等产业布局。该省在产业布局与驻地高校协同联动，产业发展与教育改革相融互促等多方面进行了卓有成效的探索，取得了比较成功的经验。

三、我国本科学历人才与职业技术技能人才开发培养融会贯通存在的主要问题

近些年来，我国的职业教育改革与发展已进入快车道，并取得了显著成效。但在新发展格局下的新发展阶段，我国的职业教育也面临着结构不合理、不适应新时代需要等深层次问题，严重制约了我国职业教育的高质量发展。主要问题表现在以下几个方面：

（一）职业教育的重要性和迫切性缺乏足够认识

无论过去还是现在，社会仍普遍存在一种传统观念，认为只有高考无望的学生才会读职业教育；学生及其家长都不愿意选择职业教育，往往把上职业学校视为无奈之举，把职业教育称为"末流教育"。所以，人们都把大学教育奉为"正统"上等，把考取高等院校、上大学看得很重，期待值很高。现在社会上还有一种错误观念，尤其是学生家长，在他们眼里，职业或工作仍存在"白领""蓝领"，高低贵贱。这种对职业教育重要性和迫切性深刻认识的缺乏，严重制约着职业院校的招生与发展。

而就目前看，职教高考制度虽已在部分省试点，但完善与推行的面较小，而中职如何与高职贯通？高职如何融入本科院校乃至本升硕士研究生？还需要在实践中探索出一条"直通"路径。即便是有了"直通"路径，但职业教育"低人一等""末流教育"的传统观念不破除，职业教育的战略地位和重要作用得不到重视及深刻认识，职业教育开发培养的本科学历职业技术技能人才的地位与待遇，也不可能与普通高校本科学历的毕业生一视同仁。

（二）本科学历人才与职业技术技能人才开发培养融会贯通缺乏充分准备

把中职、高职、本科高职的职业技术技能人才的开发培养连接贯通起来，形成职业教育质量水平提升的渠道，存在着各个方面的"先天不足"。一是现在的本科职业院校的数量非常少，在许多地区还存在"空白"。因此，本科职业院校招收高职院校（大专）的职业教育毕业生的数量十分有限。二是在普通高等院校（正规本科大学）设立本科职业教育学院的，很多还处于探索阶段。而把普通本科学历人才教育与职业技能人才本科教育有机结合起来，还没有比较成功的经验。三是本科职业教育培养的职业技术技能人才，属于其高层

次部分,将来的发展方向,为"大国工匠""科技能手""技能创新人才"等。对他们在课程安排、教学方式、实习实训、设施设备等方面都提出很高要求。在目前的本科院校,达到上述要求的少之又少,存在着"先天不足"和应有准备。

(三) 本科普通高校对职业教育缺乏实践经验

在本科普通高校内引入职业教育,开发培养我国社会主义现代化建设需要的高层次职业技术技能人才的实践中,还普遍缺乏应有经验且课程教材准备不足。本科职业技术技能人才的开发培养与高职(大专)职业技术技能人才的开发培养不同,与中职(中专)职业技术技能人才开发培养更不同,属于高端类(高层次)职业技术技能人才。这些职业技术技能人才,不仅要懂科学技术,具有解决实际问题的素质能力,而且更重要的是他们必须具有技术技能的研究创新能力;不仅能解决疑难复杂问题,而且能对技术技能的创新,进行创造性推动。所以,本科的职业教育,既需要在科学技术技能知识的理论教学上,能够跟上时代变化,适应时代需求,还需要在素质技能的开发培养上,突出创新创造能力。这就要求本科职业教育与本科普通教育在教学课程、内容、方式、方法等方面,有较大或本质区别。从目前看,绝大多数本科普通高校还缺乏本科职业教育的经验。

(四) 本科普通高校对职业教育的经费投入缺乏应有力度

教育是一个高投入的行业,尤其是职业教育,除了比较系统的理论教学外,更重要的是通过一定的实训实操等实践过程,把理论知识应用到工作、生产等技能上来。现在的本科普通高校对传统的本科学历教育极为重视,认为这是本科普通高校的"主业";而对校中的职业教育,则视为"非主业",可有可无。基于此,本科普通高校对校内职业教育的投入严重不足,导致职业教育开发培养的高层次职业技术技能人才的实训实操设施设备的严重缺乏或陈旧,工位更是不足,现代化、专业化教学器械缺乏。由于重视不够、投入不足,使职业教育所需的高质量实操设施设备,不能满足高强度、高水准的技能训练和高质量的就业要求,使学生的实训实操的效果大打折扣,严重影响职教毕业生的高质量就业和企业对高层次职业技术技能人才的需求,进而影响企业乃至经济的高质量发展。

(五) 本科普通高校缺乏高质量、高水平的"双师型"教师

职业教育的目标,尤其是本科职业教育的目标,是开发培养高层次、高水

平和适应建设制造业强国、交通强国、航空航天强国以及创新型国家等需要的职业技术技能人才。本科职业教育不只是为毕业生提供一个本科文凭,更核心的是要触发培养方案、课程设置和教师发展等一系列深刻改革。从表面看,职业教育和本科教育的区别似乎是:前者把专业知识和专业技能的训练及其掌握,作为主要教育内容,侧重开发培养学生的技能水平;后者把科学技术及其知识的深入学习、理解、研究,作为主要教育内容,侧重开发培养学生的创新能力水平。但两者的最大区别应是:一个是职业技术技能素质教育,另一个是科学技术创新素质教育。

职业教育除了专业知识方面,更看重人的技能素质能力的开发培养。首先是发现问题的能力。因为发现问题比解决问题更困难。这个能力不是在课堂上靠书本知识和老师讲课能够培养出来的,而主要是让学生到实践中学会如何汲取信息、分析信息;通过相关信息的综合分析,形成学生的独立思考的思维能力,进而解决问题。这是本科职业教育应该抓紧补齐的"短板"。其次是解决问题的能力。解决问题是知识应用型教育的重点。本科职业教育的硬性条件,就是建设及发展实训实操基地,让学生通过实训实操掌握解决问题的技术方式、方法和路径。再次是解释问题的能力。作为一名本科职业教育的毕业生,不仅需要发现问题、解决问题,而且还应具有解释问题是怎么出现的?解决问题为什么要用此类方式、方法和技术工具等。最后是创造性工作能力。即在专业技术岗位上要不断创新,进行创造性劳动,不断提高工作效率和质量水平。

根据本科职业教育的上述目标任务和标准条件,要求从事本科教育的教师,不但要有扎实的理论功底,更要有丰富的一线生产的管理经验,懂得职业技术技能人才的开发培养规律。同时,其本身就是一位善于发现问题,解决问题,解释问题及创新工作的导师。从现实状况看,适应本科职业教育的"双师型"教师极为短缺,远远达不到本科职业教育国家规定的"双师型"教师的师生比例标准,不能适应本科职业教育高质量发展的需要。

四、新时代我国本科学历人才与职业技术技能人才开发培养融会贯通的对策建议

2021年4月12日至13日,全国职业教育大会在北京举行。习近平总书记作出了"加快构建现代化职业教育体系,培养众多高素质技术技能人才、能工巧匠、大国工匠"[①]的重要批示;李克强总理对大会也作出了批示"职业

---

① 习近平对职业教育工作作出重要指示. 新华网,2021年4月13日.

教育是培养技术技能人才，促进就业创业创新，推动中国制造和服务上水平的重要基础。要着眼服务国家现代化建设，推动高质量发展，着力推进改革创新，借鉴先进经验，努力建设高水平、高层次的技术技能人才培养体系"。①"要瞄准技术变革和产业优化升级的方向，推进产教融合、校企合作，吸引更多青年接受职业教育，促进教育链、人才链与产业链、创新链有效衔接，加强职业学校师资队伍和办学条件建设，优化完善教材和教学方式，探索中国特色学徒制，注重学生工匠精神和精益求精习惯的养成，努力培养数以亿计的高素质技术技能人才，为全面建设社会主义现代化国家提供坚实支撑。"②

全国职业教育大会锚定全面建设社会主义现代化国家的目标，对"十四五"新发展阶段技术变革、产业优化升级和经济高质量发展，提出了新的要求，进一步指明了我国职业教育改革与发展的方向，深入贯彻习近平总书记的关于大力发展现代职业教育的重要批示，落实李克强总理的指示要求，把全国职业教育大会精神落到实处，结合本科学历人才与职业技术技能人才开发培养融会贯通实际，我们认为，应该加强以下几个方面的工作。

（一）深刻认识现代职业教育的极端重要性和紧迫性

要从立足新发展阶段、贯彻新发展理念、构建新发展格局、推动高质量发展的战略高度，深刻认识大力发展现代化职业教育，加快构建一体化现代职业教育体系，建立健全开放融会贯通办学格局和灵活育人模式，理顺职业教育管理体制，强化职业教育保障机制，努力培养数以亿计高素质技术技能人才，为全面建设社会主义现代化国家提供坚实支撑。

要进一步树立"大人才"观念，深刻认识现代职业教育打造"大国工匠""能工巧匠"等职业技术技能人才，对推动"中国制造""中国创造"乃至成为"中国良造""世界优造"的时代意义，要把现代职业教育放在中国特色社会主义事业发展的战略高度，充分认识其在实施和推进制造强国、交通强国、航空航天强国、信息强国乃至人才强国等战略中的地位和作用，切实加强现代职业教育工作的领导，研究制定国家现代职业教育改革与发展的中长期规划，科学谋划现代职业教育发展布局。要树立职业技术技能人才是我国整个人才队伍中的重要组成部分，而且是最坚实基础和要素的"大人才"观念，把肩负技术技能人才开发培养的现代职业教育纳入整个国家教育体系，与基础教育（义务教育）、高等教育并重的位置，统筹规划，通盘考虑、统一布局，协调发展。

---

①② 李克强对职业教育工作作出批示．新华网，2021年4月13日．

(二) 强化现有中职学校的建设，畅通中职学生成长发展渠道

现在，我国现有的中职学校，数量不少，但很多都是勉强维持生存生源；其基础设施建设滞后，教学实训设备、仪器陈旧，已远远不适应对现代化技术技能人才开发培养的需要了。南方的中职学校，地方财政的投入、本地企业的投入、社会力量的投入，会更多一些。而在东北、西北，地方财力有限，企业发展欠佳，且职业教育的传统观念根深蒂固，对中职学校的建设与发展无钱或多余的钱投入。以营口市农业工程学校为例，该校是辽宁省及营口市适应我国社会主义初期建设与发展，于1958年建立的中等职业技术学校，坐落在相对比较偏远的乡村。60多年来虽有一定改革与发展，但在通往学校的道路建设、办公教学楼、教学教研室、实训实操基地等建设方面，地方财政的投入，根本无法适应深入开展培养技术技能人才的需要。几届领导对学校的建设与发展，都有很好的规划和方案，而一旦需要地方财力投入，就无下文。

因此，从中央到地方的各级党委政府必须加大对现有中职学校建设与发展的投入，尽快改善中职学校的教学办公条件和教学科研环境，提升实训实操基地建设的现代化水平。尤其是东北、西北等地区长期坐落在偏远乡村的中职学校，更要加大投入力度，尽快改变教学科研、实训实操等基础设施、设备仪器等滞后、陈旧的局面，使他们在现代职业技术技能人才开发培养的质量与水平上，跟上时代步伐，适应时代需要。

尤其需要特别重视的是：要畅通优秀中职学生升高中（大专）的渠道；优秀高职（大专）学生升本科职业院校的渠道，给进入中职的优秀学生的成长发展以希望、以动力，让他们能够朝着"大国工匠""能工巧匠"或技师，高级技师等方向发展。

(三) 抓紧拓展职业教育本科院校的数量，畅通职业技术技能人才成长发展渠道

从德国等发达国家的职业教育看，他们不仅把职业教育与高等教育、基础教育一视同仁，而且更为重视职业教育，他们从学生职业生涯的成长发展初期，就将50％左右的学生分流为职业教育深造和高等教育深造两大部分。特别是职业教育的学生成长发展的机会繁多，空间更大，待遇也更高一些。

要借鉴国外先进经验，抓紧拓展职业教育本科院校的数量。目前，我国本科职业院校的数量少，布局不合理。这种状态必须尽快改变。一是对现有的高职（大专）院校进行系统、全面、深入地考核评价，将一些建设运转实践时间比较长、有丰富职业教育经验和工作经验的高职（大专）院校，晋升为本

科职业院校。这种方式比较直接，而且可靠，比直接成立本科职业院校好处多。我们建议，至少在每个地级市，都应有一至两所学科职种不同的高职（大专）院校，能够通过系统考核评价，晋升为本科职业教育院校。二是设立中职、高职（大专）混合院校，即对目前我们现有的中职院校进行系统、全面地考核评价，在建校时间长，且有丰富职业教育经验和管理工作经验的中职学校，设立高职（大专）学科、班级，使在中职学校攻读职业教育学生中的优秀者，通过有针对性的考试、考核，直接进入高职（大专）学科、班级学习深造。三是畅通中职、高职（大专）、本科职业教育院校的融会贯通渠道。要形成这一种职业教育制度，即中职学校有意愿进入高职（大专）院校的优秀学生，能够通过自己的一番努力，如愿进入高职（大专）院校深造；高职（大专）院校有意愿进入本科职业院校的优秀学生，通过自己的一番努力，能够如愿进入本科职业院校深造。

要鼓励支持应用型本科学校开展职业教育，按照专业大致对口原则，指导应用型本科学校、职业本科学校，吸引更多的中高职毕业生报考。

要推动中等职业学校与普通高中、高等职业学校与应用型大学课程互选、互认。

（四）明确本科职业院校的建设与发展定位，按照经济高质量发展需求开发培养高层次技术技能人才

有专家学者指出，职业教育已成为世界各国经济社会发展和综合国力博弈的重要因素。可见，职业教育在经济现代化建设与发展中的地位、作用越来越重要。因此，作为本科职业院校，必须明确自己的定位和职责任务。

（1）坚守应用型人才与实践型技术技能人才开发培养，服务区域经济社会高质量发展的战略定位。从世界各国经济社会发展情况看，对研究型、创新型人才的需求在20%左右，而对应用型、实践型人才的需求则高达80%左右。因此，本科职业教育院校一方面不应该盲目追求研究型大学的发展方向；另一方面更要警惕职业教育"本科化"退化为"文凭化"。因为职业教育主要是把特定职业作为专业知识和专业技能进行训练准备的。本科职业院校应根据区域的经济社会发展需求，科学布置，合理设置本专业学科，秉持"不求最大、最全，但求最专、最优"适合本地区现代经济社会发展急需的办学思想和观念，推动应用型高校与区域经济社会联动发展、融会贯通。

（2）建立完善职业教育学科专业体系，实现人才培养的结构和流程。职业与专业的关系是应用型本科院校专业设置或调整过程中必须高度重视的问题。应用型大学的专业学科设置，应与本地区新经济、新业态、新技术，与先进制造业、现代服务业、现代农业，特别是战略性新兴产业建立起紧密联系，专业学科建设的重点，不要盲目追求尖端和精深，而应重点考虑不断满足经济社会高质量发展和及时就业、充分就业、高质量就业的广泛性与普遍性需求，实现学科布局和专业设置与现代制造业、现代服务业、现代农业，现代战略新兴产业以及新兴职业等的无缝衔接。

（3）注重人才培养的实践性，创新校企协同育人模式。一是完善应用型人才开发培养管理体系，明晰应用型人才开发培养目标和要求，建立健全以提高现代实践能力为引领的高层次职业技术技能人才开发培养流程，深入研究并形成应用型人才开发培养的质量水平和适应社会市场需求、细化知识、技术能力的素质结构以及高层次职业技术技能人才开发培养质量的保障机制。二是完善高层次职业技术技能人才教学和实习实操课程体系。要整合专业基础课、核心课、技能应用和实验实践课，强化实验、实习、实训、实操环节，更加重视职业技能和创新创业能力的开发培养。三是完善产教融合、校企合作育人体系。健全并强化学校与地方政府、行业、企业共同发展和高层次职业技术技能人才合作办学机制，探索共同组建职业教育集团，共同组建职业教育产业学院，构建产教融合、校企合作共同育人的利益共同体和长效机制。

（五）坚持新建本科职业院校"三体系"育人方向，创新应用型人才开发培养模式

一是建立创新型高技术技能人才开发培养体系。新建本科职业院校要秉持"用明天的技术，培养今天的在校学生，为未来发展服务"的职业技术技能人才开发培养新观念，用现代高新技术及其知识改造提升传统学科专业；用新兴职业、技术、业态等技术及其知识设置新学科专业；用日新月异的市场、社会变化需求，不断充实、革新学科专业授课内容与方式、方法，形成"新技术应用通识课程—新技术应用专业基础理论课程—新技术应用专业实战课程"三个层次的现代应用型高层次技术技能人才开发培养课程体系。同时，实施以实训实操为基础、以研发创新为动力、以高质量就业创业为导向的"实训实操＋研发创新＋高质量就业、创业"一体化的现代高层次职业技术技能开发培养实践路径。

二是建立健全新型高质量技术技能人才师资队伍建设体系，即融会贯通从理论知识教学到现代高科技技术及其市场、社会应用路径，着力提升本科职业院校教师的现代高新技术及其市场、社会实践应用能力；融会贯通高水平普通高等院校与新建本科职业院校共建教师合作研发团队，着力提升本科职业院校教师的职业教育研发创新能力；融会贯通现代企业发展对高层次技术技能人才

开发培养的需求，以解决企业技术创新、产品创新、工艺创新以及高质量发展难题为宗旨，着力提升本科职业院校教师破解企业技术创新等难题的能力。同时，采用"导师+项目+团队"的新型本科职业院校创新方式，打造"师研生随、师导生创、师生共创"的校内高层次职业技术技能人才创新创业"教学产研"教学体系，着力提升新建本科职业院校教师的"教学、科研、应用"一体化能力。

支持高水平学校和大中型企业共建双师型教师培养培训基地，落实教师定期到企业实践制度，鼓励企业技术骨干到学校任教，推进固定岗位与流动岗位相结合、校企互聘兼职教师队伍建设改革，进一步增强"双师型"教师的教学能力和实操指导水平。

三是建立健全将企业发展技术难题和教师成果转化为职业教育资源的激励保障体系，即把企业高质量发展中遇到的技术难题作为教师的科研课题，并将其作为高层次职业技术技能人才创新创业和高质量就业的教学内容；通过"企业出题、教师析题、学生答题"等形式，将企业高质量发展中生产一线的技术需求，作为专业教学内容或新课程开发的依据，使本科职业院校的教学内容及专业课程，与时俱进，适应时代；把本地区的产业结构升级与发展及其特色优势转化为学科专业特色优势，将高新技术引领区域产业变革需求，转化为学科专业建设及其不断升级发展主题，及时有效地丰富产教对接、融合的教学内容与课程；充分利用地方社会、企业具有丰富技术应用实践经验的专业技术、科研开发、科技攻坚、产品创新等人才资源，并把这些资源转化为本科职业院校的教学育人资源，为优化教师队伍结构，提升教师的产教融合能力，提供现代教学育人资源支撑。

（六）推广和完善职业教育"高考"制度，为高层次技术技能人才开发培养与成长发展提供制度保证

职业教育"高考"制度，已在山东等地试行几年，并取得了丰富的经验，应在总结试点经验的基础上，全国推行。

一是形成并推行中职学校毕业生升至高职（大专）院校的"高考"制度。应按照中职毕业生升高职（大专）院校的理论知识和技能应用水平条件要求，设计中职毕业生升高职（大专）院校的"高考"试卷质量和水平标准，适应中职毕业生中的优秀者能够通过自身的努力，实现升高职（大专）院校的愿望。应像每年高考一样，计划单列中职毕业生升高职（大专）院校的"高考"通道，即单独出题、单独制卷、单独成绩、单独录用，形成中职毕业生或社会青年考取高职（大专）院校的制度安排和政策体系。

二是形成并推行高职（大专）院校毕业生升至本科职业院校的"高考"制度。应按照高职（大专）升本科职业院校的理论知识和技能应用、创新水平条件要求，设计高职（大专）毕业生升本科职教院校的"高考"模式，高质量和水平标准，适应高职（大专）毕业生中的优秀者能够通过自身的努力，实现升本科职教院校的愿望。应像每年高考一样，计划单列高职（大专）毕业生升本科职教院校的"高考"通道，即单独出题、单独制卷、单独成绩、单独录用，形成高职（大专）毕业生或优秀社会青年考取本科职教院校的制度安排和政策体系。

三是形成并推行"3+3+4"中职、高职（大专）、本科职教院校连读制度。应建立健全中职教育3年、高职（大专）教育3年、本科职教4年的中职、高职（大专）、本科职教连读的考试制度安排和政策体系，在现有历史悠久、理论教学和技能实训实操经验丰富、效果突出的中职学校，设立高职（大专）和本科职教院校联招联办共同体，从而在本地区形成中职、高职（大专）、本科职教院校连读制度。其好处有三：一方面解决了本地区中职学校生源短缺、招生目标困难问题；另一方面解决了本地区中职学校毕业生成长发展通道狭窄，无成长发展动力问题；再一方面解决了本地区高层次技术技能人才的需要问题，从而不断满足本地区产业结构优化升级、新兴产业发展等对高层次技术技能人才的需要。

四是形成并推行"3+4"高职（大专）、本科职教连读制度。应在现有的高职（大专）院校推出"大专、本科班"，即高职（大专）与本科职教一贯制，可称之为"3+4"、高职（大专）3年+本科职教4年。同样，"高职（大专）和本科职教"一贯制的推行，既打破了高职（大专）升学的天花板（很高的升学率），让高职（大专）毕业生中的优秀者直接升大学；也给很多不适应应试教育或高等教育，又希望得到更高更好教育，有更好前途的高职（大专）学生及其家长另一种新的选择；而且更为高职（大专）学生提供了成长发展的更多机会或方向；另外，还提升了职业教育的办学质量和水平，从而达到了新时代职业教育的导向性作用。

（七）加快培育和发展职业教育联盟，形成产教融合、校企合作利益共同体

一是确定并坚持把职业教育院校的"职种、专业建在地区产业链上"的职业教育办学方针，重点推进"引校进企、引企驻校"，构建校企合作协同育人、产教深度融合的职业教育办学模式，推动职业教育院校和行业，企业形成利益、命运和生存、发展共同体。着力深化职业教育改革，推动职业教育办学格局由政府办学转向政府与企业并举；政府与企业并举转向政府举办为辅、企业举办为主；逐步转向以企业为办学主体的现代职业教育办学新格局。大力支持和鼓励企业通过购买政府公共服务、委托开发培养管理等方式，深度参与政府举办的职业教育院校合作办学，促进职业教育院校职业技术技能人才开发培养计划与企业用人选才开发培养计划及其标准无缝对接，职业教育院校职业技术技能人才开发培养的适应性、实用性、针对性全方位提高，实现"学生、学校、企业"三方共赢。

二是坚持深化校企合作双元制人才订单培养模式。比如：沈阳"中德产业园"建设后，沈阳职业技术学院则有针对性地设立了"中德学院"，并从2016年开始，陆续与沈阳"中德产业园"的华晨宝马、西门子、德科斯米尔、欧德科技等10多家科技型企业，签订了《双元制人才培养合作项目》，按企业对职业技术技能人才的需求，设立专业学科项目班次，学生在学校和企业接受专业理论与知识教育以及技能实训实操的时间，分别为1.4年与1.6年，技术技能人才培养完全遵循德国产业人才培养的规范化标准。校企双方基于德国双元制职教理念，共同选录项目班学生，共同制定所需技术技能人才培养方案，共建教学团队，共同开发项目化课程，共同考核评价学生学习效果和技能水平。该学院至今已开设对接德国企业需求的职业技术工种16个项目班，每年招收200人，70%左右的学生一入学就被德国企业定制培养。

基于上述经验与做法，职业教育院校必须坚持并深化与企业的"订单"人才教育培训合作，实现德国双元制人才培养模式的本土化，形成具有地方特色的高层次职业教育人才培养新模式。

三是坚持并拓展以企业为主导的职业教育发展路径。企业可以把"技术技能创新中心"等基地，设在对应的职业教育院校。比如华为把"永川"联合技术创新中心，设在重庆智能工程职业学院，课程围绕物联网、人工智能、大数据、智能汽车等国家急需的新技术开设，华为成批派去高级技术人才与学院共同进行课程建设，平时来学院授课、讲座；学生可线上线下同步学习。同时，华为的最新设备、技术在"中心"的实训实操中运用。学生毕业后，华为在毕业生中优选，并进行认证考核，且经过华为认证的毕业生，不仅在华为认可度很高，而且在业内的认可度也很高，即使不去华为，也会在上下游企业获得不错的就业机会。据了解，3年来，重庆市永川区对接的企业68家，校企共建教学培训和实训实操基地303个，新开设与川渝地区主导产业紧密相关的特色专业51个，建设国家级重点专业22个。

要鼓励支持职业学校与社会资本合作共建职业教育基础设施、实训基地，共建共享公共实训基地；要推动校企共建产业学院、企业学院，延伸职业学校办学空间。

基于上述经验与做法，职业教育院校必须坚持以企业为主导的职业教育发展路径，紧紧围绕地方产业发展需求，把学生的受教育权与就业权连结为共同体，为企业培养造就急需合格的职业技术技能人才。

（八）提高职业技术技能人才工资福利待遇水平，增强其政治、社会地位

一是设立并不断完善职业教育学生资金资助和奖学金制度。应制定出台职业教育学生资金资助办法或政策措施，比如中职学校在校学生中的特别优秀者每人每年5000元的资金资助；高职（大专）在校学生中的特别优秀者每人每年6000元的资金资助；本科职教院校学生中的特别优秀者每人每年8000元的资金资助；职业教育在校硕士研究生中的特别优秀者每人每年1.5万元的资金资助等。同时，为提高职业技术技能人才的专业技术能力，对中职学校在校学生中的特别突出优秀者，给予每人每年3000元的奖学金奖励；对高职（大专）在校学生中的特别突出优秀者，给予每人每年5000元的奖学金奖励。

另外，对中职学校全日制学历教育正式学籍一、二、三年在校中所有农村（含县及乡镇）学生；城市涉农专业学生和家庭经济特别困难的学生，免除学费。同时，对城乡家庭经济特别困难的学生发放国家助学金，平均资助标准为每人每年2000元。

二是设立并不断完善职业技术技能人才工资福利待遇水平与专业技术人才等级对应和增长机制。要打通职业学校毕业生在就业、落户、招聘、职称评审、晋升等方面的通道，与普通高校毕业生享受同等待遇。特别是职业技术技能人才的工资福利待遇水平，应根据其技术技能的熟练程度和岗位工作的复杂程度，划分为多个等级，对应不同的工资福利待遇标准。就目前而言，我国职业技术技能人才的等级工资福利待遇水平标准，应与专业技术人才职务（职称）的工资福利待遇水平标准，适当对照执行。比如高级技工的工资福利待遇水平标准对应助理专业技术人才相应等级；技师的工资福利待遇水平标准，对应中级专业技术人才相应等级；高级技师的工资福利待遇水平标准，对应副高专业技术人才相应等级。加大技术技能人才薪酬激励力度。

在上述基础上，还应根据职业技术技能人才工作的产量、质量、交货时间、效率和成本降低等因素，给予他们相应的资金奖励，逐步建立健全职业技术技能水平和实际业绩、贡献挂钩，与企业发展步伐一致的增幅机制，有效凸显技术技能要素的分配导向，引导职业技术技能人才自觉参加职业技术技能等级职业资格培训和考评认定，通过不断提升自身技术技能水平，进行创造性劳动取得相应业绩与贡献，提升其工资福利待遇水平。

三是设立并不断完善职业技术技能人才政治、社会等地位的制度体系。近

年来，作出突出贡献的高技能人才，已被纳入评选"国务院特殊津贴专家"的范畴，全国先后有百余名在各行各业为祖国的科技进步事业作出非凡成就的高技能人才，荣获"国务院特殊津贴专家"称号。这项制度必须坚持下去，并不断创新完善。

同时，国家及省也逐步开始评选并表彰"大国工匠"型高技能人才。对那些在企事业单位技术岗位进行创造性劳动，且在关键技术岗位上革新、改造、攻关等取得突破性进展并取得优异成效的高技能人才，通过层层评审、筛选，先评为省级"大国工匠"，再进行筛选，报国家评选为国家级"大国工匠"。"大国工匠"享受一定政治待遇和社会荣誉，并给予10万~100万元不等的资金奖励。这项表彰制度也会坚持下去，并不断创新完善。

另外，许多企事业单位，特别是大型企事业单位和科技型企业，在内部设立"首席技师"等职位，对获得"首席技师"的高科技人才，享受高级专业技术人员工资福利待遇，并具有副总工程师的地位。

在国家及省、市表彰"五一劳动奖章""五四青年奖章""三八红旗手"等活动中，还要突出高技能人才的地位，增加其比重，从而形成了促进职业技能人才成长发展的政治导向。

特别是近年来，国际、国内对职业技术技能人才的世界性、全国性"技能大赛"先后开展起来，国家对在国际上和国家级"技能大赛"获得奖项的选手，都授予相应的荣誉称号，并给予相应的奖励资金，晋升职业技能等级资格，兑现工资福利待遇等。这些"技能大赛"应坚持下去，并创新完善。同时，省、市等各级政府也应举办相应层级的"技能大赛"活动，通过"技能大赛"，激发职业技术技能人才的创新创造热情，提升其创新创造能力，从而形成职业技术技能人才不断深造、学习、掌握新时代高新科学技术的导向。

四是实施高技能人才成长发展计划。对符合条件的高水平技术技能人才，应纳入国家及各地高层次人才计划；积极探索优秀职业技能人才，包括优秀产业工人的职业技能人才和优秀农业农村中的优秀职业技术技能人才，培养选拔科技管理干部，进一步提升技术技能人才的政治工作地位。

（祁迹，辽宁新前程高校毕业生人才交流服务有限公司董事长兼总经理，教育部高校毕业生就业协会职业生涯发展教育工作委员会学术委员会副主任，辽宁省大学生就业创业导师；侯宏波，沈阳职业技术学院工商管理学院院长；祁光曦，沈阳丝路职业培训学校校长；许超，营口市农业工程学校讲师；杨思明，辽宁职业培训在线CEO；赵博，沈阳丝路职业培训学校董事长；王佳欣，辽宁工业大学讲师。）

体质弱势大学生心理健康问题及健康促进对策研究[*]

解 颖 宋艳丽等

一、引言

(一) 选题背景

1. 国家对青少年体质健康工作的重视

国家学生体质健康标准测试统计数据显示，近年来大学生体质健康水平较低，如耐力、爆发力、肺活量等指标均有下降，心理和社会适应能力正在减弱，整体近视率、超重、肥胖比例明显增加。体质即人体的质量。体质健康即人体在遗传基础上，经过后天塑造所达到的人体形态结构、生理功能、运动能力、心理素质和对内外环境适应能力的全面良好状态。一直以来党和政府都十分关注青少年体质健康，如 2006 年中华人民共和国教育部、国家体育总局联合发布了《关于进一步加强学校体育工作，切实提高学生健康素质的意见》；2010 年中共中央和国务院共同通过了《国家中长期教育改革和发展规划纲要（2010－2020）》；2012 年国务院办公厅发布《关于进一步加强学校体育工作的若干意见》的通知；2014 年教育部发布了《国家学生体质健康标准（2014 年修订版）》（以下简称《标准》）等。心理健康作为体质健康的重要组成部分，党的十七大报告中更是明确提出"注重促进人的积极的心理品质，加强人文关怀和心理疏导，引导人们正确对待自己、他人和社会，正确对待困难、挫折和荣誉。加强心理健康教育和保健，健全心理咨询网络，塑造自尊自信、理性平和、积极向上的社会心态"。这些都说明了国家层面对于高校教育在对人的整体健康发挥着的重要性有着高度的重视。

2. 实现素质教育需要关注体质弱势大学生心理健康

随着社会生活节奏的不断加快、学业压力的逐渐加重、就业竞争日益增大

---

[*] 本文为中国人才研究会 2021 年度立项课题。批准编号：ZRH—2130。

等因素的影响，大学生心理健康问题日渐严峻，已有的调查结果表明，心理问题正制约着大学生的健康成长，这一度引发社会上的广泛关注与讨论。2014年教育部出台的《高等学校体育工作基本标准》中提到要"挖掘学校体育在学生道德教育、智力发展、身心健康、审美素养和健康生活方式形成中的多元育人功能，有计划、有制度、有保障地促进学校体育与德育、智育、美育有机融合，提高学生综合素质"。综合素质教育的目的是使学生在德、智、体等方面得到全面发展，而心理健康也是素质教育内容的重要组成部分。高校心理健康教育要面向全体大学生，尤其要关注体质弱势大学生，切不可"优胜劣汰"。本研究提出的体质弱势大学生，指体能素质和运动能力相对偏弱，《标准》测试成绩未及格的大学生群体。作为社会主义事业的建设者和接班人，体质弱势大学生和普通大学生一样，也面临学业、择业、社交等压力的困扰，但由于其身体处于弱势，更容易出现自我认知失调、人际交往障碍等心理问题，其心理健康水平既影响到自身的成长成才，也关系到高校能否为国家培养出全面型的建设人才。

"健康促进"最早是由医学史家 Henry E. Sigerist 于1945年提出，他把医学定义为健康促进、疾病预防、疾病治疗和康复四个方面的功能。现代健康促进源于健康教育，往往与健康教育共同探讨，这是公共卫生发展到一定阶段的产物。健康促进模式（Health Promoting Model，HPM），是1982年由美国护理专家 Pender 首次提出，Pender 认为健康促进是人们为了达到自我实现及个人成就，通过维持或增加安宁、幸福所采用的行为。Pender 提出，影响个体选择并坚持健康促进行为的因素主要包括三方面（见图1）。基于 HPM，本研究创新提出自己的结构框架（见图2），以构建能够解决体质弱势大学生心理健康相关问题的健康促进模式。

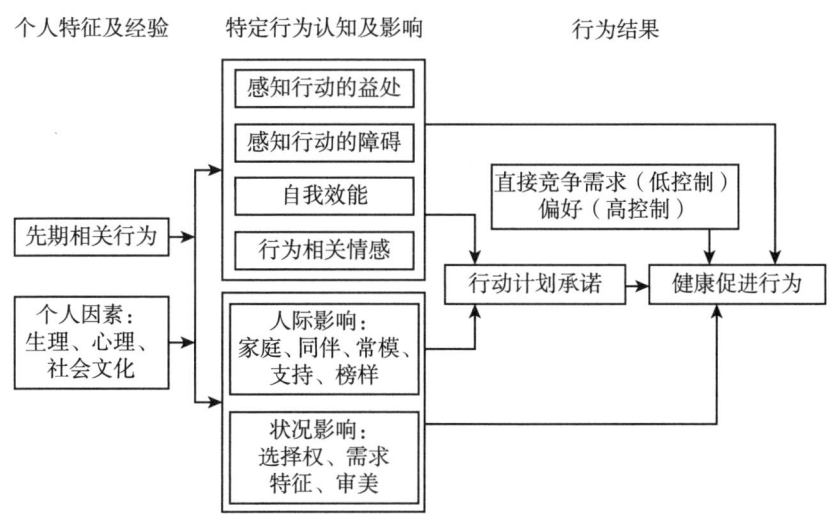

图1　Pender 的健康促进模式

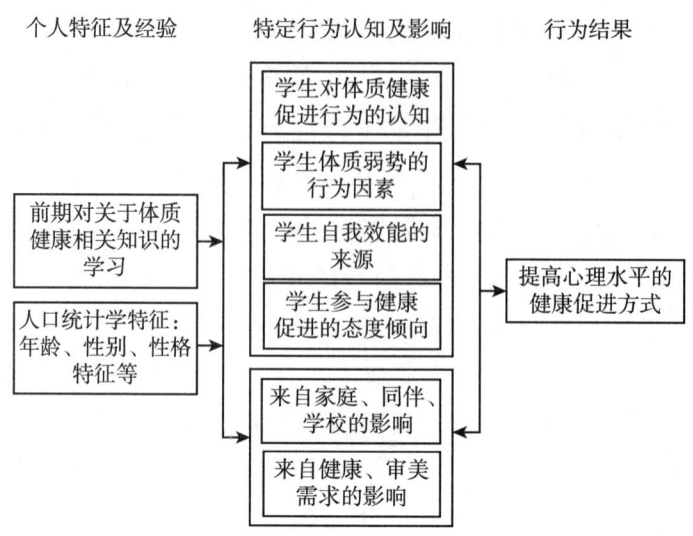

图 2　本研究的健康促进模式

（二）选题意义

1. 理论意义

社会发展以人为本，人的发展以健康为本。本研究坚持以"健康第一"理念为指导思想，针对体质弱势大学生这一特殊群体"精准扶弱"，将其心理健康干预与体质水平提升相互融合，在调查体质弱势大学生心理健康状况和分析其生活方式、体育锻炼等现状的基础上，探讨对其心理健康的干预作用，以及心理健康状态对学生参加体育锻炼、坚持健康生活方式的能动的反作用，以期为促进体质弱势大学生群体的心理健康水平、丰富高校体育教育理论体系提供参考依据。

2. 实践意义

目前对于大学生心理健康方面的研究较多，而对体质弱势大学生心理健康方面的分析研究较少，专门针对体质弱势大学生心理健康促进干预方面的研究则更少。因此，本研究对高校全面推进大学生心理教育具有重要的实践意义。

（三）国内外研究现状

1. 国外研究现状

（1）体质健康研究。从20世纪70年代以来，美国、日本、苏联等国家就非常重视青少年的体质健康状况。通过阶段性连续监测，不断修改与完善现存的监测标准，制定相应法规促进青少年的体质健康发展。同时，国外的研究机构对青少年身体健康的研究都给予了高度重视，制定了相关系列测试及评价方法。从 1861 年美国的医学博士爱德华希契科克在担任学生健康指导员，始创了对所有学生进行年龄、身高、体重、长度、围度、肺活量及一些肌力指标的以年为周期的测量方法，到 Copper 实验室开发的 Fitness Gram 测试系统，美国政府对学生体质健康标准大体经历了体育卫生体系—健康教育体系—健康促进体系三个阶段。美国的体质健康研究重视生活方式与体质健康的关系，它是最早研究健康生活方式的国家。体质评价由原来的《学生体育及格测验标准》改为现在的《美国青少年身体素质测验标准》，美国认为体质是一种可以换回最多回报的投资。日本在 1977 年补充实行了《身体素质测验评分标准》，与中国对体质的理解大致相同，均包括了形态结构、生理机能、心理因素、身体素质、运动能力等几个方面，仅在形式和提法上有所不同。日本认为体质是身体因素和精神因素的综合，身体因素指身体的体格、体型、体能和对外界环境刺激的反应能力和适应能力，而精神因素是指某些心理因素，如意志、气质、智力、判断等。

（2）心理健康研究。第三届世界心理卫生大会提出，倘若社会中的个人在与社会上的其他人相处时很少发生争执，不仅不会在心理上留下创伤，而且能让自己长期处于愉快的情绪之中，这就是心理健康。心理学家 H. B. English 提出，心理健康是一种持续的心理状态，当事者在哪种情况下能作出良好适应，具有生命的活力，而且能充分激发其身心的潜能，这是一种积极的情况，不仅是免于心理疾病。社会学家 W. W. Boemh 认为，心理健康就是合乎某一水准的社会行为。一方面能被社会所接受，另一方面能为本身带来快乐。心理学家 A. Maslow 和 Mitetlmna 提出了 10 条标准：①充分的安全感；②能正确评估自己的能力；③志向远大又切合实际；④与现实的环境保持适应；⑤能保持人格的完整与和谐；⑥具有从经验中学习的能力；⑦能保持良好的人际关系；⑧适度的情绪表达与控制；⑨在不违背社会规范的条件下，对个人的基本需要作适当满足；⑩在不违背社会规范的条件下，能作有限地发挥个性。Marle Jhadoa 提出了 7 条标准：①了解自己的身份和自己的心情；②有所成就，又能面向未来；③心理状态完整美好，能够抗御应激；④自主，能明确自己需要什么；⑤真实地、毫不歪曲地理解客观现实，然而又能具有同情和同感；⑥做环境的主人；⑦能工作、能爱、能玩，也能解决问题。

2. 国内研究现状

（1）体质健康研究。新中国成立以来，我国党和政府一直很关心人民群众的身体健康，特别是改革开放后，采取许多有力措施，分析了国民的体质健康状况和推动了群众体育活动的开展。《中华人民共和国体育法》《全民健身计划纲要》《中华人民共和国国民经济和社会发展第十个五年计划纲要》都明确规定实施对国民进行体质监测的制度和健全国民体质监测系统。我国近些年来也有很多有关学生体质健康标准方面的研究，如贾丽娟（2013）指出影响学生体质健康的因素有很多，不仅限于单一因素，而是综合多方面的，大致包括三个方面，一是教育观念、二是教育内容、三是教育时间；欧世伟（2015）提出教师要从学生体能入手，通过合理规划运动量、增加体育游戏、进行心理疏导等来消除其心理障碍；郑继超（2018）提出，"校本"育人、"互联网+翻转课堂""体医融合""理论+实践"四类育人模式，为优化体质弱势大学生公共体育教育提供了新的发展思路；梁亮（2020）指出，影响大学生体质健康的影响因素很多，主要集中在个人因素、学校因素、家庭因素三个方面；华建军（2021）提出，学生的体育锻炼态度越好，他们的体质健康水平可能越高。

（2）心理健康研究。对心理健康内涵结构的探索，主要经历了消极心理健康、积极心理健康和完全心理健康三个取向阶段。在消极心理健康阶段，研究者认为心理健康就是没有心理疾病；在积极心理阶段，研究者认为心理健康是一种积极的心理状态，把幸福感作为积极心理健康的指标；而在完全心理健康阶段，有学者认为心理健康包括消极心理健康和积极心理健康。就像没有疾病不等于身体健康一样，没有心理问题或疾病也并不等于心理健康；心理健康是在没有心理问题或疾病的基础之上，个体感觉自己很幸福。从心理健康内涵结构的变化，我们也不难看出心理健康的本质是一种心理状态。目前在心理健康这个研究主题下开展了大量研究，这些研究总结起来主要可以分为两个方向：一是调查特定群体的心理健康状况；二是探究影响心理健康的因素。对于特定群体心理健康状况的研究对象主要包括中学生、大学生、空巢老人等。何永东（2017）对合肥市的1287名中职生进行心理健康状况调查后发现，检出有较严重心理健康问题的学生348人，约占调查人数的27%，且女生的心理健康水平低于男生；郭燕青（2017）调查空巢老人的心理健康状况发现太原市空巢老人心理健康状况欠佳，主要存在强迫和抑郁的心理问题；李瑞君（2021）对788名大学生进行了问卷调查，心理问题的检出率为6.6%，主要问题是敌对、恐怖、偏执等。另外，许多学者研究发现，心理健康不仅受到个体因素也会受到外部环境因素的影响。从个体因素上看，不少研究者研究了人格、归因方式等对心理健康的影响。廖友国（2017）的研究结果表明，心理健康与人格的确存在联系，具体表现为神经质、精神质与心理健康呈正相关，外倾性与心理健康呈较弱的负相关；陈君（2020）对三所高校10340名医学生的调查显示，医学生的心理健康与自杀行为受家庭关系、成长经历、专业满意度等多方面的影响。

（四）概念界定

1. 体质健康

（1）体质。在美国，关于体质的英文是 Fitness 或 Physical Fitness，其中最普遍的认识是，人们先天具有或后天获得的和从事身体活动的能力有关的一系列特性。日本学者认为，体质应具有知、情、意这些精神方面的内容。在我国，早在古代医学经典《黄帝内经》中就对体质有了详细的论述，1982年中国体育科学学会将体质定义为人体的质量，是在遗传性和获得性的基础上表现出来的人体形态结构、生理功能和心理因素等综合的、相对稳定的特征。

（2）健康。健康的概念早在1948年世界卫生组织成立时就指出："健康是生理的、心理的和社会适应的完好状态，而不仅是没有疾病和虚弱。"1989年世界卫生组织重新将其定义为："健康包括身体健康、心理健康、社会适应良好和道德健康。"可见健康是一个整体，心理健康是健康的重要组成部分，身体健康是心理健康的基本条件，身心相互影响，密不可分。

（3）体质健康。体质健康作为健康的一部分，是健康的下位概念，体质健康是体质的目标，而身体素质完好是体质健康的重要标志之一。目前为止，体质健康还没有明确的概念界定，将体质作为健康的限定词整合为体质健康，扩大了健康的内涵，减小了健康的外延，可以更好地区别身体健康、心理健康、社会适应的三维健康观，更加强调了在人体形态结构、生理功能和心理因素等体质方面的健康。

2. 弱势群体

根据美国著名社会工作专家 J. Rothm An 观点，弱势群体包括那些身体或精神残疾的人、年老体弱的人、童年时期丧亲的儿童。我国官方首次使用弱势群体，是出自2002年3月国务院《政府工作报告》，提出弱势群体是指没有就业或者无法正常就业的贫困人口。按照《中国大百科全书·社会学卷》的定义，社会弱势群体是"特殊困难群体"，但书中没有指出界定弱势群体的标准。对于体质弱势大学生这一概念，虽然描述不尽相同，但主要集中在残障、疾病或肥胖等先天因素和发育状况等后天因素方面。

3. 心理健康

心理健康一词由美国精神病学家 Sweeter W. 最早提出。他认为心理健康是指人的内部心理和外部行为和谐、协调，并适应社会准则和职业要求的良性状态。世界卫生组织将"心理健康"定义为：心理健康不仅指没有心理疾病或变态，个体社会适应良好，还指人格的完善和心理潜能的充分发挥，亦即在一定的客观条件下将个人心境发挥成最佳状态。

我国对心理健康的研究始于20世纪90年代，综合收集到的对心理健康及其标准的阐述，并根据大学生生理特点和社会发展对大学生的特殊要求，概括起来，大学生心理健康有如下特点：第一，心理健康是一种动态的、发展的、连续的心理情况，个体可以因生活环境、学习能力、个人努力等因素的改变而相互转化，这一特点为体质弱势大学生通过体育锻炼改善其心理健康水平提供了可能性；第二，心理健康是一个整体的状态。它包括情绪、情感、意志水平、自我意识、自我效能、人际关系、社会适应能力等因素，这一特点为体质弱势大学生通过增强体质健康，进而有针对性地促进其心理健康中的薄弱环节提供了可行性。

（五）研究内容

1. 分析体质弱势大学生心理健康现状

通过问卷调查，了解体质弱势大学生的心理健康现状，探讨其影响因素，为其心理健康教育提供方向。

2. 构建体质弱势大学生的心理健康促进策略

目前许多高校都已针对大学生心理健康开展研究，但对体质弱势大学生群体关注尚显不足，且在其研究过程中面临一定的问题和困境，通过分析其开展现状中的制约因素和存在问题，为构建科学有效的心理健康促进策略奠定基础。

（六）创新之处

在实施《标准》过程中，更多强调约束性因素的作用，对学生内在影响要素缺少必要的解释。本研究改变以往单纯以考核指标为硬性手段的体质健康促进理念，关注个体差异性，从心理健康角度提出具体的指导建议，为科学、以人为本地实施《标准》提供了理论依据。

二、研究对象与方法

（一）研究对象

本研究将体质弱势大学生分为两类：①患病类大学生：主要指身体有残疾、疾病史以及因伤病不能进行剧烈运动者；②被定义类大学生：指《标准》测试成绩<60分，同时身高体重指数男生 BMI≤17.8，女生 BMI≤17.1（低体重群体），或男、女生 BMI≥28.0（肥胖群体）。本研究仅将第②类群体作

为研究对象。随机选取辽宁中医药大学大二年级（男生 50 名，女生 50 名）、大一年级（男生 50 名，女生 50 名）体质弱势大学生为调查样本，其中大一为干预组（即男干预组，女干预组），大二为对照组（即男对照组，女对照组）。两组年龄、性别、体质健康指标均无明显差异（P > 0.05）。

（二）研究方法

1. 文献法

借助数据库和互联网，搜集有关大学生体质健康、心理健康的文献、专著及政策，了解体质研究的现状、发展趋势及国家采取的措施，以期为本研究提供具体的理论依据和方法。

2. 调查法

（1）调查问卷。①症状自评量表（Symptom Checklist 90，SCL - 90）：本量表是国内外最著名的心理健康测试量表之一，共 90 个条目。包含有较广泛的精神症状学内容，分别为躯体化、强迫症状、人际关系敏感、抑郁、焦虑、敌对、恐怖、偏执、精神病性因子，每个条目均采用五级评分制，分别为"没有""很轻""中等""偏重""严重"，分别计分 1 分、2 分、3 分、4 分、5 分。得分越高，表明症状越严重。②自尊量表（The Self - Esteem Scale，SES）：Rosenberg 的 SES 是评定青少年关于自我价值和自我接纳的总体感受的量表，包含 10 个条目，每个条目包含 4 个选项，分别为"非常符合""符合""不符合""非常不符合"，其中第 3、5、8、9、10 题为反向计分题，第 1、2、4、6、7 题为正向计分题。量表的理论分值范围是 10 ~ 40 分，分值越高，自尊程度越高，划界分为 25 分（总分），得分高于 25 分被定义为自尊程度较高，否则较低。

（2）调查问卷的发放与回收。由课题组成员指导并发放调查问卷，回收率 100%，有效率 100%。

3. 数理统计法

将有效调查问卷所取得的数据录入计算机，运用 SPSS 22.0 统计软件对有关数据进行描述性统计、T 检验等统计处理，结果以 P < 0.05 为显著性标准。

（三）干预方法

对照组进行常规生活、锻炼，干预组则进行为期 8 周的 HPM 干预。HPM 提出，影响个人选择并坚持健康促进行为的因素包括三方面：个体特征及经验（包括先期相关行为、个人因素）、特定行为认知及情感（包括感知行动的益处、感知行动的障碍、自我效能、行为相关情感、人际影响和情境影响），行为结果（包括行动计划承诺、临时需求和偏好）。本研究所采用的干预措施，是以 HPM 提出的影响健康促进行为的三因素为切入点：

1. 个体特征及经验

（1）先期相关行为。HPM 指出前期积极或消极的经历会影响个人是否采取健康促进行为。干预措施：①对于有先期相关行为（如课外体育锻炼相关行为、心理健康知识学习等相关行为）的体质弱势大学生，对积极经历给予鼓励支持，对消极经历应加强防范训练；②对于没有先期相关行为的应分析其影响因素，积极健康教育。

（2）个人因素。HPM 认为影响健康促进行为的个人因素应包括生理、心理、社会文化三方面因素。其中生理因素是指年龄、性别、体重等；心理因素是指自尊、自我激励、动机等；社会文化因素是指生活环境、文化程度、经济水平等。干预措施：①充分考虑性别差异，深入了解男、女生喜爱并适合的运动项目，激发锻炼热情；②注重宣传提升心理健康水平的意义和方法，鼓励并引导体质弱势大学生科学锻炼、均衡膳食，从而在提升其身体自尊的基础上，间接提升整体自尊水平；③提高学生家庭的体质健康认知，发挥其有效的带动性和监督性。

2. 特定行为认知及情感

（1）感知行动的益处。HPM 提出个人感知到行动的益处后更乐于主动采取该行动。干预措施：①在调查了解体质弱势大学生心理健康认知水平的基础上，采用专题讲座、发放手册、制作微课等多形式进行有关知识补充，使其明确心理健康对其成长发展的重要意义；②组织成功案例现身说法，使其真切感受到坚持体育锻炼和健康生活方式产生的身心变化。

（2）感知行动的障碍。HPM 指出个人感知到行动的障碍（花费、困难、方便度）越多，越容易放弃该行为。提示可通过帮助体质弱势大学生改变对各障碍的认知，来提高其对心理健康促进的认可度和参与度。干预措施：①针对体质弱势大学生的"弱势"特征因材施教，协助选择适宜的项目。如跳绳、台阶跳、短跑、仰卧起坐等。②利用网络平台向体质弱势大学生推送有关心理健康促进的科普视频、文献研究、专业平台等，来满足体质弱势大学生对心理健康教育的多元化需求。

（3）自我效能。HPM 提出个人完成某行为的信念（即自我效能感）越强，越有可能频繁地实施该行为。干预措施：①根据锻炼情况给予言语激励，如"你坚持下来了""你做得很好"等，提升其克服障碍的自信心；②鼓励进行自我总结和经验分享，并适时对其执行力加以肯定。

（4）行为相关情感。HPM 提出积极的相关情感利于个人采取该行为，消极的相关情感导致个体逃避该行为。干预措施：①可借助上述降低感知行动障碍的措施来缓解消极的行为相关情感；②注重定期与体质弱势大学生沟通，给予心理疏导和支撑，减少负面情绪；③为每个体质弱势大学生建立个人档案，善于挖掘积极因素，设立光荣榜，增加其成功体验。

（5）人际影响。HPM提出朋友、家人、健康照护者的认知、态度可影响个人的健康行为。干预措施：①倡导体质弱势大学生之间开展小组锻炼，如结对子、小组竞赛等，相互交流、相互支持，发挥良好的同伴效应；②家长多督促，使体质弱势大学生感受到来自家人的期望和鼓励。

（6）情境影响。HPM提出在从众心理的影响下，个体往往希望自己的行为与环境中的他人（即特定情境）保持一致，故情境中的"标签"（即触发某行为的线索）可直接影响健康行为的发生。干预措施：①安排专人定期督促体质弱势大学生坚持体育锻炼、合理膳食、积极调适；②鼓励体质弱势大学生在房间内张贴醒目标识以自我激励，从而把体质弱势大学生的标签定义为"坚持心理健康促进行为"。

3. 行为结果

（1）行动计划承诺。HPM提出意愿是个人采取自主行为的主要影响因素，当个体表现出一定的意愿，并且能够把握实施和加强该行为的策略时，更有可能坚持该行为。干预措施：①鼓励体质弱势大学生设定阶段性目标，增加其健康动机；②当其表现出某些需求（如个体指导、融入团队）时，指导教师应予以组织协调。

（2）临时需求和偏好。HPM提出在健康行为发生前，临时需求和偏好所呈现的压力或吸引力均有可能导致其放弃该行为。干预措施：①协助体质弱势大学生做好日程安排，避免其他偏好与健康促进行为发生冲突；②强调体质健康对其心理健康的重要性，鼓励其不能轻易放弃。

三、结果

（一）体质弱势大学生SCL-90的研究结果

1. 体质弱势大学生心理健康问题检出率

心理健康问题检出率，是指体质弱势大学生在SCL-90量表测试中，2分≤某因子分<3分或某因子分≥3分的人数占总人数的百分比。当2分≤某因子分<3分，表明在该因子方面有轻度心理健康问题，而当某因子分≥3分，表明存在中重度心理健康问题。本研究显示，86名大学生呈现出2分≤

某因子分<3分，即轻度心理健康问题检出率达到43.00%。其中女生的心理健康问题检出率为41.00%，检出率位于前三位的是轻度强迫症状、轻度人际关系敏感、轻度焦虑因子；而男生的心理健康问题检出率则达到45.00%，检出率位于前三位的是轻度强迫症状、轻度人际关系敏感、轻度偏执因子。另外，18名大学生呈现某因子分≥3分，即中重度心理健康问题检出率达到9.00%。其中女生的心理健康问题检出率为8.00%，检出率最高的是人际关系敏感因子；而男生的心理健康问题检出率为10.00%，检出率最高的是敌对因子。

2. 体质弱势大学生心理健康问题与全国大学生常模比较

本研究SCL-90数据分析显示，体质弱势大学生的强迫症状、人际关系敏感、焦虑、敌对、恐怖、精神病性因子得分均明显高于全国大学生常模的得分，差异具有统计学意义（$P<0.05$）。

3. 体质弱势大学生不同性别的心理健康特征比较

本研究显示，女生的抑郁、焦虑因子得分和总分均明显高于男生，差异具有统计学意义（$P<0.05$）。男生的敌对、偏执因子得分均明显高于女生，差异具有统计学意义（$P<0.05$）。

4. 体质弱势大学生不同年级的心理健康特征比较

本研究显示，体质弱势大一学生的强迫症状、人际关系敏感、焦虑、敌对因子得分和总分明显高于大二学生，差异具有统计学意义（$P<0.05$）。

5. 体质弱势大学生HPM干预前后SCL-90得分比较

本研究显示在干预前，男干预组与男对照组之间、女干预组与女对照组的SCL-90因子得分无明显差异，差异无统计学意义（$P>0.05$）。采用HPM干预后，男干预组的强迫症状、人际关系敏感、敌对、偏执因子得分和总分均明显低于男对照组，差异具有统计学意义（$P<0.05$）；同时女干预组的人际关系敏感、焦虑、抑郁、恐怖、偏执因子得分和总分均明显低于女对照组，差异具有统计学意义（$P<0.05$）。

（二）体质弱势大学生SES的研究结果

1. 体质弱势大学生不同性别、年级的SES得分比较

本研究显示，男、女生的SES得分没有明显差异，差异无统计学意义（$P>0.05$）；体质弱势大一学生的SES得分高于大二学生，但差异无统计学意义（$P>0.05$）。

2. 体质弱势大学生HPM干预前后SES得分比较

本研究显示在干预前，男干预组与男对照组之间、女干预组与女对照组的 SES 得分无明显差异，差异无统计学意义（P>0.05）。采用 HPM 干预后，男、女干预组的 SES 得分均明显高于男、女对照组，差异具有统计学意义（P<0.05）。

四、讨论

（一）体质弱势大学生心理健康状况不容乐观

2018 年 7 月 6 日，在中共教育部党组印发《高等学校学生心理健康教育指导纲要》中提出，"要坚持心理健康教育工作面向全体学生开展，对每个学生心理健康发展负责，关注学生个体差异，注重方式方法创新，分层分类开展心理健康教育，满足不同学生群体心理健康服务需求"。大学生处于人体青春期发育的最后阶段，该阶段体质弱势大学生的心理健康状况，不仅影响到学业，还会对高校全面育人质量产生重要影响。本研究调查发现，体质弱势大学生轻度心理健康问题检出率达到 43.00%，中重度心理健康问题检出率达到 9.00%，主要心理问题表现为强迫症状、人际关系敏感、偏执、敌对、焦虑；与全国大学生常模比较，该群体也表现出了明显的强迫症状、人际关系敏感、焦虑、敌对、恐怖等心理状态，这说明体质弱势大学生心理健康状况不容乐观。笔者认为，导致体弱大学生心理健康问题的原因包括两方面：第一，来源于自身因素，体质虚弱是其与体质健康大学生相比处于最大的弱势，而大学生体质健康与健康意识、生活环境、膳食营养、体育锻炼等具有直接关系（朱海涛，2019；曹利丹，2020），然而体质弱势大学生普遍存在体质健康意识薄弱（冯红梅，2019），参与体育锻炼频次、动机不足（杨涛，2020），暴饮暴食、饮食重口味、因为时间、情绪问题进餐紊乱等不良饮食习惯（张娣，2019）。第二，来源于环境因素，如专业压力、生涯规划、家人期望等（武海鹏，2021）。

（二）体质弱势大学生不同性别、年级的心理特征存在差异

本研究显示，体质弱势男生心理问题检出率高于女生，男生的敌对、偏执症状明显，女生的抑郁、焦虑症状明显，但男、女生的自尊没有明显差异。这与相关研究提出的"男大学生心理健康状况优于女生"结果不一致（薛敏霞，2019）。可能是因为很多男生对护理专业认同感较低、兴趣不足，受社会刻板印象（认为护理专业是女生所特有的职业）影响较重，护理专业女生人数较多致其归属感较差等，从而使体质弱势男生更容易表现出不友好、固执、多疑等心理问题。而体质弱势女生之所以容易处于焦虑、抑郁状态中，可能源于其

心思细腻、追求完美、对自身形象更加敏感等原因。另外，本研究显示，体质弱势大一学生的强迫症状、人际关系敏感、焦虑症状况较大二学生严重，这与相关研究结果一致（尚文晶，2018），说明体质弱势大一学生的心理问题较多。可能是因为大一新生刚刚进入大学生活，由于受到高中学习模式、对社会认知不足而产生的理想化以及未成熟化等因素的影响，导致其在进入大学生活时体现出极度的不适应以及不成熟，心理问题更为突出。再者，不同年级自尊水平没有明显差异，但大一学生自尊分值高于大二学生，即大一学生对自我能力和自我价值的情感体验略优于大二学生，可能是因为大一学生刚刚步入大学阶段，仍沉浸于成为一名大学生的自信、喜悦中，同时对大学生活充满了新奇，所以自尊水平略高。

（三）HPM 有利于改善体质弱势大学生心理健康

HPM 指出健康促进行为的矫正因素是人口统计学因素、生物学特点、人际关系影响、情境因素、行为因素。本研究采用 HPM 干预后，男干预组的强迫症状、人际关系敏感、敌对、偏执症状明显改善，而女干预组的人际关系敏感、焦虑、抑郁、恐怖、偏执症状明显改善。这是因为 HPM 从提升健康认知、增强体质健康、积极心理调适等多维度对体质弱势大学生进行健康干预，使其能够正确评估自身的健康障碍因素，学会借助科学方法和社会支持，健康相关行为更具有主动性、系统性和科学性。另外，采用 HPM 干预后，男、女干预组的自尊均明显提升，可能是因为通过实施 HPM，使体质弱势大学生开始意识到认知—感知—保持健康促进行为的重要价值，逐渐具有了维护和改善自身健康状况的信念和能力，外显自尊和内隐自尊得以提升，而自尊是大学生心理幸福的根源，与心理健康密切相关（丛晓波，2005），同时大学生身体自尊与体质健康正相关（娄亚涛，2017）。

五、对策

（一）个人层面

1. 转变心理健康观念

体质弱势大学生若想拥有良好的心理健康状态，就必须先从树立正确的心理健康观念开始，意识到身体健康是心理健康的载体，而心理健康又会促进身体健康，二者相辅相成、同等重要。

2. 学会心理调适

体质弱势大学生常处于负性心理状态中，面对学业压力、情感困惑等问题时，要学会积极寻求家人、老师和朋友的帮助，以乐观向上的心态面对遇到的问题。任何心理问题的解决途径都是通过外在的助力促使内在的转变，如果能够学会自我调控，很多心理困惑就会迎刃而解。

3. 培养健康生活方式

体质弱势大学生的身体弱势很大程度上是由于不良饮食习惯和缺乏营养知识所致，同样良好的心理状态也需要积极健康的生活方式。

4. 增加体育锻炼

体育锻炼既是体质弱势大学生提升身体素质、增加生活乐趣、释放精神压力的有效方法，又是情绪调节和人际交往的重要手段。大量研究显示，能改善心理健康的体育锻炼应符合以下特征：

（1）能带来愉悦、舒适的情感体验；

（2）中等负荷强度；

（3）每次锻炼至少 20～30 分钟；

（4）有氧运动或有节奏的腹式运动；

（5）无人际竞争的运动；

（6）有一定的可控性。

（二）学校层面

1. 设立教师团队

学校应针对体质弱势大学生组建一个教师团队，融合体育、护理、心理、中医等专业教师，加大人文关怀及体质健康促进力度，采用线上线下相结合的方式，定期开展多维健康教育，做到从体育锻炼、生活习惯、心理调适、膳食营养等方面的"精准扶弱"。

2. 开展运动处方教学

学校应为体质弱势大学生提供必要的锻炼器械和活动场地，以便于针对不同性别开展其喜欢并适合的运动处方教学，同时适当降低教学难度和要求，使其获得更多的成就感，提升体育动机。

3. 加强入学宣教

由于大学生正处于人生观、价值观尚未成熟的阶段，职业认同感和行为倾向较为迷茫，容易出现认知偏差，且易受环境的影响，可塑性较大，所以此时的入学教育起着至关重要的作用，尤其是那些对护理专业持有社会刻板印象的学生，通过宣教就业前景、发展空间、个体优势等内容，使其逐渐明确护理在医疗体系中的重要作用以及自身的价值，从而增强专业自信。

4. 大一阶段开设心理健康课程

目前我国高校在心理健康教育课程的安排上没有统一规定，各高校因自身需要不同，课程安排也有所不同。但笔者认为针对体质弱势大学生的心理特点，心理健康教育越早，越有利于其掌握面对困惑和问题时的解决方法，提高其心理承受能力；同时倡导教师以体质弱势大学生为中心，针对其容易出现的心理问题，开展灵活多样的教学活动，如针对人际交往问题、学业压力、恋爱问题等举行小组讨论，运用思维导图、六项思考帽等思维方式帮助其找到解决问题的途径和答案。

（三）家庭层面

家庭环境和氛围是影响体质弱势大学生转变健康认知和选择生活方式的重要因素。家庭中的教养方式、亲子关系、健康价值观等，都会影响体质弱势大学生的观念和自尊（刘彦，2017）。即温暖的家庭教养态度、和谐的亲子关系、积极的健康价值观等能够使体质弱势大学生获得更多的心理支持，从而产生积极心理因素，促进心理健康；而严苛的家庭教养方式、冷漠的亲子关系、消极的健康价值观等，意味着家长无法为体质弱势大学生提供足够的心理支持，导致其极易产生失望、悲观等负面心理。因此，作为体质弱势大学生的家长，要时刻关注孩子的体质变化，降低家庭状况给其心理健康带来的不利影响，尤其要关注刚刚步入大学生活的体质弱势大学生，第一次完全离开家长独自面对新的环境、新的社交，虽然在学业和生活上已经脱离了父母，但在心理上还依然存在依赖现象。因此，作为家长要有意识地引导体质弱势大学生学会心态平和、积极开朗地判断问题。同时家长还要根据体质弱势大学生的性格特点，加强亲子沟通，避免产生分离焦虑和情绪波动，及时掌握体质弱势大学生在校的心理状态和情感体验，疏导不良情绪，诱发积极情绪，使体质弱势大学生在校期间能够以积极开朗、乐观向上的健康心理状态快速融入校园生活。虽然体质弱势大学生在某种程度上具有心理调适的知识和能力，但仍处于初级水平还没有达到真正意义的成熟，所以来自家庭的社会支持对于体质弱势大学生而言具有特殊意义。

（四）研究不足和展望

1. 不足

首先，本研究所用量表共包含100余个条目，大学生在接受调查的过程不免疲乏，可能会导致其测量数据与真实情况之间存在一定的差异；其次，选取的样本量较小,未进行多元化分层,且均来自于辽宁中医药大学。

2. 展望

未来的研究可以尽量扩大研究范围,在不同院校、城市开展调查,增加年级分层、胖瘦体质分层,拓宽研究方法的视域,如增加访谈法深入研究,得出应用性更广的结论。

(解颖,沈阳市健康研究会理事长、教授;宋艳丽,辽宁中医药大学讲师;张丽娟,辽宁中医药大学讲师;冯艳,辽宁中医药大学附属医院副主任护师;何彦泽,辽宁中医药大学讲师;马英,辽宁中医药大学副教授;王雪,辽宁中医药大学副教授。)

礼仪中国视域下大学生职业生涯礼仪教育的应用性研究[*]

杨 浏

一、前言

中华文明源远流长，在漫长的发展进程中，历经时代变迁的淬炼与演化，形成了具有扎实、厚重底蕴的中华民族优秀的传统文化体系。随着我国与沿线各国在政治、经济、文化等各领域不断的交流合作，其中礼仪文化是各国文化交流的主要内容，也是文化传承和发展的重要载体，在国际政治经济一体化的背景下，软实力，是国家影响力的重要组成部分；礼仪文化，是中国传统文化的重要组成部分，是民族生存和发展的重要力量；而坚定文化自信，在此刻被赋予了深刻的时代内涵和现实意义。人才培养成为国家文化输出、形象输出、思想输出的重要途径。这为中国礼仪文化传播带来了无限机遇，也对人才培养及大学生职业生涯教育提出了新的要求和挑战。

目前，国家和社会各界高度重视人才的培养，大学生正值人生观、世界观形成的关键时期，是新时代社会主义的接班人和建设者，大学生经过四年的高等教育面临着求职、就业等诸多问题。对大学生进行职业生涯礼仪教育，尤其是注重培养高素质的人才提升就业率是重中之重。

本研究在阐述"礼仪中国"视域下，中国礼仪文化有效传播的人才培养与实践能推动中国文化走向世界，从而推动各个国家、民族文化的交流和思想的碰撞。在"礼仪中国"背景下探索中国礼仪文化有效传播的人才培养与实践的新方向，构建以中国礼仪文化为载体，以礼仪人才培养为核心的创新实践新途径，有助于拓展与丰富我国职业生涯教育的研究内容与研究领域，为实现中国传统文化传承，提高民族自信、文化自信，在大学生职业生涯礼仪教育的应用性研究领域起到积极作用。

---

[*] 本文为中国人才研究会 2021 年度立项课题。批准编号：ZRH—2108。

（一）政策背景

习近平总书记在党的十九大报告中明确指出："文化是一个国家、一个民族的灵魂。文化兴国运兴，文化强民族强。没有高度的文化自信，没有文化的繁荣兴盛，就没有中华民族伟大复兴"。[①] 文化自信理念的提出，不仅是实现中华民族伟大复兴的必然诉求，同时，也是对新时代下中华民族优秀传统文化的高度认同与全新定位。礼仪文化是中华民族优秀传统文化体系中的瑰宝，是中华民族优秀品德的具体体现。民族复兴的本质是中华文化的复兴，礼仪文化在我国崛起的进程中肩负着展现国民素养、塑造国家形象的特殊使命。因此，实现中华民族礼仪文化的有效传播，对于增强文化自信，推动社会文明的进一步繁荣与发展，具有重要的时代意义。

为认真贯彻落实党的十九届五中全会精神，响应党中央关于"十四五"规划和 2035 年远景目标建议中"繁荣发展文化事业和文化产业，提高国家文化软实力"的号召。2021 年中华全国总工会文工团颁布了《关于举办"礼仪中国"系列礼仪培训的决定》以"中国梦·劳动美 礼仪教育在行动"为主题，在全国组织开展"礼仪中国"系列培训，收到了良好的成效和社会反响。

在"礼仪中国"背景下，进一步加强礼仪文化建设，推进礼仪文化教育事业，加快礼仪行业人才培养。本研究从"礼仪中国"的时代背景、文化底蕴、社会价值以及深远影响等几个方面对全国总工会"礼仪中国"项目内涵的解析，为本研究的开展做好理论铺垫，旨在传承中华民族优秀礼仪文化，促进全民礼仪素养，以促进大学学生就业为目的，开展大学生职业生涯礼仪教育的应用性研究。

（二）研究背景

进入 20 世纪 90 年代后，为了加强对职业生涯教育的指导与管理，中国职业教育学会职业指导专业委员会正式成立，进而有效地促进了职业生涯教育在我国的推广与普及。在此期间，国内关于大学生职业生涯教育的研究逐渐兴起。通过研究发现目前关于大学生职业生涯礼仪教育的研究数量有限，因此，本研究的开展有助于拓展与丰富我国职业生涯教育的研究内容与研究领域，对提高大学生礼仪素养，促进大学生就业具有一定的现实意义与社会价值。

基于此，本研究将礼仪中国背景下与大学生职业规划的融合的必要性进行分析，探讨礼仪文化教育和大学生职业生涯的内在联系，真正促进大学生的自

[①] 文化兴国运兴，文化强民族强. 光明日报，2018 年 6 月 7 日.

我发展、自我进步。

二、研究意义

目前高校大学生就业形势严峻，高校都开设了大学生职业生涯规划课程，通过各种职业生涯规划课程、活动、竞赛等丰富的形式开展职业生涯规划教育，以提高大学生对职业生涯规划的认识。对于大学生来说，解决这一问题的根本途径是做好职业生涯规划，提高自身综合素质，提升礼仪修养促进就业力，在择业时具备一定的核心竞争力。然而，由于我国大学生职业生涯教育起步较晚，就业形势日益严峻，大学生职业生涯规划教育面临着多重挑战，尤其是大学生职业生涯礼仪教育内容需要进一步加强和完善。

习近平总书记指出："要建立和规范一些礼仪制度，组织开展形式多样的纪念庆典活动，传播主流价值，增强人们的认同感和归属感。"[1] 为了使价值观发挥作用，它必须融入社会生活，这样人们才能在实践中感知和理解它，要建立和规范一些礼仪制度，组织各种形式的庆祝活动，弘扬主流价值观，增强人们的认同感和归属感。然而，随着改革开放和市场经济的不断深化和发展，在多元文化的冲击下，大学生礼仪修养中出现了与社会主义精神文明建设不协调的因素，虽然很多学生接受了礼仪知识和理论的教育，但他们大多数还是处于最基本的礼仪了解层面。在日常学习生活和就业中出现的举止不当、言行不文明等现象随处可见，心理健康状况差，人际沟通困难，学生礼仪素质整体状况不容乐观。本研究从"礼仪中国"的时代背景、文化底蕴、社会价值以及深远影响等方面对其内涵的解析。探究礼仪教育对于提升大学生人文素质的内涵及其重要性，以及礼仪教育对于大学生所带来的影响分析。

三、研究的主要内容

内容一，"礼仪中国"的内涵解析："礼仪中国"是一项旨在传承中华民族优秀礼仪文化，促进全民礼仪素养有效提升的重要举措。本研究从"礼仪中国"的时代背景、文化底蕴、社会价值以及深远影响等几个方面对"礼仪中国"项目内涵的解析，为本研究的开展做好理论铺垫。

内容二，对大学生进行职业生涯礼仪教育的必要性：基于新时代的社会背景，从传承中国礼仪文化、促进大学生未来自我价值的体现以及社会职责的履

---

[1] 人民日报新知新觉：积极推进礼仪教育. 人民日报, 2020年12月08日09版.

行等视角,来阐述与分析礼仪文化修养在大学生职业生涯中的重要作用。

内容三,礼仪中国视域下大学生职业生涯礼仪教育体系的构建:从职业素养、道德品质、人格修养、人际交往以及社会适应等方面入手,探讨礼仪中国视域下大学生职业生涯礼仪教育体系的构成要素,求证各要素间的相关性,确保体系构建的完整性与实效性。

内容四,礼仪中国视域下大学生职业生涯礼仪教育的开展路径:探求礼仪中国视域下我国大学生职业生涯礼仪教育的开展手段、方式及方法,并采用案例分析的方法对其应用效果进行检验,经过经验总结及体系调整,确保大学生职业生涯礼仪教育的整体效果。

四、结果与分析

(一)"礼仪中国"的内涵

1. "礼仪中国"项目背景

"礼仪中国"是一项旨在传承中华民族优秀礼仪文化,促进全民礼仪素养有效提升的重要举措。2020年12月,中华全国总工会发起了"中国梦·劳动美·礼仪教育在行动"系列活动,进一步加强礼仪文化建设,推进礼仪文化教育事业,加快礼仪行业人才培养。"礼仪中国"项目的推进收到了良好的成效和社会反响。"礼仪中国"项目是由全国总工会发起,旨在培养更多的礼仪专业的优秀人才。

2. 中国礼仪文化的内涵

礼仪是人们在社会交往活动中,以相互尊重为基本原则,在言谈举止、仪容仪表、仪态、仪式等方面所展现出的约定俗成的,并共同认可的行为规范。中国素有"礼仪之邦"之美誉,"彬彬有礼""谦谦君子""知书达理""博爱宽容"等,均是中华礼仪的具体体现。作为具有五千年文明史的中华民族而言,礼仪文化不仅是其优秀品质的表现形式,同时,更是植根于民族血脉当中,镌刻在民族形象上的重要标志,在中华民族五千年灿烂文明史上具有极其重要的地位。中国礼仪文化源远流长,起源于史前的先民们因对各种神鬼的崇拜而举行的各种祭祀、拜神以及由此而衍生出的巫术、禁忌、占卜等巫祝文化。历经漫长的演化与变革,而逐渐形成了一整套对人们行为、言语、服饰、妆容、仪态等具有规范作用的礼仪文化。礼仪文化所表现的是对己、对人、对大自然所展现出的尊重与敬畏。现阶段,我们所谈及的礼仪是经过优化后所形成的适合于社会主义和谐社会发展需要的礼节和仪式,是人们在社会活动中能够自觉遵守的行为规范与准则，表现的是人们相互间的尊重、和善、礼貌与宽容，是中华民族优秀传统文化的时代展现。

3. 提高礼仪素养，塑造健全人格

我国是礼仪之邦，礼仪是社会走向文明的重要标志。在中华文明的几千年的历史发展过程中形成了具有广泛社会性和强大的号召力的道德规范和人际交往的形式。"人无礼而不生，事无礼则不成，家无礼则不兴，国无礼则不宁"可见早在两千多年前，人们就意识到了"礼"的重要性。古代的大教育家孔子在礼坏乐崩的春秋的乱世之中提出要塑造人的健全人格，要复兴周礼并提出"六艺"的思想，并将中国传统文化中的礼至于其中，并且要求"士"能浮游其间，游刃有余。孔子曰："不学礼，无以立"，可以说，一个知书不达礼，知识水准与道德水准严重不协调的学生，将来肯定成不了优秀人才。一个不懂礼仪，道德水准低下的人即使学问再高，也不会成为一个人格健全的人，因此，礼仪教育从古至今都作为培养人才的重要组成部分，特别是在全球化的今天，对大学生进行职业生涯礼仪教育更是摆在了突出重要的位置。

4. 传承中华民族优秀文化，创造和谐社会

礼仪文化不仅可以塑造个人良好道德，对于和谐社会建设也有着非常积极的推动作用，只有国民素质的整体上升，我们才能拥有一个和谐社会，国家才能往更好的方向发展。大学生是祖国发展的未来，把职业生涯礼仪教育融入大学生课堂教学，有助于促进大学生素质的全面发展。礼仪作为一种具有普遍约束力、约定俗成的规范，成为依法治国的有益补充。随着社会主义核心价值观的融入，国民生活质量的不断提高，对礼仪文化的重视程度不断加深，在引导国民人文素质提高道德品质方面起着很大的作用。中华优秀的礼仪文化不仅丰富人的精神世界，还能够坚定国民的理想信念，增强民族自信心，增强中华礼仪文化的认同感，帮助大学生树立正确的人生观、世界观、价值观，促进全民礼仪素养的提升，有利于构建和谐社会。

（二）大学生礼仪素养存在的问题

当代社会对高素质人才供不应求，但高校对综合素质高的人才培养迫在眉睫。但是目前大学生职业生涯礼仪素养方面存在着以下几个突出问题：

1. 大学生礼仪素养缺失的问题严重

现在的大学生多属于独生子女，以"00后"为主体，成长环境优越，从小受父母、长辈的溺爱，考入大学后进入了集体的校园生活，缺少独立生活的能力及经验，脱离了家长的保护，缺少人际交往技巧和沟通经验，遇到学习生活中的冲突和矛盾会产生很大的心理落差，校园霸凌和生活冲突时有发生。

2. 大学生缺乏人际沟通能力

高校多属于全国招生,学生来自于不同地区、不同民族、不同家庭背景,同学之间存在着日常生活、语言表达习惯不同等多方面的差异,这给学生之间的人际交往造成了障碍。现代社会对人才的要求越来越高,不但需要具有深厚的专业文化知识做后盾还要求高超的沟通能力和高尚的道德品质,并且富于团队合作精神。

3. 大学生礼仪素养影响求职、就业

疫情期间,大学生的求职、就业中的礼仪缺失问题也是比较突出的问题。从就业形势看毕业学生供大于求。高等教育更应注重大学生的综合素质教育。企业在选用人才的时候,选择专业人才的同时,更希望能够选拔出高潜质可培养的人才来满足企业的需求。求职礼仪在职场面试和工作中具有十分重要的意义,在招聘过程中大学生存在的礼仪素养缺失、职场中不懂得礼仪规范等现象给面试单位带来负面的影响,使很多大学生与理想的工作失之交臂,不利于大学生的职场发展。

(三) 对大学生进行职业生涯礼仪教育的必要性

1. 大学生是传承礼仪文化的重要载体

在礼仪中国的时代背景下,大学生作为礼仪文化的传播者和继承者,有着义不容辞的责任和义务。当今社会无论是在学习、生活中都应该遵循道德准则,不同的场合都有着不同的礼仪要求。大学生接受新鲜知识和学习能力非常快,大学生群体的传播力也非常强。建设文明的和谐社会,对大学生进行礼仪教育是必不可少的,作为大学生对待礼仪更应该取其精华去其糟粕,将礼仪教育与自己的职业生涯完美地融合在一起。以礼仪文化引导大学生的思想发展,使学生从内心深处认同和理解礼仪,逐渐内化成为个人的礼仪习惯。只有接受了良好的礼仪教育,大学生才能在为人处世以及待人之道上展现出应有的风度,才能表现出良好的品格和高尚的修养,建立健康和谐的学习、生活和良好的人际关系,为将来工作走向社会奠定坚实的基础。

2. 提高大学生的人文素质,实现自我价值

礼仪教育是培养大学生人文素质的重要课程,其目标应该是帮助大学生了解如何尊重生命、如何关心生命、如何感恩、如何与人合作、如何以正义感帮助他人等。学习礼仪,不仅是要强调理论规范,而且要树立坚定信念和责任感,更加注重健全人格的培养,提高大学生的人文素质。在实施礼仪教育的过程中,要充分考虑和结合学生自身发展的特点,并将其融入大学生职业生涯教育,弥补专业的方向单一、学科教育模式固定、知识内容刚性的不足,充分发挥大学生的内在潜力和发展动力。提升大学生的思想道德、职业情操和文化修养，帮助大学生更好地进行自我社会认知，处理各种社会人际关系，能够对应职场应聘以及面试、工作、职场社交等各种情景，使其顺利地由一个"自由人"转变成一个"社会人"，提高大学生的综合素质和人文修养。

3. 提升综合素质是大学生职业生涯礼仪教育的根本目的

随着国家对于教育的重视程度，许多高校都进行了招生人数的扩招，高校人才越来越多，面对毕业后毕业压力大的严峻的就业形势，学生们越来越意识到大学生职业生涯规划的必要性，礼仪素养在求职、就业中占有十分重要的作用，大学生面临求职、就业压力对大学生职业生涯礼仪教育提出了新的要求。以此为契机，我们将符合时代的礼仪教育与大学生的职业生涯结合起来。对大学生进行职业生涯礼仪教育，加强与人沟通能力的培养，有助于塑造其健全人格，培养自信的心态，是大学生未来职业生涯走向成功的重要条件。

（四）礼仪中国视域下大学生职业生涯礼仪教育体系的构建

1. 职业修养的提升

礼仪修养不仅有利于建立人与人之间和谐友好的人际关系，同时礼仪文化修养可以更好地体现一个人内在的礼仪道德，在职场中良好的礼仪修养能够更快地融入集体，同时是获得他人认可的良好途径。礼仪修养也是职业素养的重要内容，通过开设职业生涯礼仪教育，提高大学生的职业素养。针对大学生对礼仪理论知识不同的掌握和认知情况，开展形式多样的职业生涯礼仪培训课程，结合专业实际，对本专业的礼仪理论知识和实践技能相结合进行礼仪教育培训活动。目前高校均开设大学生礼仪就业指导课程，将礼仪教育融入职业生涯教育中，提升学生的综合素质，促进大学生就业两者相辅相成，在满足大学生就业需要的同时，提升学生职业素养，为求职、就业做准备。

2. 礼仪教育的道德价值

道德行为是指人们在一定的道德认知或道德情感控制下所采取的行动，是一个人道德素质的外在表现。礼仪是一个人道德素质的外在表现。道德教育不仅需要唤醒我们的道德意识，建立思想和行为的道德规范，而且需要付诸实践。裴斯泰洛齐认为，道德教育的目的是培养具有博爱精神的人，但实现此目的必须通过热爱、信任等情感来激发和唤醒爱、信任和感激的种子。礼仪教育是让我们在继承与发展优秀的传统礼仪文化的基础上，将礼仪的理论知识与礼仪行为相融合，培养良好的道德品质，实现知行合一。礼仪教育不仅侧重于各种礼仪规范和礼仪行为，还对我们的道德判断和道德选择进行进一步的关注，礼仪是"自律"，而非"他律"，礼仪教育缺乏道德品质的促进就成为空洞的说教，更难以形成尊重、理解、宽容的品质。礼仪教育不仅能够提升学生的个人形象，还能规范学生日常的言行举止，更能够促进个人形成良好道德品行。

3. 礼仪教育促进人格养成

"人无礼而不生"，礼仪素养应当成为每个大学生都重视的一种人格修养。礼仪教育为了使人们养成良好的礼仪行为，使在人际交往活动中对于礼仪原则和规范的遵从变成个人良好的习惯，并内外兼修，形成一种持之以恒的风格。礼仪教育的重要目的是形成个体良好的礼仪行为，实现知行合一。然而，大学生多是以自我为中心的，校园不文明的现象、公共道德意识淡薄、公共设施的破坏、自然环境的破坏等行为时有发生，对礼仪规范和道德规范的遵守，并没有内化为提升人格修养的自觉需要。职业生涯礼仪教育是大学生人格修养的必经之路，礼仪素养需要在日常的学习生活中养成从而达到内外兼修，引导大学生内化社会道德规范，帮助大学生树立正确的价值观、人生观和世界观，形成正确的价值取向，促进德、智、体全面发展。

4. 礼仪教育促进学生人际交往

职业生涯礼仪教育有利于学生形成和谐人格，促进学生形成良好的人际交往。礼仪规范是大学生素质教育的重要内容，大学生具备良好的礼仪规范可以塑造积极健康的自我形象，规范自身的言行举止，促进形成身心健康。目前，大学生在学习和生活中容易受到挫折和人际关系的影响，从而产生各种心理问题。运用礼仪规范大学生的行为举止，懂得尊重理解他人，形成阳光心态，引导其宣泄不良情绪，有利于大学生从容面对生活中遇到的意外和挫折，保持开朗乐观的积极心态，促进大学生人际交往。

5. 礼仪教育有利于学生适应社会

大学生涯四年的教育，虽然未真正踏入社会，但要实现大学生从"学生"到"社会人"的转化，学生在校生活社会化的程度不高，一些学生进入职场后因为不懂得职场礼仪，而四处碰壁。礼仪是人们在长期生活实践中约定俗成的行为规范和规则的总和。大学生开展职业生涯礼仪教育学习各种礼仪规范，掌握必要的社会规则，能够应对变化的社会环境，增强人际交往能力和职场适应能力，有利于学生更快地融入社会、适应社会。

（五）礼仪中国视域下大学生职业生涯礼仪教育的开展路径

在文化教育强国战略背景下不断完善高校礼仪文化人才培养管理方略教育是高校快速健康发展的重要战略手段，也是高校提升礼仪人才培养管理质量的重要战略举措。学校在培养人才时，应根据学生不同的专业就业方向，合理确定大学生职业生涯礼仪教育的教学目标，从而提高教学效果。由于礼仪文化涵盖的内容非常广泛,因此确定培养目标非常重要。制定出有效的人才培养方案,使人才更符合社会和企业的需求,以就业市场方向需求为导向,针对不同学生就业需求方向制定有效的礼仪人才培养目标,提高礼仪人才礼仪素养。比如,高校职业生涯礼仪课程可以模拟各种政务活动礼仪、商务礼仪、服务礼仪、社交礼仪、涉外礼仪、求职礼仪等内容,针对性地开展职业生涯礼仪教育。

1. 及时进行教学资源的更新,提高教学质量

学校领导要多注重礼仪的最新形势发展,注重教学资源的更新使教学资源能够顺应时代发展的趋势,不断引进礼仪方面的人才,开设职业生涯礼仪讲座等形式多样的课程及活动,为学生提供有效的资源促进学生学到更多实用性强的礼仪技能。在职业生涯礼仪教学中结合实训内容,让学生能够在真实的场景中感受职业生涯教育中礼仪的重要性,及时进行教学资源的更新,做到理论联系实际,提升应用水平实践技能,提升教学的水平、提高教学质量。

2. 开展多元化方式教学,增强校企合作

职业生涯礼仪教育的教学内容的应用性应该建立在理论知识掌握的基础上,在教学过程中要激起学生的兴趣,才能够学以致用。这就需要多元化教学的方式,运用小组合作或者情景代入模式,深入挖掘学生的学习潜力。同时,高校还应积极加强与相关企业的校企合作,在职业生涯礼仪教育中使学生能够感受到真实的工作、生活场景,从而深入运用和学习理论知识,提高整体实践水平。学校也可以定期聘请有经验的企业实践导师到学校为学生讲授课程,提高学生实践技能水平。高校与企业之间建立战略合作伙伴关系,一方面,可以有效解决企业的人才需求,另一方面,使在校大学生能够将职业生涯礼仪教育的课程内容学以致用,促进学生就业。

3. 开展形式多样的教学,促进职业生涯礼仪教育的提升

学校可以组织开展礼仪文化基础知识的竞赛等活动,也可以将理论知识的学习和实践与应用技能的掌握相结合,这样既提升大学生自主学习能力,又可以充分激发广大学生的创新能力。通过适当的奖励激发广大学生的自主学习动机。同时通过系列活动的开展,推进了礼仪知识、规范的宣传,进一步丰富了大学生职业生涯礼仪教育的活动内容,推动了大学生综合素质的提高;互联网时代拍摄一些关于职业生涯礼仪教育的小视频,视频内容贴近学生的生活,引起学生的共鸣,利用互联网将礼仪知识更加快捷、方便地进行有效传播;组织丰富多彩的礼仪文化演出活动,用表演的形式将礼仪文化展示给在校师生,比如礼仪小品、演讲、情景模拟、礼仪展示、礼仪操等,将礼仪融入音乐展示多种形式的内容,让学生了解礼仪文化的丰富性,营造人人学礼、处处尚礼的校园氛围。

发挥学校、家庭、社会三个方面相互联合的作用，促进职业生涯礼仪教育的效果。家庭给不了大学生全面的、系统的知识，但是对学生的成长起着关键的作用，家长应该严于律己，给学生做好示范作用，成为学生礼仪素养行为养成的基石；学校在大学生职业生涯教育中对学生进行系统的礼仪教育培训活动，承担着为社会培养、输送优秀人才的重要职能，成为学生礼仪素养的教育者；社会各界应该全面普及、宣传、营造崇礼尚仪的社会氛围，成为礼仪教育宣传的引导者。只有提高学校职业生涯礼仪教育的质量，实现学校与家庭双向沟通，社会与学校形成巨大的合力，才能不断地提高人才的综合素质，必须从实际出发，从大学生自身的需要出发，从培养全面发展人才的要求出发，促进职业生涯礼仪教育的开展。

五、结语

礼仪教育是培养"爱岗敬业"优秀品质的有效途径，也是大学生在未来职业生涯中充分体现自身价值的有效途径，同时也是中华礼仪文化得到有效传承和发展的重要保证。把大学生礼仪教育和职业生涯教育有机地结合起来，树立"以人为本"的思想，体现个人发展的要求，贴近大学生的生活，关注大学生的热点问题，帮助大学生从根本上树立正确的世界观、人生观和价值观，树立正确的职业生涯发展意识，提高大学生就业的综合竞争力。本研究以"礼仪中国"为导向，将大学生的职业生涯教育与礼仪教育进行融合性研究，实现了研究视野的拓展，对我国大学生职业生涯教育的发展具有创新意义。对大学生进行职业生涯礼仪教育，不仅有助于培养学生"爱岗敬业"的优良品质，同时，还能够实现对我国礼仪文化的有效传承与发展。

（杨浏，沈阳体育学院副教授。）

军事人才研究

战争形态演变视域下的军事人才发展历程及启示*

吴志忠　张悦琦

历史上战争形态的演变，塑造并发展了不同的军事人才和人才管理形式。随着智能科技的快速突破与广泛应用，触发了新一轮战争形态演变，新的战争形态正呈现出机械化、信息化、智能化融合发展态势。系统梳理不同战争形态下军事人才发展历程，剖析军事人才发展历史规律，对于适应新战争形态创新推动备战打仗人才工作具有深刻的启示作用。

一、基于战争形态演变下的军事人才发展历程

战争形态是以主战兵器技术属性为主要标志的战争历史阶段性的表现形式和状态。梳理世界军事革命史，我们可以发现，军事人才总是随着战争形态的演变而不断向前推进的。战争形态演变的过程既是主战兵器、体制编制和作战方式等变化的过程，也是军事人才适应战争形态演变自我净化、自我革新、自我发展的过程。在不同的战争形态下，军事人才发展呈现出不同的历史特征，如下表所示。

战争形态演变与人才工作变化关系表

战争形态	科技装备	人与武器	能力素质	规模结构	管理使用
冷兵器战争	冶金技术、金属兵器	注重个人勇武和武器材料	体能	强调数量优势	绝对管理
热兵器战争	火药技术、枪炮火器	注重人对简单火器的掌握	相对单一的枪炮技能	多元化、正规化	雇用管理
机械化战争	动力技术、机械化装备	人与武器进行更加具体的结合	种类多样的专业技能	大型化、合成化、摩托化	职业化管理

---

* 本文为中国人才研究会 2021 年度立项课题。批准编号：ZRH—2133。

续表

战争形态	科技装备	人与武器	能力素质	规模结构	管理使用
信息化战争	信息技术、信息化武器	人借助信息综合集成各类武器	基于信息的融合技能	模块化、一体化、扁平化	开发式管理
智能化战争	人工智能、智能化装备	人与武器深度融合，呈现一体化全新样态	注重创新、融合的智能	智能化、虚拟化、分布式	自主化管理

（一）冷兵器战争形态下军事人才发展

在奴隶社会和封建社会的大部分时期，战争形态都处于冷兵器阶段。在这一阶段，冶金技术不断成熟，参战人员使用材质愈加优良的金属兵器展开厮杀，攻击能力和打击距离得到有限的提升。从军事人才角度分析，冷兵器战争对参战个体的要求主要在于体能方面，虎背熊腰、力大无比之人在战斗中就占据优势；在规模结构上，虽然添加了车兵、骑兵、古代海军等新质作战力量，战场交战也越来越讲究章法、注重布阵，但主要还是强调数量制胜，正如孙子兵法所云，"用兵之法，十则围之，五则攻之，倍则分之，敌则能战之，少则能逃之，不若则能避之"。在人才管理上，由于大部分士卒为战争提供的是其全部体能和有限智能，功能作用上与军马、战车、工具等相差无几。因此，统治阶层、指挥官只把士卒当作一种特殊的作战工具，采取相对野蛮的、粗放的、强制的绝对管理模式，基本没有人才开发理念，正如兵家所说的"愚士卒之耳目，使之无知""若驱群羊，驱而往，驱而来"。

（二）热兵器战争形态下军事人才发展

从14世纪至20世纪初期，随着火药的发明和枪炮火器的诞生，武器装备的速度、射程、命中率、杀伤力大幅提升，带来战争形态的演变。从军事人才角度分析，热兵器战争对参战个体的要求转变为相对单一的枪炮技能，人的体能在枪炮火器化学能面前显得不堪一击；在规模结构上，炮兵成为一种重要的新质战斗力量，步兵、舰船都在火器加持下实现了转型升级，作战力量愈加多元，编制体制愈加正规，特别是从18世纪起，许多国家建立了庞大的陆军、海军，出现了旅、师、军这些沿用至今的编制形式。在人才管理上，由于火器仍属于一种简单技术，官兵培训周期较短、过程简单，人的能动性、创造性表现不明显，因此一种等价交换式的雇用管理模式占据主导地位；但是，由于作战规模的提升和参战力量的多元，指挥职能日益突出，因此也出现了一些相对现代的幕僚、辅助机构，比如1807年拿破仑任命贝蒂埃为参谋长、建立了参谋处，1812年至1815年俄军建立总司令部、集团军司令部和军司令部。

（三）机械化战争形态下军事人才发展

整个20世纪，基本处于机械化战争形态。一方面，由于工业革命带来的动力技术、通信技术、航空技术乃至核技术的突破，彻底颠覆了原有战争模式；另一方面，两次世界大战为各项技术装备的运用提供了平台，极大地加剧了战争形态的演变。在这一阶段，军队武器装备机械化程度大幅提升，技术含量显著增加，战争规模也急剧提升。从军事人才角度分析，机械化战争对参战个体的要求仍以军事技能为主，但呈现出多样化趋势，与简单的枪炮火器技能不可同日而语；在规模结构上，坦克兵、化学兵、汽车兵、潜艇部队、海军航空兵等新质作战力量加入战争，空军也发展为独立军种，军种之间、兵种之间的联合作战、合成作战越来越重要，对指挥人员的联合指挥能力和作战人员的联合作战能力提出新要求；同时，军队开始走向大型化、合成化和摩托化，军队编制日益扩大，第二次世界大战期间一些国家军队人数甚至达到总人口的10%～20%，部分国家军队兵力多达上千万。在人才管理上，由于军兵种划分越来越细，官兵需要掌握的专业知识越来越多、越来越精，因此管理模式逐渐从简单的雇用模式转向精细的职业化管理模式，在20世纪初，英、法、美等国家都建立起了军官职业化管理制度。

（四）信息化战争形态下军事人才发展

1991年，海湾战争爆发，向世界正式掀开了信息化战争的帷幕。在微电子、计算机、传感器、物联网等信息科技的驱动下，武器装备体系建设不再偏重于单项指标的提升，而是更加强调体系构建和功能互补，信息赋能下的综合集成已然成为决胜信息化战争的关键。从军事人才角度分析，信息化战争对参战个体的要求重点聚焦于信息素质方面，军事人才不仅要掌握大量专业知识，更要运用信息网络对这些专业知识进行融会贯通，以充分激发武器装备的聚合效应；在规模结构上，太空兵、信息战部队等成为新质作战力量，传统与新质作战力量互联互通增强，逐步整合为一个高效、低耗、协调的大系统，真正意义上的联合作战逐渐形成；同时，随着军队编成向模块化、一体化、扁平化发展，人才队伍建设开始追求精干高效、灵活搭配、简约指挥。在人才管理上，人对信息的主导权决定了人才在信息化战争中的主导性，人的地位作用进一步凸显，因此狭义的管理理念逐渐被综合的开发理念所代替，军事人员已不再是一般的作战工具或从事军事技能的作战人员，而是一跃成为战争的枢纽环节，发挥人才主观能动性、开发人才信息素质成为制胜信息化战争的关键所在。

(五) 智能化战争形态下军事人才发展

当前，随着人工智能、大数据、云计算、虚拟现实等科学技术的蓬勃发展，战争形态已经出现新的转型，战场感知全维化、武器装备自动化、指挥决策智能化、作战消耗集群化、认知空间实战化等特征愈加明显。从军事人才角度分析，人在智能化战争中贡献的不再是其体能或技能，而是一种极具创新性和融合性的智能，这种智能通过融入武器装备形成强大战斗力；同时，智能化战争还要求军事人才必须紧跟知识更新迭代速度进行自我革新，注重培养智能理念和智能素养，与智能化作战体系建设紧密契合，在谋略创新、算法创新、理论创新等方面发挥主导作用；在规模结构上，随着人与机器的深度融合，人才已然成为智能作战体系的有机组成部分，必须在智能化、虚拟化、分布式等思维框架下进行开发配置，聚焦智能作战系统中的关键力量、关键部位和关键节点搞好新质人才建设。在人才管理上，随着智能化战争作战领域的拓展，管理工作已不再局限于传统的地理空间概念，虚拟管理将成为主流；同时，随着战争自主性、突变性的提升，人才管理必须采取更加自主自由的模式，综合运用战略管理、创新管理、知识管理等多样化方式，以充分释放人的智能。

二、机理与启示

通过对战争形态演变下军事人才发展历程的纵向梳理，我们可以进一步探讨蕴含其中的内在机理。总的来看，军事人才是伴随着战争形态演变而变化发展的；同时，军事人才本身对战争形态演变也具有推动作用。具体来讲，第一，战争形态的演变根本上源于科技革命驱动，这种科学技术上的突破将彻底改变武器装备形态，进而对人才能力素质提出全新要求，比如从体能、到技能、再到智能的转型升级；第二，科技革命、装备换代和人的能力素质升级将从两个方面引发作战样式的变革，即有什么装备、就打什么仗，有什么能力、就打什么仗；第三，随着作战样式的变化，人才结构布局必须进行调整，比如随着冷兵器战争向热兵器战争的演变，火器对步兵方阵造成的极大伤亡迫使方阵逐渐退出战争舞台，枪炮部队开始占据主导，线性结构、散兵结构成为战场主流，而人才能力素质升级则从侧面促进了这一变化过程；第四，作战样式和结构布局的变化，将彻底改变军队的组织形态，从大的趋势来看，军队组织形态正在由集中转向分布，由单一转向多元；第五，军队新的组织形态和新的人才结构布局，将对人才管理提出新的要求，只有采取与时俱进的管理模式，适应现代战争需求和军事人才需要，才能充分激发主观能动性、释放人才智能潜能；第六，在整个战争形态演变过程中，军事理论创新时刻扮演着解释演变、牵引演变和设计演变的重要角色，与此类似，人才理论也应主动诠释军事人才变化发展、前瞻布局人才工作改革创新。总之，战争形态演变与军事人才发展呈现出主线与旁线、自变量与因变量、推动与反推动的深刻关系，军事人才因战争形态演变而变，又反过来促进和支撑着战争形态的发展，如下图所示。

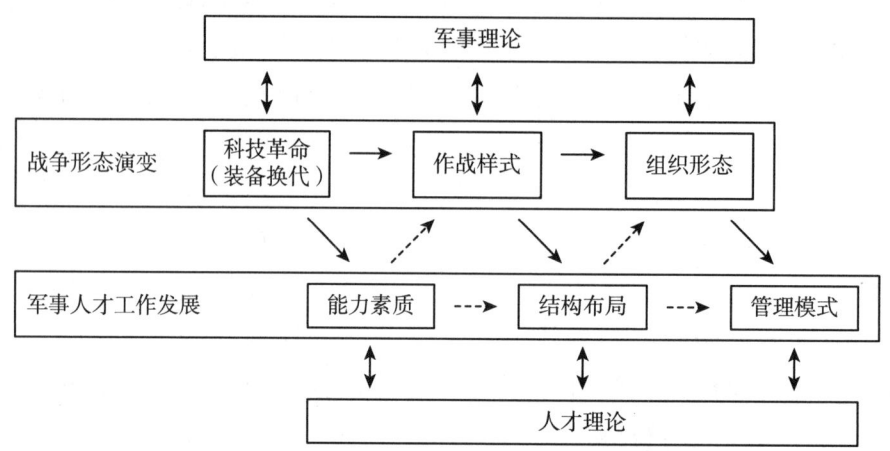

战争形态演变推动军事人才工作发展的机理示意图

基于以上机理分析，我们可以得出以下启示：

（1）必须善于从技术发展之变把握军事人才能力素质升级。人是战争的决定性因素，技术进步是战争形态演变的根本动力。在战争形态的演变中，人对战争的决定性是通过人对技术的创造及其适应技术创造提升自身能力素质、优化人才结构而实现的。纵览战争形态演变历程，在科学技术的强力驱动下，军事人才能力素质持续升级优化。一是核心能力素质不断拓展。战争对人的能力素质要求经历了体能、技能和智能的迭代发展。在这个发展过程中，战争对人自身这一载体的依赖程度日益降低，特别是对生物力的需求逐步下降。但人的创新创造能力却在新的战争形态中得到更加有力的展现，人的主观能动性、人的思维创造能力将在智能化战争中大显身手。二是武器装备对人才能力素质的拓展效能日益提升。冷兵器对人能力素质的拓展程度与时空是十分有限的，热兵器、机械化装备则极大突破了这一限制，信息化武器装备则不限于物理时空，将人的作战能力拓展至虚拟、认知等空间。随着武器装备的发展，军事人才的能力素质在外在加持下将不断出现新的突破。三是人才可塑性大幅提升。科学技术的发展，提升了对人的主观能动性和创新创造能力的要求，同时也提升了军事人才的可塑性。一些传统习惯认为不宜于作战、先天体能、技能素质较低的人员，通过有效的专业培训和智能开发，都有可能成为新型战争形态下的杰出军事人才。这深刻启示我们，谁能适应科技进步，创造、拓展军事人才新的能力素质增长领域，谁就能占据人才工作的制高点。

（2）必须适应作战方式之变推进军事人才结构优化。人、武器、人与武器的关系决定了作战方式，也决定了军事人才结构布局，而人又处于这一关系的核心，作战方式的变化实质上就内化着这一关系的交互变动。在人与武器及其交互的变化中，军事人才结构优化呈现出以下发展趋势：一是新质作战力量不断涌现。每当作战样式转变，总会伴随产生一些颠覆性的作战力量，对传统军事力量带来极不对称的杀伤力。火枪对骑兵的优势、德国装甲闪击战的实施、纳卡冲突无人机大放异彩，都是新质作战力量颠覆性作用的展现。二是专业分类愈加细化。作战力量的逐步丰富与多元，对军事人才客观上提出精细化、专业化的要求。从短兵相接、到远距打击、到立体作战、再到虚拟攻防，军事人才所担负的作战功能越来越多，专业化程度越来越高，人才结构也越来越复杂。三是结构功能正逐渐占据主导。数量制胜在很长一段时间内都是最基本的战争规则，但随着作战样式的发展，结构功能正在成为更具主导性的因素，人员极限叠加、有限增能的方式日趋式微，取而代之出现了替代、匹配、共享等新的人才结构功能。从简单的平面布阵，到复杂的军兵种联合，再到信息化战争形态下的多域作战，军事人才队伍建设不再一味追求数量优势，而是更加强调结构科学和功能聚焦。这深刻启示我们，只有敏锐把握人与武器及其交互关系的变化，而主动对人才结构进行相应调整的军队，才能最大限度发挥人才效能，谋取战争优势。

（3）必须着眼组织形态之变创新军事人才管理模式。战争形态演变，促进军队组织形态的改变，最终结果是要达成人们所期望的某种功能，而为确保这种功能的稳定持有，人们就创设了一定的人才管理模式。伴随着军队组织形态的演进，人才管理模式也发生了深刻变化。一是从自发管理走向开发式管理。军队的指挥、管理者，不再把人当作一种工具，而是当作最为重要的作战资源，摒弃了外在的强迫手段，更加注重自内而外的启发开发。二是从粗放式管理走向精细化管理。军队组织形态的日益复杂，互联互通互操作推动了资源的高效链接，信息数据资源的共享程度不断升级，牵引、推动着人才管理工作精准实施。根据不同的人才属性和成长规律，实施与之匹配的管理以提高管理效能。三是从程序化管理走向自动化管理。契合战争样式日趋灵活的特征，人才管理也更加注重因时而变、因人而异。军队组织形态越是向高级发展，人才管理越趋向多维、可变、自动。四是管理机构从实体化走向虚拟化。随着科学技术的发展，人才管理工作也逐渐从"实化"转向"虚化"，特别是在信息化战争形态下，借助信息、网络、大数据等新型技术对军事人才进行虚拟化管理，已然成为不可阻挡的发展趋势。这深刻启示我们，必须适应新的组织形态变化，运用新的技术，推动人才管理模式创新发展。

（吴志忠，军事科学院军队政治工作创新发展研究中心主任；张悦琦，军事科学院军队政治工作学博士研究生。）

军事人才能岗匹配问题研究*

王德义　岳　啸　邵　淼

强军之要，重在用人。随着军队建设"三步走"战略推进，强军伟业对军事人才队伍呼唤愈加强烈而紧迫。实践中，如何提高人才使用效率，更好地激发人才干事创业活力，是军事人力资源部门和相关理论工作者的重要研究课题。大量研究表明，提升人才的能岗匹配度，把合适的人放到合适的岗位上，确保岗得其人、人尽其才、才尽其用，将直接强化我军人才使用效益，助力强军目标早日实现。

一、开展军事人才能岗匹配研究的必要性

军队建设质量直接关系到国家安全和发展利益。而人又是战争胜负的决定因素，影响着军事斗争准备情况。在备战打仗任务日益繁重，军队总员额有限的情况下，要加快部队建设步伐，就要从优化人员配置入手，实现人员能与岗位要求的高度匹配，发挥人力资源最大效益。

（一）学习贯彻习近平关于人才强军重要论述的必然要求

大国的竞争归根到底就是人才的竞争。习近平主席对军队人才队伍建设高度关注，做了很多重要论述和指示。进行军事人才能岗匹配问题研究，正是贯彻习近平主席选人用人指示要求的具体举措。通过资料查阅、模型运用、数学计算，构建起明晰的岗位任职资格标准和能力评价体系，形成党委领导下的人才选用硬指标；结合匹配的要求，将选人用人的原则落实到具体实践中，推动人才选拔任用科学化、规范化。这将有力促进军队人才队伍建设科学发展，促进战斗力提升。

---

* 本文为中国人才研究会2021年度立项课题。批准编号：ZRH—2127。

(二) 军事人力资源政策制度改革的内在要求

当前,军事人力资源政策制度改革正在深入推进,政策制度事关全局、方向,必须紧扣强军关键所在,把住根本指向,遵循客观规律。通过学术方式对能岗匹配问题进行研究,展开理论探索,为相关政策制度拟定提供借鉴参考,这既是学术研究的意义价值所在,也是事物创新发展的内在要求。

(三) 军事人才学科领域理论研究拓展的客观需要

能岗匹配是人才学领域的一项重要内容,是军事人才学科领域的一个重要分支,是实现军事人才精准调配使用,军队走精兵之路、职业化道路的必然举措。目前军队在这一学科领域的系统研究尚属空白,进行这一研究将有效填补这一领域的空档,充实军事人才学科领域建设。

二、军事人才能岗匹配的意义价值

我党我军的长期实践告诉我们,用好一个人,不仅有助于工作本身的推进,更重要的是树好一种导向,引导激励干事创业。实现强军目标关键在人,根本还是选人用人。

(一) 有利于精准配置我军军事人力资源

经过长期的建设发展,我军人才选用已经形成一整套制度规范,但"我军军事人力资源分类比较复杂,管理比较分散,政策制度执行随意性大,导致人力资源使用效益不高、浪费现象严重。"军人职业化核心就是专业化。经过数据计算,将岗位任职资格标准要求和人员能力素质评价细化、量化,在人员选用过程中,将两者进行比对,为选用提供重要参考依据,实现为岗择人、量才使用的目标,提高岗位专业匹配度,实现军事人力资源的精准配置。

(二) 有利于高效生成我军战斗力

"决定战争胜负的是人,不是武器。武器不能自动打仗,无论信息化、智能化到了什么程度,背后还是由人来决定战争胜负的"。通过能岗匹配,提高人员与岗位匹配度、契合度,实现人与装备的有效结合、岗位职责的高效履行,从而达到从个体到局部、由局部及整体的质效提升,促进单位整体功能的发挥,提升战斗力。

（三）有利于科学推进军事人才队伍建设

长远目标的达成，不是一朝一夕就能实现的，需要接续奋斗。能岗匹配过程中，清晰的岗位任职资格体系标定了任职标准、勾画了职业发展通道，有利于人才根据自身优长选择职业路径，于个人节约时间成本，于单位节约人力成本。明了的人才评价标准，有利于及时发现自身短板弱项、距离下一任职岗位的差距不足，找到努力方向、领域。通过能岗匹配各环节的落地，实现人员选配有参考、选调交流有依据、规划培养有方向，达到人才队伍建设的良性循环。

（四）有利于充分实现军事人才个体价值

人在适合自己的环境岗位上、在自己擅长的领域内，更有利于充分实现和体现个体价值。能岗匹配，充分挖掘分析人员的素质特长，提供与之相适应的岗位，为人员最大限度发挥个人优势提供了平台。它将个人发展与强军事业有机结合起来，在实现强军梦的征程中实现我的梦，体现个人价值。

三、岗位任职资格标准体系构建探究

"为人择官者乱，为官择人者治"。建立科学、规范的选人用人标准是选准、用好人员的重要前提。任职资格标准体系就是把某类（个）岗位所需人才的知识、技能、能力和个性等方面的要求科学化、规范化为一种资格设定，并将其作为该类（个）岗位选拔任用人员的选用标准。

（一）构建必要性分析

构建岗位任职资格标准体系不仅直接关系着按岗选人、为岗择人，更关联着人员培养、队伍规划等诸多内容环节。

一是构建起多类别发展路径。岗位任职资格体系按照军队岗位类别规范，结合其职责任务、特点要求，在纵向、横向上设定不同任职资格要素和等级，从而使人员可以根据自身能力、特点和组织需要选择规划适合自己的职业发展路径，透明职业发展前景，避免资源扎堆和无序发展，实现单位建设和自身发展的有机结合。

二是实现经验分享。岗位任职资格标准体系在基于对岗位职责任务分析的基础上，通过对过去成功经验或失败教训的全面总结与提炼，将曾任职的优秀人员的工作方法和隐性经验显性化，将其凝结成模板，将个体智慧转换成集体财富,从而实现对经验的传承与分享。

三是有利于选任更加公正。任职资格标准是某一岗位任职所必须具备的条件。只有具备了相应的资格条件,才有到某一岗位任职的可能;如不具备相应的条件,则不能担任某一职务。构建岗位任职资格体系,明晰军队各个岗位任职资格标准,在拟任职人员前划定相同的选拔线,提供一套"硬杠杠""刻度尺",有利于营造更加公正的选人用人环境。

四是使考核更权威。"军官考核评价标准,依据考核内容分别设置评价要素和具体指标,作为全面衡量评价军官的基本尺度"。岗位任职资格标准体系由岗位职责任务分析得到,针对不同岗位,划设了不同的要素指标,体现了岗位的特点要求。这将有效提高对不同岗位人员考核的针对性,提升考核的权威性。

五是使培训高效益。任职资格标准体系对各岗位任职所需标准进行了明确,这样在人才培养过程中,可实现有针对性的培养预置。组织可根据实际采取送学、送训等方式对人员进行岗前培养;院校等教育培训机构可根据岗位要求,开设不同层次课程;个人可根据自身情况和任职意向,缺什么补什么,从而提高培养针对性和实效性。同时,任职资格罗列出来后,人员可自行"对表",找到差距不足后便有积极补漏补缺的动力,参训热情与积极性也会大大提高,促进培训效益。

(二) 构建可行性分析

岗位任职资格标准体系构建是一项系统工程,涉及岗位类型繁多、标准要素复杂。因此,构建难度很大,但也并非没有办法和规律可循。

一是法规制度支撑。军队各个时期文件法规都对任职资格标准有明确的规定和要求,尤其对干部的更为细致、严格,如1963年、1988年、1994年颁布的服役条例,对不同层级干部的身体状况、任职年龄等做出了规定。近年来,军队相关法规制度愈加完善,对任职资格的规定也愈加详细,如之前的《现役军官法》《基层军官管理规定》《作战部队指挥军官任职资格规定(试行)》《中国人民解放军士官管理规定》等,都对不同岗位、职级的任职资格做出了明确要求;军队人力资源政策制度改革出台的《关于印发〈现役军官晋升任用暂行规定〉的通知》等文件对任职资格要求更为翔实。从以上相关文件,我们可以看到建立覆盖我军各级各类岗位的任职资格标准是政策制度改革的大势所趋;同时,这些文件法规也为我们建立健全各级各类岗位任职资格标准提供强有力的法规制度支撑和参考借鉴。

二是岗位分类细化。现代管理学认为,社会劳动分工越细,社会经济的成熟度就越高。"当代的人事管理有两大支柱：一是选拔人才，二是职位分类，二者缺一不可"。构建岗位任职资格标准体系，明晰的岗位分类是基础。在《关于印发〈关于推进军官岗位管理的意见〉的通知》文件中，提出："要构建军官岗位分类体系。着眼推进军官分类精准管理，为差异化设计政策、体系化配置人才奠定基础"。当分类愈加精细，分工愈加精准，职责任务将愈加清晰，为不同岗位设置不同的能力要求、准入条件等任职资格标准就更具针对性。

三是成功探索铺垫。我国自1994年引入英国职业资格制度（NVQ）后，开始实行符合我国国情的国家职业资格制度，其在规范人力资源市场秩序、推动人才培养和评价方式改革、提升职业素质等方面发挥了积极作用，得到广泛认可。2009年，陕西省汉中市探索建立领导干部任职资格考试制度试点工作。2001年，湖南省浏阳市建立了系统的地方领导干部任职资格认证制度。国务院在对法官、公务员的管理中也都引进了任职资格制度，明确提出具备什么样的资格条件才能应聘上岗。我军在此前也进行了积极的探索，比如，有实行"舰艇长任职资格制度"，对拟任人员相关科目进行考核，只有通过，才能担任舰艇长；火箭军"等级营长"资格认证，只有通过相关科目考核，才能担任指挥长、享受不同等级营长待遇。这些成功的实践探索，为建立健全岗位任职资格标准体系提供了丰富的实践经验和有益参考借鉴。

（三）构建岗位任职资格标准体系

军人职业化向纵深推进，军队岗位分类愈加精细，专业化愈加明显，更需要专业的人来干专业的事；要根据岗位工作性质、基本任务、工作职责、职位权力等来确定任职人员需具备的资格条件。

1. 构建依据指导

（1）新颁发的《关于印发〈现役军官晋升任用暂行规定〉的通知》文件中，针对到作战部队指挥岗位、团以上单位领导职务、院校领导岗位任职等，明确了任职经历、任职年限、相关领域工作经历、认证资质、年龄、培训等要求。笔者认为，这些硬性基础标准的提出为现阶段部队军官选用制度化、标准化奠定了基础，为确保岗位人选质量起到了兜底的作用。

（2）在《关于印发〈关于推进军官岗位管理的意见〉的通知》文件中，提出"要根据不同类别和层次岗位的职责任务，从不同岗位的能质要素和能级标准两个方面，具体分析明确履职的能力指标。"笔者认为，这是区分岗位类别及等级，在明确基础经历、年限、培训等标准要求之上，结合岗位职责任务、职能定位，对任职资格标准向"内"做了有益的延展，提出了能的要求，指明了人员选用的发展趋势。

（3）根据能力素质模型（冰山模型、洋葱模型），我们能看到人的能力素质有些是易观察到的，能够一目了然，比如具备的知识、技能等，而有些却是隐藏而不容易观察到的，比如自我形象、价值观念、工作态度、个人特质和行为动机等，为构设岗位任职资格标准提供了借鉴，岗位任职资格标准可区分为易于明确界定的，比如年龄、文化程度、任职经历、受训经历、身心素质等；不易明确评价的，比如组织指挥能力、领导管理能力等，以及更为深层次的价值认同、行为动机等。实际中，往往是这些不易明确界定的因素影响着选用的人员能否胜任岗位；同时岗位越往上，越对深层的、不易界定的能力素质要求高。

基于以上分析，我们区分不同层面指标，构设基于能力资格，而超越能力资格，在更宽泛范畴内提出系统的岗位任职资格标准体系。具体包括必备资格、能力资格、素质资格三类标准，见图1。

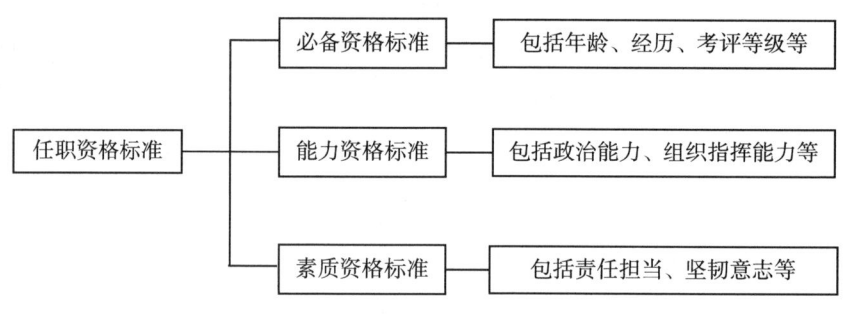

图1　岗位任职资格标准体系

2. 构建基本原则

（1）源于工作。理论来源于实践，因此岗位任职资格标准一定是对实际工作进行分析得来的，其要满足岗位任职需求和单位运转实际需要，是能促进单位建设的标准。

（2）现实性与牵引性相结合。岗位任职资格标准要总结优秀、称职岗位任职人员的行为，分析其具备的能力素质，归纳提炼成反映单位、岗位人员职业化的实际水平标准，使人员努力后可以做到，即上任能够基本胜任。因此，标准要具有一定的现实性。与此同时，为了达到培养人、提高人的目的，任职资格标准应在原标准基础上适当有所提高。因此，在建立岗位任职资格标准时，应适当借鉴外部的优秀做法和经验，发挥标准对人员的牵引作用。

（3）不断完善。一方面，任职资格标准是紧随单位使命任务和建设形势变化的，当前制定的标准只能阶段性适用，因此随着单位建设的新情况新要求，任职资格标准的内容和要求也要随时而变，以适应岗位需要；另一方面，随着人员能力素质水平的普遍提升，任职资格标准也要做相应的调整，以牵引人员向前发展，避免驻足不前。

3. 构建方法步骤

（1）资料收集。收集岗位在各项制度规定中的职能定位、职责任务、工作内容、人才选择标准，已有的相关文献资料研究成果，以及优秀任职人员的考评材料、官兵意见建议等，作为依据参考。

（2）岗位分析。对岗位职能定位、职责任务、工作内容、工作流程、收集的意见等进行分析，提炼任职资格基础能质要素、指标，为后续开发奠定基础。

（3）个别访谈。与相关领域专家、本岗位的上级岗位领导进行访谈，对上一步骤中所得要素、指标进行分类、归纳、整合，初步得出任职资格要素、指标汇总情况，进一步夯实资格开发准备工作。

（4）标准开发。在上述各项准备之后，组织相关人员采取问卷调查、专家访谈、资料分析等方法对岗位任职资格标准进行开发。结合能力素质模型特点及现有资格设置，确定各层级要素编设、要素的具体指标。因必备资格标准属客观、背景变量，且有关文件已对相关岗位任职划设了必备条件，故标准开发着重围绕能力、素质资格标准进行，而将必备资格标准作为门槛标准进行界定。

（5）标准定稿。在完成任职资格标准初稿编写后，应在一定范围内征询对标准的意见，经开发小组修订完善，报上级相关部门审核通过后定稿，确立岗位任职资格标准。

4. 岗位任职资格要素编设

基于以上步骤，在已有研究成果基础之上，我们采取专家访谈、问卷调查等方法，尝试对军官岗位任职资格能质要素构成做出归纳和层级划分。考虑岗位类型差异较大，我们以军官指挥类岗位为例进行说明，见表1。

各资格能质要素应具有典型性，相互独立、交叉重叠少。不同类型岗位资格标准要素可有所侧重，或在此基础上进行进一步细化扩充完善；同一类型不同层级岗位对同一要素其内涵本质设定具有差异性。

表1　　　　　　　　　　军官岗位任职资格要素表

层级/类别		资格标准要素层级划设	能质要素归纳分类	
			通用类	专业类
军官岗位任职资格标准要素	第一层	必备资格标准（准入类资格要素）	政治面貌、年龄、文化程度、军衔、任职经历、任务经历、任职年限、培训情况、身心素质、考评结果、海外关系、廉洁情况、身份背景	专业资质（财会、司法等）
	指挥类岗位 第二层	能力资格标准（水平评价类资格要素）	政治能力、谋划决策能力、组织指挥能力、领导管理能力、信息获取能力	专业能力要求
	第三层	素质资格标准（深层要素）	价值观、责任心、廉洁自律	

5. 岗位任职资格要素指标设定

编设了任职资格要素，还只是确定了资格所包含的维度，要对任职资格标准做出准确界定，还需要确定各要素的具体标度。各要素在不同岗位层级，具有不同的内涵要求，具体标准要求具有差异性。因此，要划定各要素指标，就需要在一个大的范围内统筹进行考虑，有效结合军衔级别设置、指挥层级序列等因素，对各要素进行能级划分，标定其不同层级内涵标准。同时，考虑后续能岗匹配的实践可操作性、维度和标度的统一性，在划定能级指标时，对各能级进行数值量化。

下面以组织指挥能力为例进行说明。

组织指挥能力在将官、校官、尉官三个层级中内涵要求不同，将官侧重联合指挥能力，校官侧重合同指挥能力，尉官侧重兵种指挥能力；而同一层级能力其能级水平又可分为不同等级。考虑我军军衔设置，结合一般经验，将能级再划分为四个层级，见图2。

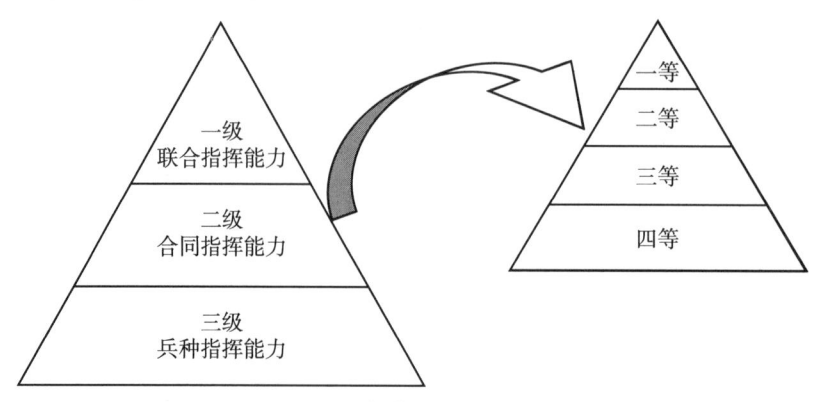

图2　组织指挥能力能级划分

在能级划分确定后，要对能级标准进行定义，对其应具备的特征进行描述，并进行数值量化。可明确各能质要素按百分制计分，见表2。

表2　　　　　　　　组织指挥能力能级标准表

层级	等级	定义	特征	数值量化（分）
三级 （兵种指挥）	四等	根据上级明确指令，在本单位范围内组织开展相关工作	具备本岗位工作所需基础知识 具有基本的履职技能	60～70
	三等	根据上级部署，结合单位实际，独立组织开展相关工作	具有独立完成岗位工作的知识技能 拓展全面素质	70～80
	二等	根据上级要求，统筹考虑有关情况，筹划组织开展相关工作；具有一定兵种指挥能力	具备独立组织开展工作的能力 能力素质较为全面	80～90
	一等	根据上级意图，结合单位使命任务、建设现状，拿出科学合理意见，统筹组织相关工作；熟悉单位作战运用特点规律，有效实施行动指挥，确保任务完成	能够独立筹划组织各项工作 能有效解决单位建设过程中遇到的各种矛盾问题，领导单位建设	90～100
二级 （合同指挥）	四等	略	略	60～70
	三等	略	略	70～80
	二等	略	略	80～90
	一等	略	略	90～100
一级 （联合指挥）	四等	略	略	60～70
	三等	略	略	70～80
	二等	略	略	80～90
	一等	略	略	90～100

结合某一具体岗位，分析确定应具备的资格要素、指标，以及各要素权重，则形成该岗位的任职资格标准，覆盖各岗位的任职资格标准则形成了岗位任职资格标准体系。

四、军事人才岗位任职能力——任职资格评价

在厘清岗位标准要求后，就要把准识人这个关键环节，将人员能力评价落地落细。将评价对象的能力情况与岗位任职资格标准体系进行对照评价，确定其各能力要素（因子）所达到的能级标准，从而确定能力等级，为匹配做好

准备。而在一定基础标准的前提下，对能力的评价可以引申为任职资格，即具备什么岗位的任职资格。习近平主席对此曾有过重要论述，指出"要逐步建立和实行我军干部任职资格制度，使对干部的基本评价不因某个人一时一事的看法而改变，也不因单位领导的更替而改变，以利于激励干部把心思精力用在干事创业上，而不是去跑门子拉关系上。"[①]

（一）军事人才岗位任职能力评价可行性分析

任职能力评价是否可行，是进行能岗匹配的逻辑前提。《人才学概论》介绍了人才测评的五种类型：选拔性测评、配置性测评、开发性测评、诊断性测评、考核性测评。按其范畴，任职能力评价属于配置型测评。在《人才学原理》一书中，介绍了人才测评是相对测量，而不是绝对测量，是间接测量，而不是直接测量，人才测评必须依靠相关的理论体系等。人的能力具有相对稳定性，内隐和外显的统一性，一方面它是一种客观实在，但却看不见、摸不着；另一方面它对各种行为产生影响而且会通过一定的形式表现出来。这就从理论上为任职能力评价提供了支撑，可以通过其行为特征进行间接的推测和判断。目前，研究实践中，进行能力评价的方法很多，例如，层次分析法、指数法、多目标评估法、360度评价法等，都已得到广泛应用；BP神经网络法、数据包络分析法等研究也逐步兴起，这为我们进行岗位任职能力评价提供了实践基石。

（二）军事人才岗位任职能力评价模型构建

构建评价模型是进行任职能力评价的前提。构建完整的评价指标体系，是构建评价模型的基础，是全面、客观、公正、准确进行岗位任职能力评价的基础条件。军事人才岗位任职能力评价指标体系基于岗位任职资格标准体系，是其细化、量化的结果，是由背景变量和各要素指标构成的。其中，必备资格标准要素属于背景变量，包括经历、文化程度、受训情况等，是作为某一岗位任职的门槛标准，是硬性指标条件（相关文件已进行明确），这里不作为能力评价的指标要素；能力资格标准、素质资格标准中相关要素则是进行岗位任职能力评价的关键指标。

1. 构建评价指标体系

对人员岗位任职能力进行评价，就要对能力、素质资格标准要素进行剖析，构建起便于评价的科学的指标体系，防止和杜绝评价过程中仅凭个人印象而随意评价的情况。确立的评价指标应抓住关键，便于实践操作，不能面面俱

---

① 习近平强军思想学习纲要. 解放军出版社, 2019.

到，也不可能面面俱到；能准确反映该项能力的内涵本质，且指标应是相互独立而不能相互包含的；具有准确的指向、大小，具有一定的层次递进性，是一个全面系统的评价指标体系。

将岗位任职能力定为总目标，在经过文献资料查阅、专家咨询、问卷调查的基础上，形成以下的任职能力评价指标体系。这里以指挥类岗位军官任职能力评价为例，见表3。

表3　　　　　　　　　指挥类岗位任职能力指标体系表

目标层 总指标 T	准则层 一级指标 C	表现层 二级指标 D	指标层 三级指标 E
岗位任职能力	能力要素 C1	政治能力 D1	政治忠诚度 E1 政治鉴别力 E2 政治敏锐力 E3
		信息获取能力 D2	信息敏感度 E4 信息识别能力 E5 信息研判能力 E6 信息检索能力 E7
		谋划决策能力 D3	科学思维能力 E8 知识运用能力 E9 分析判断能力 E10 目标规划能力 E11
		组织指挥能力 D4	统筹管理能力 E12 运筹谋划能力 E13 行动控制能力 E14
		领导管理能力 D5	沟通协调能力 E15 激励部属能力 E16 解决问题能力 E17 组织计划能力 E18
岗位任职能力	素质要素 C2	价值观 D6	岗位认同 E19 敬畏岗位 E20 热爱本职 E21
		责任心 D7	忠于职守 E22 敢于担当 E23 尽心尽责 E24
		廉洁自律 D8	公道正派 E25 一心为公 E26 秉公用权 E27

以上指标体系中，第一层岗位任职能力是总指标（记为 T），这是对岗位任职能力的总评价。

一级指标即准则层（记为 C），共 m 个要素，实际 2 个，记为 $C = \{C_1, C_2\}$。

二级指标即表现层（记为 D），共 n 个要素，实际 5 个，记为 $D = \{D_1, D_2, \cdots, D_5\}$。

三级指标即指标层（记为 E），共 k 个要素，实际 27 个，记为 $E = \{E_1, E_2, \cdots, E_{27}\}$。

以上四层三级指标有着逐级向下的包含支配关系，共同构成了岗位任职能力评价的指标体系。

2. 定义评价等次

确立评价标准是进行公平公正评价的基础，在岗位任职资格体系中，我们对各任职资格要素进行了能级划分，并进行了要素定义、特征描述，以及相应层级的数值量化。例如，组织指挥能力划分成三级四等，各级均按照百分制进行量化，在一个层级内确立：四等60～70分、三等70～80分、二等80～90分、一等90～100分四个等级标准。各岗位具体任职资格标准，需要结合岗位实际，确定各要素能级及要素权重。

在人员任职能力评价过程中，二级指标已在任职资格体系中确定了标准，可依此执行。二级指标细化分解出的三级指标，就需要在二级指标的约束下，确定各指标的评价标准、权重。考虑能力评价本身具有难以具体量化的特点，采用等级评定数据量化的形式进行呈现，对三级指标各评价要素划分4个评价等级，采用百分制进行赋分数值量化。例如，组织指挥能力分解出的统筹管理能力、运筹谋划能力、行动控制能力，经论证后，按照0.3、0.3、0.4的数值分别赋予权重。在对各具体指标评价计分后，经过加权运算，即可得到具体表现层二级指标量化数值。

评价标准的确定需要结合当前部队建设阶段和人力资源能力素质现状，既不能过高也不能过低。评价过程中，要注意区分不同岗位类别人员评价标准的差异性。例如，同是连长岗位，不同性质单位对能力评价标准应有区别；机关参谋、干事、助理员评价标准也应不同。只有做到精准化、精细化评价，才能达到评价目的，得出准确结论。

3. 制定评价标准

岗位任职能力评价的各层级以及各层级中的具体评价指标在整个能力评价中所起的影响和作用是各不相同的。对能力评价指标进行分值量化处理，是对任职能力量化评价、准确评判的前提。底层评价指标（指标层）的量化值是评价的标准和依据。只有将这一层的评价标准界定好评价准，最终的评价意见才有实用、适用意义。

4. 形成岗位任职能力评价模型

在确立评价要素、评价标准、计分规则后，任职能力评价模型的基础即已搭建，再运用模糊数学理论进行计算，便可得到人员在某一层级某种能力要素的评价结论。

结合岗位任职资格标准中各要素的权重设置，审核通过人员必备资格标准，便可通过计算得出人员与岗位的能岗匹配度，以及是否具有该岗位任职资格的结论。

$$T = C_1 \times A\% + C_2 \times B\%$$

（三）评价方法与流程

在《关于印发〈现役军官考核暂行规定〉的通知》文件中，对军官考核有关原则、内容、要求等做了规定，在进行岗位任职能力评价时应有效结合考核工作，通过综合的考核为准确能力评价提供支撑，通过科学的能力分析提升考核质效。

1. 评价组织领导

岗位任职能力（任职资格）评价应由团以上党委机关统一领导，由政治工作机关人力资源部门牵头，根据拟评价对象的岗位类型、军衔职级，按照考核权限建立对应的评价领导机构和评价执行机构，抽组相应的职能部门人员参与。主要包括以下几部分：

（1）评价委员会。该委员会是能力（任职资格）评价的最高管理机构，通常由单位党委领导、政治机关主要领导和有关领域专家组成。主要职责：

①明确能力（任职资格）评价的指导思想和原则；

②审定能力（任职资格）评价管理制度、能力（任职资格）评价标准与评价方法；

③对评价过程中的特殊问题进行决策处理。

（2）评价组织部门。评价组织部门是能力（任职资格）评价执行和提供咨询指导的部门，通常由人力资源部门承担。主要职责：

①制订评价整体计划；

②组织指导相关人员学习评价标准、评价方法；

③负责评价相关材料的规范、收集、打印、规整；

④负责评价相关事项协调对接；

⑤任职资格评价时的必备资格条件终审；

⑥及时受理评价过程中的申诉和情况反映。

（3）评价执行机构。评价执行机构是负责具体评价工作的机构，通常由人力资源部门、参政保牵头部门、业务职能部门相关人员构成，根据评价对象岗位类型和专业特点，有针对性地吸收相关专业人员。主要职责：

①认真学习能力（任职资格）评价相关标准、评价方法、程序步骤，掌握内涵本质；

②在党委统一领导下，牵头部门组织下，开展能力（任职资格）评价工作。

2. 评价程序步骤

能力（任职资格）评价过程大致包括资料收集、资格审查、评价实施、得出结论四个步骤。

（1）资料收集，主要是对评价对象基本信息、履职尽责、执行任务等情况的收集归拢，为后续评价做好准备。

（2）资格审查，主要是对照岗位任职必备资格标准条件，结合组织需要、个人任职意向，对评价对象基本情况进行审查，确定其评价起点，划定评价标准范围。只有达到一定必备资格条件，迈入门槛，才进行后续的能力评价。这样既有利于减少不必要的工作量，也有利于提升能力（资格）评价的含金量。

（3）评价实施，对通过资格审查的人员，按照评价标准、方法对其能力、素质各指标层要素进行分类评价，得到相应的分值；再按照赋予的权重，计算得到各表现层要素的分值。

（4）得出结论，通过将各要素评价结果与岗位任职资格标准体系进行比对，得出该要素结果所处能级，得出能力评价结论，以及整体能力评价结论；比照具体岗位任职资格标准，得出是否具备该岗位任职资格，以及具备的优势长处和存在的差距不足。

3. 评价具体方法

岗位任职能力的评价指标——能力资格要素、素质资格要素多属于隐藏评价指标，在评价过程中，需要灵活运用多种方法进行综合评价。

（1）面试法。通过评价执行机构人员与评价对象进行面对面的交流、观察，确定评价对象某些要素的评价结论。具体是，通过测评对象回答所提问题的情况，分析考察他们应变能力、分析判断能力、逻辑思维能力、决策能力、知识掌握运用熟练程度等情况，通过不同评价者的结论，综合得到。

（2）360度反馈评价法。主要是将潜在的、不易显现的素质指标反映出的日常行为进行罗列，然后通过被评价对象的上级、同级、下级、熟悉评价对象的人员和其自身就这些显性行为出现的情况进行评价打分，以得出一个具体的客观公正的评价意见。

(3) 履历档案分析法。主要是根据档案和履历中记载的事实，了解人才的学习业绩、工作经历、完成任务等情况，这一方法可与当前《关于印发〈现役军官考核暂行规定〉的通知》中的平时考核有效结合起来，分析"军官纪实评价表"，从而得到人才在某些方面的评价意见。

(4) 情境分析法（STAR）。情境 Situation + 任务 Task + 行动 Action + 结果 Result。核心是情境设计，让评价对象根据设定的情境，做出相应的分析、判断、处置等。通过对情境的观察，予以评价对象相应的评价结论。

（四）评价结论及运用

对人才能力素质进行评价，旨在从岗位胜任的角度对相关人员有一个客观公正的评价和准确掌握，目的是遴选合适的任职对象、分析人员能力素质现状、明确今后努力方向。通过以上评价，我们最终可以得到以下几项成果：能力评价结果、任职资格结论、改进提升意见。

1. 能力评价结果

发挥评价功能，通过评价给人以能力的画像分析，得出各项能力的层次水平。发挥反馈功能，将结果反馈给相关主管部门和本人，于组织而言，掌握了解队伍的人员情况，为选人用人提供参考；于本人而言，认清自身在能力素质方面的优势与不足，在标准体系中的层次位置，为自我发展确立一个起点。

2. 任职资格结论

发挥激励功能，综合基本条件和能力评价情况，对比关联岗位任职资格标准，得到是否具备某一岗位的任职资格，可鼓励激发人才向更高层级努力。发挥监督功能，为组织人员选用提供直接依据。

3. 改进提升意见

发挥校正功能，针对人员能力素质评价结论，帮助分析查找存在的问题和不足，深化自我认知，明确今后努力的方向，就人员成长而言，这是最有价值的运用。

五、军事人才能岗匹配度计算及提高匹配度的基本策略

在确立了岗位任职资格标准、人才能力素质评价体系基础上，要在人员选用时，如果使能与岗位相匹配，就需要对相关人员的能力素质与目标岗位的标准要求匹配程度进行科学计算，以便为人员配置提供最合理的意见建议。能力素质作为人员配置的核心考虑因素，但也并非唯一因素，工作环境、人的性格、主观意愿等因素也都一定程度影响着职能效益发挥，需要加以统筹考虑，

最终提高匹配度，提升组织效益。

（一）岗位资格标准类型

在岗位任职资格标准中，能力、素质项中诸多要素对任职人员标准要求各有不同，但从类型看都可以将相关指标定义为临界值型指标。临界值型指标，是指在确定的临界值下具有趋向性，或越大越好，或越小越好。结合指标设定情况，这里主要考虑越大越好的临界值指标。设岗位任职资格标准的指标中，临界值型指标有 m 个，分别为（g_1，g_2，$\cdots$，g_m），其中能力资格指标 m_1 个，素质资格指标 m_2 个，$m = m_1 + m_2$。

某一岗位的整体任职资格标准为 S，其中能力资格标准为 S_1，素质资格标准为 S_2，对 m 个指标的具体要求表述为：$y_i \geq g_i$，其中 $i = 1$，$\cdots$，m。

（二）能岗匹配度计算及步骤

人无完人，每个人都各有优长。在一定范围内，不是每个人都能完美地匹配某个岗位，就需要考虑具体的拟任对象能否符合标准要求，匹配度程度如何。比如，既有可能部分要素有缺项，也有可能整体都超过标准要求，这时就需要组织考虑任职者是否符合标准或超出与不足的程度如何，既能选拔出胜任岗位的合适人员，又能兼顾资源合理使用避免浪费，以确保对岗位负责、对人员负责。

1. 人才能力素质与岗位资格标准的单项距离

需要计算拟任对象能力素质评价结果与岗位资格标准的单项差距。设拟任对象 j 能力素质评价结果实际值分别对应为 $x_{j1}, x_{j2}, \cdots, x_{jm}$。

单项差距表示为：

$$d_{ji} = \frac{1}{2}[1 - \mathrm{sign}(x_{ji} - g_i)](g_i - x_{ji})$$

$$i = 1, \cdots, m$$

如果 $x_{ji} - g_i \geq 0$，则 $\mathrm{sign}(x_{ji} - g_i) = 1$；反之，则 $\mathrm{sign}(x_{ji} - g_i) = -1$。

d_{ji} 表示拟任对象 j 第 i 个能力素质项与岗位任职资格标准的距离。从各个具体的分指标项来看，这里的 d_{ji} 越小越好，当拟任对象评价指标在资格标准之上时，d_{ji} 则为 0。岗位任职资格标准是将各个指标项综合在一起所得，且各指标要素所占权重不同，仅按照岗位任职资格标准的分指标项逐项对拟任对象来进行测算是不合理的，需要将各类指标测算结果整合起来，才能得到能力与岗位的整体匹配度。

2. 人才能力素质与岗位资格标准的单项贴近度

拟任对象 j 能力素质各项评价指标与岗位资格各项标准的单项贴近度为：

$$\delta_{ji} = 1 - \frac{1}{2}d_{ji} = 1 - \frac{1}{4}[1 - \text{sign}(x_{ji} - g_i)](g_i - x_{ji})$$

$i = 1, \cdots, m$

δ_{ji} 值越大，说明越贴近。

3. 人才能力素质与岗位资格标准的综合贴近度

在计算单项贴近度后，根据各指标权重 w_i，计算其综合贴近度。

$$\bar{\delta}_j = \sum_{i=1}^{m} \delta_{ji} \cdot w_i$$

当对某一岗位有 j 个达到基础资格条件的拟任对象时，通过计算综合贴近度，选出综合贴近度最大的，即是最能胜任岗位的。

（三）提高能岗匹配度的基本策略

能力素质是个体与岗位匹配的核心因素，但军队作为集体，战斗力的提升不光体现在个体身上，更体现在整体的作用发挥上。因此提高能岗匹配度还要坚持以下几点。

1. 组织选人，强化党管人才

党管人才、组织选人是我们党科学选人用人的完整体系，是必须坚持和遵循的原则，也是我们党一以贯之的优良传统。能岗匹配是党管人才、组织选人的生动体现，而坚持这一原则，可以更好地促进人员能岗匹配。主要体现在选什么样的人上，选人用人需要从德才兼备、任人唯贤、有利工作等各方面统筹考虑，选出组织信任、官兵认可，能接受组织安排、听从组织召唤的人才，与党同心同德、同舟共济，共同推动党和军队事业发展；体现在从哪里选人上，选人的指挥棒、导向指向哪里，人才就会从哪里诞生，之前我们存在着官兵不愿到艰苦岗位、不愿到基层蹲苗锻炼等问题，制约着部队长远发展，而当组织把这一导向树起后，人才涌向一线、涌向基层，得到了更好的历练，促进了长远发展；体现在怎么用人上，一切以有利于推动工作为导向，能者上、庸者让，真正把热爱军队、敢于担当、善于作为的人用起来，不断引导官兵提升素质、岗位建功。

2. 数据支撑，提升选用精准度

定性更多的是直观感受，而定量却是理性的分析，让数据说话、用数据做决策，可有效提高决策效率、科学性、准确度。在人才识别过程中，注重动静结合挖掘收集人员数据信息，既要收集人员在重大事项、急难险重任务、重点领域等方面的动态数据，也要收集人员在平时工作、日常考核、学习交友等方面的静态数据；同时，加大数据整合力度，充分发挥人力资源牵头部门作用，将各单位、各部门的数据信息汇集起来，形成人员的全方位信息。加强分析研判，对汇总的信息数据进行立体的分析，用真实有效的数据还原人员真实表现，把人员道德品行、性格特点、工作作风、能力素质等把准识准，给人员以精准画像，为人员选用提供数据支撑，坚决把好任用关口。

3. 通道开放，激发个体活力

在能岗匹配过程中，开放职业发展通道，帮助官兵分析自身优长，引导其选择发展路径，可以更好地激发官兵岗位建功积极性、主动性。当下官兵，个性鲜明、有自己的逻辑轨迹、思维构建，其对自身的认识、对个体价值的思考、对组织提供的终身价值承载能力的思考是透彻而警醒的，如果一味组织主导，强调服从，一定程度上会影响个体积极性发挥，进而影响岗位履职。党组织搭建好通道平台，接下来就是要思考如何帮助个体更有效地进行职业规划，帮助组织管理和开发个人能力，提高个体和岗位的胜任度、匹配度，当个人在组织这个载体下实现了个人的职业发展，也将促进组织的优化与提升，从而实现组织和个人的双赢。两者辩证统一，相互促进，才能共同发展。

4. 和谐互补，提高整体合力

军队作为一个整体，建设成效、战斗胜败取决于整体合力。在能岗匹配过程中，既要注重个体与岗位的适配性，同时要关注个体与集体（已任职）的互补性。人作为个体，不可能十全十美，自有长短；而集体完全可以通过个体间相互配合、取长补短而形成整体优势，达到组织目标。在军队中，尤其是搭班子的人员的配备，需要十分关注互补性，这样才能形成一个高效的领导集体。

（1）知识互补。一个集体中，若在知识广度、深度、领域上实现互补，那么集体的知识结构就会更为全面、视野更为开阔。

（2）能力互补。一个集体中，在个体能岗匹配的基础上，若在能力类型、能力大小方面实现互补，集体的能力就比较全面，在各种能力上都可以形成优势。

（3）个性互补。一个集体中，若个体各具不同的性格特点，且具有互补性，那么于集体而言，就容易形成良好的人际关系和处理问题的良好性格结构。如：内向、外向；沉稳、急躁；激烈、温和；热情、冷静等。

（4）年龄互补。人员年龄不仅与其智力、体力有关，更与心理、经验关联。一个集体，根据承担的任务性质和要求，都有一个合适的年龄结构，既可以在体力、经验、心理上互补，又可以顺利地实现组织的新陈代谢，呈现出常态的稳定性，并焕发出持久活力。

（5）关系互补。每个人都有自己的社会关系，包括老乡、同学、师兄、师弟、老领导、老部下等,如果在集体中,各人的社会关系重合不多,从整体上看,更易于形成合理的集体的关系优势。

5. 动态调配,保持高效运转

能与岗的不匹配是绝对的,匹配是相对的,从不匹配到匹配是在动态中实现的,是一个动态的匹配过程,基本沿着不匹配—匹配—不匹配—匹配的路径变化,以达到不断地完善和优化。随着时间的推移,单位的建设发展不断变化,各个岗位及其要求在不断变化,人员的能力和素质也在不断变化。要及时地关注到岗位职责使命新要求,人员能力素质新变化,不断地通过培训、调动、调整等方式,实现人员的有序流动、岗位的无缝衔接。因此要常态进行能与岗的调整,当能力素质难以满足岗位要求,就要及时调整岗位,安排其进行相应的培训,补齐短板、提升素质,安排胜任的人来履职;当一个人能力素质提高较快,达到上一级标准要求,则应将其调整到更高的岗位上去。这样的动态调配,使岗位职责有效履行,人员保持高昂的精神状态和充足的干劲,组织始终高效运转。

(王德义,陆军指挥学院大校教授、博士生导师;岳啸,陆军指挥学院硕士研究生;邵森,陆军指挥学院博士研究生。)

预备役支援保障人才队伍建设问题研究

张　宏

强军之道，要在得人。随着战争形态和作战样式的深刻演变，一体化联合作战成为信息化条件下作战的基本样式。预备役部队作为武装力量体系的重要构成，与现役部队一体建设，是创新后备力量运用的时代要求。未来一体化联合作战中，国防潜力资源能否快速高效对接战场需求，支援保障人才的中流砥柱作用至关重要。因此，加强预备役支援保障人才队伍建设，实现国防后备力量优化重塑是全面推进新时代强军事业蓬勃发展的一项重大而紧迫的历史课题。

一、预备役支援保障人才队伍建设的重要意义

（一）打赢新时代新型人民战争的现实需要

新时代的人民战争，不再是革命战争年代，由"小推车"和"担架队"组成的浩荡大军，战争对资源的需求也不仅限于衣食、弹药等补给，而是覆盖了整个国家所能动员的一切资源。因此，作为未来战场上不可或缺的支援保障力量，加强预备役支援保障人才队伍建设十分必要而紧迫。以海湾战争为例，美军先后征召了24.5万预备役部队投入战场，其中大部分都是担负运输、医疗、给养、油料等勤务支援保障任务，真正遂行作战的预备役部队仅1.6万人。美军参联会主席科林·鲍威尔将军曾对此不无赞誉地称道："国民警卫队和后备队在为我们提供灵活性和力量的对比上，作出了重要贡献，无论怎样强调他们的成绩，都不过分。"随着国家利益的辐射和战争形态的演变，我军后备力量同现役部队实施一体化建设、常态化运用已是必然趋势。预备役部队需要积极适应这一新形势，充分挖掘并利用军地丰富优质人才资源，建强一支随时闻令能动的支援保障人才方阵，为赢得新时代新型人民战争奠定坚实基础。

(二) 培养高素质新型军事人才的重要途径

强军先强人才。随着军事现代化推进、部队职能使命拓展，需要大批高素质新型军事人才来承担新时代强军兴军重任。然而，军事人才的培养是一项长期、复杂的系统工程，如果仅靠军队自身的人才培养体系来承担，很难满足像网络攻防、人工智能、无人作战等新兴作战领域人才的需求。为此，必须要走军民融合发展之道，创新军事人才的培养模式，依托社会资源来助力军队高素质新型人才的培养建设。改革开放以来，国家在社会经济、教育科技、制造服务等众多领域取得了巨大的发展成就，大数据、物联网、区块链、量子通信等新技术迅猛发展，快递物流、人工智能、远程教育等新业态加速形成，这其中不少都是军地通用行业领域，不仅为预备役支援保障人才队伍建设提供了良好环境，也为培养高素质新型后备军事人才开辟了重要途径。

(三) 打造预备役新型武装力量的客观要求

在中央军委改革工作会议、军队规模结构和力量编成改革工作会议等场合，习近平主席多次对推进国防后备力量转型发展做出战略部署，提出要深化预备役体制改革。从20世纪80年代初至今，我国建成了一支规模庞大的后备武装力量。但随着战争形态的发展、军事变革的推进，这种数量规模偏大、信息化水平偏低的预备役武装力量已难以适应当前作战需求，突出表现在：作战力量多、支援保障少，一般技术多、高新技术少，尤其是未来作战急需的电磁管控、网络防护、战略投送等新型支援保障人才奇缺，无法堪当新领导指挥体制下联合作战支援保障重任，对预备役武装力量进行体系重塑、结构优化、升级再造势在必行。作为未来作战支援保障体系的重要组成，加强预备役支援保障人才队伍建设是打造预备役新型武装力量、推进部队转型发展的客观要求。

二、预备役支援保障人才队伍建设存在的问题

(一) 目标规划不够明晰

纵观近年来军队各级制定的人才发展目标规划，无论是整体层面的，还是具体领域的，大多是宏观要求多、微观指标少，原则指示多、具体操作少。具体对预备役部队来说，当前还没有针对不同战略方向、不同岗位层次的支援保障人才发展分类制定出相应的目标规划，导致人才队伍建设缺乏基本的依据和明确的导向，存在编非所用、编不能用等现象。调研中发现，虽然有些单位也

探索在地方电信部门、网络公司组建电子对抗、网络攻防等新型支援保障力量，并在人才骨干配备、物资经费保障等上给予重点支持，这些队伍短期内也能形成一定作战能力。但随着时间的推移，由于目标规划不清晰、工作任务不经常、装备更新不及时等原因，人才逐渐流失，技术出现断层，队伍建设陷入低层次徘徊的处境中。

（二）核心素质不够匹配

当前预备役支援保障人才在核心素质上还存在明显短板弱项，突出表现在：一是信息素质与信息化装备（系统）操作运用不匹配。从调研了解的情况看，除部分预编在网络通信、信息设备制造等行业系统的人才外，还有不少预备役支援保障人才不能熟练操控列装的信息化装备，依托指挥保障信息系统进行分析判断、辅助决策、组织作业的能力还很弱，不少人对通过学习信息化支援保障理论、运用信息化支援保障平台来提升信息能力缺乏紧迫感。二是联合素质与一体化作战体系融入不匹配。受长期"大军区"领导体制和"大陆军"建战思维的影响，预备役支援保障人才的联合思维、联合意识、联合能力都存在明显短板。很多人对联合作战历史、联合作战规律、体系作战基本原则等不熟悉，对各军兵种的编成结构、装备性能、行动特点等不掌握。三是创新素质与创新型人民军队建设不匹配。经调研了解，当前预备役支援保障人才队伍中通用型、操作型人才占大多数，研究型、创新型人才比较少，尤其是科技创新、战法创新能力普遍较弱。虽然也有少数人对创新有动力，但受工作经历、外部环境等限制，一些很好的创新设想无法在实践中得到验证和运用。

（三）制度机制不够完善

一是法规保障不配套。近年来，虽然各级依据国防法、兵役法等国家法律，出台了一系列保障预备役部队建设的政策法规，但很多因修订不及时，难以适应时代发展需要，给预备役军官队伍和人才队伍的建设带来很大程度影响。由于近几年城市发展迅速，城市行政区划进行了大调整，致使预编在相关单位的预备役军官和专业技术人才调整节奏加快。二是教育管理不到位。预备役支援保障人才以技术型、管理型、保障型为主，大多数是跨部门、跨区域混合编组，人员配置分散，不利于实施成建制教育管理。此外，由于军地双方教育管理的出发点和侧重点不同，军队注重"战斗力"效益，地方重视"生产力"效益，导致教育管理的合力不够，不少单位经常以时间、条件等不具备为借口逃避集中训练教育。三是培养渠道不畅通。目前预备役军官和人才队伍的培养大多是依托预备役军官训练团、教导队等机构自行组织，经过院校培训的人员比例偏低。近年来，虽然军地有关部门开始依托国防大学、陆军指挥学院、长江大学等院校办班培训预备役军官，但是规模有限，且很多都是担任局以上的预任领导干部，预备役专业技术军官数量比较少。四是评价体系不科学。目前，预备役支援保障人才的分类评价措施还不健全，存在着考评标准模糊、手段方式单一、导向不够突出等诸多问题。另外，不少单位未能将评价结果与人才岗位调整、职务晋升、送学深造等工作有效衔接，导致出现参评积极性不高、参评态度不端正等问题。

三、预备役支援保障人才队伍建设的对策思考

（一）科学理念引领，重点突出全面融合

1. 树立"第一资源"理念，在顶层规划中推进人才发展

要处理好以下几个方面的关系：

（1）国防建设与经济建设的关系。预备役支援保障人才队伍建设规划必须与社会经济、科技、人才等发展水平相适应，不能好高骛远、脱离实际，也不能因循守旧、无所作为，要在推进"民参军""军转民"的良性互动中实现富国强军、惠民利兵的可持续健康发展。

（2）立足当前与谋划长远的关系。既要紧贴当前转型发展需要，也要充分考虑未来装备技术革新、军事理论创新的影响，还要注意人才资源开发利用的时效性，尤其是对信息技术这类更新换代速度较快的专业人才。注重解决当前人才队伍建设现实难题的同时，还要做好长远规划适应未来体系作战需求的人才发展路线图。

（3）军队内部与地方单位的关系。在规划人才队伍建设时，既要积极与地方党委政府协调，争取在人才、物资、政策层面得到地方政府、企业单位的大力支持，为预备役支援保障人才选拔、储备、使用、保障等创造良好外部环境。同时，还要积极与现役部队沟通协调，争取在武器装备、军事训练上得到帮带支持，为预备役支援保障人才遂行任务能力提升开辟路径。

（4）全面兼顾与重点突出的关系。要以新时代军事战略方针为指导，瞄准各任务方向、各军兵种预备役支援保障人才队伍建设难点问题和突出矛盾，按照"全面兼顾、重点突出"的建设思路，抓好地方人才"选、储、编、用、管"等重点环节设计，尤其要针对未来战争对高素质新型军事人才的需求，加强重点领域人才发展超前培养，充分发挥新型人才辐射带动、引领支撑作用。

2. 树立"融合发展"理念，在兼容互补中提升人才质量

（1）要避免"手表效应"。预备役支援保障人才队伍建设，不能出现一人一个标准、一人一套方案，军地双方要同步设计、同步运筹、同步推进，遵循同一"标准时间"，才能降低人才成本、缩短培养周期、提升整体质量。

（2）要形成"共生效应"。要充分发挥军地双方各自人才资源比较优势，在做好保密工作的前提之下，建立资源共享、信息互通、协同创新等工作机制，推进军地通用人才优势互补、强强联手，形成军地人才共生双赢的良好效应。

（3）要警惕"木桶效应"。当前，我军非现役的预备役支援保障人才主要依托社会民间机构培养，部队直接吸纳使用，而经由军事院校培训强化的比率不高，造成预备役支援保障人才科技素质、创新能力相对较高，而军事素质、联合能力普遍较弱，其综合能力素质与战时岗位需求差距较大。

3. 树立"后备必用"理念，在践行使命中发挥人才效益

（1）要遵循实践成才规律。预备役支援保障人才必须聚焦新时代强军目标，积极投身强军实践，在本职岗位上，在大项任务中摔打磨炼，积累经验，升级本领，成长成才。

（2）要遵循能级相称规律。预备役支援保障人才的选拔调配，不能盲目地论数量、论学历、论职务，必须坚持"专业对口、能岗匹配、注重质量"的原则，宁可"编而不用"，也不能"编而无用"。

（3）要遵循扬长避短规律。在编组储备预备役支援保障人才时，要坚持"适才适用、用其专长"的原则，不能凭关系亲疏、感情深浅，更不能吹毛求疵、求全责备。比如，可把有技术特长的人放在技术保障岗位，把组织能力强的人放在管理指挥岗位，实现人才价值的最大化。

（4）要遵循最佳年龄规律。预备役支援保障人才在选拔储备中，要针对人才队伍中超龄、超编等现象，结合兵员整组、预备役军官调整等时机，按照相关规定要求，及时调整出队，补充新鲜血液，让人才队伍充满活力干劲，创造最大人才效益。

4. 树立"创新驱动"理念，在转型重塑中释放人才潜能

在实施人才队伍建设创新实践活动中，需要把握处理好以下几个原则：

（1）目标性原则。要按照习近平强军思想确立的军事创新方向、任务、重点，构建完善人才的储备、选拔、使用、培育等制度机制，健全完善人才发展系列政策体系，实现人才队伍"结构优化、高端集聚、深度融合、精准管理"的目标任务。

（2）科学性原则。严格遵循人才使用规律、人才流动规律、人才竞争激励规律等科学理论指导，不断推动人才队伍建设朝着科学化、规范化、制度化的建设目标迈进。

（3）容错性原则。当前预备役部队正处在调整改革的关键时期，干部队伍和人才队伍建设中诸多现实难题需要集智攻关解决，对那些敢于突破、勇于创新的官兵，要宽容失败、允许失误。

（二）实践锤炼升级，预任胜任深度融合

1. 从严治训砥砺胜战之基

（1）坚持按纲施训与创新训练相结合。必须在对照任务训实训精大纲规定科目的同时，还要遵循战斗力生成规律，积极创新训练模式，以未来作战担负支援保障任务课题为牵引，组织预备役支援保障专家人才队伍开展理论攻关、技能创新，为编修预备役新训练大纲进行先期探索。

（2）坚持依托部队与岗位实践相融合。积极探索军地融合式训练模式，在筹划训练时，根据不同专业类型的人才特点，与编兵单位共同制订训练计划。积极依托地方行业系统优势练技能、依托部队组织指挥优势练协同、依托军地资源互补优势练融合，提升预备役支援保障人才的综合能力。

（3）坚持现有条件与信息化手段相配合。要紧贴军地单位建设实际，整合双方网络教室、模拟训练室、仿真训练室等现代化教学资源，开展网上模拟训练、仿真模拟训练等，不断提高人才队伍遂行信息化条件下支援保障任务的能力。

2. 常备应急提升备战之效

（1）完善应急管理体系。将预备役应急支援保障人才的培养、储备、使用等，通过军地联席会议、信息情报共享等机制以及基于网络运行模块的信息管理平台，融入地方应急管理体系。

（2）建强应急快反分队。整合军地应急支援保障资源，将地方水利、气象、医院、电网、电信、运输、船舶等行业系统的专业人才吸纳储备到应急队伍中。遴选应急救援急需的专家骨干人才，如地震搜救、卫生防疫、工程机械操作、冲锋舟驾驶、航空运输等专业人才，成立应急快反分队，发挥地方行业系统组织规范、人才丰富、设备配套等优势，提升快速反应、应急应战能力。

（3）合理赋予行动任务。在不影响日常战备、不超出能力范围之内，合理赋予预备役支援保障人才参与抗洪抢险、抗震救灾、维稳处突等应急任务，或者是社会上扶贫援建、助学兴教、科技致富等共建活动，最大限度地发挥支援保障人才的专业特长和优势，通过参与活动任务来检验提升人才队伍遂行任务能力。

3. 一体建设催生实战之力

（1）编制体制一体化。要融入现役作战力量体系，必须按照现役的编制体制来进行统一编组，为实施同步训练、同步运用、同步保障奠定基础。可借鉴美军将部分精选预备役与现役进行混合编组的做法，将部分服第一类预备役的支援保障人才平时就预编到现役部队，以使彼此能互相熟悉，快速形成合力。

（2）武器装备一体化。要转变思维理念，按照国防和军队现代化建设要求和建设世界一流军队标准，调整预备役部队武器装备发展模式，适量增加预备役部队武器装备采购经费，升级改造部分老旧武器装备，保持预备役部队与现役部队武器装备水平基本处于相当的水平，优化完善与预备役部队转型发展不相匹配的武器装备编制、采购等体系。

（3）力量运用一体化。完善预备役支援保障人才征召机制，对短期转服现役的时机、权限、流程等进行明确。同时，有计划地在小规模军事行动、国际维和、人道主义救援等任务中，赋予支援保障人才一部分任务，为现役部队提供有效的功能补位，真正实现"平时少养兵、战时多出兵"。

（三）建章立制规范，机制健全有机融合

1. 完善军地共管机制

（1）建立常态运行的领导管理机构。成立常态运行、职责明确的专职共管机构，负责协调和处理对包括预备役支援保障人才在内的预备役人员的调整、任免、管理、考核等工作。在具体操作上，可在地方国防动员委员会或军民融合委员会设立办公室，地方党委主要领导为组长，部队和地方组织、人事等部门负责人参加，从组织上确保军地共管各项制度落实。

（2）建立功能完备的管理信息系统。按照国家和军队信息化建设统一规划，对预备役人员管理信息系统进行总体设计，科学确立建设目标、框架结构、功能模块以及运行模式等，依托地方政务网、信息基础设施以及研发力量，构建标准统一、功能完备、资源共享、覆盖全面的预备役人员管理信息系统。

（3）建立目标分类的科学管理模式。要按照职务等级、专业类别对预备役支援保障人才进行分类，依据遂行任务的不同，确定各类支援保障人才管理目标，既从军地党委领导机关党管武装的职责权限出发制定总体管理目标，又充分考虑预备役部队、地方企事业单位工作实际确定具体管理目标，形成目标牵引工作、计划规范进程、标准控制质量的科学管理模式。

2. 完善融合培养机制

（1）加强融合培养顶层规划。要强化系统思维，从国家、军队发展全局角度，全面设计规划如网络技术、机械制图、电子工程等军民通用人才培养的目标、途径、框架、标准等总体方案。运用大数据分析技术和人力资源开发理论，科学预测未来作战中各军兵种支援保障人才的储备需求，按照"适度超前、合理规划"的原则，确定军地共育支援保障人才数量规模、结构层次。

（2）创新融合培养方法模式。预备役支援保障人才军民融合培养可采取以下四类模式：接力培养模式、交叉培养模式、借力培养模式、聚智引才模式。

（3）完善融合培养协调机制。通过建立合署办公、联席会议、信息共享、情况反馈等制度，构建畅通高效的联络渠道，实现军地人才共育工作常态化、制度化、规范化，提升预备役支援保障人才军民融合培养综合效益。

3. 完善科学评价机制

（1）拓展评价主体。强化军地党委首长对人才评价工作的领导，改变当前单一模式，成立"综合+专业"的评价委员会，以预备役部队党委和预编单位领导为领导主体，以预备役部队相关职能部门和驻地组织、人事、人社、纪检等部门人员，并吸纳地方职业技能鉴定中心、现役部队及院校专家为职能主体，构建复合多元的评价主体，确保人才评价工作准确公正。

（2）完善评价标准。坚持共性与个性、定性与定量、能力与潜力相互结合，分类构建出涵盖"德、能、勤、绩、体、廉"等要素，适应不同军兵种、岗位、层级支援保障人才特点的评价标准。

（3）改进评价方式。依托预备役人员信息管理系统，设计开发预备役支援保障人才评价模块，通过互联网、大数据技术与地方人才数据库互联，通过信息共享、智能分析比对，实现人才评价精准高效。利用微信、微博等自媒体平台，开展网上投票、网上公示、网上点赞等活动，发动社会力量参与预备役支援保障人才评价。

4. 完善配套保障机制

（1）完善法规保障。参照《文职人员条例》，由国务院、中央军委共同制定出台《预备役人员条例》，对包括支援保障人才在内的预备役人员的储备、编组、考评、培养、管理、使用、保障、出队等基本问题做出规定。及时修订完善《预备役军官法》《预备役军官任免规定》等法规，以法律法规的形式明确预备役人员尤其是预备役军官的政治待遇、经济待遇、社会服务等有关内容。

（2）完善待遇保障。可借鉴外军预备役建设好的经验做法，适当增加国防后备力量建设预算，提升预备役人员待遇保障。例如，在参加军事训练、非战争军事行动以及应急支援保障任务期间，医疗保障实行军队免费医疗，薪资补助标准与现役军人一致。在达到服役年限退出预任岗位时，可根据服役时间、综合表现等情况，给予一定数额退役金补偿奖励等。

（3）完善服务保障。协调各级退役军人事务部门和退役军人服务中心，将预备役人员尤其是关键技术人才的服务保障纳入地方退役军人服务保障体系，在子女就学、家属安置、政策优惠等方面，应参照现役军人或退役军人享受的政策相应执行。

（张宏，国防大学政治学院政治机关工作系军队人力资源教研室主任。）